U0865258

北京市京师（深圳）律师事务所 | 系列丛书
BEIJING JINGSH LAW FIRM SHENZHEN OFFICE

婚姻继承纠纷

典型案例与法律指引

康雪崧◎主　编
李良飞◎副主编

TYPICAL CASE AND LEGAL ADVICE ABOUT MATRIMONIAL AND INHERITANCE DISPUTE

法律出版社 | LAW PRESS
北京

图书在版编目(CIP)数据

婚姻继承纠纷典型案例与法律指引 / 康雪崧主编 ；
李良飞副主编. -- 北京 ：法律出版社，2024
ISBN 978 - 7 - 5197 - 8902 - 2

Ⅰ. ①婚… Ⅱ. ①康… ②李… Ⅲ. ①婚姻家庭纠纷
—案例—中国 Ⅳ. ①D923.905

中国国家版本馆 CIP 数据核字(2024)第 044530 号

婚姻继承纠纷典型案例与法律指引
HUNYIN JICHENG JIUFEN DIANXING
ANLI YU FALÜ ZHIYIN

康雪崧 主 编
李良飞 副主编

策划编辑 邢艳萍
责任编辑 邢艳萍
装帧设计 鲍龙卉

出版发行 法律出版社
编辑统筹 法律应用出版分社
责任校对 李 军
责任印制 刘晓伟
经 销 新华书店

开本 710 毫米×1000 毫米 1/16
印张 27.5 字数 460 千
版本 2024 年 4 月第 1 版
印次 2024 年 4 月第 1 次印刷
印刷 三河市兴达印务有限公司

地址：北京市丰台区莲花池西里 7 号(100073)
网址：www.lawpress.com.cn
投稿邮箱：info@lawpress.com.cn
举报盗版邮箱：jbwq@lawpress.com.cn

销售电话：010 - 83938349
客服电话：010 - 83938350
咨询电话：010 - 63939796
版权所有·侵权必究

书号：ISBN 978 - 7 - 5197 - 8902 - 2
定价：98.00 元
凡购买本社图书，如有印装错误，我社负责退换。电话：010 - 83938349

序

中华民族向来崇尚人丁兴旺,千百年来,家族生生不息,代代相传一直是人们追求的一个目标。于是成家立业,养儿育女便成为血脉延续的普遍方式,少数人们则把精神传承作为赓续优良基因血脉,继写优秀人文传统的秘密。有句民谚:“家族兴旺发达,道德传家第一,其次为耕读传家,再者为诗书传家,最末为富贵传家不过三代。”一个家族的繁荣昌盛,需要传承催人奋进的精神,而婚姻在家族精神传递中无疑是基础与纽带。婚姻关联着一个家族的兴旺,也承载着一个家庭的重担。

婚姻作为一项重要的社会制度,是随着文明的发展而建立起来的。在社会早期,男女之间没有婚姻自主权,更多是由家族或者统治者来决定。即便对于能自己做主的普通百姓,也需要遵从“父母之命,媒妁之言”的约定。到了近代,婚姻观逐渐转向。伴随工业化、城市化的发展以及社会结构的分化,越来越多的人有独自养活家庭的能力,从而摆脱来自家族的束缚,同时受思想解放的影响,人们开始更加注重追求个人幸福。

婚姻是社会发展的产物,婚姻观念也会随着社会的结构、价值观和发展轨迹的改变而改变。作为一项社会制度,婚姻的本质不只是为了解决财产继承和血脉传承等问题,其背后还会涉及各种权利与义务。男女从恋爱到结婚,婚姻关系建立的同时带来了身份的改变、财产的改变,也对夫妻之间提出忠诚、平等、互助的价值要求。随着幼儿的出生,还有抚育子女的责任等。

婚姻是家庭的基础,家庭是社会的细胞。婚姻稳,则家庭稳;家庭稳,则社会稳。婚姻会涉及经济、成员等多方面问题,婚后会涉及生育、抚养、家事代理、亲属关系等主体责任。婚姻不仅是两个人在生理或生活上的结合,它不像开公司、做生意、建房子等单纯的经济活动，还会牵扯身份关系。

同样地，继承作为一项法律制度，在家族财富传承中亦具有重要的作用。何为继承？在汉语解释中，继承泛指把前人的作风、文化、知识等接受过来。在《民法典》中，继承是一种关于自然人死亡后财富传承的法律制度。继承作为一项重要的法律制度，在现代社会中扮演着不可或缺的角色，遗产继承的意义在于将财富保持在家庭中，让每一代人的奋斗都可以传承，实现老有所养、幼有所依；通过亲人间的相互扶助，密切代际联系，激发家庭成员创造财富的积极性。

作为一项古老的法律制度，继承制度是同特定的社会制度密切联系的。据史料记载，在西周时期就已经确立了周礼，在宗法制度下，继承制度的核心是嫡长子继承制。这种制度不仅解决了爵封继承和宗祧继承问题，也解决了财产继承问题。到了先秦时期，"礼崩乐坏""废长立幼""废嫡立庶"时有发生。到了唐代，在财产继承上发生分化，财产继承实行诸子均分制，兄弟中先亡者，子继父分，这也是早期的代位继承。明清时期仍坚持身份继承的嫡长子继承制和财产继承的诸子均分制，但绝户财产可由亲女继承。至于遗嘱继承，未有明文规定，但从一些留存至今的"分家书""析产书"可以从侧面说明古代社会存在被继承人根据自己意志处分财产的情况。总体来说，周礼确立的"立嫡以长不以贤，立子以贵不以长"的原则是贯穿古代社会始终的。

现今社会，继承的客体主要是财产。继承的形式也呈现多样化的特征，有法定继承，还有意定继承；有遗嘱，还有遗赠；有遗赠扶养协议，还有遗嘱信托。身后的财产也突破了家族亲属的局限，被继承人还可以通过遗赠的方式完成财富的传承。还有基于家庭血亲的生活考虑，夫妻共同对身后财产进行安排共立遗嘱的。今日的遗产继承制度虽然赋予了遗嘱人订立遗嘱自由的原则，但订立遗嘱也要受到法律的规范和限制。例如，自然人有订立遗嘱的权利，但必须是完全民事行为能力人；自己的财产想怎么安排就怎么安排，但必须为生活困难和欠缺劳动能力的继承人保留特留份；法律对订立遗嘱的形式也有要求等。

总而言之，婚姻与继承作为一项基础性的法律制度，涉及我们日常生活的方方面面。只有知晓婚姻与继承中权利与义务的边界，才能够引起我们对自身的合法权益的重视,从而减少家庭生活中的矛盾与纠纷,有利于促进社会和谐与稳定发展。

康雪崧

二零二四年元月六日

目 录

// 上篇 婚姻家庭 //

// 下篇 继承 //

上篇
婚姻家庭

第一章　婚姻家庭与婚姻家庭法

婚姻是为人类社会制度承认的男女关系的两性结合。家庭是以婚姻、血缘和共同经济为纽带,由一定范围内的亲属所构成的社会生活单元。婚姻家庭生活中会产生婚姻关系、家庭关系和其他亲属关系,而婚姻家庭法就是调整夫妻、家庭成员以及其他近亲属之间人身关系和财产关系的法律规范的总和。

第一节　婚姻家庭概述

在婚姻家庭中,各成员构成了婚姻家庭法律关系的主体,根据身份关系受到婚姻家庭法的规范。按照社会主流的婚姻观,婚姻应当是在男女之间依法建立两性关系,但婚姻从来不是简单的男女两性的结合,也从来不是简单的民事契约,以它为基础构建出来的是一个完整的家庭伦理大厦,其终极目标是实现社会和谐和人的全面发展,并发挥繁衍和延续人类社会的重要作用。

一、婚姻家庭的概念

既然婚姻家庭是群婚制出现以后形成的包含两性和血亲关系的社会形式,那么必定是先有婚姻后有家庭,关于婚姻家庭的概念可以从婚姻和家庭两个方面理解。

(一)婚姻的理解

就社会关系而言,婚姻是男女两性为当时社会制度所确认的互为配偶的社会形式。就法律关系而言,婚姻是男女两性以夫妻的权利义务为内容的结合。

婚姻的法律概念则比较严格，比较主流的表达是：“婚姻，是男女双方以永久共同生活为目的，以夫妻的权利义务为内容的合法结合。”

对于这一概念，可以从以下四个方面理解：

（1）从婚姻的主体上说，婚姻是男女两性的结合。两性的区别是婚姻存在的基础，“同性婚”是不符合婚姻本质的。

（2）从婚姻的目的上说，婚姻是男女双方以共同永久生活为目的的结合。不以永久生活为目的的结合，不可能具有承担家庭义务的责任感，是不符合婚姻关系的宗旨的。在法治社会中，婚姻不应是男女双方结合的事实行为，必须是能确立配偶关系的法律行为。

（3）从婚姻的效力上说，婚姻是男女双方确立配偶身份的结合。为当时社会制度认可的男女两性的结合才形成婚姻，因此，男女两性的结合被当时社会制度认可后，双方的关系就成为配偶关系并受到保护。非配偶身份的结合，即使男女双方长期共同生活，也不称其为婚姻。

（4）从婚姻与家庭的关系上说，婚姻是家庭的基础，是家庭产生的前提。婚姻双方构成了最初的家庭关系，通过生育又产生父母子女、兄弟姐妹等其他家庭成员间的关系。

（二）家庭的理解

就社会关系而言，家庭是以婚姻、血缘为纽带的共同生活体。就法律关系而言，家庭是共同生活的，其成员间互享权利、互负义务的亲属团体。所谓家庭，是以婚姻、血缘和共同经济为纽带而组成的亲属团体和生活单位。对于这一概念，可以从以下三个方面理解：

（1）家庭是由亲属所组成的亲属团体，但并非所有的亲属都能成为家庭成员，家庭是由一定范围内的亲属所组成，相互间共同生活。

（2）家庭有共同的经济，是最基本的消费单位。婚姻是产生家庭的基础，但婚姻是家庭的“充分不必要”条件，这里的家庭是指广义的家庭，广义的家庭更适合用“家族”来替换，而狭义的婚姻就是指在一夫一妻制下结合形成的最小社会单元。

（3）婚姻家庭法是身份法，同时具有调整财产的属性。婚姻家庭领域的权利与义务,首先是身份方面的权利与义务,财产方面的权利与义务基于特定的身份关系而发生,是从属于身份关系的。婚姻家庭关系的主体行使权利的同时,必须承担相应的义务。

婚姻家庭的法律概念可以表述如下:婚姻是男女双方以永久生活为目的,以夫妻的权利、义务为内容的合法结合;家庭是共同生活的,其成员间互享法定权利、互负法定义务的亲属团体。

二、婚姻家庭中的夫妻关系

婚姻家庭关系是社会关系的一种形式,从属于社会关系,婚姻家庭关系是以两性结合和血缘关系为存在条件的,这是它的特殊之处。男女通过缔结婚姻成为夫妻进而组建家庭,双方之间基于家庭的伦理和婚姻家庭法的规制产生夫妻法律关系。从这个意义上说,夫妻关系的性质主要表现在以下方面:

(1)夫妻关系是以共同生活为目的,具有专属性的两性法律关系。主要体现在:首先,夫妻必须是两性(承认同性婚姻合法化的国家除外)的结合,这是夫妻关系得以形成的先决条件。婚姻的形式由最初的群婚发展为偶婚,再到单偶婚(一夫一妻制),单偶婚是社会发展的必然结果,除少数国家外,均适用一夫一妻制。这种男女两性结合组成的夫妻关系,是实现家庭生活的合理方式,有利于构建稳定和谐的婚姻关系,随着人们对婚姻关系认识的深入,世界上的一些国家对同性婚姻也予以保护。因此,男女双方结婚须符合法律所规定的结婚条件,并履行登记手续,诸如重婚、非法同居、通奸、姘居等非法形式的同居关系都不是夫妻关系。其次,为了保证婚姻的稳定,排除附条件、附期限的结合,夫妻双方在登记结婚时应该具有长久共同生活的主观愿望。最后,夫妻双方是共同生活的伴侣,还需要共同承担生育和抚养子女、互相帮扶、赡养老人的家庭责任。

(2)夫妻关系是具有情感伦理属性的法律关系。法律是道德的底线,道德是法律的保障。从道德价值角度上看,社会道德呼吁以爱情为目的的男女结合,法律要求以共同生活为目的的结合。从恋爱自由的角度看,爱情是男女双方得以缔结婚姻的重要基础。在离婚时,法律也把“夫妻感情破裂”作为准予离婚的法定条件。因此,法律赋予夫妻感情的专一性和忠实性,任何不负责任的婚外恋、通奸等都是对夫妻关系的破坏且为法律所不允许,同时夫妻在离异时也常以“夫妻性格不合、无共同语言、感情不和、夫妻关系不和谐”等作为主要陈述理由。在生活中,人们更追求婚姻与感情的统一,而情感依赖则是夫妻面对困难相互扶持的基础。婚姻伦理不仅倡导友爱的婚姻,也认可在感情破裂的情况下可解除夫妻关系;法律上还规定夫妻互助互爱的原则,提倡互相尊重、互助友爱。在婚姻关系的存续期间,夫妻关系须遵循男女平等原则,否则法律将会介入并以国家手段规制;在诚信原则中,婚姻伦理要求夫妻双方在婚姻中互信、互助,排斥欺诈与胁迫。〔1〕另外,对婚姻性权利的要求直接成为夫妻关系的内容和行为规范;对婚外恋和婚内暴力等现象的摒弃,体现了婚姻伦理的外在强制性。总之,男女双方无论是在缔结婚姻关系前还是在婚姻存续期间,甚至是解除婚姻关系后,均须遵循婚姻中平等、诚信、互爱、权利义务统一等方面的伦理要求,也应受到不允许婚外情、婚内暴力等婚姻伦理方面的限制。

(3)夫妻关系是具有相对和绝对双重属性的法律关系。在婚姻家庭中,夫妻双方之间存在相对的权利义务关系。例如,夫妻双方都有生育、抚养子女的权利和义务;夫妻双方都有共同管理家庭财产的权利和义务等。这些权利和义务都是针对夫妻双方而言的,只有夫妻双方之间存在这种权利义务关系。但是,夫妻之间的权利义务关系不仅局限于夫妻双方之间,还涉及其他人的利益。例如,夫妻一方欠债,另一方就需要承担还款责任。这种情况下,夫妻之间的权利义务关系就具有了绝对的属性。此外,如果夫妻双方离婚,他们对所生的子女仍然享有抚养权和监护权等,这也是一种绝对的关系。相对关系和绝对关系是夫妻关系中的两个重要方面。相对关系强调的是夫妻之间的权利义务关系,这是夫妻关系的核心内容;而绝对关系则强调的是夫妻之间的权利义务关系对其他人的影响,这是夫妻关系的外延内容。只有在正确理解和处理好相对关系和绝对关系的基础上,才能建立健康、和谐的婚姻家庭。

---

〔1〕参见夏吟兰、龙翼飞主编:《和谐社会中婚姻家庭关系的法律重构——纪念〈婚姻法〉修订五周年》,中国政法大学出版社2007年版,第101~103页。

(4)夫妻关系是具有人身与财产双重属性的法律关系。夫妻人身关系,是指夫妻之间基于人格和身份形成的无直接物质利益因素的权利义务关系;夫妻财产关系,是指夫妻之间基于物质利益而形成的权利义务关系。夫妻财产关系是基于夫妻人身关系而产生的,从属于夫妻人身关系。[1] 夫妻人身关系主要包括姓名权、同居义务、住所决定权、选择职业的自由权、互相忠贞、相互协助义务、抚养教育子女的权利和义务、夫妻代理权等。夫妻人身关系性质和内容是由一定的社会制度和社会发展水平决定的。在婚姻家庭中,夫妻双方应该相互尊重、理解、支持和信任,共同维护家庭的和谐稳定。同时,夫妻双方也应该保护对方的合法权益,不侵犯对方的人身自由和尊严。例如,不得对对方实施家庭暴力、虐待、遗弃等行为。在婚姻家庭中,夫妻双方还应当协商处理好双方所拥有的婚前财产、婚后所得的财产以及共同财产等问题。此外,夫妻双方还可以通过签订家庭协议来明确分配、管理、使用和处分各自的财产权益。最后,需要注意的是,夫妻关系是一种特殊的法律关系,其权利义务和法律责任都与一般的民事关系有所不同。如果夫妻双方发生纠纷或者争议,需要依据相关法律法规进行解决。同时,为了维护家庭的和谐稳定,夫妻双方也应当尽可能地避免发生矛盾和冲突,保持良好的沟通和理解。

第二节　婚姻家庭法的主要规定

婚姻家庭法是调整婚姻家庭人身关系和财产关系的基础性法律规范,具有身份性、伦理性、民族性、习俗性、利他性、团体性和强行性,既涉及婚姻双方利益的保护,也涉及家庭中相对弱势群体如妇女、未成年人、老年人权益的保障,还涉及第三人的利益与市场交易安全的维护。婚姻家庭法上的身份行为不同于一般的民事法律行为,不能人为地附加条件和期限。例如,是否结婚、与谁结

〔1〕 参见《一词一解丨夫妻关系》,载人民政协网,http://www.rmzxb.com.cn/c/2021-03-21/2812992.shtml。

婚,全凭男女当事人的意愿,但双方一旦决定结婚,就必须符合法定的结婚实质要件和形式要件。当婚姻关系成立后,夫妻的权利义务便基于法律规定而产生,任何一方不得拒绝履行义务,也不得对另一方的权利加以限制;与其他民事法律行为不同,涉及婚姻家庭身份的法律行为都是要式的,必须符合法定形式才具有法律效力。各国婚姻家庭法都明确规定,有关结婚、离婚、收养等身份关系的法律行为必须具备登记、注册或公证等公开的形式要件才能产生法律效力。

值得注意的是,并非所有的婚姻家庭关系均由婚姻家庭法调整。法律是调整婚姻家庭关系的重要手段,但婚姻家庭关系涉及亲情伦理、风土民俗等方方面面的因素,法律不可能解决婚姻家庭的所有问题,法律也不应当介入所有的婚姻家庭问题。正所谓法律是神圣的,但不是万能的。

一、婚姻家庭制度和婚姻家庭法

(一)婚姻家庭制度的历史沿袭和发展

婚姻家庭制度是规范夫妻关系和家庭关系的基本准则,现代意义上的家庭源于古代社会的家族。自西汉以后,国家将家族变成一个基本的社会单位,家庭关系的主要目标是维系和传承父系社会的血缘和财产,父子关系属于家庭关系的主轴,夫妇关系则为配轴。自清末以来,源自西方的自由、平等的个体自由观念与中国延续两千年之久的家国同构、礼法一体的传统思想产生了激烈的碰撞,传统的婚姻家庭制度和价值观念受到激烈批判。中华人民共和国成立之后,由于强调集体重于个人的集体主义观念替代了家庭重于个人的传统文化,个人权利与家庭价值均受到严重挤压,已趋于极端的国家本位。[1] 1950 年出台的《婚姻法》(已废止,下同)围绕夫妻和亲子关系进行构建,以婚姻自由、男女平等、一夫一妻为重要原则,除父母、子女关系之外,其他亲属关系都被排除在法律之外,以防止亲情伦理的特殊性瓦解集体社会的一般性和普遍性。[2]

---

〔1〕 参见梁慧星:《民法总论》,法律出版社 2017 年版,第 44 页。

〔2〕 参见李拥军:《"家"视野下的中国法制现代化》,上海三联书店 2020 年版,第 147 页。

1980 年颁布的《婚姻法》(已废止,下同)虽然增加了关于兄弟姐妹、祖孙、外祖孙权利义务的规定,但其以夫妻关系为中心的格局并没有变化。改革开放以来,国家权力逐步退出对家庭私生活的干预,重视权利、自由和自我实现的个体观念迅速在社会兴起。[1] 由于市场力量持续发展,婚姻关系中的夫妻财产、监护权、亲权、离婚等均可通过契约协商解决,传统家庭成员之间的代际关系日益为现代家庭中的平权关系所取代。[2] 然而,随着经济与社会的进一步发展,婚姻家庭的维系越来越依赖经济利益,家庭成员之间的权利化与功利化色彩日益凸显,这导致婚姻家庭的价值受到忽视甚至贬抑。在家庭法领域,婚姻双方不再只被认为是一个具有情感伦理的实体,而是被视为两个具有独立思想和精神的个人联合。以功利主义和个人主义视角来审视家,将家视为完全的利益、权利和权力关系的承载体,导致传统的以自然伦理作为家庭法权威本源与基础的观念的衰落。党的十八大以来,加强家庭文明建设、注重家庭伦理秩序等内容已经进入决策者的视野,家庭和家庭文明建设由边缘向中心移动,家庭伦理的重要性不断被强调。[3]

从历史沿革来看,1950 年《婚姻法》是我国制定的首部调整婚姻家庭关系的基本法、部门法、实体法。1980 年,在总结 30 年来《婚姻法》实践经验的基础上,出台了新的《婚姻法》。随着经济发展的日新月异,婚姻家庭领域也出现了很多亟待解决的问题。2001 年 4 月 28 日修正的《婚姻法》(已废止,下同)是完善婚姻领域相关立法的第一步,2020 年出台的《民法典》婚姻家庭编是其完善的第二步。婚姻家庭编规定在《民法典》的第五编,是《民法典》的主要组成部分,既具有遵循民法基本原则的共性,又具有尊重个性、彰显身份法的特点,不以财产法原理遮蔽婚姻家庭的特殊属性。

《民法典》是我国第一部以"法典"命名的法律。《民法典》被称为民事生活

---

〔1〕 参见[美]络德睦:《法律东方主义:中国、美国与现代法》,魏磊杰译,中国政法大学出版社 2016 年版,第 62 ~ 63 页。

〔2〕 参见方乐:《法律实践如何面对"家庭"》,载《法制与社会发展》2011 年第 4 期。

〔3〕 参见冉克平:《〈民法典(婚姻家庭编)〉的伦理、自治与强制》,载《武汉大学学报(哲学社会科学版)》2023 年第 3 期。

领域的“百科全书”，其中“婚姻家庭编”是调解婚姻家庭纠纷的重要法律依据。《民法典》婚姻家庭编作为调整婚姻关系和家庭关系的法律规范的总和，在2001年《婚姻法》《收养法》（已废止，下同）的基础上经过修改、补充而形成，共分为5章，在坚持婚姻自由、一夫一妻等基本原则的前提下，结合社会发展需要，修改完善了部分规定，并增加了新的规定，具体包括一般规定、结婚、离婚、家庭关系、收养，共5章79条。主要亮点包括：将弘扬社会主义核心价值观，树立优良家风写入法典；规定婚前隐瞒重大疾病，婚姻登记可撤销；设立离婚冷静期制度，维护婚姻家庭稳定；新增夫妻债务“共债共签”条款，平等保护各方当事人合法权益；明确哺乳期内子女抚养权归属等。

（二）婚姻家庭法的概念及调整对象

婚姻家庭法，顾名思义，就是调整婚姻家庭关系的法律规范。具体来说，它是调整夫妻、父母子女及其他近亲属之间的人身关系和财产关系的法律规范的总和。对此，应从两个方面来理解：

1. 从调整范围上看，婚姻家庭法既调整婚姻关系，又调整家庭关系。关于结婚的条件和程序、夫妻间的权利和义务、离婚的条件和程序、离婚时财产的分割以及离婚后未成年子女的抚养等问题，都属于婚姻关系的范畴。婚姻关系因结婚而成立，因离婚或一方死亡而终止。家庭关系是基于结婚、出生、法律拟制等而发生，又可基于离婚、家庭成员死亡、拟制血亲关系解除等而消灭。确认家庭成员的身份，家庭成员之间的权利义务及其产生、变更和终止等方面的事项，均属于家庭关系的范畴。这一显著特征决定了婚姻家庭纠纷的特征及其解决方法与一般商事法律关系、知识产权法律关系、行政法律关系以及刑事法律关系的根本区别。

2. 从调整性质来看，婚姻家庭法既调整基于婚姻家庭而产生的人身关系，又调整基于婚姻家庭而产生的财产关系。其中，人身关系居主要地位，财产关系依附于人身关系，居于从属地位。婚姻家庭中的人身关系，是指存在于具有特定的亲属身份的主体之间、本身并无直接财产内容的社会关系，如夫妻之间因姓名、人身自由而发生的权利义务关系，父母对未成年子女因监护而发生的权利义务关系等；婚姻家庭中的财产关系，是指以人身关系为前提、直接具有财产内容的社会关系，这种财产关系只能随着人身关系的发生而发生、终止而终止，如夫妻之间因扶养、继承而发生的权利义务关系均以夫妻这一特定身份为前提，这也是婚姻家庭法上的财产关系区别于物权法和债权法上财产关系的主要标志。

二、《民法典》婚姻家庭编的亮点解析

（一）增设"离婚冷静期"

《民法典》婚姻家庭编第1077条[1]设定了30日的"离婚冷静期"，对登记离婚设置了门槛。离婚冷静期内，任何一方都可向婚姻登记机关撤回离婚登记申请；离婚冷静期后，双方应亲自前往婚姻登记机关申请办理离婚，若未申请，则视为撤回离婚登记申请。面对日益增高的离婚率，立法机关希望申请离婚的夫妻不要草率行事，在情绪冷静后确定是否有真实的离婚意愿，以降低冲动离婚的概率。以此来说，《民法典》婚姻家庭编设立"离婚冷静期"的目的是减少轻率冲动型离婚行为，降低不断激增的"闪离"现象所造成的诸如遗弃年迈的老人、不愿抚养年幼的子女、暴力伤害等一系列负面影响，从法律层面引导年轻人树立担当精神和责任意识。通过设立离婚冷静期制度，帮助产生婚姻危机的夫妻化解矛盾纠纷，保护当事人双方以及未成年子女等弱势群体的利益，维护家庭关系的和睦和社会秩序的稳定。[2]

从古至今，民间讲究的是"劝和不劝分""宁拆十座庙，不拆一桩婚"，这些都是在说家庭稳定的重要性、必要性。基层的民政工作者也注重离婚中的调解，而离婚冷静期制度的创设，将基层实践升华为法律条文，以立法的形式为民政婚姻登记部门履行婚姻挽救义务，规范行使行政权提供了明确的法律依据，使离婚登记程序更加规范，符合社会和个人情感的发展规律，使行政权更加人

---

〔1〕 参见《民法典》第1077条　自婚姻登记机关收到离婚登记申请之日起三十日内，任何一方不愿意离婚的，可以向婚姻登记机关撤回离婚登记申请。

前款规定期限届满后三十日内，双方应当亲自到婚姻登记机关申请发给离婚证；未申请的，视为撤回离婚登记申请。

〔2〕 参见党振兴：《民法典婚姻家庭编的制度价值和亮点解析》，载《成都行政学院学报》2020年第6期。

性化和富有温情，落实了法无授权不可为的行政法原则，填补了家事立法上的不足，为全面、积极保障父母、子女等各方当事人利益提供了规范。在登记离婚过程中设置一个月的离婚冷静期，促使婚姻关系出现危机准备离婚的夫妻双方对婚姻家庭、子女抚养、老人赡养等进行更加理性、冷静的思考，认真做好人生打算，尽好社会责任，为维护稳定的婚姻家庭关系，提供了深思熟虑的时间和空间，避免造成一生的懊悔。

《民法典》将“离婚冷静期”设置在“协议离婚”中。应该注意到，实践中并不是所有的协议离婚都是冲动离婚。对于存在如重婚、家暴、遗弃、恶习等情形的，若要求离婚双方也适用离婚冷静期的规定，则无法实现保护受害者及无过错方的利益。

（二）修订“婚前患有医学疾病”对婚姻效力的影响

1.“婚前患有医学疾病”不再构成婚姻无效事由，而构成“婚姻可撤销”事由。2001 年《婚姻法》第 10 条规定了婚姻无效的四种情形，分别是：（1）重婚；（2）有禁止结婚的亲属关系；（3）婚前患有医学上认为不应当结婚的疾病且婚后尚未治愈；（4）未到法定婚龄；第 11 条规定了因胁迫结婚的，受胁迫一方可申请撤销婚姻。《民法典》婚姻家庭编对无效和可撤销婚姻的情形作出了一定的修改，主要体现在《民法典》第 1051 条[1]将婚姻无效的情形减少至三种，删除了患有医学疾病的情形，而在第 1053 条[2]中增加了“可撤销婚姻”的情形，规定了一方在婚前患有重大疾病未如实告知时，另一方享有撤销权。

2. 疾病范围由“医学上认为不应当结婚的疾病”变更为“重大疾病”。2001 年《婚姻法》对“医学上认为不应当结婚的疾病”所涵盖的具体内容并无明确的法律规定。实践中，一般会结合《母婴保健法》《传染病防治法》《精神卫生法》

---

〔1〕 参见《民法典》第 1051 条　有下列情形之一的，婚姻无效：

（一）重婚；

（二）有禁止结婚的亲属关系；

（三）未到法定婚龄。

〔2〕 参见《民法典》第 1053 条　一方患有重大疾病的，应当在结婚登记前如实告知另一方；不如实告知的，另一方可以向人民法院请求撤销婚姻。请求撤销婚姻的，应当自知道或者应当知道撤销事由之日起一年内提出。

等相关法律进行判断。根据《母婴保健法》第 8 条的规定，婚前医学检查的疾病有：(1)严重遗传性疾病；(2)指定传染病；(3)有关精神病。同时根据第 9 条、第 10 条的规定，上述三类疾病患者在结婚时具有一定的限制：对患指定传染病在传染期内或者有关精神病在发病期内的准备结婚的男女双方应当暂缓结婚；对诊断患医学上认为不宜生育的严重遗传性疾病的，经男女双方同意，采取长效避孕措施或者施行结扎手术后不生育的，可以结婚。[1]

《民法典》则将上述疾病的适用范围进行了扩大，由"医学上认为不应当结婚的疾病"变更为"重大疾病"，但是并未明确规定"重大疾病"的适用范围。中国保险行业协会与中国医师协会共同发布的《重大疾病保险的疾病定义使用规范》对"重大疾病"的范围作出了规定。对可撤销婚姻中"重大疾病"情形的判断，也可结合"医学上认为不应当结婚的疾病"及《重大疾病保险的疾病定义使用规范》进行综合把握。

3. 对于疾病是否在"婚后尚未治愈"不再作要求。值得注意的是，2001 年《婚姻法》因疾病而认定为无效婚姻的前提是，当事人婚前患有医学上认为不应当结婚的疾病且婚后尚未治愈，即若当事人婚前患有医学上认为不应当结婚的疾病但婚后已经治愈的，该婚姻仍为有效婚姻。然而，《民法典》婚姻家庭编中对于当事人婚前患有重大疾病婚后是否治愈不再作要求，即只要当事人婚前患有重大疾病不尽如实告知义务，即使婚后其重大疾病已治愈，另一方仍可请求法院撤销该婚姻。不过，因重大疾病未告知而提出撤销婚姻请求的撤销权，受除斥期间的限制，除斥期间为 1 年，权利人自知道或者应当知道撤销事由之日起 1 年内提出。超过除斥期间，撤销权消灭，不得再以此理由提出撤销婚姻的请求。

(三)婚生子女的确认与否认制度

确认亲子关系，实质上是人们追求血缘真实和情感需求的需要。自然血缘关系与法律上的亲子关系相一致是现代社会中人们公认的一种理想状态。生父母因为与子女具有天然的血缘联系，是最适合抚养教育子女的人，夫妻也因

---

[1] 参见《母婴保健法》第 9 条、第 10 条。

抚育共同的子女而增进夫妻感情,增强婚姻的凝聚力,从而促进家庭的和谐与稳定。

1. 确认与否认亲子关系的诉讼

《民法典》第1073条[1]规定了父母或成年子女有请求确认亲子关系的权利。父母在有正当理由的情形下可以向法院起诉确认或否认亲子关系;成年子女在有正当理由的情形下可以向法院起诉确认亲子关系。当事人起诉请求法院确认或否认亲子关系的诉为民事诉讼中的确认之诉。依据该条规定,有资格提起确认或否认亲子关系之诉的主体主要是"父或母"。然而,在代孕[2]情形下,父或母的指向不确定。如基因父或母以血缘方面的证据,起诉要求否定实际抚养子女的意愿父母[3];代孕母亲在分娩后拒绝放弃孩子,意愿父母起诉对"分娩者为母"进行质疑等[4]。

2. 提出确认与否认亲子关系之诉的同时可提出请求支付/返还抚养费之诉

确认与否认亲子关系的诉讼属于确认之诉,请求支付/返还抚养费的诉讼属于给付之诉。当事人可以在同案中提出确认之诉和给付之诉,且确认之诉是给付之诉的前提条件。值得注意的是,针对夫妻一方因另一方隐瞒真相而受欺诈抚养了另一方与他人所生育子女的情形,根据《最高人民法院关于夫妻关系存续期间男方受欺骗抚养非亲生子女离婚后可否向女方追索抚养费的复函》(〔1991〕民他字第63号)的内容,需要结合具体案件具体分析,原引内容是因双方在离婚时,其共同财产已由男方一人分得,可不予返还。

3. 举证责任

我国《民事诉讼法》第67条第1款规定,当事人对自己提出的主张,有责任提供证据。同时根据《民法典》第1073条的规定,请求确认或否认亲子关系的

---

〔1〕 参见《民法典》第1073条 对亲子关系有异议且有正当理由的,父或者母可以向人民法院提起诉讼,请求确认或者否认亲子关系。

对亲子关系有异议且有正当理由的,成年子女可以向人民法院提起诉讼,请求确认亲子关系。

〔2〕 在我国现行法律制度框架下,代孕尚不被法律法规认可,通常被称为"非法代孕"。

〔3〕 意愿父母是指代孕语境下,主导了子女从受精卵到分娩出生全程的具有生育意愿的男女主体。

〔4〕 参见熊燕:《代孕视角下〈民法典〉亲子关系确认规则》,载微信公众号"上海二中院"2020年9月9日,https://mp.weixin.qq.com/s/dr_6JSrLwwpsiMAOBvaAjg。

一方向法院提起诉讼的前提是有“正当理由”，因此向法院请求确认或否认亲子关系的一方应承担相应的举证责任。

《民法典》提出“正当理由”要求，但没有给出确定的范围，对此可以参照《最高人民法院关于适用〈中华人民共和国民法典〉婚姻家庭编的解释（一）》第39条[1]中的“必要证据”的定义进行把握。“必要证据”应该是指足以使法官产生内心确信[2]，使举证责任产生转移的证据，如血型、DNA鉴定相符或不相符、载有父母子女关系的出生医学证明、对方与他人在特定时段同居、男女双方在特定时段有或没有同居生活等证据。此外，根据第39条的规定，请求确认或否认亲子关系存在的一方提出必要证据后，若另一方没有相反证据或拒绝做亲子鉴定的，人民法院可以推定请求确认或否认亲子关系一方的主张成立。

（四）将婚姻特别补偿请求权改为一般性请求权

2001年《婚姻法》第40条规定，在夫妻书面约定财产分别所有的前提下，离婚时，因抚育子女、照料老人、协助另一方工作等付出较多义务的一方有权请求另一方补偿。该种补偿请求权是在特定条件下才能实现的特别请求权。

《民法典》第1088条删除了2001年《婚姻法》所设置的特定条件，将该种补偿请求权确定为一般性请求权，并规定了双方协议优先，法院判决补足的补偿方式。此种修改拓宽了婚姻补偿制度的适用范围，可以更好地保护婚姻中弱势方的权益。

（五）提高对无过错方的保护力度

1. 增加了婚姻无效或者被撤销时无过错方的损害赔偿请求权。值得注意

---

〔1〕 参见《最高人民法院关于适用〈中华人民共和国民法典〉婚姻家庭编的解释（一）》第39条 父或者母向人民法院起诉请求否认亲子关系，并已提供必要证据予以证明，另一方没有相反证据又拒绝做亲子鉴定的，人民法院可以认定否认亲子关系一方的主张成立。

父或者母以及成年子女起诉请求确认亲子关系，并提供必要证据予以证明，另一方没有相反证据又拒绝做亲子鉴定的，人民法院可以认定确认亲子关系一方的主张成立。

〔2〕 法官的内心确信，是指法官在诉讼中，通过听取当事人的举证、质证、辩论、审阅卷宗、查找法律规范依据等活动，并运用既有的法律知识，按照一定的诉讼规则，对争议标的的证据采信、法律适用、裁判调整等问题，在内心形成某种确定且坚信的结论性意见，产生成竹在胸的感觉。

的是,《民法典》第1054条[1]增加了婚姻无效或者被撤销时无过错方的损害赔偿请求权,对无过错方的权益进行了进一步的保护,在价值导向上否定违法婚姻,并通过使用经济责任的方式制裁过错行为人。

2. 完善了离婚过错损害赔偿制度。2001年《婚姻法》第46条规定了在四种情形下,无过错方在离婚时有权请求损害赔偿,分别是:(1)重婚;(2)有配偶者与他人同居;(3)实施家庭暴力;(4)虐待、遗弃家庭成员的。

《民法典》第1091条[2]对此作出了修改,将"有配偶者与他人同居"修改为"与他人同居",并增加了第五种情形"有其他重大过错"。如此修改给予了法院充分的自由裁量权,拓宽了离婚过错损害赔偿制度的适用范围,例如,一方与他人发生性关系,但没达到同居的程度,经法院认定为具有重大过错的,无过错方同样可以请求获得损害赔偿。

3. 增加了离婚财产分配时应照顾无过错方的原则。《民法典》婚姻家庭编在第1087条[3]分配夫妻共同财产方面,增加了在双方无协议时人民法院按照照顾无过错方权益的原则。这反映立法者倾向于更好地保护离婚案件中无过错方利益的态度,以促使夫妻双方更好地履行婚姻中的忠实义务,维护良好的社会风气。

关于离婚损害赔偿请求权问题。《最高人民法院关于适用〈中华人民共和

---

〔1〕 参见《民法典》第1054条 无效的或者被撤销的婚姻自始没有法律约束力,当事人不具有夫妻的权利和义务。同居期间所得的财产,由当事人协议处理;协议不成的,由人民法院根据照顾无过错方的原则判决。对重婚导致的无效婚姻的财产处理,不得侵害合法婚姻当事人的财产权益。当事人所生的子女,适用本法关于父母子女的规定。

婚姻无效或者被撤销的,无过错方有权请求损害赔偿。

〔2〕 参见《民法典》第1091条 有下列情形之一,导致离婚的,无过错方有权请求损害赔偿:

(一)重婚;

(二)与他人同居;

(三)实施家庭暴力;

(四)虐待、遗弃家庭成员;

(五)有其他重大过错。

〔3〕 参见《民法典》第1087条 离婚时,夫妻的共同财产由双方协议处理;协议不成的,由人民法院根据财产的具体情况,按照照顾子女、女方和无过错方权益的原则判决。

对夫或者妻在家庭土地承包经营中享有的权益等,应当依法予以保护。

国民法典〉婚姻家庭编的解释(一)》第88条、第89条规定了离婚损害赔偿请求权的行使规则。损害赔偿请求权本质上属于债权请求权范畴,因此,应当受诉讼时效制度的规范。由于婚姻家庭编对离婚损害赔偿请求权没有作出特别规定,根据体系解释原则,应当适用《民法典》总则编有关诉讼时效的规定。根据《民法典》第188条[1]的规定,该请求权的诉讼时效期间为3年,以无过错方知道或者应当知道权利受到损害之日起计算。当然,由于离婚损害赔偿请求权是以离婚为前提,故即便在婚姻关系存续期间,已经知道对方存在《民法典》第1091条规定的情形,亦不宜以此计算诉讼时效。为尽量维护婚姻家庭的和谐稳定,尊重当事人对婚姻家庭的选择,同时最大限度地保障无过错方的权益,以离婚之日作为起算点较为合适。但实践中也存在如离婚之后才发现对方与他人同居的事实,则不以离婚之日,而以无过错方知道其权利受损害之日起算,能更好地保护无过错方的合法权益。此外,为维护社会秩序的稳定,该权利的行使原则上也应受20年最长时效的限制。当然,有特殊情况的,根据当事人申请,人民法院也可以决定予以延长。

(六)关于同居关系问题

应当说法律和司法解释已经没有"非法同居"[2]的规定,使用的是"同居""与他人同居"。《最高人民法院民事审判庭关于贯彻执行最高人民法院〈关于人民法院审理未办结婚登记而以夫妻名义同居生活案件的若干意见〉有关问题的电话答复》([90]法民字11号)明确了非法同居关系、事实婚姻关系的共同特征是未办结婚登记即以夫妻名义同居生活。我国《民法典》第1049

---

[1] 参见《民法典》第188条　向人民法院请求保护民事权利的诉讼时效期间为三年。法律另有规定的,依照其规定。

诉讼时效期间自权利人知道或者应当知道权利受到损害以及义务人之日起计算。法律另有规定的,依照其规定。但是,自权利受到损害之日起超过二十年的,人民法院不予保护,有特殊情况的,人民法院可以根据权利人的申请决定延长。

[2] 《关于人民法院审理未办结婚登记而以夫妻名义同居生活案件的若干意见》(1989年11月21日)规定了若干种非法同居的情形。

条[1]规定了结婚登记制度，从该条规定可以看出，法律倡导有结婚意愿的男女通过办理结婚登记的方式保护其合法权益，未办理结婚登记的，应当补办登记。

虽然单身适婚男女同居是当事人的自主选择，不再被认定为违法行为，但法律对该种行为是持否定态度的，未办理结婚登记的同居男女不具有夫妻之间的权利义务关系，相互之间的扶养、继承等有关身份的权利也将无法得到法律的保障。但是也应该看到，同居关系问题非常复杂，经过几十年的改革开放，经济社会生活以及人们的思想观念发生了巨大变化，同居群体的年龄结构、心理预期、财产形式等均与过去有很大不同，有些年轻人把同居作为婚姻的"前奏"或"过渡"，但从现实来看，结婚并不是同居的必然结果，以分手告终的同居也不在少数。[2] 男女同居虽然无法律之实，但也会产生很多法律上的问题，如非婚生子、双方财产问题等。《最高人民法院关于适用〈中华人民共和国民法典〉婚姻家庭编的解释(一)》第2条[3]对"与他人同居"进行了解释，从该解释可以看出，此处的"同居"不同于与结婚登记制度相对应的"同居"。按照一般意义上的理解，同居是指男女双方未经结婚登记而公开以夫妻关系同居生活所形成的社会关系。具体又可以分成：单身男女双方未经结婚登记，公开以夫妻名义同居生活，这是目前典型的同居关系；有配偶者与婚外异性公开以夫妻名义同居生活，即重婚同居，也是该第2条所指的内容。与此同时，在第3条明确了不予受理诉请解除同居关系，但可以受理同居期间财产分割和子女抚养纠纷。现行法律并未明确规定同居关系，也就是说，同居关

[1] 参见《民法典》第1049条　要求结婚的男女双方应当亲自到婚姻登记机关申请结婚登记。符合本法规定的，予以登记，发给结婚证。完成结婚登记，即确立婚姻关系。未办理结婚登记的，应当补办登记。

[2] 参见张亮：《结婚还是分手？流动青年同居者的关系转变研究》，载《当代青年研究》2023年第1期。

[3] 参见《最高人民法院关于适用〈中华人民共和国民法典〉婚姻家庭编的解释(一)》第2条　民法典第一千零四十二条、第一千零七十九条、第一千零九十一条规定的"与他人同居"的情形，是指有配偶者与婚外异性，不以夫妻名义，持续、稳定地共同居住。

系本身不具有法律上的权利义务内容,[1]故没有必要由人民法院通过判决的方式予以解除。

三、婚姻家庭法律的主要规定

(一)我国婚姻家庭法的基本原则

我国婚姻家庭法的基本原则包括:婚姻自由原则,一夫一妻原则,男女平等原则,保护妇女、儿童和老人的合法权益原则以及国家保护婚姻家庭原则。

1. 婚姻自由原则

婚姻自由作为婚姻家庭法的首要原则,是“意思自治原则”在婚姻家庭领域的体现。婚姻自由是法律赋予的一种权利,具体而言就是婚姻当事人有权根据法律的规定,决定自己的婚姻大事,不受任何人的强制和干涉。婚姻自由包括结婚自由和离婚自由。法律禁止包办、买卖婚姻和其他干涉婚姻自由的行为,禁止借婚姻来索取财物。

2. 一夫一妻制原则

一夫一妻制是指一男一女结为夫妻互为配偶的婚姻形式。按照一夫一妻制,任何人不得同时有两个或两个以上的配偶。一夫一妻制原则是指在婚姻关系中,男女双方只能与对方结婚,不得同时与其他人结婚。这是我国婚姻家庭法规定的基本原则之一。一夫一妻制原则的由来可以追溯到古代的欧洲和埃及。严格意义上的一夫一妻制从对偶婚发展而来,产生于欧洲,它的确立是文明时代开始的标志之一。根据一夫一妻制原则,禁止重婚,禁止有配偶者与他人同居。

3. 男女平等原则

联合国1948年《世界人权宣言》和1979年《消除对妇女一切形式歧视公

[1] 参见刘敏等:《〈关于适用民法典婚姻家庭编的解释(一)〉若干重点问题的理解与适用》,载《人民司法》2021年第13期。

约》等国际文献确立了平等原则和反歧视原则,[1] 婚姻家庭编确立夫妻婚姻家庭中男女平等的基本原则,这既是贯彻落实男女平等的宪法权利,亦为保障夫妻在婚姻家庭中享有平等的法律地位、避免制度性歧视提供依据和保障。男女平等原则是指男女两性在婚姻关系和家庭生活的各方面都享有平等的权利,承担平等的义务,不因性别差异而受到影响。例如,男女双方结婚以后的财产如无特别约定,属于双方共有;男女双方在赡养父母方面义务相同;继承发生时,男女具有同等继承权等。

4. 保护弱者原则

保护弱者原则,也即保护妇女、儿童和老人的合法权益原则,是指对妇女、儿童和老人的合法权益给予特殊保护。家庭是妇女、未成年人、老年人、残疾人等生活的基本社会单元,我国《民法典》婚姻家庭编第 2 条对该主体人员的合法权益的保护规定,体现了我国对妇女、未成年人、老年人等弱者的权益保护的原则,也是我国法律制度的一贯原则规定。[2] 妇女与男子在客观事实上存在差异,保护妇女的合法权益是对男女平等原则的必要补充,也是实现男女平等原则的有效保证。儿童和老人是需要他人照顾的弱势群体,他们的合法权益易受侵害,法律对他们的合法权益有予以特殊保护的必要。保护妇女、儿童和老人合法权益与男女平等是完全一致的,并不矛盾。

5. 国家保护原则

我国《宪法》第 49 条规定婚姻、家庭、母亲和儿童受国家的保护;《民法典》第 1041 条规定婚姻家庭受国家保护。可以说"婚姻家庭受国家保护"是整个婚姻家庭编内容的基石。婚姻家庭是社会重要的组织细胞,家庭的和谐稳定是社会和谐稳定的重要方面。将"婚姻家庭受国家保护"明确写进《民法典》,既是我国对家庭的重视,也是法治社会的重要体现。合法的婚姻家庭关

---

[1] 参见《世界人权宣言》第 7 条规定:"法律之前人人平等,并有权享受法律的平等保护,不受任何歧视……"《消除对妇女一切形式歧视公约》第 5 条规定:"缔约各国应采取一切适当措施:(a)改变男女的社会和文化行为模式,以消除基于性别而分尊卑观念或基于男女定型任务的偏见、习俗和一切其他作法……"第 16 条规定:"缔约各国应采取一切适当措施,消除在有关婚姻和家庭关系的一切事项上对妇女的歧视……"

[2] 参见张歆:《我国〈民法典·婚姻家庭编〉对弱者的保护功能》,载《法制博览》2021 年第 36 期。

系才会受到国家保护，符合法定结婚条件的男女在办理结婚登记后组建的婚姻家庭才算是我国合法的婚姻家庭关系。而同居、重婚或恋人关系均不属于《民法典》婚姻家庭编调整保护的“婚姻家庭关系”，也得不到婚姻家庭相关的法律保护。

（二）婚姻成立的条件和方式

1. 结婚的概念和特征

（1）结婚的概念

结婚，又称婚姻关系的建立，是指男女双方依照法律规定的条件和程序确立配偶关系的民事法律行为，并承担由此产生的权利、义务及其他责任。婚姻不仅是结婚双方当事人的私事，其还具有重要的社会意义。国家出于公共管理的需要，规定了结婚应当办理结婚登记。

（2）结婚的特征

①主体必须为男女双方；

②依照法律规定的条件和程序，即必须符合《民法典》婚姻家庭编所规定的实质要件和形式要件，否则不具有合法婚姻的效力；

③结婚行为的法律后果是确立配偶关系，既包括人身关系也包括财产关系。

2. 结婚的条件

（1）实质要件

①男女双方完全自愿；

②男女双方达到法定婚龄，我国法定婚龄为男性满 22 岁，女性满 20 岁；

③符合一夫一妻制；

④直系血亲和三代以内的旁系血亲禁止结婚。

（2）形式要件

结婚必须履行的形式要件为结婚登记，即男女双方必须亲自到婚姻登记机关进行结婚登记。我国将未进行婚姻登记而以夫妻名义共同生活的现象称为事实婚姻，对事实婚姻的处理原则如下：

①1994 年 2 月 1 日前确立同居关系并符合结婚实质要件的，仍可认定为事实婚姻，当事人之间形成夫妻关系。

②1994 年 2 月 1 日后形成的同居关系分两种。第一种,可以通过补办婚姻登记确立婚姻关系。男女双方补办结婚登记的,适用《婚姻登记条例》中有关结婚登记的规定。补办结婚登记后,其婚姻关系的效力从双方均符合 2001 年《婚姻法》所规定的结婚的实质要件时起算,即补办结婚登记的效力具有溯及力。第二种,如未补办结婚登记,性质上属于同居关系。当事人起诉要求解除同居关系的,人民法院不予受理。但因同居引起财产分割与子女抚养纠纷而起诉的,人民法院应当受理。认定为同居关系的,当事人之间不形成夫妻关系。同居期间因共同生活而形成的财产关系,按照共同共有关系处理。同居期间一方死亡的,另一方不能以配偶身份继承其遗产;当事人在同居期间所生子女属于非婚生子女,但法律地位与婚生子女相同。

3. 结婚的方式

结婚的方式大致分为三种:登记制、仪式制、登记与仪式结合制。结婚登记是婚姻登记机关依照法律法规的具体规定,为符合结婚条件的当事人办理结婚登记的法定程序。我国历史上结婚多采取仪式制,当事人通常按照民间习俗举行结婚仪式,根据不同的地方习俗,有的仪式是办酒席,有的仪式则采取宗教方式,还有的是通过村里德高望重的主婚人或者证婚人见证的方式。

我国历次《婚姻法》的修改都明确规定结婚应当办理结婚登记,即登记制。婚姻涉及重大社会利益,结婚双方必须办理登记,一方面可以通过婚姻登记机关的审查及时发现当事人是否符合结婚的实质性要件,避免近亲结婚或未到法定婚龄结婚等无效婚姻的出现,也有利于保护婚姻当事人的身体健康、提高生育质量;另一方面可以产生向社会和亲友公示的效果,有利于维护家庭和谐,保证一夫一妻制,减小重婚的发生概率。虽然传统的结婚仪式也有一定的公示功能,但在高速发展的现代社会,城市化不断推进,结婚仪式在“熟人社会”的乡村可能还有一定的公示功能,而在人口流动性大、陌生人社会的城市,其公示性已被大大削弱。此外,结婚登记作为婚姻关系成立的必备要件,也是国家作为公共事务的管理机关加强人口与户籍管理的需要。

（三）夫妻的权利和义务

1. 夫妻权利义务的类型

夫妻关系作为相对法律关系，既包括权利也包括义务，权利义务具有对等性，一方享有权利也意味着他方要承担义务。夫妻权利义务除具备一般民事关系的基本属性外，还具备自身的特殊属性。

从产生根据上分类，可分为法定的夫妻权利义务和约定的夫妻权利义务。法定的夫妻权利义务是直接依据法律规定产生而非当事人的约定，法定的夫妻权利义务主要有：夫妻双方都有各自使用自己姓名的权利；夫妻双方都有参加生产、工作、学习的自由，一方不得对他方加以限制或干涉；夫妻对共同财产有平等的处理权；夫妻间相互继承遗产的权利；夫妻间有相互扶养的义务等。[1]约定的夫妻权利义务是当事人自愿自行约定的权利义务，主要体现在夫妻可以通过签订“婚前财产协议”等方式约定婚后夫妻财产的归属，也可以通过约定“忠诚协议”“子女抚养协议”“居住协议”等方式，来约定夫妻之间的权利义务。

从法律性质上分类，主要分为夫妻人身权利义务和夫妻财产权利义务两种。此种分类的原因在于夫妻法律关系是夫妻关系内容中的一部分，是夫妻彼此的人身关系和财产关系的总称，[2]具有经济、感情、伦理和法律等多方面的社会内容，因此可分为夫妻人身权利义务和夫妻财产权利义务。首先，夫妻人身权利义务是基于夫妻关系具有人身性质的法律特征而产生的，它是夫妻双方在家庭中的人格、身份、地位等方面的权利义务。我国《婚姻法》中就有夫妻人身权利义务的规定，包括夫妻人身自由权、姓名决定权、计划生育义务、忠实义务。其次，夫妻财产权利义务是指夫妻双方在财产、扶养和财产继承等方面的权利和义务，它直接体现为一定经济内容，如规定夫妻共同财产制、夫妻互负扶养的财产权利义务、夫妻相互继承遗产的权利义务的内容。[3]

---

〔1〕 参见邢要乐：《论我国夫妻侵权及其责任制度的构建》，载《赤峰学院学报（汉文哲学社会科学版）》2014 年第 7 期。

〔2〕 参见张俊浩：《民法学原理》，中国政法大学出版社 1997 年版，第 5 页。

〔3〕 参见钟娜娜：《我国夫妻权利义务的构建研究》，四川师范大学 2016 年硕士学位论文，第 8～11 页。

2. 夫妻人身型权利义务

夫妻法律关系具有一系列的权利义务内容，即通常所谓的“夫妻间的权利和义务”，有关夫妻身份上的权利义务，如夫妻冠姓、同居义务、婚姻住所决定权、日常家事代理权、人身自由权、计划生育义务等，我国学理上通常称为“夫妻人身权利义务”。对于《民法典》第 1043 条[1]所确立的夫妻忠实义务、家庭美德等只是一种倡导性规定，并非强制性义务。《最高人民法院关于适用〈中华人民共和国民法典〉婚姻家庭编的解释（一）》第 4 条规定：当事人仅以《民法典》第 1043 条为依据提起诉讼的，人民法院不予受理；已经受理的，裁定驳回起诉。当事人为规避婚姻中的忠实伦理风险，自然会转而寻求契约的救济方式。夫妻忠诚协议即是双方在平等自愿的基础上用合同方式约定忠实义务后，通过追究对方违约责任来实现救济的途径。

（1）夫妻平等权

男女平等，是指男女两性在政治、经济、文化、社会和家庭等各个方面，享有同等的权利，负担同等的义务。法律上的男女平等原则是一项基本宪法原则，也是我国的国策。男女组建家庭后，其家庭地位平等权主要体现在人格的独立，互不依附；对家庭事务以及对外事务均具有发言、决策的权利等。另从家庭伦理情感的角度看，现代家庭中的男女平等更多地体现在以相互尊重为核心，并用各自的方式为这个家庭付出，而非一定要求男方做的家务跟女方一样多，女方赚的钱跟男方一样多。

（2）夫妻姓名权

有些国家的女性因为结婚而不得不冠男方的姓，我国香港特别特政区、澳门特别行政区也有“以夫之姓，冠妻之名”的存在，但我国内地是没有冠夫姓的。我们平常听到“王夫人”“李夫人”等称呼，其真正意思是“王先生的夫人”“李先生的夫人”。追溯到我国古代封建社会，婚姻多为男娶女嫁，男子在家中居于权力的中心，妻子依附于丈夫，自古便有“夫为妻纲”“妻从夫姓”的说法。当女子

---

〔1〕 参见《民法典》第 1043 条　家庭应当树立优良家风，弘扬家庭美德，重视家庭文明建设。

夫妻应当互相忠实，互相尊重，互相关爱；家庭成员应当敬老爱幼，互相帮助，维护平等、和睦、文明的婚姻家庭关系。

婚后嫁入夫家后，便冠以夫姓，妻子的人格被夫吸收，没有独立人格。中华人民共和国成立后，随着男女平等理念的深入，妇女有了独立使用自己姓名的权利，我国法律也明确规定了夫妻双方都有各自使用自己姓名的权利，不因建立婚姻关系而丧失自己的姓名。

(3)夫妻人身自由权

人身自由权是自然人最基本的权利。我国《宪法》第37条第1款规定："中华人民共和国公民的人身自由不受侵犯。"第42条第1款规定："中华人民共和国公民有劳动的权利和义务。"第46条第1款规定："中华人民共和国公民有受教育的权利和义务。"第48条第1款规定："中华人民共和国妇女在政治的、经济的、文化的、社会的和家庭的生活等各方面享有同男子平等的权利。"夫妻人身自由权是自然人人身自由权的具体体现。

受长期存在的"男主外，女主内"的传统文化影响，现实中，家庭经营分工多数以男性外出工作，女性照顾家庭、养育子女为主，男女性别的差异导致家庭分工存在不同。实践中也出现过一些一方以此为由，限制另一方参加生产、工作、社会活动的案例。应注意：一方限制对方人身自由、工作自由、受教育自由的，可作为"导致夫妻感情破裂"的情形。夫妻之间的生产、工作权利是平等的，若一方无理由限制干涉另一方自由，致使对方的权利无法正常行使，说明婚姻家庭的感情基础已经动摇，离婚可以成为解决此类争议的途径。

对此我国《民法典》第1057条[1]明确规定夫妻人身自由权，按照本条规定，家庭分工的前提是互相尊重、平等协商。夫妻之间应相互尊重，互谅互让、互相协商处理好生产、工作、学习和社会活动。夫妻行使人身自由权，应符合法律与社会主义道德的要求，还必须履行自己对家庭应承担的义务和责任，应结合家庭特有的伦理性特征，从有利于家庭的整体利益出发。夫妻双方均具有自主选择职业、接受教育和参加社会活动的自由，一方不能违背另一方意愿强行加以限制和干涉。

---

[1] 参见《民法典》第1057条 夫妻双方都有参加生产、工作、学习和社会活动的自由，一方不得对另一方加以限制或者干涉。

(4)对未成年子女抚养、教育和保护的权利义务

父母对子女保护的权利和义务主要包括人身保护和财产保护。人身保护包括居所决定权、法定代理权、交往权等;财产保护主要是子女财产及收益管理。父母的抚养、教育和保护虽然也表述为权利,但从未成年人利益最大化角度出发,更多地体现为义务。对未成年子女的抚养,是指父母应当保障未成年子女基本生活和教育所需。父母对未成年子女的抚养是无条件的,该义务始于子女出生,终于子女成年或能独立生活。父和母在抚养未成年子女上的权利义务是平等的。一方不履行抚养义务时,未成年子女享有请求支付抚养费的权利。抚养权是父母抚养子女的法定权利,是父母双方对其子女的一项人身权利。家庭功能之一就是繁衍生息,那么对于抚养孩子来说,男女双方具有平等的抚养权利和抚养义务,且不因婚姻关系是否存续而有所变化。

夫妻双方对未成年子女的教育享有平等的权利,夫妻一方无正当理由不得限制另一方对该项权利的行使。双方因为个人生活经验、素养、理念、方式等差异,导致在教育未成年子女上出现矛盾的,应当从保护未成年人的角度出发,通过协商方式统一教育理念。对于父母外出务工或其他原因而留守的未成年子女,父母应当与未成年子女就读学校定期联系交流,了解未成年子女的生活、学习和身心状况,或者通过电话、视频与未成年子女直接保持日常沟通联系等适当方式履行其教育义务,而不应放任不管。对于父母离异的未成年人,父或母一般是通过探望权的行使来实现教育权利和义务。未直接与未成年子女共同生活的一方通过行使探望权,可以满足父母对子女关心、爱护的情感需要,并及时充分了解子女的学习、生活情况,更好地对子女进行抚养、教育,这是实现父母亲权即身心照顾的方式之一。实践中,关于探望权的争议,最为常见的是与未成年子女共同生活的一方不予配合协助甚至阻碍探望,对此,法院的判决多在不伤害未成年子女的情况下,支持未与未成年子女共同生活的一方关于行使探望权的诉讼请求,以平等保障未与子女共同生活的父亲或母亲所享有的教育、保护权利和义务的履行。

(5)夫妻扶养义务

夫妻之间的扶养是指夫妻在物质上和生活上互相扶助、互相供养。这种权

利和义务双方是完全平等的,有扶养能力的一方必须自觉承担这一义务,尤其是在一方丧失劳动能力时,更应当履行这一义务。夫妻之间的扶养义务包括以下几个方面:第一,双方在婚姻关系存续期间,在生活上和物质上要相互扶助、给予供养;第二,夫妻一方生病时,另一方给予照顾或者送院治疗,承担相应的医疗和护理费用是法定义务;第三,配偶一方为无行为能力或者限制行为能力时,另一方有担任法定监护人的权利和义务。现实中,夫妻间主要有两种扶养方式:第一,直接扶养。直接扶养就是夫妻共同生活时,即使在夫妻双方存在财产约定的情况下,一方生病、丧失劳动能力的,对方也必须帮助医治和维持其生活。第二,间接抚养。间接扶养就是夫妻不居一处时,扶养义务人定期或不定期支付扶养费或给付实物,定期不定期帮助体力劳动和给予精神上的慰藉。间接扶养往往受扶养义务人的扶养能力限制,易产生纠纷。因此,夫妻间扶养应以直接扶养为主。

夫妻间扶养关系的特点有:第一,夫妻间扶养发生在法定的夫妻关系之间。非法同居关系不产生夫妻扶养义务,由于离婚而使婚姻消亡的男女双方也不存在扶养关系。第二,夫妻间扶养是夫妻对等的权利义务。既是各自的义务,又是各自的权利。丈夫有扶养其妻子的义务,妻子也有扶养其丈夫的义务。反之,夫妻任何一方均有受领对方扶养的权利。第三,夫妻间扶养需要受义务人扶养能力的限制,同时受权利人必须受扶养的限制。当扶养义务人不能维持自身的相应生活水平时,就得根据其余力决定扶养义务的范围。确属自身也丧失了劳动能力和收入时,同样就丧失了扶养义务,只能依靠国家救助解决。扶养权利人应以为了生存和发展而必需的、正当的要求为限,当扶养权利人过高地要求扶养义务人尽义务,即使扶养义务人有能力,也是不合理的。第四,合法的扶养义务具有法律强制性。当一方需要对方扶养时,需要扶养方就可以行使法律赋予的权利,要求对方履行扶养义务。如对方不履行义务,权利人就可以向法院提出扶养费纠纷之诉。

(6)日常家事代理权

家事代理权,是指夫妻一方在日常家庭生活需要的范围内,享有的代理另一方配偶实施法律行为并由另一方配偶对该法律行为承担连带责任的权利。日常家事代理权的行使一般认为以日常家事为限。日常家事是指夫妻双方及他们共同的未成年子女日常共同生活所必需的事项。通常包括购买家用食物、能源、衣着、正当的保健、娱乐、医疗,以及子女的教育、保姆的雇佣、亲友之馈赠、报纸杂志的订购等。

随着我国社会主义市场经济的发展完善,社会和家庭事务日趋繁杂,人们的生活节奏也逐渐加快,夫妻双方对家庭事务的处理越来越追求快捷、便利和安全。在婚姻共同体中,夫妻双方需共同撑起家庭所必需的生活担子,在日常家事的范围内,可以单独实施某种民事法律行为,从而提高夫妻双方处理家庭事务的效率。夫妻一方在日常家事范围内与第三人存在法律行为时,不必明示其代理权,可以直接以自己的名义、双方名义或者以另一方的名义为之,实施此类行为的后果则由夫妻双方共同承担。

夫妻一方实施家事代理行为时也可以与第三人进行明确约定,即明确约定责任由谁承担,打破当然共担债务规则。日常家事代理权制度作为一种代理制度,扩张了夫妻双方的意思自治,使夫妻双方在日常家务的处理中不必事必躬亲,从而突破了夫妻个人时间、精力上的局限性,满足了夫妻双方处理日趋复杂化、多样化的社会事务和家庭事务的需求。婚姻家庭中的财产关系,由于和人身关系密不可分,具有很大的隐秘性和模糊性,易损害交易第三人的利益,日常家事代理权制度确定了在日常家事范围内夫妻的法定代理权和连带责任,也就为交易中第三方利益的保护提供了切实的法律依据。

3. 夫妻财产型权利义务

(1)相互遗产继承权

《民法典》在婚姻家庭编明确了夫妻间有继承的权利,在继承编法定继承一章明确了配偶是第一顺位的法定继承人。夫妻间相互继承的权利发生于婚姻关系存续期间。夫妻间的继承基于相互之间的婚姻关系,因此,只有在婚姻关系存续期间,配偶一方死亡,另一方才有继承权。如果继承开始前,双方已经离婚了,则他方无继承权。生存配偶继承了死亡配偶遗产后,就取得了该遗产的所有权,可以行使占有、使用、收益、处分的权利,任何组织、个人都不得干涉生存配偶的上述权利,该权利并不因其是否再婚而有所改变。

事实婚姻的夫妻间是否有相互继承的权利？对待没有经过登记而结婚的事实，我国法律在不同时期有不同的态度。依照《最高人民法院关于适用〈中华人民共和国民法典〉婚姻家庭编的解释（一）》第 7 条、第 8 条的规定，未按《民法典》有关规定办理结婚登记而以夫妻名义共同生活的男女，同居期间一方死亡的，如果双方同居关系发生在 1994 年 2 月 1 日民政部《婚姻登记管理条例》（已废止，下同）公布实施以前，在一方死亡时，男女双方已经符合结婚实质要件的，双方成立事实婚姻，未死亡的一方可以配偶身份对死亡一方的遗产享有继承权。如果同居关系发生在 1994 年 2 月 1 日民政部《婚姻登记管理条例》公布实施以后，男女双方符合结婚实质要件的，在一方死亡前，双方已经补办了结婚登记手续的，则双方为合法的夫妻关系，未死亡的一方可以配偶身份继承死亡一方的遗产；若双方没有补办结婚登记手续的，则不具有合法夫妻关系，未死亡的一方不能够以配偶身份继承死亡一方的遗产。当然，如果双方确实在一起生活较长时间，且形成一定的扶养关系，符合酌情分得遗产的法定条件，则可以允许未死亡一方适当分得遗产。

（2）夫妻共同财产权

我国主要实行法定夫妻共同财产制，从中国社会文化及心理建构角度考虑，绝大多数的夫妻适用法定夫妻共同财产制。我国《民法典》第 1062 条列举了夫妻共同财产的范围。夫妻对共同财产享有平等所有权，双方对夫妻共同财产的权利相同，共同共有不区分份额，不考虑对共同财产积累的直接贡献或者间接贡献大小，不受双方收入状况等情形的影响，夫妻双方在共同财产之上均拥有完整所有权。

（3）夫妻个人财产权

夫妻个人财产权，是指夫妻在实行共同财产制的前提下，依照法律的规定或者夫妻之间的约定，各自保留的属于个人所有的一定范围财产的权利。既包括个人婚前财产，也包括婚姻关系存续期间的个人财产，除法律规定的个人财产外，也承认当事人约定的个人财产。

随着个人财富不断增长，个人财产、夫妻共同财产投入商业活动日益常见，个人财产保护意识显著增强，个人利益诉求日益趋强，婚姻脆弱化现象呈现，再加之离婚、再婚增多,从而导致家产分配时利益主体多元和分配方式多样化。我国《民法典》第 1063 条列举了夫妻一方的个人财产范围。

(4)夫妻财产约定权

现代社会夫妻财产关系日趋复杂,除法定的当然共财共债外,法律规定了夫妻之间也可以实行约定财产制。《民法典》第 1065 条规定,男女双方也可以书面形式约定婚姻关系存续期间所得的财产以及婚前财产归各自所有、共同所有或者部分各自所有、部分共同所有。夫或者妻一方对外所负的债务,相对人知道该约定的,以夫或者妻一方的个人财产清偿。夫妻财产制约定不强制履行公证、登记或报备等程序,但是约定应当采用书面形式。

(5)夫妻共同财产分割权

《民法典》第 1066 条规定了婚内分割夫妻共同财产请求权,在审判实践中,财产或经济争议通过合理切割财产利益的办法化解纠纷,有利于保全婚姻。虽然法律没有规定此种情形下的分割原则,但从《民法典》婚姻家庭编规定男女平等、保护妇女权益等原则看,婚内分割夫妻共同财产时也应照顾女方。

离婚时夫妻共同财产分割,由双方协议处理;协议不成的,由人民法院判决分割。法院判决时,考虑财产的具体情况,照顾子女利益,照顾女方,照顾无过错方权益。修订后的《妇女权益保障法》第 67 条规定,离婚诉讼期间,夫妻双方均有向人民法院申报全部夫妻共同财产的义务。夫妻一方申请查询登记在对方名下财产状况且确因客观原因不能自行收集的,人民法院应当调查取证,有关部门和单位应予以协助。离婚诉讼期间,一方隐藏、转移、变卖、损毁、挥霍夫妻共同财产,或者伪造夫妻共同债务企图侵占另一方财产的,在离婚分割夫妻共同财产时,对该方可以少分或者不分财产。此外,配偶一方死亡时,除有约定外,应当先将夫妻共同财产的一半分出来归生存配偶所有,剩余一半才是被继承人的遗产。遗产是在家庭共同财产中的,也应将被继承人的遗产从共同财产中分割出来。在前述任何一种情形下,当事人各方均有权协商分割。[1]

---

〔1〕 参见蒋月:《立法保护夫妻共同财产权》,载中国社会科学网 2023 年 3 月 8 日,https://www.cssn.cn/fx/xr/202303/t20230309_5602208.shtml。

(6)离婚时的经济补偿请求权

我国《民法典》第 1088 条规定了离婚时的经济补偿请求权,夫妻一方在家庭生活中付出较多义务,离婚时有权向另一方请求补偿,另一方应当给予补偿。经济补偿的数额,应当由双方协商解决。协商不成的,向法院起诉,由人民法院判决。

(7)离婚时无过错方的损害赔偿请求权

离婚时无过错方的损害赔偿请求权,是指夫妻一方因为过错实施法律规定的违法行为,妨害婚姻关系和家庭关系,导致夫妻离婚,过错方应当承担的损害赔偿责任。损害赔偿包括物质损害赔偿和精神损害赔偿。离婚损害赔偿的诉讼时效为三年。诉讼时效期间自权利人知道或者应当知道权利受到损害以及义务人之日起计算。法律另有规定的,依照其规定。但是,自权利受到损害之日起超过二十年的,人民法院不予保护,有特殊情况的,人民法院可以根据权利人的申请决定延长。无过错的夫妻一方在婚姻登记机关办理离婚登记手续后,可以在办理离婚登记手续诉讼时效期满前向法院提出损害赔偿诉讼请求。实践中,需要注意的是无过错方作为原告基于该请求权向法院提起损害赔偿请求的,必须在离婚诉讼的同时提出。无过错方作为被告的,可以在离婚后诉讼时效期满前就此损害赔偿请求单独提出诉讼,如果在一审时没有提出,二审期间提出的,法院应当进行调解,调解不成的,另行起诉。

上述是法律明确规定的夫妻之间应有的哪些权利和义务,法律是底线,是维护家庭稳定、夫妻权益的最后防护网。婚姻不是一方对另一方的索取,而是相互给予和付出。

4. 学理上的夫妻权利义务

(1)婚姻住所决定权

在中国的传统文化中,男娶女嫁,妻从夫居,婚后住所决定权专属于夫,这既是丈夫的权利,同时更是一种义务,即应由夫提供婚后住所。即使是在今天,许多青年人结婚后即脱离双方父母,成立自己的家庭,在大多数人看来提供住所仍属夫家的“义务”。从我国民众婚嫁习惯来看,在城乡特别是在乡村一般是由男方准备结婚用房即不动产,女方准备家具、电器等日常生活用品即动产。[1] 迄今为止,我们尚未见到关于夫妻一方因侵犯对方"住所决定权"而被起诉的案例。当代外国法实行夫妻平等,多数立法例采取婚姻住所"协商一致主义"。如法国和瑞士等国民法均规定婚姻住所应由夫妻双方共同决定,一方不同意他方的决定时,并无服从的义务。[2] 婚后住所实际上也是依从传统文化而为法律认可的一种现象。不论采用哪种立法模式的国家,都不可能干预夫妻双方对住所的任意约定。

(2)夫妻同居义务

夫妻同居,除了有共同的婚姻住所外,还包括夫妻间的夫妻生活、夫妻共同的精神生活(相互理解、慰藉)、夫妻互相扶助(救助)等内容。我国现行法对婚内夫妻同居义务没有从正面作出明确规定,只有"禁止有配偶者与他人同居""夫妻应当相互忠实,互相尊重"等夫妻同居的宏观规定。随着社会进步和人们思想的解放,夫妻之间履行"同居义务"并不再是难以启齿的事情,而逐渐为人们所广泛认可和接纳。事实上,司法实践中也承认并支持了"夫妻同居协议"这类约定,"同居义务"这一概念已经被相当一部分群众接受。一般认为,因婚姻关系的成立,夫妻应以配偶身份共同生活,这是婚姻本质上的当然要求。至于婚后是否同居,应当属于个人及家庭生活隐私的范畴,法律不宜过问。因涉及夫妻双方的人身自由,这一义务并无法律强制效力,既不能也不可能强制义务人履行同居义务。因为任何强制公民履行同居义务的法律,都是违背宪法所确认和保护的公民基本人身自由权利的,既不符合现代社会尊重和保护人权的基本理念,也构成违宪。夫妻一方不履行同居义务,可认定为遗弃行为,构成离婚的原因。[3] 也有观点认为,只要求"夫妻间应相互忠实"而没有提及履行"同居义务"方面的要求,显然是不完整的。在婚姻家庭法理论中,"同居义务"与"忠

---

〔1〕 参见马忆南:《何以用财产法规则处置》,载《法制日报》2011 年 8 月 25 日,第 7 版。

〔2〕 参见《法国民法典》,罗结珍译,中国法制出版社 1999 年版,第 73 页;《瑞士民法典》,殷生根、王燕译,中国政法大学出版社 1999 年版,第 44 页。

〔3〕 参见马忆南:《论夫妻人身权利义务的发展和我国〈婚姻法〉的完善》,载《法学杂志》2014 年第 11 期。

实义务”是紧密联系的,二者相互补充又各有侧重。明确夫妻“同居义务”的意义在于,它不仅是一种伦理要求和道德义务,更是法律义务,也就是说,违反“同居义务”导致一方受伤害甚至离婚的,他(她)可以请求对方给予损害赔偿。如此,法律不仅可以引导和督促婚姻当事人正确地履行婚姻家庭生活的义务,也可以及时将受伤害的当事人从不幸的婚姻中解救出来,并尽可能地使其获得身心上的慰藉。[1]

(3)夫妻忠实义务

随着公民法律意识增强、妇女地位提高,在婚姻家庭法司法实践中,案件争议焦点已经不像以往仅局限在离婚、财产分割、子女抚养权等问题上。近年来出现的“夫妻忠诚协议”,就为其中之一。对于夫妻忠诚协议的定义,法律上没有规定。通说认为,“夫妻忠诚协议是指具有合法婚姻关系的夫妻双方所约定的夫妻双方不得违反的婚外性行为义务、约定违约责任、以变更夫妻人身权利义务或财产权利义务为内容的协议,目的是维系夫妻双方婚姻关系的持续稳定,或者是为了惩罚有过错方而达成的协议”。我国《民法典》婚姻家庭编规定了夫妻忠实,但没有确立“夫妻忠实义务”。《最高人民法院关于适用〈中华人民共和国婚姻法〉若干问题的解释(三)(征求意见稿)》第4条[2]曾经规定了对“忠诚协议”纠纷的处理,《最高人民法院关于适用〈中华人民共和国婚姻法〉若干问题的解释(三)》(已废止,下同)最终在出台时采取了回避的态度。

但有关夫妻忠诚协议的效力问题的争议并没有停止,有人认为无效,有人认为有效。[3] 对于夫妻可否通过忠诚协议的形式将忠诚义务转化为须承担责

---

〔1〕 参见周雍、罗师:《对民法典婚姻家庭编的七点建议》,载江西省法学会官网,https://www.jxzfw.gov.cn/jxfxh/2018/0629/201806298538.html。

〔2〕 参见《最高人民法院关于适用〈中华人民共和国婚姻法〉若干问题的解释(三)(征求意见稿)》第4条　夫妻一方以婚前或婚后双方所签订的相互忠实、违反予以赔偿的财产性协议主张权利的,人民法院不予受理;已经受理的,裁定驳回起诉。

〔3〕 参见夏吟兰等主编:《婚姻家庭法前沿——聚焦司法解释》,社会科学文献出版社2010年版,第54~59页;程新文、吴晓芳:《当前婚姻家庭案件中的若干新情况新问题》,载《民事审判指导与参考》(第2集),法律出版社2007年版,第7页。

任的强制性义务,存在支持与反对两种声音。支持者认为,在法律已规定夫妻间忠诚义务的情况下,“忠诚协议”是通过协议的方式要求夫妻双方应当互相忠实、互相尊重,其内容不仅不违背社会公德,反而是符合社会主流道德观的,理应获得法律的尊重。反对者认为,法律规定的忠诚义务仅是一种道德义务,而不是法律义务,法院无法通过判决的形式要求当事人强制履行道德义务。法律调整人们的行为,无法干预人们的思想情感。对于夫妻忠诚这样的道德问题,应当主要依靠道德的力量来调整。夫妻即使自愿以协议的形式将夫妻忠诚的道德义务转化为法律义务,也存在变相以金钱去衡量忠诚的嫌疑,法院判决将面临道德风险。因此,夫妻“忠诚协议”应当由当事人本着诚实信用原则自觉履行,不能赋予其强制执行力。

在实践中,虽然裁判者对协议的定性问题采取回避的态度,但这不意味着夫妻一方违反忠诚义务可以不承担任何法律责任。[1] 违背夫妻忠诚义务的行为,主要表现为通奸、与他人同居、卖淫、嫖娼、重婚等。这些行为严重伤害了夫妻之间的感情,损害了一夫一妻制的法律尊严,侵害了婚姻中无过错方的合法权益。法律不认可的是通过“忠诚协议”的方式要求违反忠诚义务的一方承担违约责任。但是,在符合法定条件的情况下,法律赋予了无过错方在离婚时的损害赔偿请求权。

(4)夫妻生育权

所谓生育权,是指公民依法通过两性自然或人工授精受孕、怀胎、分娩以及无性生殖的方法,繁衍养育后代的权利。根据《人口与计划生育法》第17条的规定,公民有生育的权利,也有依法实行计划生育的义务,夫妻双方在实行计划生育中负有共同的责任。也就是说,生育权是男女双方共同的权利,那种只认为女性有生育的权利而男性没有生育权利的观点是错误的。《妇女权益保障法》第32条规定,妇女依法享有生育子女的权利,也有不生育子女的自由。该条主要从保护妇女生育权的角度阐释,妇女的生育权既包括生育的权利也包括

---

〔1〕 参见李婧:《略析“夫妻忠诚协议”的司法立场》,载中国法院网,https://www.chinacourt.org/article/detail/2015/04/id/1581593.shtml。

不生育的自由。之所以法律给女性如此充分的权利，是因为在现代社会中，女性仍处于弱势地位，在照顾、抚育子女方面履行着更多的义务，在怀孕、生育和哺乳方面更是承担着丈夫无法代替的艰辛和风险。

在2001年《婚姻法》第2条[1]规定的基础上，《民法典》第1041条删除了“实行计划生育”的规定，不再将其作为婚姻家庭法基本原则。夫妻双方有不生育的自由，任何人包括丈夫不得强迫或干涉。也就是说，生育权也包括“不生育”的权利，男女任何一方都可以决定生育或者不生育，对方无权干涉。和我国的宗教信仰自由有异曲同工之义。但事实上，夫妻任何一方生育权的实现都需要对方的配合，且女性实际承担了怀孕、分娩的责任，因此女性相较于男性，对生育权享有更优先的支配地位。而男性享有的此项绝对权，其实并不“绝对”，这样就产生了男性生育权在法理与现实中的不对等，从而引发争议。对此，法院的判决不一，各方的争议也颇大。在生育权的性质认定上主要存在三种观点，即“人格权说”“身份权说”“折中说”。《最高人民法院关于适用〈中华人民共和国民法典〉婚姻家庭编的解释(一)》[2]专门对此作了规定。在权利具体实施的过程中，由于男女身体状况的差异，必然是女性作为孕育胎儿的主体。怀孕的母亲在这个过程中不得不承受焦虑、痛苦以及身体上的不适，这是其他人难以体会的。所以在法律价值取向上对妇女作更多的倾向性保护，是符合法益均衡精神的。

(四)离婚的条件和程序

我国合法的离婚途径主要有两种：协议离婚(又称登记离婚)和诉讼离婚(又称调解、判决离婚)。

1. 协议离婚

协议离婚又称登记离婚，是指夫妻双方自愿离婚，就子女抚养、财产处理等

[1] 参见《婚姻法》(已废止)第2条　实行婚姻自由、一夫一妻、男女平等的婚姻制度。保护妇女、儿童和老人的合法权益。实行计划生育。

[2] 参见《最高人民法院关于适用〈中华人民共和国民法典〉婚姻家庭编的解释(一)》第23条　夫以妻擅自中止妊娠侵犯其生育权为由请求损害赔偿的，人民法院不予支持；夫妻双方因是否生育发生纠纷，致使感情确已破裂，一方请求离婚的，人民法院经调解无效，应依照民法典第一千零七十九条第三款第五项的规定处理。

问题达成一致，签订书面离婚协议，并亲自到婚姻登记机关（一方户口所在地的婚姻登记机关）申请离婚登记。

（1）协议离婚中办理离婚登记需要满足以下几个条件：

①双方有合法的婚姻关系

即双方办理过结婚登记，持有结婚证。现实中，会有一些同居的男女双方，去民政局办理离婚，但同居在法律上自始至终都不存在婚姻关系，既然不存在婚姻关系，那么肯定无法办理离婚登记。

②双方自愿离婚

双方当事人对离婚的意愿必须是真实的、一致的，通过欺诈、胁迫达成的离婚协议，不予办理离婚登记。

③双方当事人须具有民事行为能力且亲自前往

无民事行为能力人或限制民事行为能力人申请办理离婚登记，婚姻登记机关不予办理，如精神病人想要离婚，只能通过诉讼方式；离婚登记不得由他人代办，只能本人亲自前往婚姻登记机关办理。

④双方对子女抚养、财产及债务已达成协议

协议内容应包括离婚后子女由哪方行使直接抚养权，子女抚养费的负担及其数额、期限和给付方法，非直接抚养方对子女的探视时间、方式等；夫妻共同财产的分割，债务的清偿、离婚补偿、离婚损害赔偿以及对生活困难一方的经济帮助等，协议应当符合男女平等、保护妇女和子女合法权益的原则。

⑤男女双方到婚姻登记机关办理离婚登记时，还需要提交《婚姻登记条例》规定的证明材料，如身份证、户口簿，另外需注意该婚姻登记处是否具备管辖权等条件，如办理离婚登记需要去一方户口所在地的民政局。

（2）协议离婚登记的流程

①申请

当事人申请自愿离婚的，双方应当共同到一方常住户口所在地的婚姻登记机关申请离婚登记。申请时，应当出具下列证件：户口簿、身份证、本人的结婚证，双方当事人共同签署的离婚协议书。除应当出具上述规定的证件、证明材料外，我国香港特别行政区居民、澳门特别行政区居民、台湾地区居民还应当出具本人的有效通行证、身份证，华侨、外国人还应当出具本人的有效护照或者其他有效国际旅行证件。

②审查

婚姻登记机关应当对当事人出具的有关材料进行严格的审查。审查过程最主要的是对离婚登记当事人出具的证件、证明材料进行审查并询问相关情况。如审查双方当事人对于离婚是否达成一致意见，有无欺诈、胁迫、弄虚作假等违法现象，对子女安排和财产分割是否合理等。当事人应当提供真实情况，不得隐瞒或者欺骗。婚姻登记机关发现离婚当事人有违反《民法典》的行为，应当进行批评教育，不予登记。对于触犯《刑法》的，应当追究刑事责任。

③离婚冷静期

目前，我国《民法典》在协议离婚部分增加了离婚冷静期的规定[1]，自婚姻登记机关收到离婚登记申请之日起30日冷静期内，任何一方不愿意离婚的，可以向婚姻登记机关撤回离婚登记申请。冷静期届满后30日内，双方应当亲自到婚姻登记机关申请发给离婚证；未申请的，视为撤回离婚登记申请，即双方需要在申请离婚登记30日后再共同到婚姻登记机关申请发给离婚证，婚姻登记机关才给予登记离婚。

④登记

婚姻登记机关经过审查后，对当事人确属自愿离婚，已经对子女抚养、财产、债务等问题达成一致处理意见的，且度过离婚冷静期的，应当予以登记，发给离婚证，正式解除双方当事人之间的婚姻关系。

---

〔1〕为了维护家庭的稳定、防止草率离婚，《民法典》在协议离婚部分增加了离婚冷静期的规定，在上述第二个步骤之后增加了离婚冷静期的内容，自婚姻登记机关收到离婚登记申请之日起30日冷静期内，任何一方不愿意离婚的，可以向婚姻登记机关撤回离婚登记申请。冷静期届满后30日内，双方应当亲自到婚姻登记机关申请发给离婚证；未申请的，视为撤回离婚登记申请，即双方需要在申请离婚登记30日后再共同到婚姻登记机关申请发给离婚证，婚姻登记机关才给予登记离婚。离婚冷静期是法律上的新鲜事物，引起了社会的广泛热议。《民法典》设置30天的离婚冷静期是给男女双方一个理性思考的机会，向婚姻当事人发出了珍惜婚姻、反对草率离婚的信号，体现了国家对于维护婚姻稳定的态度和决心。

(3)基本时长

相较于诉讼离婚,协议离婚程序比较简单,所需时长较短。但是根据法律规定,双方需要经过30天的离婚冷静期,在冷静期届满后的30日内到线下办理离婚登记。如果双方拟定离婚协议、办理线上预约登记都较为顺利,则协议离婚大概需要2个月。

2. 诉讼离婚

诉讼离婚,是指夫妻一方要求离婚的,可以直接向人民法院提起离婚诉讼。

夫妻任何一方均可向人民法院提起离婚诉讼,其中提起诉讼的一方为原告,另一方则为被告。原则上没有时间限制,但根据《民法典》的规定,女方在怀孕期间、分娩后一年内或者终止妊娠后六个月内,男方不得提出离婚。女方提出离婚或者人民法院认为确有必要受理男方离婚请求的除外。

(1)判决离婚需要的条件

当协议离婚行不通时,诉讼离婚就成了唯一的选择。是不是只要到法院起诉离婚,法院一定会判离?答案是否定的,法院审理离婚诉讼,判断应否判决准予离婚是有严格条件的。从《民法典》第1079条〔1〕第2款规定来看,法院判决离婚诉讼依据的唯一的标准是"夫妻感情是否确已破裂"〔2〕。正所谓"清官难

---

〔1〕 参见《民法典》第1079条　夫妻一方要求离婚的,可以由有关组织进行调解或者直接向人民法院提起离婚诉讼。

人民法院审理离婚案件,应当进行调解;如果感情确已破裂,调解无效的,应当准予离婚。

有下列情形之一,调解无效的,应当准予离婚:

(一)重婚或者与他人同居;

(二)实施家庭暴力或者虐待、遗弃家庭成员;

(三)有赌博、吸毒等恶习屡教不改;

(四)因感情不和分居满二年;

(五)其他导致夫妻感情破裂的情形。

一方被宣告失踪,另一方提起离婚诉讼的,应当准予离婚。

经人民法院判决不准离婚后,双方又分居满一年,一方再次提起离婚诉讼的,应当准予离婚。

〔2〕《最高人民法院关于人民法院审理离婚案件如何认定夫妻感情确已破裂的若干具体意见》[法(民)发〔1989〕38号]规定了判断标准,但对此有两种说法:一说在2001年《婚姻法》修改后,在审判实践中基本不再使用,但也没有明确予以废止,其对认定婚姻关系破裂的思路,仍然具有一定的指导意义;二说针对《民法典》第1079条列举之外的其他导致夫妻感情破裂的情形,可参照。

断家务事”，如何认定夫妻感情确已破裂，是一道模糊的算术题。

《民法典》第1079条列举了应准予离婚的多种情形，采用概括与列举相结合的立法模式，使离婚的法定理由具有可操作性。认定夫妻感情是否确已破裂，应当从婚姻基础、婚后感情、离婚原因、夫妻关系的现状和有无和好的可能等案件的客观事实方面综合分析。夫妻感情，是指夫妻双方相互关切、敬重、忠诚、喜爱之情，是夫妻关系存续的基础。夫妻感情确已破裂，在理论上是指夫妻感情破裂的程度已发展成真实的、完全的、长久的和无可挽回的破裂。除列举的应当准予离婚的五种情形外，对一方向被宣告失踪的人提出的离婚诉讼，应准予离婚。这种规定是为了尽早结束已经名存实亡达两年以上的婚姻关系，使当事人能够开始新的生活。法院受理了原告对被宣告失踪的人提起的离婚诉讼后，对下落不明一方可用公告的方式送达诉讼文书。为了避免多次起诉离婚均不准离婚情形的出现，《民法典》规定，经人民法院判决不准离婚后，双方又分居满一年，一方再次提起离婚诉讼的，应当准予离婚。此规定与离婚冷静期的规定相互补充，既避免草率离婚现象的出现，又保障了当事人离婚的权利。

为体现对军婚的特殊保护，《民法典》规定，现役军人的配偶要求离婚，应当征得军人同意，但是军人一方有重大过错的除外。这里的军人指的是现役军人，包括现役士兵和现役军官。中国人民武装警察部队虽然不属于中国人民解放军的编制序列，但是，在婚姻问题上仍按现役军人婚姻问题处理。这里的重大过错一般是指以下几种情形：①重婚或者与他人同居的；②实施家庭暴力或虐待、遗弃家庭成员的；③有赌博、吸毒等恶习屡教不改的；④有其他重大过错行为导致夫妻感情破裂的。其他重大过错行为主要是指其他严重违背社会公德，并对夫妻感情造成严重伤害的行为，如强奸妇女、奸淫幼女、嫖娼等违法犯罪行为等，可以认定为重大过错行为。

为体现对妇女权益的保护，根据《民法典》第1082条的规定，女方在怀孕期间、分娩后一年内或者终止妊娠后六个月内，男方不得提出离婚。女方提出离婚或者人民法院认为确有必要受理男方离婚请求的除外。本条对特殊时期男方离婚诉权作出了限制。但是，女方提出离婚或者人民法院认为确有必要受理男方离婚请求的除外。至于“确有必要”具体是指哪些情形，在实践中，由人民法院根据具体情况认定。

(2)诉讼离婚的程序

诉讼离婚的程序基本可以分为三个阶段：

第一是起诉和答辩阶段。当事人起诉离婚案件，应当由原告向人民法院提出。离婚案件应当由被告住所地人民法院管辖，被告住所地与经常居住地不一致的，由经常居住地人民法院管辖。具体的管辖问题，《最高人民法院关于适用〈中华人民共和国民事诉讼法〉的解释》第 12 条至第 16 条作了具体规定。

第二是调解阶段。调解是审理离婚案件的必经程序。调解离婚是诉讼离婚的一种方式。因为诉讼中的调解，是人民法院行使审判权的重要方式，调解书确认的条款具有与判决书同样的法律效力，因此，法院调解与诉讼外的调解具有本质的不同。经过调解，如果当事人同意和好，由原告撤诉或者将和好协议记录在案，即可终止离婚诉讼。如果达成调解协议，法院则按照调解协议制作调解书，送达当事人，婚姻关系即告解除。如果调解无效，法院则应当做裁判的工作。

第三是审理判决阶段。对于调解无效的离婚案件，人民法院应当依法判决。无论是判决准予离婚还是不准离婚，当事人都可以在收到判决书的次日起 15 日内提出上诉。如果在上诉期内没有上诉的，一审判决发生法律效力。当事人上诉引起二审程序的，二审人民法院仍然可以进行调解，调解无效的，依法作出准予离婚或者不准离婚的判决，判决书一经送达即发生法律效力。当事人对于已经发生法律效力的解除婚姻关系的判决、调解书，不得申请再审。当事人就离婚案件中财产分割问题申请再审的，如涉及判决中已分割的财产，符合再审条件的，可以申请再审；如涉及判决书中未处理的夫妻共同财产的，则应另行起诉。

(3)基本时长

在司法实践中，处理离婚诉讼案件，法院基本采取“首判不离”的态度。根据《民法典》第 1079 条的规定，准予离婚的法定事由包括：重婚或者与他人同居；实施家庭暴力或者虐待、遗弃家庭成员；有赌博、吸毒等恶习屡教不改；因感情不和分居满二年；其他导致夫妻感情破裂的情形。若无明确证据证明存在上述 4 种具体情形，法院通常不认定夫妻感情确已破裂，一般判决不予离婚。原告须在判决生效6个月后才能再次起诉离婚。也就是说,除满足法律明确规定的情形外,原告方至少要起诉两次,间隔时间就要超过6个月。再加上原告提起诉讼申请后,法院审查立案的时间、案件审理期限(普通程序6个月,简易程序3个月),多数人通常要一年才能实现诉讼离婚。如果夫妻双方的共同财产数量较多,利益纠纷复杂,或者离婚会涉及其他家庭成员利益的,在离婚诉讼中解决这些问题也会拖延离婚进度。

(五)无效婚姻和可撤销婚姻

1. 无效婚姻

无效婚姻,是指不符合结婚实质要件但已办理结婚登记的男女两性的结合。

我国《民法典》规定,婚姻无效的情形包括:(1)重婚,指有配偶又与他人结婚或者明知他人有配偶而与之结婚的行为(申请主体:当事人的近亲属及基层组织);(2)有禁止结婚的亲属关系(申请主体:当事人的近亲属);(3)未达到法定婚龄(申请主体:未达法定婚龄者的近亲属)。

婚姻的无效只能由法院宣告,婚姻效力本身的诉讼不得调解,不得撤诉。婚姻关系被宣告无效后,涉及财产分割和子女抚养的,应当继续审理,可调解的,另行制定调解书。离婚案件和无效诉讼同时存在时,无效优先,因为一旦无效就不存在离婚的前提了。夫妻一方或者双方死亡后1年内,生存一方或者利害关系人申请宣告婚姻无效的,人民法院应当受理。

2. 可撤销婚姻

可撤销婚姻,是指已经成立的婚姻关系,因欠缺婚姻合意,有撤销权的一方可以向人民法院请求撤销的违法两性结合。以下两种情况可以申请撤销婚姻:一是因胁迫结婚的,受胁迫一方可以向人民法院请求撤销婚姻;二是一方患有重大疾病在结婚登记前没有如实告知的,另一方可以向人民法院请求撤销婚姻。

(1)构成婚姻胁迫,须具备以下条件:①须有胁迫的故意。胁迫行为人有通过胁迫行为使被胁迫人产生恐惧心理并因此而为意思表示的故意。②须有胁迫的行为。胁迫人须有加害、威胁被胁迫人的行为,并达到使被胁迫人产生恐惧的程度。③胁迫须具有违法性,包括目的非法和手段非法。④被胁迫人因恐惧心理而为意思表示与胁迫行为之间具有因果关系。《最高人民法院关于适用〈中华人民共和国民法典〉婚姻家庭编的解释(一)》第19条明确规定受胁迫或者被非法限制人身自由的当事人请求撤销婚姻的,并不适用《民法典》第152条第2款自胁迫终止之日起1年没有行使撤销权,撤销权消灭的规定,从而规避撤销权最长行使时间为5年的限制。这意味着受胁迫婚姻的撤销请求权不受除斥期间的约束。

(2)隐瞒重大疾病不如实告知的情形:在缔结婚姻关系时,如果一方患有重大疾病,对对方当事人负有告知义务,应当在婚姻登记前如实告知另一方,对方同意的,当然可以缔结婚姻关系。患病一方如果不尽告知义务,即不告知或者虚假告知,另一方享有撤销权。

3. 撤销与无效婚姻的后果

无效的或者被撤销的婚姻自始没有法律约束力,当事人不具有夫妻的权利和义务。同居期间所得的财产,由当事人协议处理;协议不成的,由人民法院根据照顾无过错方的原则判决。对重婚导致的无效婚姻的财产处理,不得侵害合法婚姻当事人的财产权益。当事人所生的子女,适用本法关于父母子女的规定。婚姻无效或者被撤销的,无过错方有权请求损害赔偿。法院依法确认婚姻无效或者撤销婚姻的,应当收缴双方的结婚证书并将生效的判决书寄送当地婚姻登记管理机关。

第三节　婚姻家庭现状概述

一、我国婚姻和家庭现状

(一)我国婚姻现状

1. 婚姻延迟化

在社会发展和城镇化水平的提高等因素综合影响下,我国的结婚率自2013年开始下滑。2013~2020年,我国结婚登记对数从1347万对的历史高点持续下滑至 813 万对,2020 年同比下降 12.2%。2013～2019 年,结婚率从9.9‰降至 6.6‰。[1] 2018 年中国家庭追踪调查的数据显示,我国晚婚现象突出,平均初婚年龄推迟。2017 年进入初婚的男性与女性的平均结婚年龄分别为 26.9 岁与 25.8 岁,与 2010 年相比又有所推迟。[2]

2. 婚恋观念更多元

首先,在国民教育普遍提高、生活成本迅速攀升、双职工家庭大量存在的社会背景下,男性越来越多地根据教育程度、社会经济水平等指标来进行择偶,两性择偶偏好开始走向趋同。[3] 当下的青年人在择偶时,除看重感情、文化水平、个人性格、容貌气质外,更加看重职业与收入、住房、家庭条件等经济因素。另外,随着城市化进程的加快,青年人的生活方式多样,且生活压力增大,同时由于受教育水平和理性化程度提高、自我意识增强,新的青年人对生活自我反思增加,传统的养儿防老的思想弱化,来自社会和家庭的催生压力减小,出生率下降已成事实。

3. 离婚率上升

国家经济由高速增长期迈入平稳期,这种经济结构的转型会暂时性地对收入和就业产生负面的冲击,具体表现为女性相较于男性市场工资有所下降,大龄劳动者更难得到工作岗位。失业率相对较高,就业相对更为困难,经济转型期间劳动参与率有所下降,而这些会对婚姻家庭产生冲击,并最终导致结婚率和孩子出生率的下降,同时表现为离婚率的上升。司法大数据报告显示,2017 年全国法院共审结离婚纠纷案件 140 余万件,离婚纠纷案件数量增加。其中,感情不和与家庭暴力为主要原因。[4]

---

〔1〕 参见任泽平:《中国婚姻报告 2021》,载微信公众号“泽平宏观”2021 年 12 月 2 日,https://mp.weixin.qq.com/s/0uZKbyqerJ4UORm9ZNJn1A。

〔2〕 参见於嘉等:《当代中国婚姻的形成与解体:趋势与国际比较》,载《人口研究》2020 年第 5 期。

〔3〕 参见贺光烨等:《教育程度越高,结婚就越晚吗? 婚姻市场上本地户口的调节作用》,载《社会》2021 年第 2 期。

〔4〕 参见任泽平:《中国婚姻报告 2021》,载微信公众号“泽平宏观”2021 年 12 月 2 日,https://mp.weixin.qq.com/s/0uZKbyqerJ4UORm9ZNJn1A。

(二)我国家庭现状

1. 家庭结构简化和家庭功能弱化

第七次全国人口普查数据显示,2020 年全国家庭户有 4.94 亿户,相比 2010 年的 4.02 亿户增加了 9264 万户,增长 23.1%,年均增长 2.08%,家庭户数量增幅显著高于人口增幅,且增幅及增速明显提升。截至 2020 年年末,我国总人口约为 14.1 亿人,与 2010 年相比增加 7206 万人,增长 5.38%,年平均增长率为 0.53%,比 2000 年到 2010 年的年平均增长率 0.57% 下降 0.04 个百分点。[1] 两相对比可以发现,家庭户结构整体呈现出家庭规模小型化、大家庭比例下降的发展趋向。家庭户数量激增、规模骤减等家庭变迁,主要归结于人口转型和社会转型的双重驱动。一方面,稳定的超低生育率、快速的人口老龄化、高迁徙的人口迁移流动、加速的城镇化进程等特征奠定了家庭小型化的基本格局,独居老人、独居青年比例不断扩大,家庭老龄化、空巢化趋势日益加剧。另一方面,社会转型重塑了家庭关系与家庭功能,人们的生活方式和价值观念发生了深刻转变,人口婚育和家庭文化更加多元化和个性化,初婚年龄、离婚率和同居率提高,丁克家庭增多,家庭稳定性降低。[2] 整体而言,家庭功能与承担传统责任的能力明显弱化。[3]

2. 夫妻关系平等化和家庭关系民主化

随着女性教育水平和经济地位大幅上升,夫妻之间的关系逐渐平等。首先,女性参与家庭事务决策的比例有了很大提升,夫妻共商共量已成主流。在大件商品购置、买房等重大家庭事务决策中,夫妻共同商量的比例达到 60% 以上,在孩子教育方面的比例达到了 72.5%。[4] 其次在家庭关系方面,相较于过

---

[1] 《第七次全国人口普查公报》,载国家统计局官网 2021 年 5 月 11 日,https://www.stats.gov.cn/sj/pcsj/rkpc/7rp/zk/html/fu03b.pdf? eqid = e3d7d7c100052ec30000000364788f4d。

[2] 参见杨善华:《中国当代城市家庭变迁与家庭凝聚力》,载《北京大学学报(哲学社会科学版)》2011 年第 2 期。

[3] 参见陆杰华、林嘉琪:《中国人口新国情的特征、影响及应对方略——基于"七普"数据分析》,载《中国特色社会主义研究》2021 年第 3 期。

[4] 参见杨玉静、郑丹丹:《新时期中国妇女婚姻家庭地位的变迁——基于第三期中国妇女社会地位调查数据》,载《中国妇运》2014 年第 1 期。

去，妇女的家庭地位有所提升。家庭女性更多地参与社会性活动，通过参与社会工作获得家庭权利的提升，这也是融洽的代际关系与和睦的家庭伦理的保证，计划生育政策的实施间接促进了婆媳关系的平等化。独生女是其父母唯一的赡养者、情感和精神寄托，被赋予了继嗣与继承家产的权利，家庭地位大幅提升。已婚女性与娘家纽带比过去增强了，婚后可以在婆家和娘家两头做客。[1]

二、我国婚姻和家庭存在的问题

随着人们的生活方式以及节奏的不断改变，很多夫妻婚后生活并不是非常和睦，这已经成了一个非常重要的问题，而且每年的离婚率都在不断地上升。离婚率的上升，给人们的生活带来很多问题，不仅影响个人和自己的亲人，而且影响社会。

（一）我国婚姻现存问题

1. 婚姻不忠诚问题

现阶段，婚姻不忠诚是社会中或多或少存在的一个问题，尤其是异地分居的夫妻，由于生活压力比较大，不可避免地会出现一些矛盾。有些人明明已经结婚，但与公司的一些异性仍保持着比较亲密的关系，长久地发展下去可能会存在背叛家庭的行为。倘若有一方背叛了家庭，那么必然也就会失去对家庭的耐心和热情，被对方发现之后会影响家庭的和谐，进而引发一系列的家庭问题，甚至可能会导致婚姻关系的直接破裂。而有一些女性性格相对软弱，又不知道通过何种方式来维护自己在婚姻中的权益，致使婚姻对方背叛行为越发过分。

2. 家暴问题

家暴问题是自古以来都存在的一个家庭问题，大多数的家暴受害者为女方，也有部分为男方。在一些相对落后的地区，女权意识本来就相对淡薄，再加上受教育程度较低，不知道从哪些途径去维护自己的权益。从生理特征上男性和女性之间相差比较大，倘若男子有家暴倾向，女性又缺乏必要的反抗手段，家

---

〔1〕参见黄亚慧：《并家婚姻中女儿的身份与地位》，载《妇女研究论丛》2013 年第 4 期。

暴就容易发生。家暴会给受害者造成生理和心理上的伤害,同时会给家庭中的孩子、老人及周围邻居造成一些负面影响。我国也存在家暴情况,受制于家丑不可外扬的传统观念,很多被家暴的人会选择默默承受痛苦,严重影响婚姻的和谐度和幸福度。无论是被家暴的人还是实施家暴的人,长时间在家暴环境中生存,心理都可能会产生扭曲,不利于社会的和谐稳定与发展。

3. 婚姻稳定性降低

随着经济发展和物质丰富,个体主体意识开始觉醒,婚姻对个体的吸引力逐渐降低。各种自媒体传播的与民众阶层不相符的婚姻模式,加大了人们理想婚姻与现实婚姻的落差,增强了人们的离婚风险感知。此外,虚拟化的社交媒体沟通方式、休闲方式扩大了两性交往的空间范围,减少夫妻的亲密互动时间,增加了离婚风险。人口流动可能会增加夫妻之间的矛盾或减少夫妻之间的共享时间,从而降低婚姻满意度,进而使婚姻稳定性下降。[1] 我国青年人群离婚风险逐年递增。研究数据显示,在 20 ~ 40 岁的青年人群中,离婚人口比重总体上从 1995 年的 0.73% 上升到了 2015 年的 1.66%,增长了 1.3 倍。并且青年离婚人口城乡差异显著,2015 年城市地区总人口的离婚比重为 2.26%,是城镇(1.6%)的 1.4 倍,乡村(1.4%)的 1.6 倍。[2]

4. 婚前婚后的财产纠纷增多

婚前婚后财产纠纷主要体现在彩礼问题、房产问题、财产继承权问题等方面。一方面,近 30 年来,中国农村男性婚姻成本涨幅较大,2010 年后结婚的农村婚姻总成本是 1999 年以前结婚的农村婚姻总成本的 7.64 倍。[3] 另一方面,自 1998 年房改以来,房价总体保持大幅上涨。1998 ~ 2018 年全国新建商品住宅均价从每平方米 1854 元上涨至 8544 元。2004 ~ 2018 年中国个人购房贷款余额从 1.6 万亿元增至 25.8 万亿元,增长 15.1 倍,占居民贷款余额的比例在

---

[1] 参见李卫东:《原因还是机会:迁移模式对农民工婚姻稳定性的影响机制研究》,载《南方人口》2021 年第 3 期。

[2] 参见刘汶蓉:《青年离婚变动趋势及社会原因分析》,载《当代青年研究》2019 年第 6 期。

[3] 参见靳小、段朱清:《天价彩礼源何来:城镇化下的中国农村男性婚姻成本研究》,载《妇女研究论丛》2019 年第 6 期。

50%以上,2018年为54%。[1] 婚姻成本的上涨,加大了适婚人群的负担,也为财产纠纷埋下了隐患。婚前婚后财产纠纷是传统婚介模式下所形成婚姻的一个常见纠纷类型。因为传统的婚介模式是双方都以成立家庭为目的,双方在结婚之前缺乏充分的了解。而且在结婚之前对双方的财产并没有进行明确的表述和约束,倘若双方又存在较严重的分歧,结婚之后的离婚率就比较高。一旦涉及后期的离婚,必然会牵扯财产分割的问题。现阶段已经从司法层面上明确了婚前固定财产的权属问题,但对于婚后财产以及彩礼发生纠纷时在处理上可能会出现一些分歧。虽然近年来国家一直在倡导低彩礼,但受制于传统理念的影响,彩礼的水平仍然较高。从社会层面讲,大部分的婚前婚后财产纠纷可以基于道德和舆论解决,但对于较大额的财产或财产权属关系相对复杂的纠纷会上升到司法层面,通过司法判决来作出财产的分割和归属安排。

(二)我国家庭现存问题

1. 家庭压力增加

在现代社会中,许多家庭面临着各种各样的压力,这些压力不仅来自外部环境,也来自内部因素。有经济原因带来的压力,如随着物价的不断上涨,许多家庭的收入并没有相应地提高。这使得许多家庭难以承担日常生活所需的开支,如房租、水电费、食品等。此外,许多家庭还需要支付孩子的教育费用和医疗费用等额外开支,这使得家庭的经济负担更加沉重。也有社会竞争带来的压力,人们的生活节奏越来越快,竞争也越来越激烈。许多家庭为了让孩子能够获得更好的教育和发展机会,不得不花费大量的时间和精力去培养孩子的兴趣爱好和技能,这使许多父母的时间和精力都被占用了,无法享受自己的生活。还有家庭成员之间的矛盾带来的压力,有些家庭夫妻之间存在矛盾和冲突,这些矛盾和冲突不仅会影响家庭成员之间的关系,还会对家庭成员的心理造成负面影响,当矛盾无法调和时,夫妻可能会选择离婚。此外,许多家庭还存在代际之间的矛盾和冲突。根据第七次人口普查的数据,我国65岁以上人口占比增

---

〔1〕 参见任泽平等:《中国生育报告2019》,载《发展研究》2019年第6期。

加至13.5%,比2010年增加了6.81%。[1] 一方面,我国已经迈入老龄化社会(根据联合国的标准,65岁以上人口占比超过7%就属于老龄社会,达到14%就是深度老龄);另一方面,随着受教育年限提高、人们经济水平提高、住房条件的改善,进城务工人数不断增多,空巢家庭也随之不断增多。子女不在身边,老人的生活照料和情感慰藉需求得不到充分满足。在"爱幼有余而养老不足"的家庭资源分配方案下,子女对老人的经济赡养能力有所下降,进而引发父母与子女之间的矛盾和冲突,这也是导致家庭关系紧张的因素。个人心理问题也是导致家庭压力增加的原因之一,在现代社会中,有些人面临着各种各样的心理问题,如焦虑、抑郁、孤独。这些问题不仅会影响个人的生活质量,还会影响家庭成员之间的关系。如果一个人的心理问题得不到及时的治疗和缓解,就会对整个家庭产生负面影响。

2. 工作与家庭冲突

女性工作—家庭失衡的重要原因是传统性别观念下的家务劳动性别分工不均。有数据显示,2018年居民每天陪伴和照料孩子生活的平均时间为36分钟。其中,男性17分钟,女性53分钟,女性是男性的3倍。[2] 在家务劳动观念上,男性偏向于将做家务劳动与否视作自主选择,而女性则偏向于将家务劳动视作自己的责任和义务。[3] 女性比男性感受到更多家庭对工作的干扰,而男性比女性感受到更多工作对家庭的干扰,性别观念而非性别角色决定了干扰方向。[4] 女性承担责任抚育幼儿和赡养老人的最明显的后果就是减少了工作参与机会。尤其是在20世纪末到21世纪初,我国减少了对托育服务的公共支持,以及50岁的退休年龄的政策设定会使女性主动或者被动地回归家庭,重新

---

〔1〕 参见朱雅玲、张彬:《人口结构变动下中国消费的未来趋势——基于第七次全国人口普查数据的分析》,载《陕西师范大学学报(哲学社会科学版)》2021年第4期。

〔2〕 参见《2018年全国时间利用调查公报》,载国家统计局官网,http://www.stats.gov.cn/tjsj/zxfb/201901/t20190125_1646796.html。

〔3〕 参见邓子鹃、林仲华:《国内职业女性工作—家庭冲突研究述评》,载《妇女研究论丛》2012年第2期。

〔4〕 参见张春泥、史海钧:《性别观念、性别情境与两性的工作—家庭冲突——来自跨国数据的经验证据》,载《妇女研究论丛》2019年第3期。

专注于家庭照料活动。[1] 老年人照料者承受着工作和家庭的双重压力,其中女性照料者面临的困境更大,被动或主动放弃就业的比例更高。[2]

3. 婚后家庭生活不和谐

婚后家庭不和谐主要是指夫妻双方家庭不和谐,夫妻双方与对方家庭混合生活之后不和谐两种类型,在传统的媒介婚姻形式下或闪婚形式中家庭婚姻不和谐的情况最为常见。经过自由恋爱阶段的男女双方,一般在结婚之前会共同生活一段时间,对彼此的家庭生活习惯、性格特点都有所了解,在结婚之前都会经过充分的考虑,双方生活不和谐的情况相对较轻。但有些夫妻由于缺乏与对方家庭的接触,在结婚之后受不了对方家庭的生活习惯和生活理念就会产生一定的冲突,最典型的就是"婆媳关系"。双方的认知代沟较为明显,婆婆对夫妻关系的身份和定位与现代人的认知存在明显差距,因此在生活中不免会存在各种冲突。若夫妻二人独立生活独立居住,与对方家庭产生不和谐的概率较低且情况也不会太严重。家庭生活不和谐也是导致婚内出轨、婚内暴力、婚前婚后财产纠纷、离婚率高等多种婚姻问题的一个重要因素。在社会层面主要表现为家庭内部纠纷,基于道德层面和舆论层面解决相关问题,一般不会上升到法律层面。

三、婚姻纠纷所引发的法律问题

婚姻纠纷所引发的法律问题种类繁多,如财产分割问题、子女抚养权问题、赡养费问题、家庭暴力问题、婚外情问题、遗产继承问题等一些常见的法律问题,实际上还有很多其他的问题,如婚姻无效、重婚、同居关系等。这些问题不仅涉及个人的权益和利益,还涉及家庭和社会的稳定与发展。总体来说,这些问题大致可以分为财产属性和人身属性两大类。

---

〔1〕 参见[美]南希·福布尔、宋月萍:《照料经济的特征、价值与挑战:基于性别视角的审视》,载《妇女研究论丛》2020年第5期。

〔2〕 参见吴帆:《中国家庭老年人照料者的主要特征及照料投入差异——基于第三期中国妇女社会地位调查的分析》,载《妇女研究论丛》2017年第2期。

（一）夫妻财产纠纷

夫妻财产的纠纷是婚姻矛盾中最现实、最麻烦的问题之一。在婚姻中，夫妻共同拥有的财产往往是家庭经济的基础，当夫妻之间发生财产纠纷时，不仅会对当事人造成直接的经济损失，还会对社会产生一定的影响。在婚姻中，夫妻共同拥有的财产包括房产、车辆、存款等，如果夫妻之间因为财产问题发生争执，可能会导致一方或双方失去财产权益。例如，一些夫妻因为房产归属问题而产生纠纷，婚姻关系中的房产归属问题可以划分出很多类别，稍有不慎就可能房财两空。因此，夫妻财产的法律纠纷是一个复杂的问题，需要遵循一定的法律程序和原则来解决。对于夫妻财产的法律纠纷，我们应该采取积极的态度去面对和解决。首先，夫妻在结婚前应该明确财产归属问题，签订婚前协议或者婚后财产公证等法律文件，以避免日后的纠纷。其次，如果已经发生了财产纠纷，夫妻双方应该冷静处理，尽量通过协商和调解的方式解决问题。如果无法协商解决，可以提起诉讼或申请仲裁。

（二）养老及子女抚养问题

当婚姻家庭出现问题时，还会涉及养老和未成年子女抚养的问题。当一对夫妇离婚后，他们将直接面临子女抚养和教育的问题。无论孩子跟随哪一方，都可能导致家庭教育的缺失。任何一方重组家庭，对孩子来说都需要重新接纳一个陌生人进入自己的生活。离婚当事人重组家庭后，可能没有足够的精力和能力照顾好孩子的生活起居和教育。如果孩子的性格比较顽皮且缺乏自觉性，还会影响他们的学业发展。此时再加上社会潜在不良因素的影响，很容易让孩子成为问题儿童或少年，从而增加社会的犯罪率。有些人责任心较弱，在离婚后对抚养问题和抚养费问题一直逃避，甚至导致孩子无家可归。有些则会为孩子的抚养权问题争得面红耳赤。因此，在司法上，关于子女抚养权问题以及学费、生活费执行问题的案件仍然比较多。养老问题存在后续性特征，当一个家庭离婚之后，离婚当事人年迈之时，针对自己的养老问题，还可能会与自己没有直接抚养的子女产生二次纠纷，进一步影响社会的和谐发展。

第二章　婚姻家庭中的财产

随着个人权利保护意识不断提升，夫妻双方常常会因为各自利益，在家庭财产处置和分配等方面，产生纠纷和矛盾。现代婚姻由于各种因素的介入变得非常脆弱，一旦婚姻破裂，难免会发生各种各样的纠葛，尤其是金钱上的纠葛特别扯不清。婚姻中的财产风险，确实是需要面对的问题。对于多数人而言，从法律角度认识婚姻中的财产，是一件比较有难度的事情。哪些属于婚前财产，哪些属于婚后财产，哪些是个人财产，哪些是共同财产，虽有认识，但还需要更专业的解读。

第一节　夫妻财产制度的概述

夫妻财产制是婚姻家庭法调整的身份财产关系在夫妻关系中的集中表达。夫妻财产制度作为一种民事法律制度，涵盖了夫妻财产所有权问题，还包含夫妻对婚前或婚后所得财产的管理、债务清偿以及婚姻关系终止时的财产分割等内容。[1] 主要解决以下问题：厘清夫妻婚前财产问题、夫妻婚后所得财产的管理及归属问题、夫妻离婚时关于财产和债务的清算问题等。婚姻关系不仅产生身份关系，还产生基于双方感情基础之上较为特殊的财产关系。夫妻财产法律制度调整夫妻内部的财产归属和分配，主要关乎私益，但从价值外延上看，其还

---

〔1〕 参见薛宁兰：《与立法相伴前行：七十年来的婚姻家庭法学研究》，载《暨南学报（哲学社会科学版）》2019 年第 10 期。

与离婚的经济保障、子女抚养等制度存在功能上的交叉,而后者牵涉妇女和儿童保护,有相对浓厚的公益色彩。[1] 各个国家都会在婚姻家庭法律中设立夫妻财产制进行调整,我国也不例外,这种设立对调整财产关系具有重要的意义。

一、夫妻财产制度的概念

夫妻财产制度,顾名思义,是关于夫妻财产关系的相关法律制度,其主要涉及夫妻间婚前以及婚后财产的实际归属、管理、占有、使用、收益和处分,婚姻的对外财产责任,以及婚姻关系终止时财产分割与清算等的法律制度。[2] 关于夫妻财产制的分类有很多不同叫法,这是由于不同的分类标准造成的,如按照夫妻财产制的发生根据,可分为法定财产制与约定财产制;依照夫妻财产制的内容,可分为共同财产制、分别财产制、剩余共同财产制、联合财产制和统一财产制。[3] 夫妻财产制分为在一般情况下适用的普通财产制和在特殊情况下适用的非常财产制,我国目前没有非常财产制的规范体系。[4]

(一)通常财产制

通常财产制,是指在通常情况下,依婚姻当事人双方的约定或依法律的直接规定而适用的财产制,包括通常约定财产制和通常法定财产制。[5] 通常约定财产制将本人意愿作为主要依据,当事人能够自主选择夫妻财产制度的种类,在我国婚姻法律中,一些内容具有夫妻个体主义观念,可以充分表现出对夫妻双方的意思自治的尊重,不过,财产制约定的对外效力却被严格限制了,其约定只能够对双方当事人起到一定的约束作用,无法对第三人或第三方起到夫妻双方预想的效果,且我国尚未对这种约定财产制给予法定公示登记制度的保

[1] 参见贺剑:《夫妻财产法的精神——民法典夫妻共同债务和财产规则释论》,载《法学》2020 年第 7 期。

[2] 参见杨大文:《亲属法》(第 4 版),法律出版社 2004 年版,第 124 页。

[3] 参见张明珠:《我国夫妻财产制形态研究》,新疆大学 2014 年硕士学位论文,第 2 ~ 3 页。

[4] 参见桑甚:《构建我国的非常财产制》,载《法制与社会》2011 年第 12 期。

[5] 参见戴炎辉、戴东雄:《中国亲属法》,台北,三文印书馆有限公司 1987 年版,第 140 ~ 145 页;史尚宽:《亲属法论》,中国政法大学出版社 2000 年版,第 332 页。

护,这是通常约定财产制的局限性所在。[1] 我国法律对夫妻财产制采取的是法定财产制与约定财产制相结合的制度,并明确规定,在没有约定或约定不明确时,才适用法定财产制。通常法定财产制中又可分为法定共同财产制、分别财产制、剩余共同财产制、联合财产制等。法定夫妻共同财产,是指在夫妻双方婚前或婚后未对夫妻财产作出约定或者约定无效的情况下,直接适用法律规定的夫妻财产制度。根据我国《民法典》婚姻家庭编规定,我国的法定财产制包括了第1062条[2]规定的法定婚后所得共同制和第1063条[3]规定的法定个人财产制。法定财产制符合历史传统与婚姻原则,而约定财产制开始成为许多夫妻经营婚姻生活的"新宠"。《民法典》推陈出新,在2001年《婚姻法》的基础上融会贯通,纳入司法解释与社会变化,在离婚财产处理上,除考虑法定财产、约定财产外,还确立了夫妻债务及婚内财产分割等认定规则。不过在实践中,我国主要是法定财产制,随着社会经济的发展和婚恋思想的改变,约定财产制逐渐盛行,但约定财产制的局限性会影响该制度的发展,故不得不提到非常财产制。

(二)非常财产制

和通常财产制相对应的一种制度,就是非常财产制。非常财产制,是指在婚姻关系存续期间,夫妻实行共同财产制的过程中出现了法定事由,法院依据

---

〔1〕 参见薛宁兰:《法定夫妻财产制立法模式与类型选择》,载《法学杂志》2005年第2期。

〔2〕 参见《民法典》第1062条　夫妻在婚姻关系存续期间所得的下列财产,为夫妻的共同财产,归夫妻共同所有:

(一)工资、奖金、劳务报酬;

(二)生产、经营、投资的收益;

(三)知识产权的收益;

(四)继承或者受赠的财产,但是本法第一千零六十三条第三项规定的除外;

(五)其他应当归共同所有的财产。

夫妻对共同财产,有平等的处理权。

〔3〕 参见《民法典》第1063条　下列财产为夫妻一方的个人财产:

(一)一方的婚前财产;

(二)一方因受到人身损害获得的赔偿或者补偿;

(三)遗嘱或者赠与合同中确定只归一方的财产;

(四)一方专用的生活用品;

(五)其他应当归一方的财产。

夫妻一方提出来的申请,或者依照有关法律的规定内容,宣告撤销原约定设立的共同财产,将其变更为分别财产制。[1] 非常财产制规定,夫妻双方分别具有一定的财产,能够对处分权、用益权、管理权进行单独行使,对责任和义务进行单独承担。在没有取得夫妻一方授权的情况下,夫妻一方对另一方的个人财产进行处理,即产生对夫妻另一方财产侵权的法律后果。待一定事由消失后,便能够使约定财产制或者法定财产制恢复正常。[2] 非常法定财产制是在不解除婚姻关系的前提下,暂时或永久地对原夫妻法定财产制类型所作的变通,故而是通常法定财产制的重要补充。如果构成非常法定财产制的原因消失,可依法恢复通常法定财产制。非常财产制是一种特殊时期的分别财产制,在法定财产制立法模式中增加了可变的元素,使国家对夫妻财产关系的调整更为灵活与全面。同时,赋权于婚姻当事人双方,依法解除原法定财产制类型,以保护个人财产权益在夫妻财产关系出现巨大变化时免受损害。因此具有分别财产的诸多优点,有利于保证夫妻人格独立、经济地位独立,有利于保护经济安全,同时分别管理权也不易产生纠纷。由于非常财产是与共同财产相结合的分别财产制,又克服了分别财产制的诸多不足,如夫妻异心等。

在不同的财产制之下,法律所解决的问题并无根本差异,均依赖一定的价值选择,所不同的只是规范模式上的差异。在通常财产制之下,婚姻关系存续期间,由夫妻共同分享各自创造的财产,这属于物权或类似于物权的取得方式,[3] 即在婚姻关系存续期间就已确立起夫妻财产的分配方式;而在非常财产制之下,婚姻关系解除之时,夫妻一方应将其创造的财产让渡给另一方,这是债权请求权的方式,即在婚姻关系或该财产制终止时才分割夫妻财产。

---

〔1〕 参见林秀雄:《夫妻财产制之研究》,法律出版社 2001 年版,第 247 页。

〔2〕 参见陈苇:《完善我国夫妻财产制的立法构想》,载《中国法学》2000 年第 1 期;薛宁兰:《法定夫妻财产制立法模式与类型选择》,载《法学杂志》2005 年第 1 期。

〔3〕 参见贺剑:《论婚姻法回归民法的基本思路——以法定夫妻财产制为中心》,载《中外法学》2014 年第 6 期。

二、我国夫妻财产制的立法沿革及发展

（一）立法沿革

新中国成立以来，我国先后颁行了两部《婚姻法》，第一部是1950年颁布的《婚姻法》，第二部是1980年颁布的《婚姻法》。对于夫妻财产制的规定也经历了不断完善的过程，主要体现在立法条文的数量，以及夫妻财产制的结构与类型上。第一部《婚姻法》关于夫妻财产制的规定只有一个条文，仅涉及法定通常财产制内容，即第10条“夫妻双方对于家庭财产有平等的所有权与处理权”，尚无约定财产制内容。

（二）我国夫妻财产制的建立

1980年颁布的《婚姻法》确立了约定财产制与法定财产制并行的夫妻财产制结构，并且选择婚后所得共同制作为法定夫妻财产制类型，但这仍是一种严格的共同财产制，只是以约定财产制为补充。《民法典》颁布前的最后一部《婚姻法》是2001年修正并实施的，对夫妻财产制的规定增加到3个条文，它继续坚持婚后所得共同制的法定财产制类型，通过列举夫妻共有财产种类，设立个人特有财产，进一步缩小了夫妻共同财产范围。其中关于夫妻财产制的规定主要体现在第17～19条，它仍然是以婚后所得共同制为法定财产制。它所确立的婚后所得共同制与1950年《婚姻法》的一般共同制相比，不仅区分了夫妻对各自婚前财产与婚后财产不同的所有权，缩小了共同财产的范围，还将未成年子女的财产从夫妻婚姻财产中分离出来。

与1980年《婚姻法》相比，2001年《婚姻法》在不改变通常法定夫妻财产制类型的前提下，通过适当缩小夫妻共同财产范围，对夫妻个人财产权予以确认和保护，以适应市场经济条件下，夫妻财产状况的变化。这样的立法形式是基于我国的国情和人们长期以来形成的传统和生活习惯。

主要表现在：第一，婚后所得财产共同制在于实现夫妻身份与经济生活的匹配，能契合夫妻的伦理价值，有助于夫妻双方团结互助，相亲相爱，同甘共苦，增强夫妻感情和凝聚力，使婚姻和谐稳定。第二，目前我国绝大多数家庭习惯

以共同财产制作为规范夫妻财产关系的准则,夫妻之间不分你我,即通常所说的"你的就是我的,我的也是你的,反正都是大家的"。这符合广大民众的社会文化心理和婚姻生活的实际情况。第三,在我国,丈夫在外赚钱养家,妻子在家相夫教子或者丈夫收入较高,家务劳动较少,妻子收入较低,家务劳动较多的家庭仍占多数。在这种社会状况下,实行婚后财产共同制有利于保障那些由于主要从事家务劳动而收入较少或无收入的妇女的权益,有利于实现男女平等。第四,婚后所得财产共同制使夫妻双方以婚后所得财产组成共同财产,就外部关系而言,能增加对债权人的信用和担保,这也促进了经济交易的安全有序进行。

(三)《民法典》婚姻家庭编中的夫妻财产制度

《民法典》婚姻家庭编以2001年《婚姻法》为基础,以司法解释为支柱,以经济发展下的多种婚姻关系为框架,搭建起与时俱进的夫妻财产制度。

1.《民法典》中关于夫妻财产制的规定

《民法典》婚姻家庭编第1062条、第1063条、第1065条、第1087条分别对夫妻共有财产、夫妻一方的财产、夫妻财产约定、夫妻共同财产的离婚处理进行了规定,同时吸纳了相关司法解释,增设第1064条夫妻共同债务认定标准和第1066条婚姻关系存续期间共同财产分割,对家庭生活费用的负担、夫妻债务的清偿等涉及婚姻保护和交易安全等基本价值的内容进行详细规定。对夫妻财产法的婚姻保护、意思自治和交易安全这三大基础价值,[1]进行了更细化和明确的规定。

2.《民法典》与2001年《婚姻法》在夫妻财产制方面的对比

夫妻财产是婚姻家庭关系中非常重要的问题,也是涉及范围较广的概念。关于"夫妻财产"的规定,主要包括夫妻共同财产、夫妻个人财产、夫妻约定财产制、婚姻关系存续期间共同财产分割、离婚时夫妻共同财产处理等内容。相较于2001年《婚姻法》,《民法典》在夫妻共同财产的范围内增加了劳务报酬、投资的收益,更加有利于保护婚后非主动创富一方的权益。我国的婚姻法对婚内分

---

〔1〕 参见贺剑:《夫妻财产法的精神——民法典夫妻共同债务和财产规则释论》,载《法学》2020年第7期。

割夫妻共同财产请求权并没有规定，但《民法典》第 1066 条对《最高人民法院关于适用〈中华人民共和国婚姻法〉若干问题的解释（三）》第 4 条的内容进行了吸收和升级。《民法典》与 2001 年《婚姻法》在夫妻财产制方面的法条对比见表 2－1，以供参考。

表 2－1　《民法典》与 2001 年《婚姻法》在夫妻财产制方面的对比

《民法典》	2001 年《婚姻法》
第 1062 条　夫妻在婚姻关系存续期间所得的下列财产，为夫妻的共同财产，归夫妻共同所有： （一）工资、奖金、劳务报酬； （二）生产、经营、投资的收益； （三）知识产权的收益； （四）继承或者受赠的财产，但是本法第一千零六十三条第三项规定的除外； （五）其他应当归共同所有的财产。 夫妻对共同财产，有平等的处理权。	第 17 条　夫妻在婚姻关系存续期间所得的下列财产，归夫妻共同所有： （一）工资、奖金； （二）生产、经营的收益； （三）知识产权的收益； （四）继承或赠与所得的财产，但本法第十八条第三项规定的除外； （五）其他应当归共同所有的财产。夫妻对共同所有的财产，有平等的处理权。
第 1063 条　下列财产为夫妻一方的个人财产： （一）一方的婚前财产； （二）一方因受到人身损害获得的赔偿或者补偿； （三）遗嘱或者赠与合同中确定只归一方的财产； （四）一方专用的生活用品； （五）其他应当归一方的财产。	第 18 条　有下列情形之一的，为夫妻一方的财产： （一）一方的婚前财产； （二）一方因身体受到伤害获得的医疗费、残疾人生活补助费等费用； （三）遗嘱或赠与合同中确定只归夫或妻一方的财产； （四）一方专用的生活用品； （五）其他应当归一方的财产。
第 1065 条　男女双方可以约定婚姻关系存续期间所得的财产以及婚前财产归各自所有、共同所有或者部分各自所有、部分共同所有。约定应当采用书面形式。没有约定或者约定不明确的，适用本法第一千零六十二条、第一千零六十三条的规定。 夫妻对婚姻关系存续期间所得的财产以及婚前财产的约定，对双方具有法律约束力。 夫妻对婚姻关系存续期间所得的财产约定归各自所有，夫或者妻一方对外所负的债务，相对人知道该约定的，以夫或者妻一方的个人财产清偿。	第 19 条　夫妻可以约定婚姻关系存续期间所得的财产以及婚前财产归各自所有、共同所有或部分各自所有、部分共同所有。约定应当采用书面形式。没有约定或约定不明确的，适用本法第十七条、第十八条的规定。 夫妻对婚姻关系存续期间所得的财产以及婚前财产的约定，对双方具有约束力。夫妻对婚姻关系存续期间所得的财产约定归各自所有的，夫或妻一方对外所负的债务，第三人知道该约定的，以夫或妻一方所有的财产清偿。

续表

《民法典》	2001 年《婚姻法》
第 1066 条　婚姻关系存续期间,有下列情形之一的,夫妻一方可以向人民法院请求分割共同财产: (一)一方有隐藏、转移、变卖、毁损、挥霍夫妻共同财产或者伪造夫妻共同债务等严重损害夫妻共同财产利益的行为; (二)一方负有法定扶养义务的人患重大疾病需要医治,另一方不同意支付相关医疗费用。	
第 1089 条　离婚时,夫妻共同生活所负债务,应当共同偿还。共同财产不足清偿的,或财产归各自所有的,由双方协议清偿;协议不成时,由人民法院判决。	第 39 条　离婚时,夫妻的共同财产由双方协议处理;协议不成时,由人民法院根据财产的具体情况,照顾子女和女方权益的原则判决。夫或妻在家庭土地承包经营中享有的权益等,应当依法予以保护。

3.《民法典》婚姻家庭编中的法定财产制

(1)《民法典》第 1062 条对夫妻共同财产的规定中,增加了劳务报酬和投资收益,对夫妻共同财产进行了更加详细的列明。对夫妻共同财产的扩大列明,有利于实现婚姻保护的基本价值,更有助于维护婚姻中相对处于弱势的一方的权益,维持家庭稳定和社会和谐。

(2)《民法典》第 1063 条对夫妻一方财产的规定中,将 2001 年《婚姻法》第 18 条第 2 项中“一方因身体受到伤害获得的医疗费、残疾人生活补助费等费用”更改为“一方因受到人身损害获得的赔偿或者补偿”,扩大了应归夫妻一方所有的因人身损害获得费用的范围,此条旨在进一步保护具有人身专属性的财产。该费用因夫妻一方的生命健康受到威胁而产生,具有较强的个人依附特征,因此不应视为夫妻二人的共同财产,第 1063 条第 2 项的措辞修改有利于保护受害人的合法权益和应得的赔偿、补偿费用,保证其必要的身体康复和应得的生活所需。

(3)对个人财产和共同财产的界定,既要公平,又要维护婚姻关系,在两者间寻找最佳平衡点。《民法典》实际上进一步增加了法定财产制中共同财产的重量,将劳动报酬和投资收益这两个重量级资产纳入夫妻共同财产中,对一方财产的范围进行了微调,这说明《民法典》更注重婚姻之于家庭、之于社会的影响,即在《民法典》对法定财产制的规定中,婚姻关系财产分配基于生育、教育、赡养等公平原则要强于夫妻个人权益的维护。[1]

4.《民法典》婚姻家庭编中的约定财产制

夫妻约定财产制在我国 1980 年《婚姻法》中正式确立,该规定旨在适应多样化的夫妻财产关系,满足夫妻双方对财产制的需要,保护交易第三方的利益。但是由于规定过于宽泛,不利于法律实践。为此,2001 年《婚姻法》对夫妻约定财产制度进行了完善,规定了夫妻约定财产的范围、内容、形式、效力等。这样细致的规定有利于尊重夫妻双方财产自主的权利,维护夫妻双方财产权益,保护交易第三方利益,也防止了夫妻间订立不公平财产协议。

《民法典》第 1065 条规定了夫妻约定财产制,并无实质性变化,只是将 2001 年《婚姻法》第 19 条中"夫妻"改为"男女双方","第三人"改为"相对人","所有财产"改为"个人财产"。婚姻关系中以共同法定财产制为基本原则,约定财产制为例外,有约定的从其约定,无约定的适用共同财产制规则。但是,婚姻关系中的婚前协议、婚内忠诚协议、离婚协议等婚姻约定制度越来越普遍,由此引发了各种各样的纠纷。面对此现象,《民法典》对 2001 年《婚姻法》中约定财产制的内容进行微调,并没有回应诸多争议,对约定财产制中保护双方合法权益、限制条款、保护善意第三人等一般原则的规定,对约定制产生、变化等程序性规定,约定财产对内对外的全面规定,约定财产制度的登记或公示,以及约定的无效、变更和废止等,均没有明确规定。

三、我国夫妻财产制的完善

(一)构建非常财产制

我国现行夫妻财产制实为通常财产制,还应增设非常财产制。在 1999 年

〔1〕 参见青海普法网 2023 年 6 月 12 日,http://sft.qinghai.gov.cn/pub/qhpfw/rdpf/flcs/202103/t20210316_58406.html。

《婚姻法》修改论争期间,就有学者建议采用普通财产制和非常财产制相协调的夫妻财产制。[1] 限于当时的社会情况,这一主张并不是通识,也未得到修法采纳。《民法典》第1066条[2]虽然规定了婚内析产的条款,但这并不是夫妻非常财产制。在婚姻财产关系中,管理夫妻共同财产的一方如果发生不支付抚养费用、转移财产、不合理处分财产的行为时,就不可避免地损害处于弱势地位的一方。在这时,如果继续适用法定的夫妻财产共有制度,就会对不管理夫妻财产的一方不公平。在私力救济无法调和时,就需要公力介入其中。通过分析非常财产制可知,夫妻分别拥有一定的财产,可以单独行使财产的处分权、管理权、用益权等,能够单独承担责任和义务。若在未获取夫妻一方授权的情况下,另一方就私自处分对方的个人财产,即可认定是对夫妻一方财产的侵权行为。如果出现夫妻共同财产权受损、管理不能、不作为等问题时,夫妻一方可以诉请法院,宣告终止夫妻共同财产制,宜选用非常财产制;如果出现夫妻一方被没收财产或者罚金等刑罚时,在这种情况下,应终止夫妻共同财产制,宜选用非常财产制。

(二)构建夫妻财产制的对外效力

目前,我国还没有构建完善的夫妻财产状况登记公示制度,第三人很难获知夫妻财产制的适用是否具有对抗第三人的效力。因此在夫妻财产制的对外效力方面,亦要有效完善相关立法,这样才能够营造诚信环境,维护市场交易安全。

例如,夫妻双方实行分别财产制度时,签订合同的一方知晓由此制度产生的结果,有承担相应责任的准备,当合同一方对自身责任不履约时,另一方仅能以对方个人财产来要求偿还,无法对另一方的配偶提出承担连带责任的要求。

---

〔1〕 参见吴洪、赵冀韬:《现行夫妻财产制应当重构》,载李银河、马忆南主编:《婚姻法修改论争》,光明日报出版社1999年版,第352页、第359页。

〔2〕 参见《民法典》第1066条　婚姻关系存续期间,有下列情形之一的,夫妻一方可以向人民法院请求分割共同财产:

(一)一方有隐藏、转移、变卖、毁损、挥霍夫妻共同财产或者伪造夫妻共同债务等严重损害夫妻共同财产利益的行为;

(二)一方负有法定扶养义务的人患重大疾病需要医治,另一方不同意支付相关医疗费用。

假如合同一方属于善意第三人,并不知悉夫妻之间已适用分别财产制,在这种情况下,并不会对第三人产生法律效力。针对第三人是否明知的举证责任,应选用倒置举证责任的方法。如果不能够对第三人是否明知提供充分的证据,夫妻二人双方应承担法律连带责任。

(三)完善婚内夫妻共同财产分割制度

婚内财产分割,是指夫妻在婚姻关系存续期间,因为发生了法定的可以分割共同财产的事由,在不解除婚姻关系的前提下,为了维护夫妻一方的财产权益而向法院提起的请求分割夫妻共同财产的行为。《最高人民法院关于适用〈中华人民共和国民法典〉婚姻家庭编的解释(一)》第 38 条规定:婚姻关系存续期间,除《民法典》第 1066 条规定情形以外,夫妻一方请求分割共同财产的,人民法院不予支持。《民法典》第 1066 条虽然为夫妻婚内财产分割提供了法律上的依据,在一定程度上解决了夫妻婚内财产分割的矛盾,但是也应看到实际上还存在诸多问题。首先,从立法上看,在婚姻关系存续期间夫妻不能分割共同财产,即基本否定夫妻婚内财产分割,即使有重大理由,也仅限于条文所规定的两种情形,难以应对生活中出现的越来越多的要求分割共同财产的新情形。其次,从条文的内容来看,一方面,对于可以分割的情形,规定得过于狭窄,难以适应社会生活中出现的新情况;另一方面,对于夫妻共同财产分割后的法律后果问题未能进行明确的说明。

(四)建立婚内侵权损害赔偿制度

我国详细规定了夫妻离婚损害赔偿制度。那么在婚姻关系存续期间,假如夫妻一方侵害另一方合法权益时,在未提出离婚要求的情况下,受害人是否能够提出加害配偶一方对损害赔偿责任进行承担的要求呢?针对婚内侵权损害赔偿问题,基于传统家庭伦理关系,各方面还具有不同的认识,我国立法亦未进行详细规定。[1]

---

[1] 参见谢丽华:《我国夫妻财产制构建的探析》,载《法制与社会》2018 年第 23 期。

第二节　夫妻财产的法定与约定

现代家庭法均规定,夫妻双方可以自由约定夫妻团体财产与个人财产的范围,对于没有作出约定的,适用法定夫妻财产制。法定夫妻财产制主要分为共同财产制与分别财产制。[1] 在实际生活中,男女之间收入和机会不平等的现象依然存在,夫妻双方各自享有和获取的社会和经济资源也不相同。因此,无论是共同财产制,还是分别财产制,在界定夫妻共同财产与个人财产时,通常会出现一方向另一方让渡财产的现象。简言之,在夫妻团体内部,除非夫妻双方对各自的财产作出约定,否则,法律应依据特定的价值理念,由配偶分享财产或将部分财产让渡给配偶,从而发挥夫妻财产制在夫妻团体与个人之间分配财产的功能。

一、法定财产制

(一)法定财产

法定财产制,是指夫妻在婚前或婚后均未就夫妻财产关系作出约定,或所作约定无效时,依法律规定而直接适用的调整夫妻财产关系的法律制度总称。在法定财产制中,来自一方的收入被法律直接认定为夫妻共有,实际上是将一方所取得的财产,变动为双方共有,体现了从单方所有到夫妻共有的物权变动。[2]

(二)法定婚姻财产制的特点

1. 保障婚姻双方平等

婚姻双方平等是宪法规定的男女平等原则在婚姻关系中的表现,我国法定婚姻财产制构建的基础是"同居共财"理念。[3] 婚内无论是工作赚钱,还是操

---

〔1〕 参见冉克平:《夫妻团体财产与个人财产的法理构造》,载《法制与社会发展》2019 年第 5 期。

〔2〕 参见宋刚:《民法典视域下的夫妻约定财产制》,载《政法论丛》2022 年第 3 期。

〔3〕 参见薛宁兰、谢鸿飞:《民法典评注 · 婚姻家庭编》,中国法制出版社 2021 年版,第 177 页。

持家务，婚姻双方对婚姻共同体的贡献应当受到平等对待与评价。[1] 婚姻期间取得的财产应当归因于双方的共同努力，在离婚时平分婚后财产理所当然。婚后共同财产制也是婚姻关系中平等原则的最好体现。平等对待婚姻双方对家庭的贡献最恰当的途径就是，除了特殊财产，将婚后一方获得的财产视为共同财产。

2. 共同责任

婚姻关系不仅是婚姻中双方身份关系的表达，也是一种劳动共同体或者经济共同体，因为婚后双方会持续积累财产并承担家庭中的义务，甚至部分观点认为婚姻是命运共同体。[2] 婚后因承担家庭责任、照顾幼小而放弃工作机会的一方，放弃的不仅是眼下的收入，还有自己未来的生活保障。因而在婚姻关系解体时，必然要将基于婚姻产生的利益和不利通过经济弥补而消除。婚姻双方因身份关系而成为家庭利益共同体，它在一定程度上与“合伙”近似。夫妻双方作为共同体的成员都对家庭这个共同体的发展做出努力，实践中很难判断一方在获得工作性质的财产收益时，另一方在操持家务、照顾子女、情感支持方面提供多少帮助。[3] 婚后工作的一方因为不必耗费大量精力照顾子女和父母，可以集中精力工作，在事业上获得提升，单从收入方面看，该方从婚姻中获得更多潜在的利益，因此才需要基于共同责任来平等评价家务劳动和财产收入。

3. 在功能上具有补充性

法律通常允许当事人自由约定夫妻财产分别所有、部分共有或者全部共有，具有很强的灵活性。针对约定为共有的部分或全部财产，可以对共有方式进一步约定。但在没有约定或约定不明时，则直接适用法定财产制。法定财产制是法律预先设置而仅在无财产制约定或约定无效的情况下才能直接适用的

[1] 参见夏吟兰、刘征峰：《两岸夫妻财产制度的传统继承与现代变革》，载《中国政法大学学报》2013年第6期。
[2] 参见贺剑：《夫妻个人财产的婚后增值归属——兼论我国婚后所得共同制的精神》，载《法学家》2015年第4期。
[3] 参见蒋月：《夫妻的权利与义务》，法律出版社2001年版，第140页。

一种夫妻财产制,是对约定财产制的必要补充。[1]

二、约定财产制

(一)约定财产

婚姻双方有关财产的约定称为“夫妻财产协议”。有实践意义的夫妻财产协议是,婚姻双方当事人在婚姻协议中约定,离婚时一方放弃分配另一方全部或部分婚后财产;或者约定婚后分别财产制,其必然的法律后果就是,离婚时双方当事人不得请求分配另一方的财产。

1950 年《婚姻法》未曾提及夫妻财产之约定。1980 年《婚姻法》第 13 条规定:“夫妻在婚姻关系存续期间所得的财产,归夫妻共同所有,双方另有约定的除外。”该条确立了以法定财产制为主、辅之以约定财产制的夫妻财产制结构。[2] 2001 年《婚姻法》第 19 条,对夫妻财产的约定作出了比较全面细致的规定,该条也被《民法典》第 1065 条吸收采纳,成为约定财产制的最终法律依据。[3]

夫妻财产的约定是法定财产制外对家庭财产的另一种分配方式,满足了婚姻关系人格独立的个性化需求,体现了婚姻家庭关系对于个人意思自治的最大尊重。[4] 夫妻财产的约定就性质而言是夫妻对其财产所作的约定,是一种协议。夫妻财产的约定是基于特定身份关系上发生的财产的约定,显然同时受其身份关系和财产关系的双重调整。夫妻财产约定的效力是,对双方具有约束力,第三人知道该约定的,可以对抗第三人。

---

〔1〕 参见王涌等:《夫妻共有股权行使的困境及其应对——兼论商法与婚姻法的关系》,载《法学评论》2020 年第 1 期。

〔2〕 参见薛宁兰:《与立法相伴前行:七十年来的婚姻家庭法学研究》,载《暨南学报(哲学社会科学版)》2019 年第 10 期。

〔3〕 参见宋刚:《民法典视域下的夫妻约定财产制》,载《政法论丛》2022 年第 3 期。

〔4〕 参见宋刚、田续:《民法典时代下再论夫妻间房产约定——基于夫妻约定财产制的反思》,载《政法学刊》2023 年第 1 期。

（二）财产约定的特点

1. 受《民法典》合同编的制约

我国《民法典》合同编第464条中明确规定：婚姻、收养、监护等有关身份关系的协议，适用有关该身份关系的法律规定。另外还规定，如果身份关系没有法律规定，可以根据其性质参照适用本编的规定。相较于合同编，夫妻约定财产制在主体和内容上要受到一些限制。我国合同又称协议、契约，是平等主体的自然人、法人、其他组织之间设立、变更、终止民事权利义务关系的协议。合同法作为一种财产法，是调整平等主体之间所发生的财产关系的法律，其主要意义是保护当事人的交易安全，规范市场交易行为、促进市场交易，进而实现资源交换，推动市场经济发展。[1] 合同的本义是“共相交易”，《民法典》合同编主要保护合同债权。作为特殊身份关系的夫妻之间的财产契约，可以算是一种特殊的合同，主要是由婚姻家庭相关规定调整，但在契约的订立、解除、违约责任等方面，也要适用《民法典》合同编的规定。因此夫妻财产约定协议在成立、形式、效力和解除方面是应受《民法典》合同编制约的。

2. 在形式和内容上具有扩张性

夫妻约定是对夫妻双方财产的约定，既可以是在婚前所作的约定，也可以是在婚姻关系持续期间所作的约定；既可以是对婚前财产的约定，也可以是对婚姻关系存续期间所得的财产的约定；约定的财产既可以是动产，也可以是不动产。这种方式体现了婚姻当事人之间的契约自由，而且是在特定身份关系下的契约自由。另外，法律对约定夫妻财产所定的契约作了补充性规定，必须用书面形式约定婚姻关系存续期间所得的财产的归属。一方因抚育子女、照料老人、协助另一方工作等付出较多义务的，离婚时有权向另一方请求补偿，另一方应当予以补偿。这是对约定夫妻财产制的补充，使约定夫妻财产制度在合法的基础上更加合理化。

---

〔1〕参见王利民、乙生俊：《论民法精神的社会主义法治文化属性》，载《郑州大学学报（哲学社会科学版）》2021年第3期。

3. 夫妻财产的约定不同于约定夫妻财产制

约定财产制，是指夫妻通过约定的方式决定夫妻财产关系的制度。约定财产制的“约定”主要意义在于选择适用约定财产制，排除法定财产制。至于法定财产制和约定财产制的具体规则，已经由法律作出了安排，当事人只需选择其一。因此约定财产制的“约定”，本质上具有概括性和不具体性。夫妻不仅可以就婚后财产的归属模式进行约定，亦可以对婚前个人财产的归属模式进行协商；既可以概括性地就全部夫妻财产进行约定，亦可以具体地对某项财产进行约定。例如，夫妻对外债务的承担规则，以及有无相互的财产追偿关系等。[1]

而财产的约定是夫妻双方就婚内财产作出的共同安排，如夫妻之间关于离婚时财产分割的约定、婚内财产管理的约定。双方约定夫妻关系存续期间一方的收入归对方所有，此类约定首先不是法定财产制，也不属于约定财产制，因为此类约定无须交付财产，自签订之日起财产权利的转移就依约定发生，直接导致了收入利益所有权的变动，即一方获得收入后，其对该收入的所有权就转移至对方，该财产就变动为对方所有。当然，如果应当进行物权变更登记而未经物权变动手续的，对外不得对抗善意第三人。财产的约定只是在于财产的某一方面，属于相对局部的、专门的约定，其法律效果仅限于该约定内容，尚不足以构成一项制度。

(三)约定财产制与夫妻间赠与

1. 夫妻间赠与行为与约定财产的关系

第一，约定财产制是夫妻财产制度的一种形式，旨在排除、变动法定夫妻财产制，而赠与并不属于夫妻财产制度，属于普通的民事法律行为。夫妻财产约定是以夫妻身份关系为前提的财产协议，没有婚姻关系就不存在夫妻财产约定的情形；夫妻赠与与夫妻身份关系的存续或解除没有直接关系，与普通赠与没有本质区别。夫妻财产约定，是夫妻双方基于夫妻共同协力生活的考虑，为了夫妻利益共同体的存续与发展，属于亲属法上的行为，其针对的客体又涉及对财产的使用处分，具有财产法的属性，不应认为是单独的身份契约或财产契约，

---

[1] 参见宋刚：《民法典视域下的夫妻约定财产制》，载《政法论丛》2022 年第 3 期。

而是夫妻之间从事的以财产法为内容的法律行为，应当为婚姻身份之从契约。此外，由于夫妻财产协议仍是以夫妻间的财产关系为内容，其规定的内容决定了夫妻财产协议的性质，其所附从的婚姻关系并不能决定其性质，因此从本质上来说夫妻财产约定仍是一个独立的财产契约。[1]

第二，两者处分的财产对象不同。夫妻财产赠与处分的是原本属于夫妻一方的财产，即赠与的前提是财产所有权已经确定，而婚内财产约定处分的财产系夫妻关系存续期间所得的财产。在两者同时发生的情况下，夫妻财产制属于夫妻财产关系的"第一次"分配，而赠与却是"第二次"分配。换言之，夫妻之间首先以约定或法定财产制确定财产所有权规则之后，再开展"赠与"活动，两者具有时间上的先后之分。

第三，两者的意思表示不同。夫妻婚内财产约定必须经双方同意，签订协议时不得存在欺诈、胁迫、乘人之危等导致合同无效或可撤销的法定情形，否则夫妻对婚内财产的约定就是无效的，对双方不产生法律效力；夫妻婚内财产赠与无须征得双方同意，只要一方作出赠与的表示，而另一方表示接受即可，这是一种单方行为。

第四，两者的撤销权不同。夫妻婚内财产约定的一方当事人不享有法定的撤销权，《民法典》中缺乏对夫妻财产约定撤销的规定，只是明确了夫妻财产约定自协议签订之日起对双方具有法律约束力，至于其撤销权则应遵循合同编规定；而夫妻财产赠与中，赠与人可以撤销赠与，即使赠与财产的权利已转移，只要符合《民法典》第 658 条的规定也可以撤销赠与。

2. 区分约定财产和夫妻赠与的意义

厘清约定财产和夫妻赠与的边界，将财产的赠与从约定财产制中剥离出来，将夫妻间赠与与约定财产制并行，而不是将两者混淆，甚至认为两者相互包含。这种区分具有以下意义：

第一，夫妻赠与的定性更契合民法的内在逻辑体系。赠与作为常见的财产变

---

〔1〕 参见江伊：《夫妻财产协议之性质与效力——从我国四则司法判决的比较出发》，载《东南大学学报（哲学社会科学版）》2017 年第 S1 期。

动制度,其特征在于行为人将其财产无偿转移给他人,赠与双方一般而言关系密切。夫妻关系作为非常密切的家庭成员关系,产生赠与是最平常不过的事情。将夫妻之间的财产变动定性为约定财产制从而被夫妻赠与制度吸收,就会背离赠与制度的基本理念。为了解释约定夫妻财产而人为地排除夫妻财产的赠与,其实是舍近求远,刻意扭曲赠与制度的基本目的,与民法中财产变动的体系相悖。

第二,将夫妻约定财产制进行适当限缩,仅定位于对法定财产制的排除。这样的考虑最符合约定财产制和法定财产制的功能定位,也更有利于法律适用的准确。避免了约定财产制与法定财产制的界限不清而产生的概念模糊。

综上所述,具有“意思自治”共性的约定财产制和赠与的差异在于:在微观上,前者并未发生所有权变动,而后者发生所有权的变动。这两者都涉及将一方个人财产归属另一方所有、将一方个人财产归属双方共同所有等多种形式的约定财产转移情形,如财产协议是否一律属于婚姻家庭编所规定的约定财产制,抑或根据《最高人民法院关于适用〈中华人民共和国民法典〉婚姻家庭编的解释(一)》第 32 条的规定属于赠与合同从而依合同编的规定处理之;若属于夫妻约定财产制的内容,其协议的订立产生的法律效力又如何,是否无须按照物权变动基本规则对物权公示登记的要求而可以直接发生财产物权变动的法律效果。诚然,两者的区分会产生“协议能否被任意撤销”“不动产所有权是否直接发生变动”之效果差异,但是,司法实践逐渐认可了夫妻在意思合意下对特定婚姻财产所作的安排。换言之,在司法实践中,夫妻约定财产制契约的类型不再封闭,已然呈现出一定的开放性,但是,这亦因法院立场不一造成了司法裁判结果不统一的现象。[1]

(四)夫妻之间财产约定是否对第三人生效

关于夫妻之间财产约定是否对第三人生效,原则上该约定是属于夫妻之间的一种“内部”约定,当涉及第三方利益时,如双方约定夫妻共同债务由一方负责独立偿还,此时是否有权要求债权人按照协议履行?

---

〔1〕 参见陈霖:《夫妻约定财产制契约的扩张解释与法律适用》,载《法治研究》2022 年第 6 期。

《民法典》第1065条[1]、《最高人民法院关于适用〈中华人民共和国民法典〉婚姻家庭编的解释(一)》第37条[2]对此作出了规定,《民法典》第1065条第3款所称"相对人知道该约定的",夫妻一方对此负有举证责任。值得注意的是,《最高人民法院关于适用〈中华人民共和国婚姻法〉若干问题的解释(一)》(已废止,下同)第18条规定为"第三人知道该约定的"。"相对人"与"第三人"一词之差,两者之间的区别是,民法上的相对人是指合同对方当事人。按照合同相对性原理,一种合同关系(A～B)中,双方当事人互为"相对人";民法上的"第三人",指合同双方当事人之外的、与一方存在某种法律关系的特定人。其中,合同法上的"第三人"与物权法上的"第三人",亦有不同。合同法上的"第三人"指连续交易(A～B、B～C)关系中,后一合同(B～C)关系的受让人C。物权法上的"第三人"主要指重复交易(一物二卖)合同(A～B、A～C)关系中,后一合同(A～C)关系的受让人C。采用归纳推理法理解,夫妻之间因为家庭关系构成一个封闭系统,对因夫妻家庭关系产生的债务,双方之间在权利属性上具有同构性,在家庭债务这个系统之外的债权人就属于相对人了。由此可见,这个举证责任在于订立合同的夫妻一方,而不在于善意第三人,这体现了法律对善意第三人的保护。夫妻对婚姻关系存续期间所得的财产以及婚前财产的约定,对双方具有法律约束力。

此处的"相对人",在实践中主要指的是债权人。所谓"相对人知道",是指在相对人与夫妻一方发生债务关系时,如果相对人知道夫妻财产已经约定各自所有的,就以其中一方的财产清偿。而相对人不知道该约定的,该约定对相对人不发生效力,应当按照夫妻共同财产制度下的清偿原则进行清偿。值得注意的是,"知道"的概念,不仅包括知道约定的存在,还应当知道约定的内容,并且应当在债务产生之前或当时已经知晓,事后知道是不符合此情形的。

但是现实中可能会出现这样的问题,如果夫妻确实对财产作了约定,但负

---

[1] 参见《民法典》第1065条第1款　男女双方可以约定婚姻关系存续期间所得的财产以及婚前财产归各自所有、共同所有或者部分各自所有、部分共同所有。约定应当采用书面形式。没有约定或者约定不明确的,适用本法第一千零六十二条、第一千零六十三条的规定。

[2] 参见《最高人民法院关于适用〈中华人民共和国民法典〉婚姻家庭编的解释(一)》第37条　民法典第一千零六十五条第三款所称"相对人知道该约定的",夫妻一方对此负有举证责任。

债的夫或妻一方为了使自己财产利益不受损害或少受损害,就和相对人恶意串通,相对人认定自己不知道夫妻之间对他们的财产有约定,而未负债的夫妻一方却举不出相对人知道该约定的证据,只好以夫妻财产偿还,显然这对于处在弱者地位的未负债却要承担偿还责任的那一方是不公平的,这在司法实践中有待进一步完善。如果能规定夫妻一方在举债时,三方当事人都应该在场并且能够有见证人或公证机关参与,就能够对恶意串通行为产生一定的阻却作用。

第三节　夫妻财产的类型

家庭中的财产是婚姻关系需要考量的重要因素,随着社会的发展和婚姻关系的变化,夫妻财产的性质会发生差异,形式也会变得多种多样。例如,从结婚时间点上夫妻财产可以划分为婚前财产与婚后财产;从财产的权利归属上夫妻财产可以划分为夫妻个人财产和夫妻共同财产。

一、婚前财产

(一)婚前财产的界定

从概念的定义上来看,婚前财产是指在婚姻关系缔结前,夫妻一方的个人财产。夫妻一方的婚前财产,不管是动产还是不动产,是有形财产还是无形财产,只要合法取得,就依法受到法律保护。

判断是否属于婚前财产的关键一点在于取得财产所有权的时间节点。如果财产所有权的取得是在婚前,但婚后才实际占有该项财产,其性质属于婚前个人财产。比如,婚前夫妻一方接受继承,遗产在婚后才分割,该遗产虽然是婚后所实际得到的,但其所有权在婚前就已经取得,所以应认定为一方婚前财产。

(二)婚前财产常见问题

1. 婚前财产一定是个人财产吗

婚前财产一般情况下应认定为个人财产,只要是在领结婚证之前获得的且在你名下的财产,首先推定是你的个人财产,但不同的财产处置行为和方式有时也会造成财产形态和归属的变化。正因如此,很多人觉得婚前登记在自己名下的财产就是自己的个人财产。但是在实际生活中,往往没有这么简单。

以房屋为例:

(1)婚前一方签订购房合同、支付首付并办理按揭贷款,婚后办理房产手续登记至个人名下,该房产为一方的个人财产,但夫妻双方婚后共同还贷支付的款项及其相应财产增值部分由房屋所有一方对另一方进行补偿。通常来说,在与房地产开发商签订房屋买卖合同后,商品房的买卖关系已经成立,房屋应当属于购买人所有。因为购买行为已经完成,即使购买人不结婚,也需要每月支付贷款,婚后共同支付房贷的行为对于获得房产所有权并没有直接联系。离婚时,夫妻双方婚后共同还贷支付的款项及其相应财产增值部分由房屋所有一方对另一方进行补偿。

(2)婚前用个人财产作为首付款,向银行按揭贷款买的房子,房子登记在支付首付的一方名下,婚后用夫妻共同财产还按揭贷款的,如果日后离婚了,就由双方协商房子归哪一方所有,如果协商不了,一般情况下房子判给登记方,但是另外一方可以要求对婚后双方共同还贷的部分,以及婚后房产增值的部分进行补偿。

(3)婚前一方签订购房合同并实际交付了全额房款或虽有贷款但于婚前还清,婚后办理房产登记至其个人名下,该房产应为一方的个人财产。结婚前签订购房合同并支付全额房款的房产可被认定为婚前个人财产,婚后办理房产证仅是一种延续行为。

(4)婚前一方签订购房合同并支付了部分房款,婚后再支付了部分房款,并登记至其个人名下。该房产婚前交纳房款相对应的份额应为一方的个人财产,婚后交纳部分如未有约定亦无证据证明系以个人财产交纳,则对应份额应认定为夫妻共同财产。

2. 夫妻一方的婚前个人财产在婚后的增值部分,在离婚时归谁享有

关于夫妻一方财产在婚后产生的收益如何处理,《最高人民法院关于适用〈中华人民共和国民法典〉婚姻家庭编的解释(一)》第26条规定:“夫妻一方个

人财产在婚后产生的收益,除孳息和自然增值外,应认定为夫妻共同财产。”该条采用的是一般原则加例外规定的模式,关于夫妻一方财产在婚后产生的收益归属的认定,一般原则是认定为夫妻共同财产,孳息和自然增值是例外。如果进一步细分,夫妻个人财产的婚后收益可分为孳息、自然增值和投资收益(主动增值)。

首先是例外类型:(1)孳息;(2)自然增值。孳息,指由原物所产生的额外收益,分为天然孳息和法定孳息。天然孳息,指依物的本性天然生长,不需要人力作用就能获得的孳息,如植物长出的果实。法定孳息,指物因某种法律关系所产生的收益,如房屋的租金、存款的利息。增值,指物或权利在财产价格方面的上升,包括主动增值(投资收益)和被动增值(自然增值),其中主动增值是夫妻财产“由于他方或双方所支付的时间、金钱、智力、劳务”产生的增值,被动增值是“因通货膨胀或其他不是因当事人的主观努力而是因市场价值的变化产生的增值”;自然增值不需要人为操作自然地增加某个东西,就是非人为的增值。比如,夫妻一方婚前所有的房屋、古董、字画、珠宝、黄金等,在婚姻关系存续期间因市场价格上涨而产生的增值。对于房屋的自然增值来说,主要指在未来一段时间房屋价格的上涨。如夫妻双方没有就婚前财产所产生的收益进行特别约定,像孳息如房屋的房租等该收益部分应认定为婚姻存续期间的夫妻共同财产。

《最高人民法院关于适用〈中华人民共和国民法典〉婚姻家庭编的解释(一)》第26条把夫妻一方个人财产的天然孳息、自然增值认定为个人财产,究其原因在于夫妻另一方对个人财产的天然孳息、自然增值的形成或产生未提供贡献。但从协力理论的角度出发,孳息是否为夫妻一方个人财产应区分不同情形作不同处理:将夫妻一方个人财产产生的天然孳息界定为个人财产并无疑问,但法定孳息不宜均界定为个人财产,最典型如出租房屋所获得的租金,这一孳息与个人财产投资获得的收益并不存在差异,该条将个人财产投资所获得的收益规定为夫妻共同财产,按照实务类似处理的平等原则,以租金为代表的法定孳息也应属于夫妻共同财产。而夫妻一方婚前银行存款及其利息则更宜解释为夫妻一方个人财产。总之,在判断孳息是否为夫妻个人财产时,应当从协力理论出发，考察夫妻一方对财产的取得是否作出贡献。因夫妻一方财产在婚后产生的自然增值通常是因通货膨胀或市场行情的变化而产生，与夫妻双方的人为协作劳动或管理等并无关联，根据平等原则和注重保护个人财产原则，应将该部分增值认定为个人财产。

夫妻一方财产在婚后产生的投资收益应认定为夫妻共同财产。投资收益与自然增值、孳息存在很大的不同，是财产所有人对所拥有的财产起到了积极推动作用，从而导致家庭财富的增加，故这类投资收益属于夫妻通过劳动所得的财产，除夫妻另有约定外，应归属于夫妻共同财产。

可以理解为，夫妻个人财产婚后的主动增值是夫妻共同财产，婚后的被动增值是夫妻个人财产。夫妻一方的婚前财产，不因婚姻关系的延续而转化为夫妻共同财产。[1] 但当事人另有约定的除外。

3.一方婚前购买的股票婚后增值，另一方可否请求分割增值部分

投资收益分为直接投资收益与间接投资收益。直接投资收益是指将货币或实物直接投资于企业生产经营活动，其投资收益通常与投资者的经营行为相伴相随，这种投资方式获得的收益通常被人们作为夫妻共同财产。

如果股票账户一直没动过，则为一方的婚前财产，另一方无权请求分割增值部分；如果股票账户一方在婚后进行过操作与管理，则其增值应当作为夫妻共同财产，另一方可以请求分割增值部分。股票在婚后进行过多次的买入与卖出，则将股票的增值理解为投资行为较为妥当。因为此种情况下，股票的增值往往需要夫妻一方投入大量的时间与精力，其收益往往取决于炒股人的管理，这需要夫妻中的另一方在其他方面更多地付出，如子女的养育、家庭日常开支的赚取，如果将其片面地理解为自然增值恐怕有失公允。而且在现实生活中存在职业炒股人，其专门以炒股为业，或单纯靠炒股收入存活，如果将股票的增值收益不区分情况，全部视为夫妻一方的财产，将不利于保护另一方的权益。因此，将股票的收益理解为投资经营的收益较为妥当。

---

〔1〕 参见《最高人民法院关于适用〈中华人民共和国民法典〉婚姻家庭编的解释（一）》第31条　民法典第一千零六十三条规定为夫妻一方的个人财产，不因婚姻关系的延续而转化为夫妻共同财产。

二、婚内财产

(一)婚内财产的界定

以结婚证的登记日期为限,登记日期前属于婚前,登记后属于婚内。自我国有婚姻法时起,就确立了夫妻平等原则,认为婚内财产是夫妻双方协力的结果。[1] 此处的协力,意指财产的收益凝聚了另一方配偶的贡献。[2] 即认为夫妻一方的婚内劳动所得源于夫妻另一方的家务劳动以及其他付出、贡献。在婚姻中,夫妻一方因其家务劳动、照顾老人、扶养小孩等无法创造经济收入的付出,其后果则常由一方承担。若夫妻双方的婚内劳动所得由其各自独享,经济上理性的决定就是婚后少付出、多挣钱,以免他日离婚后的经济和非经济之付出却换来自身经济上的不利。若婚内劳动所得由夫妻分享,则夫妻一方的婚内劳动和其他付出在经济上等价,这就消除了夫妻一方在为婚姻和家庭付出时的经济隐忧,更有利于夫妻双方及家庭利益的最大化。

婚内财产是指夫妻关系存续期间,夫妻任何一方所得的各种财产。婚内财产并不完全等于夫妻共同财产。婚内财产是否属于夫妻共同财产,取决于夫妻间的约定及法律的规定,某些财产即使在婚内取得,若归因于婚前劳动,仍非夫妻共同财产。某些财产虽是离婚后取得,但若归因于婚内劳动,仍应为夫妻共同财产。例如,不少企业高管实行"一元年薪制",以股票期权替代劳动报酬。即使股票期权的行权收入在离婚后取得,其作为相应婚内劳动之报酬,仍应按婚内劳动之比例认定为夫妻共同财产。[3] 同理,军人复员费、自主择业费、住房补贴、养老保险金等亦无不同。具体如下:如果有婚内财产协议明确约定了婚内夫妻各自的收入怎样分配,那么婚后取得的财产需要按照协议的约定分配;如果没有婚后财产协议或者协议约定无效时,就要遵循法律的规定。

---

〔1〕 参见薛宁兰、许莉:《我国夫妻财产制立法若干问题探讨》,载《法学论坛》2011年第2期。

〔2〕 参见冉克平:《夫妻团体财产与个人财产的法理构造》,载《法制与社会发展》2019年第5期。

〔3〕 参见《广东省高级人民法院关于婚前取得的股票期权,离婚后行权所得能否确认为夫妻共同财产问题的批复》(粤高法民一复字〔2009〕5号)。

（二）婚内财产常见问题

“结了婚，我的钱就都是你的钱。”恋爱时，如此不分你我的承诺会让甜蜜升级，现实中，很多夫妻却因财产纠纷耗尽心力。常言道，谈钱伤感情。但事实却告诉我们，只有明确财产边界，感情才会更有保障。虽然幸福婚姻的秘诀从来不是法律规定或者金钱激励，但法律至少应当“不让金钱给婚姻添乱”。[1]

1. 婚内容易出现的财产问题

（1）双方各自隐瞒原本应当归属双方共有的财产，如有些私房钱的产生；

（2）婚姻关系存续期间，以任何一方个人名义产生的债务，对方不知道，却要承担还款责任；

（3）婚前财产带来的收益难确定该属于婚前财产还是属于共同财产；

（4）有些财产如房产的购买和供款是婚前、婚后的共同行为，如何确定哪部分是共同财产，哪部分是婚前财产。

2. 妥善处理婚内财产

（1）一般来说，夫妻对外的债务承担不分比例，而是连带偿还；

（2）可以书面约定婚姻关系存续期间所得的财产以及婚前财产的归属，以免日后产生纠纷；

（3）对于大件财产如果不愿约定可以保留证据；

（4）建议对家庭的理财最好做一个债务分割方案，共同形成理财计划或家庭发展方案。

三、夫妻个人财产

（一）夫妻个人财产的界定

1980 年《婚姻法》关于夫妻财产只有第 13 条这一原则性的规定，未涉及夫妻间个人财产。2001 年《婚姻法》修正，开始关注夫妻个人财产的界定及其相关问题，首次明确列举夫妻一方个人财产，突出对个人财产权利的保护。夫妻

---

〔1〕 贺剑：《夫妻财产法的精神——民法典夫妻共同债务和财产规则释论》，载《法学》2020 年第 7 期。

个人财产,是指夫妻在实行共同财产制的前提下,依照法律的规定或者夫妻之间的约定,各自保留的一定范围的属于个人所有的财产。既包括个人婚前财产,又包括婚姻关系存续期间的个人财产,除法律规定的个人财产外,也承认当事人约定的个人财产。我国主要实行法定的夫妻共同财产制,但《民法典》婚姻家庭编第 1065 条[1]对可以约定的财产作出了规定,即男女双方可以约定婚姻关系存续期间所得的财产以及婚前财产归各自所有,共同所有或者部分各自所有、部分共同所有。如果夫妻双方能够利用约定大于法定的财产制这一原则,能够很好地起到保护个人财产独立,不受对方干涉的作用,也能满足夫妻在婚姻生活中的个人需要。

(二)夫妻个人财产的构成

我国法定的夫妻个人财产,大致由三部分构成:一是夫妻一方的婚前财产;二是属于一方特有的财产,一方特有的财产有的是具有人身性质的财产,有的则是夫妻一方的生活职业专用财产;三是基于继承或赠与获得的财产,我国法律规定的因继承或赠与取得的财产,以夫妻共有为原则,以个人所有为例外。根据《民法典》及相关司法解释的规定,[2]下列情形属于夫妻一方的财产:

第一,一方的婚前财产,具体包括:个人所有的财产如工资、奖金,从事生产、经营取得的收益,知识产权的收益,因继承或赠与所得的财产、资本收益以及其他合法收入;一方婚前已经取得的财产权利,如一方婚前取得的债权等;婚前财产的利息,包括个人财产婚前利息;一方婚前以货币、股权等形式存在,而婚后表现为另一形态的财产。

---

[1] 参见《民法典》第 1065 条　男女双方可以约定婚姻关系存续期间所得的财产以及婚前财产归各自所有、共同所有或者部分各自所有、部分共同所有。约定应当采用书面形式。没有约定或者约定不明确的,适用本法第一千零六十二条、第一千零六十三条的规定。夫妻对婚姻关系存续期间所得的财产以及婚前财产的约定,对双方具有法律约束力。夫妻对婚姻关系存续期间所得的财产约定归各自所有,夫或者妻一方对外所负的债务,相对人知道该约定的,以夫或者妻一方的个人财产清偿。

[2] 参见《民法典》第 1063 条,《最高人民法院关于适用〈中华人民共和国民法典〉婚姻家庭编的解释(一)》第 30 条、第 31 条。

第二,一方因受到人身损害获得的赔偿和补偿。一方因受人身伤害而获得的医疗费、残疾人士生活补助费等赔偿和补偿具有人身性质,是用于保障受害人生活的基本费用,须归个人所有,不能作为夫妻共同财产。

第三,赠与合同或遗嘱中确定只归夫妻一方的财产。赠与人或被继承人明确以赠与、继承给个人为条件,所赠与或者所继承的物品具有鲜明的个人属性,也体现了财产所有人支配财产的真实意志,完全是所有权应有的内容。这些财产属于夫妻个人财产。

第四,一方专用的生活物品。个人衣物、书籍、资料等,都是极具个人属性的财产,为个人财产。在离婚纠纷中争夺这些财产的也不在少数。在生活物品中,应当注意贵重物品和其他奢侈品除外,因为这些物品中有些价值极大,完全归一方所有显失公平。

第五,其他应当归一方所有的财产。包括:(1)婚前个人财产增值部分。婚前个人财产在婚后增值,应当分为两个部分:经过夫妻共同管理、经营部分的增值,为夫妻共同财产;自然增值和未经共同管理、经营部分的增值,为个人财产。(2)复员、转业军人的复员费、转业费、医疗补助费和回乡生产补助费,归个人所有。(3)夫妻一方的人身保险金。人寿保险金、伤害保险金等具有人身性质,只能作为个人财产。(4)其他个人财产。与个人身份密切相关的奖品、奖金,国家资助优秀科学工作者的科研津贴,一方创作的手稿、文稿、艺术品设计图、草图等,为个人所有。

四、夫妻共同财产

(一)共同财产的界定

所谓共同财产,就是在夫妻双方的婚姻关系中,双方所有的财产内容,除约定财产之外,依法归双方所有。其中主要包括经营收益、知识产权、继承遗产、工资等。简单来说,共同财产所指的是夫妻在婚后的全部财产收益。在婚姻家庭法的规定下,夫妻共同财产需要满足以下特征:首先,夫妻双方必须是法律承认的夫妻关系,非法同居、无效婚姻等情况不属于共同财产的范畴。其次,共同财产的内容必须是在双方的夫妻关系期间,从关系开始时一直到关系结束,其他期间的财产内容不计入共同财产。[1]

(二)共同财产种类与分割

1. 夫妻共同财产的种类

夫妻在婚姻关系存续期间所得的下列财产属于共同财产:

(1)工资、奖金;

(2)生产、经营性收益;

(3)知识产权的收益;

(4)因继承或赠与所得的财产,但遗嘱或赠与合同中确定只归夫或妻一方的财产除外;

(5)其他共同所有的财产;

(6)一方以个人财产投资取得的收益;

(7)男女双方实际取得或者应当取得的住房补贴、住房公积金;

(8)男女双方实际取得或者应当取得的养老保险金、破产安置补偿费;

(9)夫妻一方个人财产在婚后产生的收益,除孳息和自然增值外,属于夫妻共同财产。[2]

2. 婚姻关系存续期间的共同财产分割

(1)婚姻存续期间的法定分割

婚姻存续期间的共同财产,我国法律并未有明确规定法定分割问题。不过根据我国《刑法》的规定,在对犯罪分子的财产判处罚没时,不得没收犯罪分子家属拥有的财产。其中,根据2001年《婚姻法》中的“个人特有财产”,内容应涵括犯罪分子家属拥有的财产。另外,将约定财产制作为夫妻双方进行财产分配的主要依据,是否能够对抗刑罚执行部门的相关执行措施,目前并不能从现行有关执行的法律规定中获知。在司法实践过程中,根据“对夫妻共同财产中属于犯罪分子一方所有的一部分和个人所有财产进行没收”,确定没收财产的范

---

〔1〕 参见郭建军:《婚姻法中的夫妻财产制问题探讨》,载《法制博览》2017年第12期。

〔2〕 参见《民法典》第1062条;《最高人民法院关于适用〈中华人民共和国民法典〉婚姻家庭编的解释(一)》第25条、第26条。

围,从一定程度上体现出法定分割的意味。

(2)婚姻存续期间的约定分割

对我国婚姻家庭法进行深入分析后会发现,夫妻双方对家庭财产尚未进行约定的或者约定不够明确的,均适用于夫妻共同财产制。假如夫妻在结婚之前,没有约定夫妻共同财产,而在结婚以后才对夫妻共同财产进行约定,在这种情况下,一定要有效分割夫妻共同所有的财产,夫妻双方各自以此约定婚姻缔结前后的财产,这样符合夫妻双方财产分配的意旨。尽管我国婚姻家庭法并未详细规定婚姻存续期间的约定分割,但从条文的字面意思中不难发现,夫妻在婚姻关系存续期间约定变更财产制时,必须分割夫妻的共同财产。

(3)婚姻存续期间的裁定分割

婚姻关系存续期间共同财产裁定分割有以下两种情形:

第一,存在夫妻共同财产利益遭受严重损害行为或者夫妻一方对夫妻共同财产进行变卖、转移等行为的;

第二,具有抚养义务的夫妻一方,当身患重大疾病,必须接受治疗,而另一方不同意支付相关医疗费用的。

3. 婚姻关系终止时的共同财产分割

一些原因导致夫妻婚姻关系终止,如离婚、婚姻撤销、一方死亡、婚姻无效等,夫妻的共同财产将面临分割和清算。根据我国婚姻家庭法的规定,夫妻双方在婚姻关系存续期间所拥有的共同财产,除约定的共同财产以外,在分割遗产过程中,配偶能够得到共同所有财产的一半,其余共同所有财产则被认定为被继承人的遗产。

第四节　房产与共有股权分割

提及夫妻财产纠纷,必然牵扯房产分割,甚至还有股权分割。作为普通家庭中分量最重的财产组成部分,其分割问题是离婚纠纷中的焦点。随着现代婚姻家庭财产状况越来越复杂，加之恶意隐藏、转移财产或对离婚协议反悔等情形时常出现，离婚后一方要求进一步分割或重新分割夫妻共同财产的纠纷频繁发生。因此，厘清房产与共有股权的分割问题对当事人避免离婚后还深陷财产分割纠纷是大有帮助的。

一、夫妻财产纠纷中的房产分割

房产争议历来是夫妻财产纠纷中的热点问题，概括起来主要是房产归属认定和房产分割等问题。离婚诉讼中分割房屋，首先要解决的问题就是：该房屋是属于夫妻一方个人财产，还是夫妻双方共同财产。《民法典》第 1062 条规定了夫妻共同财产的范围，第 1063 条规定了夫妻个人财产的范围，并且分别规定了“其他应当归共同所有的财产”和“其他应当归一方的财产”的兜底条款，《最高人民法院关于适用〈中华人民共和国民法典〉婚姻家庭编的解释（一）》第 25 条[1]对“共同所有的”兜底条款进行了解释，概括来说，判断房屋属于夫妻一方个人财产还是夫妻共同财产，还是要从婚前还是婚后两个时间维度进行分析。

（一）房屋系婚姻关系成立之前购买

婚前按揭买房，是指夫妻一方在婚前签订房屋买卖合同，支付首付款并向银行按揭贷款，婚后夫妻双方共同偿还贷款。婚前按揭房屋涉及的法律关系复杂，按揭还款时间跨度较长，购房资金来源多元化，产权登记、出资主体、还款比例、家庭状况也因人而异，导致婚前按揭房屋的产权归属和分割补偿问题变得更加困难和复杂，婚前按揭房屋的产权归属认定很难一概而论，应该根据每个案件的具体情况，综合多种因素，充分考虑婚姻家庭的伦理性与特殊性，在尊重意思自治、照顾子女与女方利益、保护弱势群体利益原则的基础

---

[1] 参见《最高人民法院关于适用〈中华人民共和国民法典〉婚姻家庭编的解释（一）》第 25 条　婚姻关系存续期间，下列财产属于民法典第一千零六十二条规定的“其他应当归共同所有的财产”：

（一）一方以个人财产投资取得的收益；

（二）男女双方实际取得或者应当取得的住房补贴、住房公积金；

（三）男女双方实际取得或者应当取得的基本养老金、破产安置补偿费。

上公平认定。

从房屋出资来源角度看,可以分为夫妻一方出资、夫妻双方共同出资、夫妻一方父母出资、夫妻双方父母出资等情形。从房屋产权的取得时间来说,又可以分为婚前取得和婚姻关系存续期间取得。综合考虑出资来源和时间,夫妻房产问题的类型是非常多的。在现实生活中,夫妻按揭买房主要包括以下几种情形:一是婚前夫妻一方以个人名义签订房屋买卖合同,以个人财产支付首付款并在银行贷款,婚前取得房屋所有权,产权登记在自己名下,婚后以夫妻共同财产还贷的;二是婚前夫妻一方以个人名义签订房屋买卖合同,以个人财产支付首付款并在银行贷款,婚后取得房屋所有权,产权登记在自己名下,婚后以夫妻共同财产还贷的;三是婚前夫妻双方共同支付首付款,以夫妻一方名义签订房屋买卖合同并向银行贷款,婚前或婚后取得房屋所有权,产权登记在夫妻一方名下,婚后以夫妻共同财产还贷的;四是婚前夫妻双方共同支付首付款,以夫妻双方名义签订房屋买卖合同并向银行贷款,婚前或婚后取得房屋所有权,产权登记在双方名下,婚后以夫妻共同财产还贷的;五是婚后以夫妻一方或双方名义签订房屋买卖合同,夫妻一方或双方支付首付款并向银行贷款,婚后取得房屋所有权,产权登记在夫妻一方或双方名下的;六是无论是婚前还是婚后按揭买房,也无论是以夫妻个人名义还是以夫妻双方名义签订房屋买卖合同,离婚时尚未取得房屋所有权的。关于婚前房产的归属问题最值得关注的大致又可以分为两种:婚前首付,婚后共同还贷的房产;父母出资的房产。

婚前购房的类型见图 2－1。

- 婚前购房
  - 一方出资
    - 婚前全额出资
      - 登记在一方名下
      - 登记在双方名下
    - 婚前付首付，婚后共同还贷
      - 登记在一方名下
      - 登记在双方名下
  - 双方出资
    - 登记在一方名下
    - 登记在双方名下
  - 父母出资
    - 一方父母全额出资
      - 登记在己方子女名下
      - 登记在双方/另一方子女名下
    - 一方父母出首付，夫妻共同还贷
      - 登记在己方子女名下
      - 登记在双方/另一方子女名下
    - 双方父母全额出资
      - 登记在己方子女名下
      - 登记在双方/另一方子女名下
    - 双方父母出首付，夫妻共同还贷
      - 登记在己方子女名下
      - 登记在双方/另一方子女名下

图 2－1　婚前购房的类型分析

1. 夫妻一方出资

夫妻一方出资又可以分为全额出资和部分出资两种情形。

（1）婚前全额出资

如果房屋系婚前一方全额出资购买，且登记在一方名下的，应认定为登记权利人的个人财产。

如果房屋系婚前一方全额出资购买，在婚后将原本登记在一人名下的房屋变更登记在夫妻双方名下的，一般应视为对另一方配偶的房屋份额赠与，该房屋的性质即从原本的夫妻个人财产转化为夫妻共同财产。但是，尽管该房屋属于夫妻共同共有，但在具体分割时，一般不会按照通常物权法律规定中关于共同共有的处理原则进行均分，而会考虑出资比例等现实情况进行分割。例如，《上海市高级人民法院关于审理婚姻家庭纠纷若干问题的意见》第 13 条规定："夫妻一方婚前出资购置房屋，权利登记在双方名下的，为夫妻双方共有财产。如未约定按份共有，可认定共同共有，但在离婚分割该房产时，出资一方可适当多分。”

(2)婚前支付首付,婚后夫妻双方共同还贷

实际生活中还存在夫妻一方婚前签订购房合同、支付首付款并在银行按揭贷款,婚后双方共同偿还房贷的现象。此时,房屋价款中包含另一方的价值投入,认定为一方婚前个人财产或有不妥。合同的签订、首付款的支付、不动产登记由一方完成或在一方名下,认定为夫妻共同财产亦缺乏依据。可以说,此类房产实际是婚前个人财产与婚后共同财产的混合体。《最高人民法院关于适用〈中华人民共和国婚姻法〉若干问题的解释(三)》其核心内容之一就是调整离婚时房屋权属的认定,其中第10条规定,夫妻一方婚前签订不动产买卖合同,以个人财产支付首付款并在银行贷款,婚后用夫妻共同财产还贷,不动产登记于首付款支付方名下的,离婚时该不动产由双方协议处理。依前款规定不能达成协议的,人民法院可以判决该不动产归产权登记一方,尚未归还的贷款为产权登记一方的个人债务。双方婚后共同还贷支付的款项及其相对应财产增值部分,离婚时应根据2001年《婚姻法》第39条第1款规定的原则,由产权登记一方对另一方进行补偿。《最高人民法院关于适用〈中华人民共和国民法典〉婚姻家庭编的解释(一)》第78条[1]沿用了《最高人民法院关于适用〈中华人民共和国婚姻法〉若干问题的解释(三)》第10条的规定,婚前按揭房屋的原始价值当中凝结了夫妻一方的婚前首付款、婚前已还贷款以及婚后共同还贷款三部分款项,婚前按揭房在性质上应该属于夫妻个人财产和夫妻共同财产的混合。应该根据婚前按揭房屋的具体情况,综合考虑多种因素来判断其产权归属。[2]

如果房屋系夫妻一方婚前支付首付款购买,登记在出资方名下,那么应适用《最

---

[1] 参见《最高人民法院关于适用〈中华人民共和国民法典〉婚姻家庭编的解释(一)》第78条 夫妻一方婚前签订不动产买卖合同,以个人财产支付首付款并在银行贷款,婚后用夫妻共同财产还贷,不动产登记于首付款支付方名下的,离婚时该不动产由双方协议处理。依前款规定不能达成协议的,人民法院可以判决该不动产归登记一方,尚未归还的贷款为不动产登记一方的个人债务。双方婚后共同还贷支付的款项及其相对应财产增值部分,离婚时应根据民法典第一千零八十七条第一款规定的原则,由不动产登记一方对另一方进行补偿。

[2] 参见张晓远:《论婚前按揭房屋的产权归属与分割——以〈民法典婚姻家庭编司法解释(一)〉第78条为中心》,载《西南民族大学学报(人文社会科学版)》2021年第5期。

高人民法院关于适用〈中华人民共和国民法典〉婚姻家庭编的解释(一)》第78条规定进行判断。如果房屋系夫妻一方婚前支付首付购买,登记在夫妻双方名下,婚后由夫妻双方共同还贷的,则该房屋属于夫妻共同共有,但在离婚分割该房产时,出资一方可适当多分。如果房屋系一方婚前支付首付购买,登记在非出资方名下的,婚后由夫妻双方共同还贷,有证据表明双方是以结婚、长期共同生活使用为目的购房,原则上房屋应认定为夫妻共同财产,非出资方证明该房产属于赠与的除外。

2. 夫妻双方出资

婚前由夫妻双方出资购房,在实践中主要有两种情形:

(1)双方分别支付部分首付款至房地产开发商指定的银行账户。

(2)一方将款项支付给签订合同一方,由签订合同一方向房地产开发商支付首付款。

如果婚前由夫妻双方出资购买的房屋登记在一方名下,那么非登记方出资的性质应如何判断?实践中,结合案件具体情况,主要有三种观点:一是认为构成借贷关系,二是认为构成赠与关系,三是认为构成对房屋的共同出资。

在第一种观点和第二种观点下,即使非登记方证明自己存在出资行为,也无法主张就该房屋成立共同共有关系。在第三种观点下,法院一般认为夫妻双方是在婚前以"结婚为目的"购置房屋,该房屋属于夫妻所共有。但对于是按份共有还是共同共有,不同法院也有不同观点。例如,《深圳市中级人民法院关于审理婚姻家庭纠纷案件的裁判指引》认为,夫妻一方在婚前购买房产并登记在该方名下,另一方主张其在买房时亦有出资且婚前买房目的即为结婚共同居住,如果并无充分证据显示有关款项属于借款或者赠与等其他性质,人民法院应当认定双方按照各自的出资比例共有房产。

3. 父母出资

父母出资的情形,可以根据是一方父母还是双方父母出资,是部分出资还是全额出资进行更进一步的划分。

(1)一方父母全额出资

如果房屋系一方父母全额出资,根据司法解释规定,登记在己方子女名下,当事人结婚前,父母为双方购置房屋出资的,该出资应当认定为对自己子女个人的赠与,但父母明确表示赠与双方的除外。

如果房屋系一方父母全额出资,登记在双方或另一方子女名下,可以推定“父母有赠与双方的意思”,应该认定该房产为夫妻共同共有。

(2)一方父母支付首付款,婚后由夫妻双方共同还贷

如果房产系一方父母支付首付款,登记在己方子女名下,婚后由夫妻双方共同还贷的,可认定该房屋属于一方的个人财产,父母婚前还贷部分是对己方子女的赠与,另一方可以获得双方婚后共同还贷支付的款项及其相对应财产增值部分。

如果房产系一方父母支付首付款,登记在双方子女或另一方子女名下,婚后由夫妻双方共同还贷的,可以推定“父母有赠与双方的意思”,应该认定为共同共有。

(3)双方父母全额出资

双方父母全额出资购买房屋,无论所有权登记在一方或者双方名下,均视为对自己子女的赠与,该不动产可以认定为双方按照各自父母出资份额按份共有。

(4)双方父母出资支付首付款,婚后夫妻双方共同还贷

双方父母共同出资支付首付款,婚后由夫妻双方共同还贷,无论所有权登记在一方还是双方名下,父母婚前出资的部分都应该视为对自己子女的赠与,房产应认定为夫妻共同共有。对于该情形,由于既包含婚前“父母对自己子女的赠与”部分,又包含婚后“夫妻共有”部分,因而法院在酌情确定夫妻各自享有的房屋份额时,理应考虑婚前父母出资的比例。

(二)房屋在婚姻关系存续期间购买

1. 一方出资

一方以婚前资产全额出资,且登记在出资方名下时,房屋属于个人财产;其他情况下,都属于夫妻共同财产。实践中,考虑婚内财产混同的可能性极高,一方婚内出资购买的房屋认定为个人财产的情形是比较少见的。除夫妻一方婚前个人房产足以购买新房产且新房产仍登记于该夫妻一方名下等少数情况外,夫妻婚后所购房屋无论登记于一方还是双方名下,一般均属于夫妻共同财产。

婚后购房的各种类型分析见图2－2。

- 婚后购房
  - 一方出资
    - 婚前全额出资
      - 登记在一方名下
      - 登记在双方名下
    - 婚前付首付，婚后共同还贷
      - 登记在一方名下
      - 登记在双方名下
  - 双方出资
    - 登记在一方名下或双方名下
    - 登记在子女和夫妻双方或夫妻一方名下
    - 登记在子女名下
  - 父母出资
    - 一方父母全额出资
      - 登记在己方子女名下
      - 登记在双方/另一方子女名下
    - 一方父母出首付，夫妻共同还贷
      - 登记在己方子女名下
      - 登记在双方/另一方子女名下
    - 双方父母全额出资
      - 登记在己方子女名下
      - 登记在双方/另一方子女名下
    - 双方父母出首付，夫妻共同还贷
      - 登记在己方子女名下
      - 登记在双方/另一方子女名下

图2－2　婚后购房的类型分析

2. 夫妻双方出资

房产系夫妻双方出资，且购买于婚姻关系存续期间的，无论房屋登记在夫妻一方还是双方名下，原则上，夫妻双方婚后共同出资购买的房产应认定为夫妻共同财产。如果房屋系夫妻双方出资，且购买于婚姻关系存续期间，登记在双方子女名下的，在司法实践中，一般需要考量子女是否成年以及夫妻双方的真实意思表示进行综合判定。

（1）夫妻双方在婚姻关系存续期间共同出资购买房产登记在成年子女名下，应查明当事人登记背后的真实意思，即夫妻双方是否有将房屋赠与子女的意思。如果有证据证明夫妻双方将所有权登记在子女名下的真实意思仅是代名登记，夫妻双方并无赠与意思的，该不动产应当认定为夫妻共同财产。

（2）夫妻双方在婚姻关系存续期间共同出资购买房产登记在未成年子女名下，双方在离婚时主张该房产为夫妻共同财产的，司法实践中有两种处理方式。

一是法院在离婚案件中不予处理,告知有关当事人在离婚后另行主张分割共有财产。

二是法院基于考量当事人的真实意思表示,结合案件具体情况综合判断。不能简单地按照登记情况将房屋认定为未成年子女的财产。在实际生活中,夫妻双方共同出资购买房屋后,可能基于各种因素的考虑而将房屋登记在未成年子女名下。但这并不意味着夫妻的真实意思是使未成年子女成为该房屋的权利人,因此,该房屋的真实产权人未必是未成年子女。应审查夫妻双方在购买房屋时的真实意思表示:①如果有证据证明真实意思确实是将购买的房屋赠与未成年子女,离婚时应将该房屋认定为未成年子女的财产,由直接抚养未成年子女的一方暂时管理;②如果真实意思并不是将房屋赠与未成年子女,离婚时将该房屋作为夫妻共同财产处理比较适宜。需要注意的是,若夫妻基于代持意思将房屋登记在子女名下,那么夫妻有关房产的内部约定不能对抗善意第三人。

如果房屋登记在子女和夫妻一方或双方名下,且夫妻二人有将房产部分赠与子女的真实意思,若产权登记中未约定按份共有的,应认定共同共有。

3. 父母出资

对于婚后父母出资的情形,《最高人民法院关于适用〈中华人民共和国民法典〉婚姻家庭编的解释(一)》第 29 条第 2 款修改了《最高人民法院关于适用〈中华人民共和国婚姻法〉若干问题的解释(三)》第 7 条的规定,不再区分是由“一方父母出资”还是“双方父母出资”,一律规定为当事人结婚后,父母为双方购置房屋出资的,依照约定处理;没有约定或者约定不明确的,按照《民法典》第 1062 条第 1 款第 4 项规定的原则处理。

(1)一方父母全额出资

如果房屋系一方父母全额出资,登记在己方子女名下,司法实践主流观点认为,考虑《物权法》(已废止,下同)已经实施多年,普通民众对不动产登记的意义已经有较为充分的认识,在出资后将不动产登记在自己一方子女名下,认定为是父母将出资确定赠与自己子女一方的意思表示,符合当事人本意,也符合法律规定的精神。婚内一方父母全额出资且登记己方子女名下的房屋,应认定为对己方子女的赠与。

如果房屋系一方父母全额出资，登记在双方或对方子女名下，应考量出资方父母的真实意思表示，若能证明该出资系对子女双方的赠与的，该房屋可以认定为夫妻共同共有。当然，由于另一方未对出资作出贡献，在离婚分割份额时会相应少分。

(2)一方父母支付首付，夫妻共同还贷

如果房屋系一方父母支付首付，登记在己方子女名下，由夫妻双方共同还贷的，该房屋一般应作为夫妻共同财产。一般认为，只有在一方父母全额出资，且登记在己方子女名下时，才能推定有赠与己方子女的意思；而在一方父母部分出资的情况下原则上不能作此推定。例如，《北京市高级人民法院关于审理婚姻纠纷案件若干疑难问题的参考意见》规定，“婚后由一方父母支付首付款为子女购买的不动产，产权登记在出资人子女名下，由夫妻共同偿还余款的，该不动产应作为夫妻共有财产，在离婚时综合考虑出资来源、装修情况等因素予以公平分割”。

如果房屋系一方父母支付首付款，登记在双方子女名下，父母出资应认定为对子女双方的赠与，又因为夫妻共同还贷，该房屋应认定为夫妻共同共有。

(3)双方父母全额出资

如果房屋系双方父母全额出资，登记在一方子女名下的，一般应认定为夫妻共同共有。实践中，由于房价总值很大，一方父母可能无力单独承担购房负担，由双方父母共同出资为子女购房的情形很常见，父母为子女出资购房不仅是家族财产的传递形式之一，也寄托了父母对子女婚姻幸福美满的期望，在双方没有明确约定的情况下，认定为按份共有与家庭的伦理性特征不符，也与法律规定有一定冲突。根据《民法典》第 1062 条规定，在没有明确表示赠与一方的情况下，应当归夫妻共同所有。如果房屋系双方父母全额出资，登记在双方子女名下的，该房屋应认定为夫妻共同共有。

(4)双方父母支付首付，夫妻双方共同还贷

双方父母共同支付首付款，由夫妻双方共同还贷的，在双方父母没有明确表示赠与某一方的意思的情况下，且考虑家庭的伦理性特征，无论房屋产权登

记在一方名下还是双方名下,均应认定为共同共有。

二、共有股权分割问题

在实务中,夫妻离婚股权分割方面存在的主要争议问题为:第一点是夫妻婚内取得的有限责任公司股权能否被认定为属于夫妻共同财产;第二点是夫妻离婚股权如何分割,即股权分割的方式与股东资格的取得程序问题和夫妻双方未协商一致情形下夫妻离婚股权分割问题的处理方式。

股份或出资并非包含股权,而是依附于股权。何为股权?股权是股东基于出资或继受行为而享有的身份价值和财产价值的权利总和。股权有广义和狭义之分。广义的股权,泛指股东可以向公司主张的各种权利;狭义的股权,则仅指股东基于股东资格而享有的、从公司获得经济利益并参与公司经营管理的权利。股权是一项很复杂的权利,从公司法学原理来看,股权是一个权利束,这些具体权利束可以分为四大类:股东收益权、股东治理权、股东知情权、股东诉讼权。[1] 而在实践中,大量的纠纷是由于夫妻对共有股权的认定或分割达不成一致意见而产生的,所以,在涉及股权分割时,大致可以从两个方向分析:第一,依附在股权上的身份权利;第二,股权所代表的财产权利。

(一)股权是否属于夫妻共同财产

绝大多数法院在对夫妻离婚股权分割案件进行审理时,将夫妻婚内取得的有限责任公司股权认定为夫妻共同财产,但仍存在少部分案例,其中法院持相反观点,认为只有股权所代表的价值利益才属于夫妻共同财产。[2] 结合《民法典》婚姻家庭编关于夫妻共有财产范围的认定以及夫妻共有股权的特性,夫妻共有股权的认定主要应当掌握以下两种标准:一是时间标准,即原则上只有在夫妻关系存续期间所获得的股权才能被认定为夫妻共有股权;二是资金来源标准,即原则上只有以夫妻共有财产投资获得的股权才能被认定为夫妻共有股权。但这两个标准在适用上并非具有绝对性,在夫妻对股权的共有具有约定

---

〔1〕 参见胡晓琳主编:《细说股权:股东权益的实现与维护》,法律出版社 2022 年版,第 5 ~ 6 页。

〔2〕 参见李婧:《夫妻离婚股权分割问题研究》,吉林大学 2022 年硕士学位论文,第 13 页。

时,应当尊重当事人的意思自治,依其约定认定股权的归属。

据此,夫妻共有股权主要包括以下情形。

(1)婚姻关系存续期间一方或双方以夫妻共同财产投资获得的股权。

(2)婚姻关系存续期间夫妻双方通过受赠与、继承等方式取得的股权,除非赠与合同或遗嘱中明确只归夫妻一方所有。

(3)婚前夫妻双方共同投资获得的共有股权并持续到夫妻关系存续期间。此种情形实际上是将婚前的共有关系持续到婚后,仍属夫妻双方共有。但需要注意的是,如果婚前的共有属于按份共有,则除非夫妻之间另有约定,这种按份共有不能当然转换为夫妻共同共有。

(4)夫妻将一方所有的股权约定为双方共有。依《民法典》婚姻家庭编第1065条的规定,此种约定应属有效。由于《公司法》并未规定股权的转让以登记为生效要件,故自该约定生效之日,非持股配偶即取得该股权的共有权。

下列情形下的股权则原则上不能认定为夫妻共有股权,除非当事人另有约定:

一是夫妻一方于婚前所获得的股权。

二是夫妻一方在婚后以婚前财产投资所获得的股权。于此情形,非持股配偶只能根据《最高人民法院关于适用〈中华人民共和国民法典〉婚姻家庭编的解释(一)》第25条、第26条的规定主张投资所获得的收益为共有,但不能主张股权共有以及分割股权。

三是遗嘱或赠与合同中明确只归夫妻一方所有的股权。

四是夫妻一方或双方为名义股东时所享有的股权。因为名义股东并没有参与公司的实际经营,也没有行使过股东权利,因此,其并不享有实质意义上的股权,该股权当然也就谈不上是夫妻共有财产。[1]

(二)未经配偶同意即转让股权,是否属于无权处分

婚姻关系存续期间,以夫妻共同财产认缴有限责任公司出资但登记在夫妻

---

〔1〕 参见张承凤、何文骏:《离婚时股权分割问题研究》,中国法学会婚姻家庭法学研究会2015年年会论文。

一方名下的股权,登记方未经另一方同意擅自将股权转让给第三人,是否属于无权处分?基于对司法实践相关案例的分析,分为两种类型,即“有权处分说”与“无权处分说”。

1. 有权处分说

有权处分说认为,股权是股东基于其股东资格而享有的复合性权利。在婚姻关系存续期间以夫妻共同财产出资取得但登记在夫或者妻一方名下的有限责任公司股权,仅得由登记方行使,而非夫妻共同共有,故登记方对于该股权的处分系有权处分。如无与第三人恶意串通损害另一方利益等导致合同无效的情形,登记方应按合同约定协助办理股权变动手续,但基于该股权而取得的收益属于夫妻共同财产。有一部分观点认为还可以把该配偶界定为隐名股东以此来说明有权处分,但实际上享有共有权的非持股配偶与隐名股东之间尚存在一定的区别。这主要表现在以下几个方面:首先,二者发生的依据不同。隐名股东享有的是显名股东与其约定的权利,权利依据是《合同法》(已废止,下同);而非持股配偶享有的是作为合法配偶所应享有的权利,其权利依据是2001年《婚姻法》。其次,二者所涉及的法律关系不同。虽然非持股配偶与隐名股东都未登记在公司股东名册上,都存在所谓“隐名”的状态,都不能以自己的意思对抗公司,但二者所涉及的法律关系有所不同。隐名股东与显名股东是出资股东与名义股东的关系,名义股东完全没有出资额,只是出资股东委托的股权代理人;而持股配偶与非持股配偶之间却是共同出资人,股权的取得是夫妻共同财产所有权转化的结果。最后,隐名股东与非持股配偶的实际权利不同。隐名股东往往是参与公司管理的背后实际力量,但是非持股配偶在实际中往往不参与公司管理,即基本不会在背后左右持股配偶参与公司实际事务。[1]

2. 无权处分说

无权处分说认为,婚姻关系存续期间,以夫妻共同财产出资而取得的有限责任公司股权,即使登记在夫或者妻一方名下,亦为夫妻共同共有,夫妻对共同

---

〔1〕 参见田韶华、莫春阳:《论夫妻共有股权的认定与分割》,载《河北科技大学学报(社会科学版)》2017年第3期。

所有的财产，有平等的处理权，故登记方未经配偶方同意擅自向第三人转让股权，属无权处分。因登记方不具有处分权，在配偶方不同意转让股权的情形下，作为受让方的第三人不能取得该股权，仅可主张转让方承担违约责任。

总之，股权是股东基于其股东身份和地位而在公司中享有的权利，包含资产收益权、参与重大决策和选择管理者等，兼具财产权与人身权属性。根据《公司法》的规定，取得完整无瑕疵的股东资格和股东权利，应同时符合向公司出资或认缴出资这一实质要件和被记载于公司股东名册等相关文件这一形式要件。[1] 换言之，出资并非取得有限责任公司股权的充分条件，不能仅因出资来源于夫妻共同财产而认定该股权为夫妻共同共有。当股权登记于夫妻一方名下时该股权的各项具体权能应由股东本人独立行使，股东有权单独处分该股权。如无恶意串通损害另一方利益等导致合同无效的情形，登记为股东的一方应按合同约定履行股权转让义务，根据 2001 年《婚姻法》及其司法解释的相关规定，因转让该股权而取得的收益属于夫妻共同财产。

3. 类案参考

案例一

在海南陵水宝玉有限公司、李某龙股权转让纠纷一案中，[2] 最高人民法院认为，马某国和陈某琦签署《协议书》之前，并未获得徐某和王某的授权。公司股权属于公司法上的财产性权益，对其处分应由登记的股东本人或其授权的人行使。虽然马某国和徐某、陈某琦和王某为夫妻关系，但在没有得到股东徐某和王某授权之前，马某国和陈某琦转让徐某和王某名下的公司股权，仍属于无权处分。上诉人主张马某国与徐某、陈某琦与王某系夫妻，涉案股权属于夫妻共有财产，没有法律依据，不予支持。

---

〔1〕 参见最高人民法院第二巡回法庭 2020 年第 3 次法官会议纪要。

〔2〕 参见最高人民法院民事判决书，(2019) 最高法民终 424 号。

案例二

在谷某与赵某娟股权转让纠纷一案中,[1]辽宁省高级人民法院认为,赵某娟与谷某元系1989年1月16日结婚,谷某元组建宏缘公司系2007年7月,谷某元当时实缴注册资本240万元,故谷某元出资240万元系谷某元与赵某娟婚姻关系存续期间发生,在夫妻间没有特别约定的情况下,该出资款项应属夫妻共同财产,但在出资行为转化为股权形态时,现行法律没有规定股权为夫妻共同财产,其也不具有"夫妻对共同所有的财产,有平等的处理权"这样的属性。本案宏缘公司股东谷某元、天缘集团均同意向谷某及陶某平转让其持有的股权并已经股东会决议确定。而现没有法律规定股东转让股权须经股东配偶的同意,所以,谷某元转让其持有的宏缘公司股权,即使未经其配偶赵某娟同意,也没有法律依据确认其转让无效。

案例三

在夏某萍与李某霞股权转让纠纷一案中,[2]陕西省西安市中级人民法院认为,股东转让股权必须征得过半数股东的同意,[3]并非必须征得其配偶的同意。即使对有限责任公司的出资系夫妻共同财产,但非公司股东的配偶,要成为公司的股东,还须征得其他股东的同意。只有在其他股东明确表示放弃优先购买权的情况下,股东的配偶才可以成为该公司的股东。在过半数股东不同意转让,但愿意以同等价格购买该出资额的情况下,只能对转让出资所得财产进行分割。

---

〔1〕 参见辽宁省高级人民法院民事判决书,(2015)辽民二终字第00341号。

〔2〕 参见陕西省西安市中级人民法院民事判决书,(2015)西中民四终字第00473号。

〔3〕 参见《公司法》第71条　有限责任公司的股东之间可以相互转让其全部或者部分股权。股东向股东以外的人转让股权,应当经其他股东过半数同意。股东应就其股权转让事项书面通知其他股东征求同意,其他股东自接到书面通知之日起满三十日未答复的,视为同意转让。其他股东半数以上不同意转让的,不同意的股东应当购买该转让的股权;不购买的,视为同意转让。经股东同意转让的股权,在同等条件下,其他股东有优先购买权。两个以上股东主张行使优先购买权的,协商确定各自的购买比例;协商不成的,按照转让时各自的出资比例行使优先购买权。公司章程对股权转让另有规定的,从其规定。

股东的配偶虽对夫妻共有的股权享有财产权利,但没有参与公司重大决策和选择管理者等权利。综上,公司股东转让股权可以独立行使,并非必须征得其配偶的同意。

(三)隐名股权是否可作为夫妻共有财产分割

股权代持是实际出资人以他人名义向公司出资,公司章程和商事登记中股权为他人持有,但实际出资人实际享有投资收益等部分或全部股东权益的一种股权处置方式。[1] 不在公司章程、股东名册和工商登记等公示文件中记载的实际出资人,通称隐名股东,代持人称为名义股东。[2] 隐名股东与显名股东是出资股东与名义股东的关系,名义股东完全没有出资额,只是出资股东委托的股权代理人。

根据《公司法》第56条的规定,记载于股东名册的股东,可以依股东名册主张行使股东权利。由此不难看出,股东必须是记载于股东名册上的出资人,股东名册是公司依照法律规定登记对本公司进行投资的股东及其出资情况的簿册,股东名册作为公司的法定置备文件,具有辨别股东身份的重要作用:第一,记载于股东名册的股东,可以依据股东名册直接主张行使股东权利,这就是股东名册的确定效力、推定效力。第二,未在公司登记机关登记或者变更登记的,不得对抗第三人。

但是在实践中,经常遇到委托他人出资、委托持股、代替持股的问题,即隐名股东问题。夫妻一方以自己的名义持股,离婚时,隐名股东的配偶如何实现代持股权或相应权益的分割?由于离婚案件处理的是夫妻双方基于婚姻而产生的人身关系和财产关系,而股权代持关系必然涉及公司及名义股东的利益。因相关案件事实涉及第三人利益,且较难在离婚案件中予以查明,一般来说倾向于不在离婚案件中处理争议股权。无论是隐名股东还是其配偶,均不能以股东身份行使股东权利,若想依法取得登记在第三人名下的股权或对应的财产权益,其前提必然是证明隐名股东实际享有该部分股权对应的权益。若财产归属(股权代持关系)存疑,则法院将难以支持配偶分割股权或对应财产权益的请

---

〔1〕 参见刘迎霜:《股权代持协议的性质与法律效力》,载《法学家》2021年第3期。

〔2〕 参见周友苏:《新公司法论》,法律出版社2006年版,第229页。

求。股东配偶并不必然能够在离婚诉讼中直接取得公司股权而成为股东，这是有限责任公司的人合性使然。若案件中还存在股权代持关系，隐名股东配偶还须额外证明代持关系的存在，其维权难度陡然增加。由于股权代持关系具有私密性，作为股权代持关系的第三人，隐名股东的配偶需要在日常生活及隐名股东实际出资或参与公司运营的过程中，尽可能地收集、保存证明代持关系真实有效的证据，并以此为基础请求分割对应的财产权益，维护自身合法权益。

案例四

在夏某萍与李某霞股权转让纠纷一案中，[1]安徽省合肥市中级人民法院认为，在《最高人民法院关于适用〈中华人民共和国婚姻法〉若干问题的解释(二)》(已废止，下同)第16条中，对人民法院审理离婚案件，涉及分割夫妻共同财产中以一方名义在有限责任公司的出资额，另一方不是该公司股东的处理情形作出规定。

该条规定需以"夫妻共同财产中以一方名义在有限责任公司的出资额"为适用条件。所谓"出资额"，《公司法》第4条规定，有限责任公司的股东以其认缴的出资额为限对公司承担责任。第49条规定，股东应当按期足额缴纳公司章程中规定的各自所认缴的出资额。据此，公司法中"出资额"为特定概念，对应的主体是有限责任公司股东，股东以外的其他主体对公司的投资或其他投入均不能称为出资。故《最高人民法院关于适用〈中华人民共和国婚姻法〉若干问题的解释(二)》第16条适用的是夫妻一方为有限责任公司股东的情形。

本案中，李某松虽为合肥天麦公司的实际出资人，但其并非合肥天麦公司的股东，不能适用该条款的规定，方某娟认为该条款中股权分割范围并没有将实际出资人间接持有股权的情况排除在外的上诉主张不能成立。

---

〔1〕 参见安徽省合肥市中级人民法院民事判决书，(2019)皖01民终5355号。

(四)婚姻存续期间的夫妻共有股权如何分割

1. 法律适用上的理解

《民法典》婚姻家庭编对离婚时夫妻共有股权分割的相关规定不多,就目前的立法情况而言,只有《最高人民法院关于适用〈中华人民共和国民法典〉婚姻家庭编的解释(一)》第73条[1]涉及。应当说这个司法解释是很有智慧的,但就该条的内容而言,有两点需要注意:

其一,该条所采用的表述是夫妻分割或转让以一方的名义在有限责任公司中的"出资额",而并未如《公司法》(2023年修订)第四章"有限责任公司的股权转让"中的那样使用"转让股权"这样的表述,尽管有限责任公司的股东系按出资额享有股权,但"转让出资额"这样的表述所导致的争议后果就是"股权"本身能否被认定为夫妻共有财产并予以分割。

其二,该条只适用于夫妻双方对共有股权的认定及分割均达成一致意见的情形。而有限责任公司的复杂之处在于,其股权兼具人身属性和财产属性,股权的真实价值很难确定,而投资人在公司投入的数额即出资额却是明确的。《公司法》第48条[2]明确了获得股权的出资形式,即无论是货币还是知识产权

---

[1] 参见《最高人民法院关于适用〈中华人民共和国民法典〉婚姻家庭编的解释(一)》第73条　人民法院审理离婚案件,涉及分割夫妻共同财产中以一方名义在有限责任公司的出资额,另一方不是该公司股东的,按以下情形分别处理:

(一)夫妻双方协商一致将出资额部分或者全部转让给该股东的配偶,其他股东过半数同意,并且其他股东均明确表示放弃优先购买权的,该股东的配偶可以成为该公司股东;

(二)夫妻双方就出资额转让份额和转让价格等事项协商一致后,其他股东半数以上不同意转让,但愿意以同等条件购买该出资额的,人民法院可以对转让出资所得财产进行分割。其他股东半数以上不同意转让,也不愿意以同等条件购买该出资额的,视为其同意转让,该股东的配偶可以成为该公司股东。

用于证明前款规定的股东同意的证据,可以是股东会议材料,也可以是当事人通过其他合法途径取得的股东的书面声明材料。

[2] 参见《公司法》(2023年修订)第48条　股东可以用货币出资,也可以用实物、知识产权、土地使用权、股权、债权等可以用货币估价并可以依法转让的非货币财产作价出资;但是,法律、行政法规规定不得作为出资的财产除外。

对作为出资的非货币财产应当评估作价,核实财产,不得高估或者低估作价。法律、行政法规对评估作价有规定的,从其规定。

等其他方式出资，只要可以用货币估价，出资人均可取得股权。具体而言就是出资额是股权产生的基础，股权是出资额投入公司后的一种表现形式。随着公司的经营，股权所代表的价值会产生变化，因此出资额的多少并不意味着股权价值的多少。

2. 夫妻股权分割中的问题

实践中对于夫妻股权分割主要考虑以下几个方面的问题：

一是要在夫妻之间予以公平分割，实现婚姻家庭领域内的正义；

二是要避免股权的分割对企业的运作和资本效率带来的不利影响；

三是要防止持股配偶利用持股优势损害非持股配偶的利益。

就实践层面而言，鉴于股权的特殊性，法院裁判的分割比例在非持股配偶能否成为股东这一问题确定之后才能够最终实现。如此一来，当事人在法院裁判后仍然需要依《公司法》的规定去自行解决股东身份问题，而一旦出现纠纷，势必出现二次诉讼。因此，从节约诉讼成本并减少当事人诉累的角度考虑，在离婚诉讼中一并解决非持股配偶的股东身份问题不失为一个较好的选择。但由于非持股配偶一方并不参与公司的经营，不熟悉公司的情况，与持股配偶相比处于弱势地位，要求其征求其他股东的意见并不现实，因此还需要法院的介入。具体而言应允许原告方申请法院调查取证。法院可以通过发函件的方式通知持股配偶方的公司在一定期限内形成并向法院提交关于股权转让的意见或通过向所有股东调查询问的方式，取得其他股东是否同意转让或是否行使优先购买权的证明，并据此予以裁判。若公司或其他股东未在法院通知的期限内作出相应的意思表示，则可视为同意转让，并据此裁判。[1]

法院对股权裁判分割并确定双方享有的股权比例，是否必然意味着股权最终一定由双方享有？答案是否定的。这涉及股权分割的方法，虽然股权在性质上属于可分物，双方可以依比例而予以分割，但由于股权的分割关系到

---

〔1〕 参见田韶华、莫春阳：《论夫妻共有股权的认定与分割》，载《河北科技大学学报（社会科学版）》2017 年第 3 期。

公司的运营和资本维持,应尽量避免对公司的运营造成不利影响。故法院可以根据情况将股权判给具有经营能力的一方享有,并由该方按法院确定的分割比例给予另一方一定的补偿。至于如何判断谁更有经营能力,实践中可以引入企业经营者能力评估体制。目前市场中有专门的针对企业经营者能力进行评估的第三方机构,已经具备较为科学的评估方法,可以提供专业化的评估。

此外,还涉及股权价值的评估。股权的分割不可避免地会涉及股权的价值评估。对此,首先可以由离婚当事人对股权的价值予以协商;协商不成的,由双方当事人协商确定股权价值评估机构;不能协商确定的,应赋予当事人特别是非持股方配偶请求第三方评估机构对股权价值进行评估的权利,并由法院指定评估机构。同时,在评估股权价值时,应当将自益权和共益权均纳入评估的范围,以使评估结果最大限度地反映出股权的真实价值。

3. 夫妻共有股权分割的两类情形

婚姻关系存续期间的夫妻共有股权分割大致分为两类情形,即"支持分割"与"不支持分割"。"支持分割"建立在案涉公司当事人及其他股东放弃同等条件下的优先购买权非股东一方取得股东资格的基础之上,即分割股权。"不支持分割"建立在案涉公司当事人及其他股东不放弃同等条件下的优先购买权[1]非股东一方取得股东资格的基础之上,主要分为四种实践类型,即不支持分割股权诉求、协商分割股权转让金、协商分割股权原始出资额、分割股权现有评估价值(协商不一致)。

(1)第一种情形——"支持说"

法院支持按一定比例分割股权的诉求,在落实股东转让股权通知义务后,其他股东放弃同等条件下的优先购买权,非股东一方可以取得公司股东资格。有限责任公司更强调人合性,在离婚分割有限责任公司股权时,会考虑其他股

[1] 参见《公司法》(2018 年修正)对于股权转让,采取"通知 + 同意 + 优先购买权"规则,《公司法》(2023 年修订)第 84 条删除了"有限责任公司股东对外转让股权时其他股东过半数同意"的规定,保留其他股东对于拟转让股权同等条件下的优先购买权。《最高人民法院关于适用〈中华人民共和国民法典〉婚姻家庭编的解释(一)》第 73 条中"其他股东过半数同意"在法律适用上需要配合衔接。

东的利益。根据《最高人民法院关于适用〈中华人民共和国民法典〉婚姻家庭编的解释(一)》第73条、《公司法》第84条[1],涉及分割夫妻共同财产中以一方名义在有限责任公司的出资额,另一方不是该公司股东的,按以下情形分别处理(如图2-3所示):

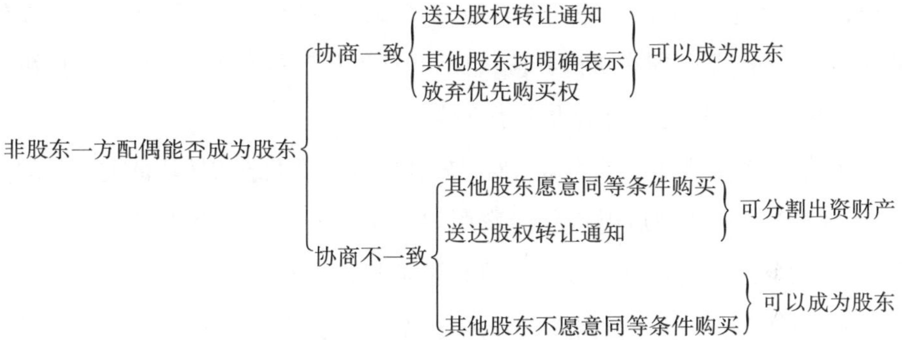

图2-3 非股东一方配偶成为股东类型化分析

①夫妻双方协商一致将出资额部分或者全部转让给该股东的配偶,过半数股东同意、其他股东明确表示放弃优先购买权的,该股东的配偶可以成为该公司股东。

②夫妻双方就出资额转让份额和转让价格等事项协商一致后,过半数股东不同意转让,但愿意以同等价格购买该出资额对应股权的,则可以对转让出资所得财产进行分割。但需要注意的是,在法院审理案件过程中,绝大多数情况下夫妻双方未协商一致不构成法院驳回夫妻离婚股权分割的诉讼请求的理由,但仍存在以夫妻双方未协商一致为由驳回股权分割诉讼请求的案例。

(2)第二类情形——“不支持说”

该观点目前属于主流观点,即充分尊重股东之间的人合性,“不分股而分钱”。

---

[1] 参见《公司法》第84条 有限责任公司的股东之间可以相互转让其全部或者部分股权。

股东向股东以外的人转让股权的,应当将股权转让的数量、价格、支付方式和期限等事项书面通知其他股东,其他股东在同等条件下有优先购买权。

股东自接到书面通知之日起三十日内未答复的,视为放弃优先购买权。两个以上股东行使优先购买权的,协商确定各自的购买比例;协商不成的,按照转让时各自的出资比例行使优先购买权。

公司章程对股权转让另有规定的,从其规定。

类型一:法院不支持分割股权的诉求。该情形往往是夫妻一方坚持要求分割股权,既不同意折价补偿,也不同意评估股权价值。涉及分割夫妻共同财产中以一方名义在有限责任公司的出资额,另一方不是该公司股东的,若夫妻双方不能就股权分割问题达成一致意见,为了保证公司的人合性,应对另一方请求分割的股权折价补偿。譬如在刘某、王某离婚后财产纠纷案中[1],刘某坚持要求分割股权,既不同意折价补偿,也不同意评估股权价值,二审法院便判决对刘某要求分割股权的诉讼请求不予支持。

类型二:法院尊重双方当事人对已转让股权所得的股权转让款进行分割。譬如,在翁某与金某离婚后财产纠纷案中[2],金某于婚内转让其持有的16.81%股份,取得转让款840.5万元,扣减其婚前投入的个人财产237万元,共增值603.5万元。由于现有证据无法证明金某、翁某结婚前该股权的收益情况,故603.5万元均视为婚姻存续期间取得的收益,由二人予以分割,金某应向翁某支付301.75万元。

但是,在实务操作中需要注意股权转让款的取得时间,即法院无法对曾经存在而非现有的股权转让款进行分割。譬如在俞某甲与斯某离婚纠纷案中[3],原告的股权转让款虽确实曾经拥有,但法院能够审查并处理的是原、被告双方现在尚拥有的财产,现原告已经说明其股权转让款已分别用于为儿子买房及投资亏损,被告并无证据证明原告转移了财产,故法院只能对原告自认的17万元共同债权进行分割。

类型三:法院尊重双方当事人的协商意见,对股权的原始出资额进行分割。在杜某与陆某离婚纠纷案中[4],双方当事人在审理过程中均同意以股权原始投资额50万元予以分割,一审法院便基于50万元原始出资额进行分割。

类型四:双方对股权价值无法协商一致的,对现有股权价值进行折价补偿,股权价值若无法确定,参照其他财务信息资料酌定股权折价款。实践中,也会

---

〔1〕参见本章案例五。

〔2〕参见本章案例六。

〔3〕参见本章案例七。

〔4〕参见浙江省杭州市中级人民法院民事判决书,(2014)浙杭民终字第2496号。

通过引入专业资质评估机构、参照当地同行业水平等多种评估方式评估股权价值。譬如，在朱某与袁某离婚后财产纠纷案中[1]，被告袁某享有杭州某供销社有限公司4.34%的股权，该股权系被告与原告婚姻关系存续期间取得，属于夫妻共同财产。原告朱某主张分割股权并要求成为公司股东，但被告明确表示不同意原告成为股东，考虑公司法相关规定、公司及公司其他股东的合法权益，法院认定被告持有的杭州某供销社有限公司4.34%股权归被告所有，被告应按股权价值支付原告股权折价款。原告在该案审理过程中申请对股权价值进行评估，但评估工作因公司不配合无法进行，被告作为公司股东，亦负有配合提供公司财务信息等材料的义务，但其亦未予以配合，在被告未提供证据证明股权价值的情况下，参照《杭州某供销社有限公司股东大会会议纪要》所载内容，并结合该案实际情况，法院酌定由被告支付原告股权折价款600,000元。

综合以上分析，离婚案件涉及夫妻共有股权分割，实质反映的是"股权"与"股权财产价值"的区别。有限责任公司的人合性和资合性决定了当其他股东认可非股东一方加入公司，"股权"的人身属性和财产属性才能得到呈现；而当其他股东不认可非股东一方加入，非股东一方可以通过分割"股权财产价值"，从而实现对夫妻共有股权财产属性的把握。

在离婚案件中，如需对股权进行分割，必须对风险慎重考虑、做好背景调查，对夫妻共有股权的取得时间、取得价格、目前现值、前期股权转让的交易价格等进行全面了解，综合判断。离婚一方选择分割"股权"还是"股权财产价值"，应当先评估公司其他股东是否同意该方成为该公司的新股东，如获得其他股东半数以上同意的可能性较小的，则考虑分割股权财产价值可能更为现实。分割"股权财产价值"时，虽然理论上可以通过各类方式对股权价值进行评估，但实践中仍存在不少障碍。因此，针对不同案情，需要具体问题具体分析，在综合考量、权衡利弊的基础上，使诉讼请求更合理，避免分割股权带来不必要的损失。

---

[1] 参见浙江省杭州市钱塘区人民法院民事判决书，(2021)浙0191民初1210号。

案例五

在最高人民法院审理的刘某、王某离婚后财产纠纷一案中[1],2006 年 9 月 18 日,刘某、王某签订的《离婚协议书》对离婚后子女的抚养权归属、赡养费支付、孩子的教育、生活照顾等均作了约定;对财产分割问题,王某承诺在两年内分四次支付刘某 200 万元(包括利息),承诺双方在广州购买的房屋归刘某所有,剩余按揭房款由王某负担,现有的车辆归王某所有,王某给刘某重新购买一台车辆等。该《离婚协议书》有双方的签字和捺印,是双方自愿达成的,故一、二审判决认定该《离婚协议书》有效,并无不当。卓辉公司成立于 2004 年,是在刘某、王某夫妻关系存续期间由王某出资设立的有限责任公司,应认定是夫妻共同财产。因二人离婚时签订的《离婚协议书》中未就该公司股权分割问题进行处理,二审判决认定该公司股权属于离婚时未处理的夫妻共同财产,并无不当。根据《最高人民法院关于适用〈中华人民共和国婚姻法〉若干问题的解释(二)》第 16 条的规定,人民法院审理离婚案件时,涉及分割夫妻共同财产中以一方名义在有限责任公司的出资额,另一方不是该公司股东的,若夫妻双方不能就股权分割问题达成一致意见,为了保证公司的人合性,应对另一方请求分割的股份折价补偿。因在本案二审审理过程中,刘某坚持要求分割股权,不同意折价补偿,也不同意评估股权价值,二审判决对刘某要求分割股权的诉讼请求不予支持,并无不当。刘某主张二审判决遗漏诉讼请求、认定事实错误、适用法律错误的申请再审理由,不能成立,法院不予支持。

案例六

浙江省温州市中级人民法院在审理金某、潘某因离婚后财产纠纷一案中[2]认为,当事人对反驳对方诉讼请求所依据的事实有责任提供证据加以证明。被上诉人翁某在原审提交的永嘉人人国际酒店有限公司基本情况、工商变更登记

---

〔1〕 参见最高人民法院民事裁定书,(2018)最高法民申 796 号。

〔2〕 参见浙江省温州市中级人民法院民事判决书,(2015)浙温民终字第 401 号。

情况、股权转让协议书等,可以证明上诉人金某原系人人国际酒店注册登记的投资人之一,持有16.81%股份,出资额840.5万元,于2011年6月2日以840.5万元价格将16.81%股份转让给上诉人潘某等事实。金某、潘某上诉称金某并无实际资金投入,仅代潘某持有股份,实际持股人系潘某。但2001年11月金某注资的100万元转账凭证显示付款人为金某,2005年1月10日注资的交款单位为永嘉县人人大酒店,现有证据并不足以证明历次增资所需资金均由潘某一人注入。况且,金某与潘某系母子关系,在无其他证据包括代持股份书面协议等足以佐证金某系代母亲潘某持有股份情况下,即便金某注资的款项来源于其母亲潘某,也不能证明金某仅系代持股份的事实。至于金某是否有参与酒店的日常经营仅系内部管理分工问题,并不影响其股东身份的认定。而金某与潘某也没有提供相关财务报表等材料证明金某从无参与酒店利润分配等事实。故而上诉人的该上诉意见依据不足,法院不予采纳,原判认定金某系实际持股人并无不当。

案例七

在杭州市萧山区人民法院审理的俞某甲与斯某离婚纠纷一案中[1],事实情况为:原、被告系经人介绍后相识,于某年某月某日登记结婚,某年某月某日生育儿子俞某乙(现已成年)。婚后双方因家庭琐事发生矛盾,原告自2010年5月起搬至萧山临江居住。原告于2013年10月30日起诉离婚,法院以(2013)杭萧民初字第5783号民事判决予以驳回。现原告再次起诉至法院,因双方对财产分割未能达成一致协议,故调解未成。

另外原、被告共有城厢镇潘水苑61幢3单元501室房屋及城厢镇丁家庄居委会高桥小区42幢西单元603室房屋,及浙A×××的北京现代轿车一辆。庭审竞价中,原告报潘水房屋价值为140万元、高桥房屋价值为50万元、轿车价值为1万元;被告报潘水房屋价值为125万元、高桥房屋价值为50余万元、轿车价值为3万元。原告公积金账户现尚有公积金余额201,381.87元。原告原持有杭州某油脂有限

---

〔1〕 参见浙江省杭州市萧山区人民法院民事判决书,(2015)杭萧民初字第592号。

公司2.9605%的股份,于2012年转让给浙江某科技股份有限公司,原告于2013年3月缴纳应税收入3,709,700元的个人所得税741,940元。原、被告为儿子买房共支付房款188万元。原告自认股权转让金至今仅剩余17万元,现已借给他人。

法院审理认为:原、被告现一致同意离婚,法院应予准许。双方争议的共同财产,房屋及汽车产权明晰,应按其竞价确定价值并酌情分割。原告的股权转让金虽确实曾经拥有,但法院能够审查并处理的是原、被告双方现尚拥有的财产,现原告已经说明其股权转让金已分别用于为儿子买房及投资亏损,被告并无证据证明原告转移了财产,故法院只能对原告自认的17万元共同债权进行分割。关于杭州某服装有限公司40%股份,因原告提出其系代持股份,该股份归属并不明确,因涉及案外第三人,不宜在本案中审理,故对该股份不予处理。关于原告农业银行账户款项进出,因原告已作合理说明,不能证明原告转移财产,故法院对该账户之前的款项往来不作认定。上述共同财产,法院将根据财产的具体情况,按照顾女方权益的原则酌情分割。

(五)一方婚前股权在离婚时如何处理与认定

一方婚前的股权属于该方的个人财产,在实践中没有太多异议。对于一方婚前的股权在婚后的收益、增值是否属于夫妻共同财产,《最高人民法院关于适用〈中华人民共和国民法典〉婚姻家庭编的解释(一)》第26条[1]作出了相关规定。

实务中的案例比这种单纯地考虑一方婚前股权在婚后的增值溢价、分红收益等要复杂得多。比如,一方在结婚登记之前通过出资设立或受让取得的股权,在结婚后,对涉案公司以夫妻共同财产增资(如无特殊说明,以下所指增资均指“同比例增资”)时,股东配偶名下的股权是夫妻共同财产,还是仍为该方个人财产,还是部分为夫妻共同财产、部分为个人财产?对此有观点认为,公司股权在一方婚前就已经取得,该种财产形式首先不应因婚姻关系的缔结以及婚姻关系的存续时间长短而发生改变;其次,婚后增资的行为只是可能使得股权价

[1] 参见《最高人民法院关于适用〈中华人民共和国民法典〉婚姻家庭编的解释(一)》第26条 夫妻一方个人财产在婚后产生的收益,除孳息和自然增值外,应认定为夫妻共同财产。

值增高，而非股权本身属性的变化。至于以夫妻共同财产对涉案公司增资的行为，对于非股东配偶来说可以依据《最高人民法院关于适用〈中华人民共和国民法典〉婚姻家庭编的解释（一）》的规定主张其财产权益，而非针对涉案股权本身拥有权益。也有观点认为，公司增资后，使每股对应的出资额增加，持有股权的一方在婚前对涉案公司的出资经过婚后夫妻共同财产增资后被稀释，经过稀释的股权属于该方的婚前个人财产，因夫妻共同财产参与增资并没有导致股权比例发生变化，前述婚前个人股权与目前工商登记的股权比例之差额属于双方之夫妻共同财产。

客观地说，随着夫妻双方婚姻关系的持续，公司也在不断地发展，增资、减资、股权转出、受让自是常态。在该等情形下，一方名下公司股权的属性认定往往是案件的难点。前述还仅是婚后增资的情形，如果涉案公司在股东配偶结婚后先增资再减资，或者先减资再增资，抑或增资、减资过程中又涉及了股权转出或转进，等等，每增加一种情形，都会使该类问题变得更为复杂。再如，一方在婚前取得涉案公司股权，但仅是认缴出资，在结婚登记后以夫妻共同财产实缴到位的情形如何认定；或者一方婚前取得股权，虽在婚后增资，但增资所用资金为该方个人财产等都是实务中经常遇到的问题。

（六）离婚时夫妻能否按照在工商部门登记的持股比例分割股权

夫妻在公司工商登记的持股比例是否与夫妻在房产登记中按份共有一样，属于夫妻之间就相关公司股权作出按份共有的意思表示或等同于夫妻财产约定？这是涉股权分割离婚案件中“常谈常新”的话题。根据2001年《婚姻法》的规定，夫妻之间的财产归属是原则上的共同共有制和例外的分别所有制相结合。而《民法典》婚姻家庭编第1065条[1]针对夫妻财产约定制有明确的要素

---

〔1〕参见《民法典》第1065条　男女双方可以约定婚姻关系存续期间所得的财产以及婚前财产归各自所有、共同所有或者部分各自所有、部分共同所有。约定应当采用书面形式。没有约定或者约定不明确的，适用本法第一千零六十二条、第一千零六十三条的规定。

夫妻对婚姻关系存续期间所得的财产以及婚前财产的约定，对双方具有法律约束力。

夫妻对婚姻关系存续期间所得的财产约定归各自所有，夫或者妻一方对外所负的债务，相对人知道该约定的，以夫或者妻一方的个人财产清偿。

条件要求。因此,夫妻双方之间没有针对相应公司股权进行书面约定的情况下,工商登记的各自名下的比例不应视为双方达成了按份共有的意思表示。这与房产登记中的按份共有不具有类比性。主要原因除前述规定之外,还在于《物权法》针对按份共有、共同共有的法律规定,以及“股权”是否属于“物权”的一种类型并无明确规定。

关于“工商登记的持股比例不属于夫妻双方就此作出财产约定”,我国2001年《婚姻法》及其司法解释层面没有明确规定,但一些地方高级人民法院类似的指导意见,可供我们参考。2019年江苏省高级人民法院发布的《家事纠纷案件审理指南(婚姻家庭部分)》第42条对该问题给出了指导性意见:“基于夫妻关系的特殊性可能导致双方设立夫妻公司时在工商部门登记的持股比例具有很大的随意性,如果无其他证据佐证,该登记比例不属于夫妻财产约定,离婚时夫妻一方要求据此分割股权的,不予支持。”北京高级人民法院民一庭在2016年发布的《关于审理婚姻纠纷案件若干疑难问题的参考意见》中,在关于“股东为夫妻二人的有限责任公司、股东为夫妻二人及其他股东的有限责任公司的分割”的问题解答中也给出了类似的倾向性意见:“离婚诉讼中有限责任公司股东为夫妻二人,双方就股权分割无法协商一致时。双方均主张股权的,可按比例分割股权;双方均要求补偿款的,释明当事人可另行对公司进行拍卖、变卖或解散清算并分割价款;夫妻一方主张股权,另一方主张补偿款的,可在确定股权价值基础上由获得股权一方给付另一方补偿款。上述有限责任公司工商登记中注明的夫妻双方股权份额不构成夫妻间财产约定;但如设立公司时根据相关规定提交财产分割书面证明或协议的,构成财产约定。离婚诉讼中有限责任公司股东为夫妻二人及其他股东时,参照上述两款规定进行处理。”

前述地方性司法文件虽不具有全国统一适用的效力,但是,结合《民法典》第1065条有关夫妻财产约定必须采用书面形式的规定,夫妻双方在工商登记中的持股比例,在没有其他书面约定情形下不应视为夫妻财产约定。值得一提的是,《民法典》第1065条将2001年《婚姻法》第19条的“夫妻可以约定婚姻关系存续期间所得的财产以及婚前财产归各自所有、共同所有或部分各自所有、部分共同所有。约定应当采用书面形式……”修改为“男女双方可以约定婚姻关系存续期间所得的财产以及婚前财产归各自所有、共同所有或部分各自所有、部分共同所有……”主体上的改变使得婚前协议的法律依据更为周延和充分。

(七)离婚诉讼中,夫妻一方是否可以股权共有为由,要求成为公司股东

对于股权共有,有两种说法,一种是共有,另一种是不共有。从立法条文来看,其倾向于不共有,但是对于出资额持共有的立场,因为正是出资额共有,才可以基于此获得成为股东资格的诉权。具体来说,公司股东通过向公司实际出资而取得股权,并通过工商登记、公司章程、股东名册等的记载表现出来,股东资格是投资人取得和行使股东权利并承担股东义务的基础。以夫妻共同财产出资,而登记在夫妻一方名下的股权所对应的出资额属于夫妻共有财产,《最高人民法院关于适用〈中华人民共和国民法典〉婚姻家庭编的解释(一)》第73条[1]已经明确,股权的取得是夫妻共同财产所有权转化的结果。按照《公司法》及商法的一般原理,股东资格的取得按照取得的方式及程序的不同,可分为原始取得与继受取得。对于非持股夫妻一方,基于对股权所对应的出资额的共有权,可以通过诉权请求确认,并通过满足有关程序性的规定以获得股东资格,此即为继受取得。

---

〔1〕参见《最高人民法院关于适用〈中华人民共和国民法典〉婚姻家庭编的解释(一)》第73条 人民法院审理离婚案件,涉及分割夫妻共同财产中以一方名义在有限责任公司的出资额,另一方不是该公司股东的,按以下情形分别处理:

(一)夫妻双方协商一致将出资额部分或者全部转让给该股东的配偶,其他股东过半数同意,并且其他股东均明确表示放弃优先购买权的,该股东的配偶可以成为该公司股东;

(二)夫妻双方就出资额转让份额和转让价格等事项协商一致后,其他股东半数以上不同意转让,但愿意以同等条件购买该出资额的,人民法院可以对转让出资所得财产进行分割。其他股东半数以上不同意转让,也不愿意以同等条件购买该出资额的,视为其同意转让,该股东的配偶可以成为该公司股东。

用于证明前款规定的股东同意的证据,可以是股东会议材料,也可以是当事人通过其他合法途径取得的股东的书面声明材料。

1.有限责任公司夫妻共有股权分割,未能达成一致意见的,法院可以裁判股权归出资一方所有,但需要给予对方相应折价补偿

案例八

在章某与陈某甲离婚后财产纠纷再审一案中[1],关于股权部分的内容为:

(1)事实部分,章某与陈某甲原系夫妻。2005年3月17日,章某与陈某甲登记离婚,其中银鼎公司由陈某甲与尚某伟、李某华分别出资300万元、350万元、350万元,于2004年10月共同设立。2005年2月23日,陈某甲与尚某伟、李某华分别增加注册资本至600万元、700万元、700万元。2005年6月21日,陈某甲分别与尚某伟、李某华签订股权转让协议书。同日,银鼎公司股东会议决定尚某伟将其在公司的700万元股权中的200万元转让给陈某甲,剩余500万元转让给李某坤;李某华将其在公司的股权700万元转让给陈某甲。至此,陈某甲共拥有银鼎公司股权1500万元。2006年1月23日,陈某甲与陈某乙签订股权转让协议,约定陈某甲将其在银鼎公司的股权1500万元转让给陈某乙。同日,陈某甲与李某坤召开股东会议,决议同意陈某甲转让股权给陈某乙,并在工商部门办理了相关股权变更登记。2006年1月23日银鼎公司章程载明股东分别为陈某乙(出资1500万元)、李某坤(出资500万元)。2006年2月28日,银鼎公司章程载明注册资本增加至2800万元,其中股东陈某乙出资1500万元,股东李某坤出资500万元,股东李某出资800万元。

(2)法院认定部分:章某认为其一审诉讼请求是要求分割银鼎公司的股权而非现金,应当适用《最高人民法院关于适用〈中华人民共和国婚姻法〉若干问题的解释(二)》第15条[2]的规定,判令章某享有银鼎公司股权,而一、二审判决均判令由陈某甲享有全部股权并支付章某现金补偿,超出其诉讼请求范围。

对此,法院认为,《最高人民法院关于适用〈中华人民共和国婚姻法〉若干问题的解释(二)》第15条规定,夫妻双方分割共同财产中股票、债券、投资基金份

---

〔1〕 参见江苏省高级人民法院民事判决书,(2015)苏民再提字第00064号。

〔2〕 现为《最高人民法院关于适用〈中华人民共和国民法典〉婚姻家庭编的解释(一)》第72条。

额等有价证券以及未上市股份有限公司股份时，协商不成或者按市价分配有困难的，人民法院可以根据数量按比例分配。而本案中，陈某甲拥有的是有限责任公司的股权而非股份有限公司的股份，鉴于有限责任公司的人合性以及股权转让的限制性条件，本案并不能适用上述司法解释的规定。由于章某在2010年7月22日一审法院庭审中明确，要求分割陈某甲在银鼎公司的股权（股权现金价值450万元），但不要求分割现金，而陈某甲则要求直接按股权价值分割现金，双方当事人未能就陈某甲在银鼎公司的股权分割达成一致意见，故本案亦不能适用《最高人民法院关于适用〈中华人民共和国婚姻法〉若干问题的解释（二）》中关于分割有限责任公司出资的规定[1]。在此情况下，人民法院可以判决股权归出资一方所有，另一方取得相应的折价补偿。出于公平原则，通常应由专业机构对公司的财产状况和财务状况进行综合评估，按照股权的实际价值决定对股东的配偶进行补偿的数额。

2. 离婚时，夫妻协商一致、过半数股东同意、其他股东明确表示放弃优先购买权的，该股东的配偶可以成为该公司股东

根据《最高人民法院关于适用〈中华人民共和国民法典〉婚姻家庭编的解释（一）》第73条第2项的规定，夫妻双方就出资额转让份额和转让价格等事项协商一致后，其他股东半数以上不同意转让，但愿意以同等条件购买该出资额的，人民法院可以对转让出资所得财产进行分割。其他股东半数以上不同意转让，也不愿意以同等条件购买该出资额的，视为其同意转让，该股东的配偶可以成为该公司股东。

3. 夫妻一方在离婚诉讼中就配偶一方股权分割未达成一致而坚持要求分割份额时法院对其诉求不予支持

在【案例五】离婚案件中，涉及分割夫妻共同财产中以一方名义在有限责任公司的出资额，另一方不是该公司股东的，若夫妻双方不能就股权分割问题达成一致意见，为了保证公司的人合性，法院认为应对另一方请求分割的股权折价补偿。因在本案二审审理过程中，出资一方配偶坚持要求分割股权，不同意

---

〔1〕 现为《最高人民法院关于适用〈中华人民共和国民法典〉婚姻家庭编的解释（一）》第73条。

折价补偿,也不同意评估股权价值,故法院对其要求分割股权的诉讼请求不予支持。

综上,夫妻离婚过程中,股东的配偶要想成为股东必须经过作为股东的夫妻一方同意,以及其他股东过半数同意且放弃优先购买权后,才能成为公司的股东。

(八)夫妻公司、一人公司,股权如何分割

夫妻公司,即公司股东仅包括夫妻二人。一人公司,即仅夫或妻一方为公司股东,持股100%。夫妻公司,是夫妻关系存续期间,以夫妻共同财产出资而形成的公司。夫妻双方相当于一个整体,其实质与一人公司无异。故其股权分割与一人公司方式相同即按照下述步骤进行:

(1)如协商一致,按约定处理;

(2)不能协商一致,且双方均主张股权的,按50%比例分割;(注:并不按照工商登记比例分割)

(3)双方均主张补偿款的,将公司拍卖、变卖、清算后,分割价款;

(4)一方主张股权,一方主张补偿款,则由获得股权一方给另一方补偿。

依据来源于《最高人民法院关于适用〈中华人民共和国民法典〉婚姻家庭编的解释(一)》第75条[1]。

案例九

在无锡某包装印刷有限公司与江苏某纸业有限公司、沈某等追偿权纠纷一案中[2],法院认为,关于江苏某纸业有限公司股东沈某、吴某应当承担的责任,

---

〔1〕参见《最高人民法院关于适用〈中华人民共和国民法典〉婚姻家庭编的解释(一)》第75条 夫妻以一方名义投资设立个人独资企业的,人民法院分割夫妻在该个人独资企业中的共同财产时,应当按照以下情形分别处理:(一)一方主张经营该企业的,对企业资产进行评估后,由取得企业资产所有权的一方给予另一方相应的补偿;(二)双方均主张经营该企业的,在双方竞价基础上,由取得企业资产所有权的一方给予另一方相应的补偿;(三)双方均不愿意经营该企业的,按照《中华人民共和国个人独资企业法》等有关规定办理。

〔2〕参见江苏省无锡市锡山区人民法院民事判决书,(2019)苏0205民初6061号。

首先,从形式上看,江苏某纸业有限公司系沈某、吴某夫妻二人为股东的有限责任公司,沈某为公司法定代表人,吴某为公司监事;从法理上说,夫妻财产为夫妻共同共有的财产,那么夫妻投资设立的有限公司,无论其是否对外宣称是夫妻公司,在实质上都属于共同共有的公司,也即一个利益团体所共同拥有的公司,加之夫妻公司在意思表示上通常表现为高度的一致性。从这两点来判断,将夫妻公司视为法律意义上的一人公司更加恰当。夫妻公司只要没有在工商局登记时进行财产分割的,即可根据案件的情形适用一人公司的特殊规定,一人公司股东的财产通常即视为公司财产。

(九)股份公司股权在离婚时如何分割

相较而言,股份有限公司具有资合性,无论是否上市,股权的分割相对简单,因为主要涉及的是财产利益分割。

(1)经双方协商一致,可以由持有股票一方给付对方相应折价款。需要确定股票价值的,当事人对确定股票价值的时间点可以协商一致,如无法达成一致的,可以法庭辩论终结日的股票价值为准。

(2)如双方无法就分割方式达成一致,或按照股票价值分配有困难的,则人民法院可以根据数量按比例进行分配。

因上市公司股份具有流通性和可分割性,一般在双方无法达成一致时,人民法院可以按照数量比例直接进行分配。

(十)持股一方配偶不同意分割股权的情况下是否一定不会分割股权

根据《最高人民法院关于适用〈中华人民共和国民法典〉婚姻家庭编的解释(一)》第73条第1款第1项的规定,夫妻双方协商一致情况下,可以直接对属于共同财产且登记在一方名下的股权直接进行分割(并征得其他股东过半数的同意)。那么,如果持股一方配偶不同意直接分割股权,司法实践中是否一定不可以将股权进行分割呢?

通常来说,结合《公司法》有关有限责任公司人合性的规定以及《最高人民法院关于适用〈中华人民共和国民法典〉婚姻家庭编的解释(一)》第73条第1款第1项规定的直接分割股权的前提是“夫妻双方协商一致”。如果持股配偶不同意直接分割股权,实践中往往不会对涉案公司股权进行直接分割,而是采取作价补偿的方式进行处理。道理很简单,夫妻之间因为离婚,夫妻感情破裂,在持股配偶不同意直接分割股权的情况下,直接分割股权的后果就是夫妻双方均成为公司股东,人合性很可能会受到破坏。但是,股东配偶不同意直接分割股权,抑或双方均主张公司股权时,并非一定无法实现直接分割股权。首先,直接分割股权有法律依据,根据 2001 年《婚姻法》及其司法解释的规定,夫妻婚后取得的财产是共同共有,这就意味着夫妻任何一方在符合条件的情形下均可以成为股权的持有方。其次,双方对于直接分割股权有争议的情形下,一般考虑将股权判给原持有股权的一方,主要原因在于有限责任公司的人合性。实践中还要根据个案进行综合判断。比如,男方持有 A 公司的股权,女方不是 A 公司的股东,但是男女双方同时是 B 公司的股东或者同时是 A 公司母公司的股东的情形下,直接分割男方持有的 A 公司股权未必一定就影响公司的人合性。值得注意的是,《公司法》(2023 年修订)第 84 条对有限责任公司的股权转让作出了规定,与《公司法》(2018 年修正)第 71 条相比,删除了有限责任公司股权对外转让时的同意权,这也是顺应现实需要。实践中,同意权阶段常被跳过,当事各方几乎都倾向于跳过烦琐的同意权规范,直接向其他股东告知同等条件,询问其是否行使优先购买权。在诉讼中,实际上不存在单独的损害同意权纠纷,损害同意权纠纷已被损害优先购买权纠纷吸收。人民法院在案件审理中也往往不将损害同意权与损害优先购买权相区分,不提及损害同意权问题,而是直接针对优先购买权进行审理,虽然《最高人民法院关于适用〈中华人民共和国民法典〉婚姻家庭编的解释(一)》第 73 条第 4 款规定了股东同意的证明材料类型。

《公司法》(2023 年修订)删除了有限责任公司股权对外转让时的同意权,有两层意思:第一层意思是,同意权与优先购买权的意思表示重叠,优先购买权可以替代同意权的作用。同意权的设置反而导致规则重复,程序空转。具体来说,同意权主要是其他股东表达是否同意股权对外转让的意思,而优先购买权规则实际也包含了是否同意转让的意思,即主张优先购买权意味着不同意转让,放弃优先购买权也往往意味着同意转让。第二层意思是,违背禁反言和诚实信用原则。第一个阶段明确表达过同意对外转让的其他股东，在第二个阶段又通过行使优先购买权阻止该股权对外转让，无疑违背了其表达过的同意对外转让的诺言，有违诚实信用原则。[1]

当然，对于离婚下的夫妻共同股权分割，《最高人民法院关于适用〈中华人民共和国民法典〉婚姻家庭编的解释（一）》第 73 条由于法条的滞后性，在以后如何处理“其他股东过半数同意”的问题，还需要实践中检验。

（十一）是否可以追加第三人（如公司或其他股东）到诉讼中

通常来说，离婚案件的当事人是夫妻双方。有时也可能涉及第三人，如夫妻一方的对外债权或债务等，离婚案件就很可能因涉及案外第三人的利益而无法直接处理，法院往往会释明当事人另案解决。

涉及有限公司股权分割的案件，司法实践中法院释明双方当事人另案解决，很大程度上也是基于离婚案件无法追加第三人。但是，不可否认的是，离婚案件能否追加第三人，并没有明确的法律规定，不能追加第三人更多的是司法实践操作层面约定俗成的或者说是离婚案件处理的一个惯例。对此，最高人民法院民一庭就“在诉讼中，当事人自愿离婚，并就财产问题、债权债务处理达成一致后，第三人是否能以该调解协议侵犯自己合法权益为由申请再审？”这个问题，回答：“离婚纠纷案件的当事人只能是婚姻缔结的双方，不列案外第三人为诉讼当事人。一般情况下，第三人认为调解协议侵犯其合法权益申请再审缺乏法律依据，法院应予以驳回。但法院发现确有错误，又必须再审的，法院根据相关法律精神走审判监督程序办理。”[2]上述问题虽然是有关第三人可否确认离婚案件双方的调解书侵害其权益的处理问题，却间接地“明确”了离婚案件无法列入第三人的指导性意见。

但是，实践中却存在离婚案件追加第三人的情形。比如，夫妻一方或双方与一方父母共有房产或与子女共有房产，在该种情形下，如果夫妻双方能够针

---

〔1〕 参见董伟：《有限公司股权对外转让时的同意权之存废——兼评〈公司法（修订草案二次审议稿）〉第 84 条》，载《财经法学》2023 年第 1 期。

〔2〕 最高人民法院民事审判第一庭：《关于婚姻家事类案件相关的 48 个实务问答》，载澎湃网 2022 年 5 月 6 日，https://m.thepaper.cn/baijiahao_17959511。

对存在第三人权益的夫妻财产形成一致处理意见，即“调解结案”时，法院为了减少当事人的诉累而结案了事，会将夫妻双方以外的共有人追加到案件中。实际中，追加进来的形式，有的是直接列为第三人，有的是相对灵活地让共有人到法庭做笔录的形式。在夫妻双方不能就涉及案外人利益的财产形成一致意见的情形下，法院往往会释明当事人另案处理。

那么，对于非调解结案的离婚案件，相关案外权益人是否可以直接以第三人的身份参加到诉讼中呢？实践中非常少见，即使在前述调解结案的情形下，法院多数情况下也会释明当事人另案解决。因此，离婚案件，尤其是夫妻双方针对涉案财产（如公司股权等可能涉及第三人利益的财产）的分割并不能形成一致意见的情况下，原则上不能追加第三人，虽然因个案的不同可能会有不同的处理方式，但不具有普遍的参考意义。

涉股权离婚纠纷中法院以“涉及案外人利益为由”不予处理，是原则还是例外？涉及公司股权的离婚案件，有的法院会释明双方当事人另案处理，有的法院会直接进行处理。目前一些法院对于涉公司股权离婚案件的处理方式为另案处理，“因涉及案外人利益因素，由当事人另案处理”，但处理的情形却存在个案差异：(1)双方协商一致的情形，无论是对于股权实物分割形成一致（取得其他股东过半数同意），还是对一方持有的股权价值达成一致；(2)一人有限责任公司不涉及案外人利益因素也不破坏有限责任公司人合性的情形；(3)夫妻双方均是有限责任公司股东的情形。上述三种情形本身都不具有太多的争议点，所以法院依法进行处理顺理成章（虽然实务中也不乏即便是上述三种情形之一，法院仍释明双方另案处理的案例）。还有一种情形，虽是配偶一方持有有限责任公司股权，但另一方获得公司其他股东过半数的同意（且放弃优先购买权）的情形。该种情形下，往往夫妻双方对于涉案公司股权的分割存有较大争议，而实践中，不持股一方的配偶取得公司其他股东过半数的同意绝非易事，这也是司法实践中，很多法院对于一方持有的有限责任公司股权不予处理的现实原因。

（十二）有限责任公司股权价值如何确定

夫妻离婚诉讼中，如果涉及股权分割，由于股权分割的复杂性加之涉及第三人公司的利益等，法院通常会裁决股权分割问题另案处理，如【案例八】。

夫妻共有股权的分割往往涉及对股权价值的评估，虽然实践中通常将其交由专业的评估机构完成，但仍然存在两个方面的问题：一是由于股权价值评估欠缺市场价格参考，股权价值的精确评估难以完成；二是股权价值的评估往往仅衡量股权财产权益部分的价值，而忽略了对其上所附加的经营管理权即共益权价值的评估，这使得最终得出的结论不能准确反映股权的真实价值。同时有企业财务管理混乱、会计账册不全以及企业经营者拒不提供财务信息等原因，导致无法通过评估方式确定股权价值。

法律法规并未明确规定夫妻股权分割诉讼中的有限责任公司股权价值时，可以依据该企业在行政主管机关备案的财务资料对财产价值进行认定，或参照当地同行业中经营规模和收入水平相近的企业的营业收入或者利润及其他方式来核定其价值。具体步骤如下：

1. 如协商一致，按约定处理。在夫妻股权分割诉讼中，如果双方能够就股权的价值达成一致，法院通常会予以尊重，按照双方协商确定的价值进行分割。但是，非持股方在双方协议离婚就股权价值协商时需特别注意，不要轻信对方的一面之词，因为离婚协议一旦签订，事后发现问题要求撤销条款进行补偿之时，根据《最高人民法院关于适用〈中华人民共和国民法典〉婚姻家庭编的解释（一）》第 70 条的规定，需要非持股方提供充分的证据证明对方存在欺诈、胁迫的行为，否则离婚协议书的股权分割条款将很难被撤销。第 70 条删除了《最高人民法院关于适用〈中华人民共和国婚姻法〉若干问题的解释（二）》第 9 条协议离婚后就财产分割问题反悔、请求撤销财产分割协议需在离婚后一年内中的“一年”的期限，该条突破了《民法典》第 152 条[1]撤销权行使的除斥期间。《民法典》第 152 条规定了撤销权的除斥期间，除重大误解是 3 个月，其他情形的除斥期间都是 1 年；就起算时间点而言，除胁迫是从胁迫行为终止之日起，其

---

〔1〕 参见《民法典》第 152 条　有下列情形之一的，撤销权消灭：

（一）当事人自知道或者应当知道撤销事由之日起一年内、重大误解的当事人自知道或者应当知道撤销事由之日起九十日内没有行使撤销权；

（二）当事人受胁迫，自胁迫行为终止之日起一年内没有行使撤销权；

（三）当事人知道撤销事由后明确表示或者以自己的行为表明放弃撤销权。

当事人自民事法律行为发生之日起五年内没有行使撤销权的，撤销权消灭。

他都是从知道或应当知道可撤销事由之日起。第1款第3项还规定了放弃行使撤销权的情形,即撤销权人以明示或者默示的方式放弃撤销权。最后还规定了撤销权行使的最长期间,即自法律行为发生之日起5年。

2. 以竞价方式进行确定。如果双方都想获得公司股权及经营权,在这种情况下,法院很有可能会通过竞价的方式来确定股权价值,即出价高者获得股权并基于此给予另一方股权折价款。出价低者获得折价款,放弃股权的分割。

3. 如果可以提供股权价值评估所需的财务资料,则通过委托评估来确定价值。此种方法为股权价值确定的常见方法。评估公司对股权进行评估,需当事人向法院提出评估申请,然后委托评估机构对股权价值进行评估。此种方案能够顺利进行的前提是持股方和公司的积极配合,提供相关的财务资料,评估公司根据提供的材料确定公司的股权价值。但是,不同的评估机构、评估方法、公司配合提供财务资料的程度都会影响股权价值的确定,因此评估公司出具的评估报告确定的评估价值也很难绝对客观。由此也可以看出,夫妻分割公司股权合理确定公司股权价值的难度。

4. 持股方或公司不配合评估时,不能提供财务资料,可申请从工商、税务等部门调取该公司年度财务报表、资产负债表等资料,再委托评估机构确定股权价值。各地法院的做法不尽相同,但大体是通过可以公开获得的公司经营信息间接推定公司的股权价值,在此基础上再确定一方获得的折价款数额。虽然此种方式确定的股权价值结果较为片面,但是法院通常会认为该证据的证明力大于其他证据,应予参考。由于公司不配合,其应当承担按照此种片面方法确定股权价值的后果。司法实践中,法院通常会按照以下几种方法进行确定。

第一,以公司的资产负债表、所有者权益等确定股权价值。持股方或公司不配合提供公司的财务资料,导致评估公司的评估工作无法进行。此时法院会向其他相关机构调取公司向该机构提交的财务资料,最为常见的就是向税务机关调取。因为基于常理判断,一个公司向税务机关虚假报税的可能性较低,故法院通常会对基于上述材料确定的股权价值予以认可。

第二,以公司的实物资产确定股权价值。此种方法主要适用于已基本没有业务进行经营，企业主要资产为实物的公司。公司的实物资产包括但不限于厂房、土地、生产设备等。此种情况下法院认为以该种方法确定公司股权价值对公司并不会造成实质性影响，故以此来综合确定公司股权价值。

第三，以公司实缴资本确定股权价值。以此种方法确定公司股权价值得出的结果过于片面，除非主张分割一方同意，否则通常为法院采取的"最后选择"。由于公司是一个动态的经营过程，以静态的实缴资本确定公司股权价值是不太客观的。但是，如果公司是刚注册不久或者没有实际经营或较少经营，由于此时公司价值未发生明显变化，也可采取此种方式确定股权价值。本章案例中原告即主张按照公司的注册资本金对夫妻共同股权进行分割，法院对原告主张的分割方法予以认可，但是基于持股方在两公司实缴、认缴的不同情况作出了相反的判决。法院认为，被告的出资属于认缴而非实缴，故对原告主张分割被告在该公司出资的诉请不予支持。

除上述提到的具体方法之外，还有以转让股权的价值、公司净资产、公司年报确定的资产价值等为依据来确定公司股权价值。

5. 无法调取财务资料，可参照同行业公司标准，来确定股权价值。

三、夫妻股权分割中非持股方的救济

（一）非持股方的事前预防

实务中，我们常常遇到夫妻感情恶化期间持股配偶利用持股股东的优势地位，私自转移股权、制作虚假的财务账目、增加公司的债务等。而非持股配偶由于不参与公司的日常经营、不了解公司的经营和财务状况，往往很难知晓此行为和相关信息，这使非持股的夫妻一方在股权分割时处于被动地位，从而造成其利益受损。如何尽量扭转非持股方的被动地位，建议非持股方可以从以下方面着手提前筹划。

第一，平时注意收集能够证明股权价值的证据。非持股方不要做甩手掌柜，在夫妻关系良好时，应注意收集相关材料。如公司的财务报表、报税材料、公司的重大资产情况等，以便在公司拒绝配合或误导评估时，提出证据予以证明。

第二，签订离婚协议时谨慎协商确定股权补偿款。离婚协议一旦签订对双方都有约束力并且很难撤销。故建议非持股方在协商确定股权价值时可以咨询专业的法律、财务人士以对股权的价值作出专业的判断。

第三,尽量获得公司股权或者成为公司内部员工。公司的生产经营情况以及相关的财务资料可以基于股东的知情权或者公司内部员工的便利地位获得。《公司法》第57条对股东的查阅、复制权进行了规定。股东有权查阅、复制公司章程、股东会会议记录、董事会会议决议、监事会会议决议和财务会计报告。股东可以要求查阅公司会计账簿,公司拒绝提供查阅的,股东可以请求人民法院要求公司提供查阅。因此,非持股方在有条件的情况下应尽量获得公司股权,哪怕股份再少,也会基于股东地位获得相应的权利,避免在股权分割时完全处于被动地位。

(二)非持股方的事后救济

这主要包括两个方面:一是持股配偶与其他股东恶意串通虚构债务、转移公司资产、利用阴阳账簿蒙骗评估机构等非法手段对股权的价值进行减损的情形,应当允许非持股配偶在离婚后依《民法典》第1092条[1]的规定,向法院起诉请求再次分割股权;二是持股配偶在股权分割前未经非持股方配偶同意,擅自将股权转让给第三人的情形,对此情况,非持股配偶往往以无权处分为由主张股权转让无效并请求分割股权。以夫妻共同财产投资的股权,是夫妻共同财产。股权又是动产,显然是受到《民法典》物权编第311条[2]的调整。意思是

---

〔1〕 参见《民法典》第1092条 夫妻一方隐藏、转移、变卖、毁损、挥霍夫妻共同财产,或者伪造夫妻共同债务企图侵占另一方财产的,在离婚分割夫妻共同财产时,对该方可以少分或者不分。离婚后,另一方发现有上述行为的,可以向人民法院提起诉讼,请求再次分割夫妻共同财产。

〔2〕 参见《民法典》第311条 无处分权人将不动产或者动产转让给受让人的,所有权人有权追回;除法律另有规定外,符合下列情形的,受让人取得该不动产或者动产的所有权:

(一)受让人受让该不动产或者动产时是善意;

(二)以合理的价格转让;

(三)转让的不动产或者动产依照法律规定应当登记的已经登记,不需要登记的已经交付给受让人。

受让人依据前款规定取得不动产或者动产的所有权的,原所有权人有权向无处分权人请求损害赔偿。

当事人善意取得其他物权的,参照适用前两款规定。

一方未经配偶同意，擅自转让股权，是无权处分，配偶有权要求返还该股权。但是为了维护交易的安全，《民法典》婚姻家庭编第1060条[1]还规定了夫妻家事代理权，夫妻因为日常生活所需可以单方处分财产，但超出日常生活所需的事项，就要另一方同意。因此，无论是卖房还是卖股权，处置重大家庭资产的，肯定是超出日常生活所需的。对于受让人来讲，超出日常生活所需的，怎么办？实务中，把股权转让给亲属以外的人，受让方往往抗辩不知道他的婚姻状况。因此，判断是否善意，主要看转让价格是否合理，是否已实际支付转让款。判断价格是否合理，主要通过申请调取公司的资产负债表、转让股权时的审计报告（一般大额股权的转让都会涉及），进而看是否需要评估公司股权在转让时的价值。

从内外效力有别的原则出发，应当在考虑《公司法》、2001年《婚姻法》以及《合同法》的适用上，平衡受让人与非持股配偶的利益。对内，应当认定持股方配偶擅自转让共有股权的行为系无权处分，对非持股配偶构成侵权；对外，一方面即使股权属于夫妻共有，股权仍属于商法规范内的私权范畴，其各项具体权能应由股东本人独立行使，不受他人干涉。在股权流转方面，我国《公司法》确认的合法转让主体也是股东本人，而不是其所在的家庭。故从保护交易安全的角度出发，虽然持股配偶擅自转让股权系无权处分，但在受让人因信赖股东名册而为交易时，应当保护受让人的利益，不应认定股权转让无效。另一方面，在持股配偶系以损害非持股配偶的利益为目的恶意转让股权，而受让人并非善意的情形下，如转让人与受让人恶意串通虚假转让、以不合理的低价转让甚至无偿赠与等，则应依《民法典》合同编的相关规定，认定股权转让无效。股权转让被认定无效后，股权应恢复原状重新在离婚当事人之间予以分割。在不能恢复原状的情形下，持股配偶应以股权的评估价值为依据对非持股配偶的损失予以赔偿。

---

[1] 参见《民法典》第1060条　夫妻一方因家庭日常生活需要而实施的民事法律行为，对夫妻双方发生效力，但是夫妻一方与相对人另有约定的除外。

夫妻之间对一方可以实施的民事法律行为范围的限制，不得对抗善意相对人。

第五节　夫妻财产纠纷典型案例

案例一　孙某、常某与孙某1赠与合同纠纷[1]

1. 案情简介

孙某1(男)与常某(女)于1987年结婚,双方系再婚夫妻,婚后无共同子女,孙某为常某与前夫所生独子。常某原为某村村民,后转为城镇户口,其名下有一处宅院。1986年至1987年建北房,至2003年孙某1与常某将该宅院空地全部建为房屋。2009年9月2日,常某与某市土地储备中心签订拆迁协议书,上述宅院一共回迁三处楼房,即某小区×1号楼×1号、×2号楼×2号、×3号楼×3号,现均未办理房屋产权登记。2014年,常某与孙某1共同签署《分家方案(遗嘱)》内容为:“……三、常某平房拆迁回迁楼全归孙某一人所有……双方签字有效。”2015年,常某以被拆迁安置人的身份签署了《定向安置确认单》,将涉案三套拆迁安置房屋产权登记人确定为孙某。现常某、孙某分别居住在两套拆迁安置房屋中,并将第三套回迁安置房出租。后孙某1诉至法院,要求确认《分家方案(遗嘱)》的第3条无效,确认三套拆迁安置房归孙某1、常某共同所有。孙某1主张,其与常某签订的《分家方案(遗嘱)》中第3条属于对孙某的赠与,现孙某1不同意赠与,赠与合同不成立。

2. 争议梳理

本案的争议焦点是,孙某1与常某在2014年10月12日签署的《分家方案(遗嘱)》中关于孙某1、常某将回迁的三套楼房赠与孙某的约定,是赠与合同,还是双方婚内财产约定。

[1] 参见北京市第一中级人民法院民事判决书,(2017)京01民终947号。

3. 案例评析

(1)协议性质的认定

《分家方案(遗嘱)》属于婚内财产协议,协议第3条属于其中的一部分,不能脱离协议而单独存在,因而应当结合协议整体对其性质进行认定。协议内容是对婚姻关系存续期间的夫妻共同财产的一种约定,孙某1起诉要求撤销的第3条系该协议的一部分,不能脱离协议整体。该条内容是夫妻共同作出的对夫妻共同财产的处分,其形式看似是赠与,但其本质是对夫妻共同财产的约定。

《分家方案(遗嘱)》是在不解除婚姻关系的前提下,夫妻双方就其共有财产权属问题所作的书面约定,由于身份关系的特殊性而区别于一般的民事合同。其一,该协议的签订主体是常某与孙某1,签订该协议时,双方处于婚姻关系存续期间,是具有婚姻关系的夫妻双方;其二,协议的标的为婚内的共有财产,虽然协议中提及双方的子女,但并没有处分子女的财产,特别是第3条中所涉回迁房屋,当事人均确认协议签订之前属于常某与孙某1的夫妻婚内财产;其三,协议当事人具有分割婚内财产的意思表示,常某与孙某1在签订协议时,作为具有完全民事行为能力的夫妻双方,依法享有订立财产约定的权利,且双方以书面的形式将这种意思表示于外部,使协议具有法律效力。因此,本案涉及的《分家方案(遗嘱)》为双方在婚姻关系存续期间就财产分配达成的协议,在无其他明确法律关系界定下,应当参照《民法典》婚姻家庭编将其认定为双方对夫妻共同财产的约定。

该协议第3条不属于双方与孙某之间的赠与合同,不可脱离协议整体单独存在。依据我国《民法典》合同编的规定,赠与合同是赠与人将自己的财产无偿给予受赠人,受赠人表示接受赠与的合同,其在订立主体、内容、赠与人的法定撤销权等方面与婚内财产协议有明显区别。如前所述,该协议的签订主体是常某与孙某1,孙某并不是该协议的主体。该协议是常某与孙某1基于双方夫妻间这种特殊身份关系,综合考虑各种因素最终达成一致意见的结果,其中每一条都是协议整体中的一部分,各条款相互关联进而构成协议完整的意思表示。即使协议第3条中明确回迁房屋归孙某所有,该条也不可与协议的其他条款分割而单独存在。因而在协议的整体框架下,不能简单认定常某与孙某1单独就该条中所涉房屋与孙某之间达成了一个新的赠与合同。

(2)本案的法律适用

婚姻法是关于夫妻间人身和财产关系的身份法,其涉及的财产关系是附随于人身关系而存在的,立法宗旨是保护夫妻之间以及家庭共同体之间的整体利益,维护婚姻和家庭的稳定。就婚姻内部身份和财产关系变化的调整来说,婚姻法为特别法,在其有具体规定的情况下,应当优先适用。本案中,该协议主要是夫妻双方对共同财产的处分,并不是夫妻与第三人之间达成的协议,应当适用《民法典》婚姻家庭编予以调整。该协议经夫妻双方签字后即成立生效,对双方均具有约束力,在无法定情形时,当事人不享有撤销权。一审法院适用《民法典》合同编,认定协议第3条是赠与合同,进而适用第658条的规定撤销该条款,属于适用法律错误。

(3)裁判结果

在本案审理中,一审法院认为:孙某1、常某有对涉案三套拆迁安置房屋进行处分的权利。孙某1、常某签署《分家方案(遗嘱)》将涉案三套拆迁安置房屋赠与孙某,孙某表示接受,赠与合同成立。涉案三套拆迁安置房屋,现均未办理房屋产权登记手续,故赠与财产的权利尚未发生转移。孙某1不同意将涉案三套拆迁安置房屋赠与孙某,要撤销赠与行为,致使孙某1、常某的共同赠与行为失去合意,故孙某1撤销赠与的效力应及于孙某1、常某的共同赠与行为。基于孙某1不同意赠与孙某而导致赠与合同被撤销,涉案三套拆迁安置房屋仍归孙某1、常某共同所有。

二审法院经审理后认为,该《分家方案(遗嘱)》属于孙某1与常某的婚内财产协议,不是双方与孙某之间的赠与合同,孙某1的诉讼请求不能成立,进而撤销一审判决,驳回孙某1的诉讼请求。

案例二　马某1与张某离婚纠纷[1]

1. 案情简介

2001年张某与马某1自行相识，2002年6月确立恋爱关系。二人于2005年6月1日登记结婚，2007年8月19日生育一女马某2。马某2民族登记为回族，并一直保持回族的生活习惯，现随马某1一起生活。

2011年9月29日，双方签订《协议》一份，载明："夫妻双方本着平等、自愿、负责、互信的原则，经双方友好协商，现达成如下协议：……8. 现丈夫马某1名下北京市通州区××小区402号房屋，需在2011年10月15日之前将房产的所有权加上妻子张某，房屋属夫妻双方共同财产。9. 丈夫马某1如违反以上协议的任何一条，其名下的所有财产归妻子张某所有，其女马某2的监护权、抚养权归张某所有。此协议一式两份，夫妻双方各持一份，该协议经双方签字立即生效。"

2011年11月，张某发现马某1仍和女同事联系密切，双方因此争吵并发生肢体冲突，自此双方矛盾升级。2012年2月，双方开始分居。2012年3月14日，张某以马某1有第三者且存在家庭暴力为由向原审法院提起离婚诉讼要求与马某1离婚，因马某1表示不同意离婚，愿意做和好工作，原审法院于2012年10月31日作出(2012)通民初字第13198号民事判决书，驳回张某的诉讼请求。后双方夫妻感情未得到改善。

关于402号房屋，2001年8月26日，马某1购买402号房屋，房屋价款为250,288元。马某1支付首付款50,288元，余款20万元由马某1向中国工商银行股份有限公司北京大兴支行贷款支付。2005年5月，马某1与张某结婚登记前，402号房屋仍有178,260.64元贷款本金未还。截至2012年2月，马某1与张某分居时，402号房屋仍有122,781.78元贷款本金未还。二人婚后至分居共同偿还贷款108,003.98元，其中本金54,662.99元，利息53,340.99元。2010年6月11日，北京市住房和城乡建设委员会为马某1颁发402号房屋的房屋产权证书。

---

[1] 参见北京市第三中级人民法院民事判决书，(2014)三中民终字第5398号。

在本案审理过程中,张某称按照双方《协议》约定402号房屋应属夫妻共同财产。马某1对此不予认可,称其签署此份《协议》是为了缓和双方之间的矛盾,并不是其真实的意思表示。402号房屋系其婚前个人财产,不同意作为夫妻共同财产进行分割。

上述事实,有结婚证、户口簿、《协议》、(2012)通民初字第13198号判决书,中国银行账户明细、张某公积金对账单、取款凭证、中国银行存取款凭条、商品房买卖合同、银行借款合同、还款明细、房产证、车辆行驶证和司法鉴定意见书及双方当事人陈述等证据在案证明。

2. 争议梳理

本案争议焦点为双方签订的《协议》第8条关于"现丈夫马某1名下北京市通州区××小区402号房屋,需在2011年10月15日之前将房产的所有权加上妻子张某,房屋属夫妻双方共同财产"之约定的性质应作何理解,是属于夫妻之间赠与房产的行为,还是夫妻婚内就财产权属作出的特殊约定?

3. 案件评析

夫妻双方在婚前或婚姻关系存续期间约定变更一方所有的房产归属,其性质及法律适用在理论和实务上都存在较大分歧。主要有赠与说、夫妻财产制约定说。赠与说认为,该条约定本质上是马某1将登记在其名下的房屋中一半份额赠与张某,属于夫妻之间的赠与行为,应适用《最高人民法院关于适用〈中华人民共和国民法典〉婚姻家庭编的解释(一)》第32条的规定,赠与人可以行使任意撤销权。夫妻财产制约定说认为,该条约定属于《民法典》第1065条规定的夫妻对其名下财产权属作出的特殊约定,对夫妻双方均有约束力,并不以办理物权变动手续为生效要件。

(1)关于夫妻之间赠与房产

《最高人民法院关于适用〈中华人民共和国民法典〉婚姻家庭编的解释(一)》第32条规定:"婚前或者婚姻关系存续期间,当事人约定将一方所有的房产赠与另一方或者共有,赠与方在赠与房产变更登记之前撤销赠与,另一方请求判令继续履行的,人民法院可以按照民法典第六百五十八条的规定处理。"

《民法典》合同编对赠与问题进行了规定，如："赠与人在赠与财产的权利转移之前可以撤销赠与"；"赠与的财产依法需要办理登记或者其他手续的，应当办理有关手续"等。在实际生活中，赠与往往发生在具有亲密关系或血缘关系的人之间，而《民法典》合同编对赠与问题的规定并没有专门把婚姻家庭领域的夫妻关系排除其外。一方赠与另一方不动产，在没有办理过户手续之前，依照《民法典》的规定，是可以撤销的。协议常常涉及财产权属的条款，对于此类协议的订立、生效、撤销、变更等并不排斥合同编的适用。[1]

（2）关于夫妻财产制约定

1980年《婚姻法》将约定财产制作为法定财产制的补充规定，2001年《婚姻法》修正后，将夫妻约定财产制与法定财产制并列且在效力上还要高于法定财产制。在2007年《物权法》实施后，《婚姻法》与《物权法》《合同法》的适用出现冲突，在财产约定中，约定一方婚前财产如房产等不动产婚后共有或为对方个人所有时，是否需要办理诸如过户之类的物权变动手续，在出现争议时原产权人是否有权行使撤销权尚无定论。鉴于此，2011年8月12日《最高人民法院关于适用〈中华人民共和国婚姻法〉若干问题的解释（三）》第6条（已被《最高人民法院关于适用〈中华人民共和国民法典〉婚姻家庭编的解释（一）》第32条替代）规定，赠与人在赠与房产变更登记之前可以撤销赠与。由此，在婚前或婚内财产关系中，出现了房产的"夫妻赠与""夫妻财产约定"这两种不同的表述，"夫妻赠与"情形适用《民法典》合同编的规定处理，"夫妻财产约定"适用《民法典》婚姻家庭编的规定。"夫妻赠与"与"夫妻财产约定"到底如何区分？

实践中，一些判例将夫妻间房产给予协议定性为夫妻财产制约定契约，在这些案件中法官都援引了《民法典》第1065条，将其纳入婚姻法的规制范畴会使得房产未经登记即可发生所有权转移，因此赠与方也无法行使撤销权。在裁判文书的说理部分，法院表明了得出此种结论的几种理由，或是根据夫妻双方房产约定的具体表述，或是从夫妻财产关系领域中物权、合同法律规定的谦抑性角度入手，也有法官从《最高人民法院关于适用〈中华人民共和国民法典〉婚

---

〔1〕 参见吴晓芳：《〈婚姻法〉司法解释（三）适用中的疑难问题探析》，载《法律适用》2014年第1期。

姻家庭编的解释(一)》第32条"一方所有的财产"这一具体条件切入。例如本案中,诉争房屋为马某1婚前个人财产,也登记在马某1名下,马某1与张某签订的协议中,明确约定该房屋属于夫妻共同共有财产,该约定在性质上属于《民法典》第1065条规定的夫妻婚内财产约定中的混合财产制类型。故应适用《民法典》第1065条的规定,该约定对夫妻双方均有约束力,而不应适用《最高人民法院关于适用〈中华人民共和国民法典〉婚姻家庭编的解释(一)》第32条,赋予一方行使赠与合同任意撤销权的权利。

(3)裁判结果

关于402号房屋,马某1主张其与张某签订《协议》,将个人单独所有的房屋的一半产权赠与张某,但因未办理过户,故其行使赠与人的撤销权,该房屋仍应属其个人所有,张某仅能分得共同还贷部分相应的增值利益。就此,法院认为,夫妻可以约定婚姻关系存续期间所得的财产以及婚前财产归各自所有、共同所有或部分各自所有、部分共同所有,约定应采用书面形式。现马某1与张某采用书面形式对该房屋的产权状况进行了约定,该约定不违反法律法规的强制性规定,法院应予认可。马某1虽主张其系受迫于张某而签订《协议》,但未提交证据证明其存在欺诈、胁迫等情形。原审法院在确认402号房屋为夫妻共同财产的基础上,结合该房屋的市场价值、还贷数额和房屋使用情况,判决该房屋归马某1所有,马某1支付张某相应折价款并无不当,法院应予维持。

案例三 陈某1与陈某萍、陈某3等民间借贷纠纷[1]

1.案情简介

李某与陈某5系夫妻,于1983年结婚,1998年6月28日离婚,2004年8月24日复婚,陈某1、陈某萍、陈某3、陈某4是陈某5、李某的4个子女。此6人分别于2014年6月19日、2014年10月2日签订《财产分割协议》,对财产分割作

[1] 参见山西省太原市中级人民法院民事判决书,(2021)晋01民终1700号。

出约定。2014 年 6 月 19 日签订的《财产分割协议》，主要约定了股权的分配和既存债务承担问题。2014 年 10 月 2 日签订的《财产分割协议》，涉及企业股权、不动产、特殊动产等一系列财产的分配，列举标明家庭成员 6 人各分得的财产名称、数量等，约定李某、陈某 1、陈某萍、陈某 3、陈某 4 只负责 2014 年 6 月 19 日分割协议的债务，其他债务不负连带法律责任。2016 年 1 月 19 日，陈某 5 与李某签订离婚协议书，再次办理了离婚登记，离婚协议书中约定：将家庭财产按照 2014 年 6 月 19 日与 2014 年 10 月 2 日分别签订的两份《财产分割协议》的约定分别赠与各个子女，三子一女除承担 2014 年 6 月 19 日签订的《财产分割协议》约定的债务外，不再承担任何债务。

2014 年 8 月 22 日，赵某与陈某 5 签订房屋买卖协议。至 2014 年 9 月 5 日，赵某的妻子贾某向陈某 5 转账购房款 290 万元。陈某 5 给赵某出具了借条，内容为："今借到现金叁佰肆拾万元整。"2016 年 4 月 8 日陈某 5 向赵某出具了承诺书和借条，承诺书内容为：我本人陈某 5 承诺："若到 2016 年 5 月 10 日前不能退还赵某房款肆佰捌拾万元整（4,800,000 元）我自愿交付赵某位于 × × 区房屋并同意赵某办理房屋转让过户的一切手续，我绝无怨言。"借条内容为："今借到赵某现金肆佰捌拾万元（480 万元）从今天前的所有借款作废。"2016 年 4 月 8 日，经双方协商将该笔借款本息总金额确定为 480 万元，约定于 2016 年 5 月 10 日前归还。到期陈某 5 仍然没有履行还款义务。2016 年 6 月 7 日，陈某 5 与赵某签订一份《协议书》，再次约定了偿还借款的时间和方式。双方于 2016 年 6 月 21 日最后一次更改了还款协议，约定陈某 5 于 2016 年 12 月 31 日前归还借款本金及利息 517 万元，陈某 5 未依约履行。该借款纠纷诉至法院，经审理，一审法院认定陈某 5 与赵某之间的债权债务属陈某 5 的个人债务，陈某 5 的配偶李某不承担还款责任，判决 4 个子女在受赠财产范围内对借款本金及利息承担连带责任。

2. 争议梳理

李某与陈某 5 夫妇及 4 个子女签订的《财产分割协议》究竟应界定为家庭成员之间的分家析产行为，还是李某与陈某 5 夫妇对夫妻共同财产的处分，或者包含家庭成员之间对个人财产的确认，陈某 1、陈某萍、陈某 3、陈某 4 是否承担连带责任。

3. 案例评析

(1)案涉“财产分割协议”的性质

《财产分割协议》的定性关系整个案件的走向。依据《民法典》及《最高人民法院关于适用〈中华人民共和国民法典〉婚姻家庭编的解释(一)》的规定,无论是约定财产制还是法定财产制,夫妻共同财产的主体系夫妻双方。

案涉“财产分割协议”系李某、陈某5夫妇与4个成年子女共同签订,并非夫妻双方,不符合约定财产制的主体要求,依据该协议界定为夫妻对共同财产的处分不合逻辑。从协议的签订主体来看,系全体家庭成员对家庭共有财产的处分,但一审法院认为本案不是分家析产,而是赠与。按照一审法院认定的事实,其之所以将案涉《财产分割协议》中的财产认定为父母对子女赠与,是因为在案涉一系列财产取得之时,4个子女虽已成年,但尚未具备独立取财之能力,没有对登记于自己名下的诸多财产作出任何贡献,认定为父母对其的赠与更切合实际。同时,该赠与行为不存在合同效力瑕疵之情形,即为有效赠与。如果为“赠与”,则需要满足赠与的构成要件。本案中李某与陈某5夫妇婚内并无财产约定。根据法律规定,协议所处分的财产不属于陈某5的个人财产。退一步讲,如果认定为夫妻对子女的共同赠与,也应该在夫妻不能清偿对赵某的债务时,债权人行使撤销权方可追究赠出财产。一审法院没有区分是夫妻处分共同财产还是陈某5处分其个人财产,并且认定陈某5与赵某之间的借款属于陈某5的个人债务,陈某5的配偶李某无须承担还款责任,判决子女在受赠范围内承担连带还款责任。[1]

(2)裁判结果

二审法院认为,2014年10月2日,陈某5、李某、陈某1、陈某萍、陈某3、陈某4签订的《财产分割协议》及陈某5与李某于2016年1月19日签订离婚协议书可知,陈某5在负有债务的情况下,将其应分得的财产大部分赠与子女的行为,事实上造成陈某5对债权人进行偿还的财产的减少,分割协议虽约定子

〔1〕 参见辛莉芳:《“家庭共有财产制度”法律实践研究》,载《吕梁学院报》2023年第1期。

女与李某承担4000万元债务,但关于4000万元的债务并没有具体确定,且子女受赠的财产远大于债务。无论是陈某5将财产赠与子女,还是子女接受赠与,均未对陈某5的债务进行具体处理,也未征得债权人的同意或者事后认可,签订《财产分割协议》对财产进行分割的行为,侵犯了债权人的行为,客观上造成债权人债权实现困难,故陈某1、陈某萍、陈某3、陈某4应在受赠财产范围内承担连带责任。

案例四 张某甲与王某离婚纠纷[1]

1. 案情简介

张某甲、王某于2011年10月30日登记结婚,于2013年2月9日生育一女张某乙。近年来双方因故产生矛盾和冲突,后分居。一审法院于2014年4月28日受理两人离婚诉请。

张某甲是某巴巴集团公司员工,2011年3月22日至2013年6月26日,获得公司股票奖励共计5400股。股票奖励情况是:2011年3月22日,公司因年度奖励授予张某甲800股某巴巴集团限制性股份单位(Restricted Share Unit, RSU),分四年以每年25%归属,其中2012年1月1日归属200股,2013年1月1日归属200股,2014年1月1日归属200股,下一期预计归属日期为2015年1月1日,归属200股;2012年5月11日,公司因年度奖励又授予张某甲3000股某巴巴集团RSU,分四年以每年25%归属,其中2013年1月1日归属750股,2014年1月1日归属750股,下两期预计归属日期为2015年1月1日归属750股,2016年1月1日归属750股;2013年6月26日,公司因年度奖励又授予张某甲1400股某巴巴集团RSU,分四年以每年25%归属,其中2014年4月1日归属350股,下三期预计归属日期为2015年4月1日归属350股,2016年4月1日归属350股,2017年4月1日归属350股。2014年6月,公司发出某集团期权行权计税公允市场价格调整通知,自2014年6月28日起,行使集团期权

[1] 参见浙江省杭州市中级人民法院民事判决书,(2015)浙杭民终字第392号。

限制性股份单位归属用于计算个人所得税的公允市场价格调整为 56 美元。公司规定,如在归属前离职、事假、病假等累计假期超过 90 天(适用于每年归属 25%)或 180 天(适用于满两年归属 50%),则归属日按日历日相应往后延迟或被取消(如员工因特定事由被解雇等)。2014 年 9 月,张某甲在 IPO 出售项目中以 68 美元/股的价格出售 1000 股,目前持有 1450 股。诉讼中,双方一致确认股权出售款以 67,164 ×6.1427(美元与人民币汇率)计算,为 412,568 元。原审法院就 RSU 性质、授予、归属的具体政策、有无禁售规定等向淘宝(中国)软件有限公司发函作了调查,淘宝(中国)软件有限公司向原审法院回函,函称:因某巴巴集团(注册于开曼群岛)已于 2014 年 9 月 16 日在美国纽约证券交易所上市,某巴巴集团 RSU 在性质上可以理解为是作为境外上市公司的某巴巴集团根据其相关股权激励计划以及某巴巴集团和员工签署的相关协议约定,在相关员工满足为其旗下公司或关联公司提供服务满一定年限及其他条件后授予员工一定某巴巴集团股票的一种员工激励机制,我们理解其具有一定的人身属性。某巴巴集团在财务年度年终时根据员工未来发展前景及员工年度表现等因素授予员工一定数量的年度 RSU。某巴巴集团 RSU 在归属并由员工缴纳相关税款后,员工即取得某巴巴集团股票。因某巴巴集团已公开上市,员工可在遵守禁售期规定的前提下在证券市场自由转让其归属权后取得的某巴巴集团的股票,员工通过开立美股账户的证券公司账户操作。某巴巴集团 RSU 本身不可自由交易,没有可参考价格。某巴巴集团股票价格可参考美国纽约证券交易所某巴巴集团股票市场行情确定。相关禁售期规定如下:根据某巴巴集团相关股权激励计划以及某巴巴集团和员工签署的相关协议约定,截至 IPO 当天所持的某巴巴集团股权(含股票、期权、RSU)全部禁售,禁售期为 1 年,首次解禁为 IPO 满 180 天后(IPO 当天持股权总数的 40% 解禁,但仅已归属部分可交易),满 1 年后全部解禁(全部解禁,但仅已归属部分可交易,不含已在 IPO 出售项目中申请出售的股数)。

根据双方的一致确认,截至第二次开庭时 RSU 已归属后取得的某巴巴集团股票为本案的处理对象。王某认为,张某甲共取得的某巴巴集团股票 2450 股,应为夫妻共同财产,对相应的股票出售款应对半分割。张某甲主张,股权具有人身属性,系某巴巴集团在财务年度年终时根据员工未来发展前景及员工年度表现等因素授予员工的,该2450股股票均为个人财产,且其中股票600股系2011年3月婚前授予的,为个人婚前财产。

2. 争议梳理

根据本案就股权期权在离婚诉讼中的处理,可以梳理出三个争议焦点:第一,张某甲婚前获得的600股股票期权婚内行权应否认定为夫妻共同财产?第二,张某甲婚前获得的200股(2011年获得的800股,2015年归属的200股为离婚后)离婚后行权,应否认定为夫妻共同财产?第三,张某甲婚内获得期权(归属RSU部分)离婚后行权,应否认定为夫妻共同财产?

3. 案件评析

根据《股票期权交易试点管理办法》第28条的规定,行权是指股票期权合约买方按照规定行使权利,以行权价格买入或者卖出约定标的证券,或者按照规定结算价格进行现金差价结算。《上市公司股权激励管理办法》第19条规定:"本办法所称股票期权是指上市公司授予激励对象在未来一定期限内以预先确定的价格和条件购买本公司一定数量股份的权利。激励对象可以其获得的股票期权在规定的期间内以预先确定的价格和条件购买上市公司一定数量的股份,也可以放弃该种权利。"因此,股权(股票)期权就是公司授予员工在未来的一定时间段内满足一定条件时,按照固定价格购买一定数量的公司股票的权利。员工在符合股权期权的获得条件并按一定条件实际行权之后,员工可以通过股票价格上涨获得的差价而取得一定的财产利益。

(1)婚前获得期权婚内行权

婚前获得期权婚内行权的,不能片面地以获取股权期权的时间在婚前就将股权期权收益认定为持有人的个人财产。《最高人民法院关于适用〈中华人民共和国民法典〉婚姻家庭编的解释(一)》第26条规定,夫妻一方个人财产在婚后产生的收益,除孳息和自然增值外,应认定为夫妻共同财产。那么,股权期权收益是否为孳息和自然增值,被排除在夫妻共同财产之外呢?

首先,自然增值是指财产所有人拥有的财产因所有人以外的变化因素的存在而出现的价值增长状态。既然自然增值是由于外在的因素造成的,而根据股权期权的特性，股权期权是否得以行权取决于持有人是否按约定付出劳动、达到了一定的业绩，并支付一定的金钱对价，股权期权收益显然不属于自然增值。

其次，孳息是指由原物所生的物或收益，换言之，是指民事主体通过合法途径而取得的物质利益，包括天然孳息和法定孳息。其中，天然孳息系依物的自然性质而产生的收益物，法定孳息系依法律规定产生的收益物。股权期权显然不是天然孳息，同时，股权期权与法定孳息银行存款也不同，需要持有人投入付出劳动、达到了约定的工作年限及业绩，并承担一定的风险，并不是当然地可产生收益的。如果没有达到约定的条件，最终可能无法行权，自然也不是法定孳息。

综上，期权价值既不属于自然增值，也不属于孳息，根据《最高人民法院关于适用〈中华人民共和国民法典〉婚姻家庭编的解释（一）》第 26 条的规定，夫妻一方在婚前获得的股权期权在婚内达到行权条件并予以行权，转为明确的财产收益的，以该种财产收益是否于婚姻关系存续期间取得来判定，在婚姻关系存续期间对应的收益部分应作为夫妻共同财产处理，而婚前获得期权至结婚前这段时间对应的收益部分属于个人财产。在本案中，对张某甲婚前获得期权婚内行权的600 股股票的收益，法院考虑的实际情况中包括2011 年3 月婚前授予股票至张某甲、王某于 2011 年 10 月 30 日登记结婚这段时间对应的股票收益，属于张某甲个人财产。

（2）婚前获得期权离婚后行权

对于婚前获得期权离婚后行权的，不能当然认为获取股权期权的时间在结婚前、行权的时间又在离婚后，股权期权的财产权益就属于持有人的个人财产。夫妻一方在婚前获得的股权期权在离婚后达到行权条件并予以行权的，转为明确的财产收益的，此处与婚前获得期权婚内行权的认定规则基本一致，以股权期权收益是否于婚姻关系存续期间取得来判定，在婚姻关系存续期间对应的收益部分应作为夫妻共同财产处理，婚前获得期权至结婚前、离婚后至行权时这两段期间对应的收益部分属于个人财产。

那么，虽然婚前获得期权在离婚前就已经达到了行权所需条件，持有人在离婚以后才行权，所得股权期权收益如何处理？对此，《广东省高级人民法院关于婚前取得的股票期权，离婚后行权所得能否确认为夫妻共同财产问题的批复》（粤高法民一复字〔2009〕5号）中明确：员工婚前取得的股票期权在行权前，并非具有确定价值的财产性权益。必须通过员工在公司工作时间的积累，该期权才能被转化为可实际取得财产权益的股票。在双方婚姻关系存续期间，部分期权可以行权并获得财产权益。虽然员工是在离婚后才行使股票期权，但无法改变其在婚姻关系存续期间可以行使部分期权并获得实际财产权益的事实。由此得出结论，婚前取得的股票期权，只要婚姻关系存续期间股票期权达到可通过行权转化为明确的财产收益的条件，即便是在离婚后才实际行权，在婚姻关系存续期间明确可以取得的股票期权收益应认定为夫妻共同财产。

（3）婚内获得期权离婚后行权

婚内获得期权离婚后行权包括两种情况：第一种情况系婚姻关系存续期间取得股权期权，且在婚内已经达到了行权条件，但持有人在婚内未实际行权，在离婚后行权的，股权期权收益是否属于夫妻共同财产？第二种情况系婚姻关系存续期间取得股权期权，但行权条件在离婚后才得以成就，股权期权收益是否属于夫妻共同财产？

第一种情况和《广东省高级人民法院关于婚前取得的股票期权，离婚后行权所得能否确认为夫妻共同财产问题的批复》的认定规则是一致的，婚内获得期权，虽然员工是在离婚后才行使股权期权，但无法改变其在婚姻关系存续期间可以行使部分期权并获得实际财产权益的事实。因此，即便是在离婚后才实际行权，在婚姻关系存续期间明确可以取得的股权期权收益应认定为夫妻共同财产。

第二种情况，虽然婚内获得的期权在离婚前并未完全达到行权条件，但如前所述，从获得股票期权到离婚之前，夫妻一方为达到行权条件付出努力，而另一方作为家庭成员亦为其提供支持，承担风险。即便另一方提供的只是家务劳动支持，也不能否认这段时间内双方共同创造了财产价值，否则，对配偶另一方是不公平的。所以，从获得股权期权后到行权前与婚姻关系存续期间存在交集的时间段内，双方对家庭财产增值所作的贡献应被肯定。以股权期权收益是否于婚姻关系存续期间取得来判定，在婚姻关系存续期间对应的收益部分应作为夫妻共同财产处理，离婚后至行权时这段时间对应的收益部分属于个人财产。

(4)裁判结果

法院认为，由于案涉某巴巴集团股票的取得确实与张某甲的年度工作表现等直接相关，原审法院考虑张某甲贡献大的实际情况，将2011年3月婚前授予而婚后归属的600股酌情确定张某甲367股，王某233股；其他婚后授予婚后归属的股票对半享有，并无不当，法院予以确认。至于张某甲于2014年9月出售的1000股应如何分配的问题，王某以张某甲擅自出售股票为由主张张某甲售出的1000股应从张某甲应分得的股票中扣除，法院认为王某无证据表明张某甲的售出价不合理或存在恶意转移的情形，故一审分割1000股的出售款并无不当。考虑目前张某甲持有的某巴巴集团员工股票仍处禁售期，解禁会对股票价格产生重大影响，且双方一、二审中均未提供折价分割应扣除相应税金的具体计算方法，故一审从公平合理保障双方当事人权益的角度，对张某甲目前持有的1450股未实际分割并无不妥，双方可待符合转让条件后另行处理。

案例五 吴某、宋某离婚后财产纠纷〔1〕

1. 案情简介

宋某与吴某于2012年相识后开始恋爱，××××年××月××日登记结婚，2017年11月6日湖北省武穴市人民法院判决离婚。吴某于2014年8月30日与虹玉公司签订了《武汉市商品房买卖合同》，购买位于湖北省武汉市洪山区文化大道某村林屿岸第7栋1单元16层3号房屋(以下简称该房产)，合同约定：房屋价款888,162元，首付款268,162元，银行按揭贷款620,000元。

2013年12月13日，吴某向宋某转账5万元。12月21日，宋某通过工商银行向虹玉公司转账支付2万元，12月22日，向虹玉公司转账支付3万元。同日，宋某通过上海农商银行向虹玉公司转账支付9万元，吴某通过交通银行向

〔1〕 参见湖北省武汉市中级人民法院民事判决书，(2021)鄂01民终2760号。

虹玉公司转账支付38,162元。2014年2月9日,宋某通过农业银行向虹玉公司转账支付7万元。同日,吴某通过交通银行向武汉世贸集团转账支付2万元。宋某在农业银行取出现金5万元和33,000元。2014年8月31日,虹玉公司出具发票,载明:付款方吴某,预收购房款268,162元,备注:宋某、吴某。2018年4月24日,涉案房产办理不动产权证书,产权证号为鄂(2018)武汉市洪山不动产权第0024719号,权利人为吴某。

2016年4月7日,吴某向案外人张某出具借条一份,载明:今借张某10万元,其中3万元为现金,剩余7万元分20个月(自2016年5月1日至2017年12月31日)每月3500元于每月15日前存于吴某名下招商银行卡中。约定于2018年12月31日归还,利息为1万元,全部本息到期一次性偿还,本息11万元。

宋某、吴某婚姻关系存续期内,××××年××月××日至2017年11月6日,宋某、吴某偿还银行贷款131,374.96元,尚有银行贷款488,625元未能偿还。其间张某向吴某共转账18次,每次3500元,共63,000元。

2. 争议梳理

婚前男女双方共同出资购买房屋,一般情况下,男方为了表明结婚意愿,会同意将房产登记在女方一方名下。但后期一旦双方感情不和,在离婚时关于房产的问题争议会很大,争议的焦点一般在于:房产属于夫妻共同财产还是婚前个人财产?离婚时对该房产应该怎么分割?

3. 案例评析

(1)婚前购房登记在一方名下的房产产权归属

对于婚前一起出资买房,登记在一方名下的房产的产权归属的问题,《最高人民法院关于适用〈中华人民共和国民法典〉婚姻家庭编的解释(一)》第78条第1款规定,夫妻一方婚前签订不动产买卖合同,以个人财产支付首付款并在银行贷款,婚后用夫妻共同财产还贷,不动产登记于首付款支付方名下的,离婚时该不动产由双方协议处理。也就是说,法院处理婚前双方共同出资购房,房产登记在一人名下的离婚案件时,会尊重双方当事人意见,通过双方协商一致来解决。只要双方达成一致意见,房屋产权可以归属任一方,取得房屋产权的一方可以适当给予对方补偿。

如果协商不成,未登记产权一方需要有证据能够证明双方购房是出于结婚的目的,法院就会认定双方有共同共有的意思表示。即使房屋产权证上只登记了夫妻一方名字,也应视为夫妻共同财产,在分割时按照夫妻共同财产的分割原则进行处理。当作夫妻共同财产来分割这套房子时,各当事人出资数额比例不一,均分原则会导致不公平的问题,法院会综合考虑双方出资数额、对房屋贡献度大小、婚姻关系存续长短、双方实际需要、照顾子女和女方权益等因素,进行相对公正的判决。

这也提醒未登记在所有权证书上的一方,平时一定要记得保存好出资证据以及一起买房的沟通记录。比如,购房时己方出资的银行流水、婚后共同还贷证据材料,买房前的聊天记录等。

(2)婚前购房登记在一方名下的房产分割的问题

对于婚前一起出资买房,登记在一方名下的房产分割问题,《最高人民法院关于适用〈中华人民共和国民法典〉婚姻家庭编的解释(一)》第 78 条第 2 款规定:"依前款规定不能达成协议的,人民法院可以判决该不动产归登记一方,尚未归还的贷款为不动产登记一方的个人债务。双方婚后共同还贷支付的款项及其相对应财产增值部分,离婚时应根据民法典第一千零八十七条第一款规定的原则,由不动产登记一方对另一方进行补偿。"

(3)裁判结果

二审法院认为,案涉房产买卖合同虽以吴某的个人名义签订,签订时间早于双方领证时间,现又登记于吴某名下,但并不足以推定,该房产为吴某个人婚前财产。首先,在正式登记结婚之前,双方互有较复杂的资金往来。其次,案涉房产的首付款,仅小部分由吴某个人支付给开发商,其他均由宋某支付。吴某主张宋某支付的部分均系对其个人的赠与,但无直接证据证实宋某在向第三方付款时明确作出了对其个人赠与的意思。最后,买卖合同签订时间距双方结婚登记时间仅有一个月。一审法院据此认定涉案房屋系双方婚前共同出资为结婚而购买、婚后共同偿还贷款的共同财产,按共同出资平均进行分割,并无不当。

因双方已经离婚,吴某已登记为案涉房产的权利人,一审法院将此房产判归吴某所有，由吴某承担离婚后房产剩余按揭贷款并向宋某支付房屋折价补偿款，合乎情理。一审中双方已确认案涉房产总价值为1,800,000元，二审中吴某提交了新证据，双方由此确认截至2017年11月（双方离婚时）案涉房产尚欠贷款余额为594,432.31元，故吴某应向宋某支付的折价金额为602,783.85元。

案例六　艾某等与刘某平等股权转让纠纷〔1〕

1.案情简介

艾某、张某田系夫妻关系。

2011年10月26日，张某田与刘某平签订一份《股权转让协议》，约定：张某田自愿将其在工贸公司的原始股份额660万元以13,200万元转让给刘某平，刘某平在签订《股权转让协议》时支付定金1000万元。工贸公司与刘某平签订正式合同、移交相关手续、变更工商登记后支付50%，余款在刘某平进入榆林市常乐堡煤矿及移交财物、资产证件等手续时一次性付清。张某田保证其股份有绝对排他权利，否则，按《股权转让协议》第6条承担责任。《股权转让协议》第6条还约定："本协议签订后应诚实守信，不得违约，不得解除，不得主张无效。否则，协议价款如数归还，还应向对方赔偿经济损失，损失额为本协议价款的总额；若所转让的股份按市场交易价已超过协议价款总额的两倍时，执行市场价格超出总份额部分的标准予以赔偿。"刘某平按《股权转让协议》约定向张某田支付定金1000万元人民币，张某田向刘某平出具了1000万元的收条。

同年12月16日，双方再签订一份《股权转让协议》，约定：张某田自愿将其在工贸公司的500万元原始股份转让给刘某平，转让价款为18,960万元。刘某平在协议签订时先付张某田1000万元，待刘某平进入榆林市常乐堡煤矿，张某田将财务、财产等相关手续移交完毕后，刘某平再付9000万元。余款待刘某平变更为常乐堡矿业公司董事后一次性付清。张某田保证转让的股份权属清楚，无任何他项权利设定。若产生纠纷，由张某田负责处理，给刘某平造成的损失，

〔1〕参见最高人民法院民事判决书，(2014)民二终字第48号。

张某田按该协议第6条的约定承担违约责任。该协议第6条的约定与2011年10月26日《股权转让协议》第6条的约定相同。在该协议签订的当天,刘某平按协议约定向张某田支付1000万元人民币,张某田向刘某平出具了1000万元的收条。

上述两份《股权转让协议》签订后,刘某平共向张某田付款7600万元。

2011年12月26日,张某田将7600万元付款全部退回刘某平。

2012年5月23日,艾某、张某田向陕西省高级人民法院提起诉讼,请求判令:确认张某田与刘某平签订的《股权转让协议》无效。

2. 争议梳理

本案从诉讼请求上看是《股权转让协议》的效力认定问题,实质是应当如何认定登记在夫妻一方名下的股权的权利归属。艾某、张某田两夫妻共同出资取得的股权登记在张某田名下是否属于夫妻共同财产?如果不属于夫妻共同财产,那张某田处分股权自然无须受到艾某的约束,从而享有完全的处分权,即协议有效;如果属于夫妻共同财产,张某田处分名下股权是否须经配偶艾某同意,未经配偶同意其效力应当如何评价?

3. 案例评析

相较于现金和不动产等传统财产类型,如股权在内的各类财产权利也是现代社会中夫妻共有财产的重要组成部分。由于股权投资的复杂性、有限责任公司封闭性和人合性、夫妻财产制度的特殊性,夫妻如何处分名下股权、离婚时的股权分割问题以及夫或妻一方擅自转让名下股权的效力问题,一直都是司法实践中的难点。涉及股权的夫妻财产民事纠纷主要有三大类:其一是股权归属识别,即该股权为一方享有还是夫妻共有;其二是共有股权行使,即股权各项权能和处分权应当如何行使;其三是共有股权分割,在我国离婚率较高的背景下,大量夫妻共有股权需要在离婚时分割。[1] 至于共有股权分割,《最高人民法院关于适用〈中华人民共和国民法典〉婚姻家庭编的解释(一)》第72条、第73条已

[1] 参见王涌等:《夫妻共有股权行使的困境及其应对——兼论商法与婚姻法的关系》,载《法学评论》2020年第1期。

作出相应规定。

在本案中，艾某、张某提出确认协议无效、返还股权的诉讼请求，正是基于股权属于夫妻共同财产的权利属性。关于婚姻关系存续期间，股权归属识别的问题，存在较大争议，大致存在以下两种观点：

（1）股权属于夫妻双方共同财产

该观点认为，夫妻关系存续期间，双方未进行财产分割，以夫妻共同共有财产出资，该股权应是双方共同共有的财产，夫妻作为共同共有人，对共有财产享有平等的占有、使用、收益和处分的权利。首先，股权虽然具有一定的人身属性，但是其更多地体现为一种财产权利，正因如此，我国《公司法》才认可对股权的继承。根据《民法典》婚姻家庭编第 1062 条之规定，夫妻关系存续期间，使用夫妻共有财产出资所获得的股权理应属于夫妻共同财产。其次，股权的共同共有关系仅存在于夫妻双方内部，关于股权的行使仍受到外部法律关系的限制，对外仍呈现为一个民事主体，因此并不会对有限责任公司的人合性和封闭性造成破坏。最后，股权虽然为夫妻共同财产但是对于股东权利的行使而言仍由登记一方行使，这是因为夫妻双方适用共同财产出资并登记其中一人为股东，就应当视为另一方放弃了对股东权利的行使，这也被称为"权利放弃理论"。[1]

（2）股权中的财产权利为夫妻共同共有财产

该观点认为，在股权投资过程中，夫妻共同财产的形态发生了变化，具有了人身属性，且一旦承认股权夫妻共有，将突破《公司法》关于股东人数的限制，同时将要求交易相对人审查股东婚姻状况，极大地削弱了工商登记的股东名册的公示效力。首先，以夫妻共同财产出资设立公司，其出资转移至法人，而投资人取得相应股权。在这个过程中夫妻共同财产的形态发生了变化，由单独的财产属性变成了兼具财产属性与人身属性的股权。此时，非记名一方仅对股权所对应的财产价值享有权利，股东权利包括收益权、表决权、知情权等均应由登记一方享有。其次，如果承认夫妻共有的标的为股权，那么毫无疑问会对有限责任

〔1〕 虞政平：《公司法案例教学》（上），人民法院出版社 2012 年版，第 663 页。

公司法律体系造成重大破坏:突破了《公司法》关于股东人数的限制,股东会上的表决需要股东配偶同意,有限责任公司的交易对手方需要对每位股东的婚姻状况进行事先调查,工商登记的股东名册无法有效起到对抗第三人的法律效力。最后,有限责任公司具有很强的封闭性和人合性,股东基于对彼此的信任设立并共同治理公司,承认配偶对于股权的共有将给有限责任公司的人合性和封闭性带来挑战。[1] 股权的产生是出资人的所有权和其他财产权向股权和法人财产权转化的过程,夫妻以共有财产出资后,[2] 股东权利的财产权转化为法人财产,而股东获得相应股权。根据《公司法》第4条的规定,股东权利包括资产收益权、参与重大决策和选择管理者等权利,其中既包含财产性权利,也有非财产性权利。[3] 资产收益权主要是指股东的股利分配请求权、剩余财产分配请求权,可以带来直接的财产收益,具有明显的财产属性;而后两者如表决权、知情权、建议权、诉讼权等则具有较强的人身依附性,实现的是股东的人格利益,以满足其他股东成员的信赖需要。

(3)裁判结果

法院认为,本案二审的争议焦点是:关于张某田与刘某平签订的《股权转让协议》的效力认定问题。

关于艾某、张某田提出的股权转让未经艾某同意,《股权转让协议》无效的上诉理由,法院认为,股权作为一项特殊的财产权,除其具有的财产权益内容外,还具有与股东个人的社会属性及其特质、品格密不可分的人格权、身份权等内容。如无特别约定,对于自然人股东而言,股权仍属于商法规范内的私权范畴,其各项具体权能应由股东本人独立行使,不受他人干涉。也就是说,《股权转让协议》是股权转让合同法律关系,若发生股权转让纠纷,应当适用我国《合同法》《公司法》相关调整股权转让交易的法律规范,而不应适用调整婚姻及其财产关系的法律规定。在股权流转方面,我国《公司法》确认的合法转让主体也

---

〔1〕 参见吕宏庆:《论股权的"夫妻共有"——兼论股权转让协议公证之审查标准与释明》,载《中国公证》2016年第9期。

〔2〕 参见陈玲:《关于股权性质的法律思考》,载《山西省政法管理干部学院学报》2008年第4期。

〔3〕 参见王欣新:《公司法》,中国人民大学出版社2008年版,第42页。

是股东本人，而不是其所在的家庭。本案中，张某田因转让其持有的工贸公司的股权事宜，与刘某平签订了《股权转让协议》，双方从事该项民事交易活动，其民事主体适格，意思表示真实、明确，协议内容不违反我国《合同法》《公司法》的强制性规定，《股权转让协议》应认定有效。艾某、张某田的该项上诉理由没有法律依据，法院不予支持。

案例七　彭某与董某离婚后财产纠纷〔1〕

1. 案情简介

彭某与董某于2008年3月17日登记结婚，婚后未生育子女。2015年7月，彭某起诉至法院要求与董某离婚，后法院于2015年7月1日作出民事调解书，其中主文表述为：一、彭某与董某离婚。二、董某给付彭某公证费420元。庭审中，双方均认可在上述诉讼中，未就夫妻共同财产分割进行主张，仅是处理了离婚。

2007年6月，北京某科技公司成立。董某持有该公司股数605,000股，占总股本比例0.55%。2010年4月，该公司上市，发行价格为69元每股。2011年至2014年，该公司分四次通过资本公积转增注册资本金。截至2015年8月，董某共持有该公司股数2,681,552股。庭审中，彭某主张董某持股数为4,344,384股，未向法院充分举证。彭某主张上述股票为夫妻共同财产。董某对上述主张不予认可，称该公司原始股份为其婚前持有，婚后该公司上市并经资本公积金转增并非其婚后的经营行为，上述股票属于其婚前财产的自然增值，故不同意进行分割。董某另表示即便分割，其仅同意给付对方相应股票，无力支付相应折价款。

2. 争议梳理

(1)董某持有的北京某科技公司股份是否属于夫妻共同财产，若属于夫妻共同财产，应当如何分割；(2)董某婚姻关系存续期间因资本公积金转增所形成

〔1〕 参见北京市海淀区人民法院民事判决书，(2015)海民初字第27327号。

的股份是否属于夫妻共同财产之认定。

3. 案例评析

(1)董某持有的北京某科技公司股份是否属于夫妻共同财产,若属于夫妻共同财产,应当如何分割

本案中,董某婚前持有北京某科技公司的股份605,000股,后该公司在双方婚后上市并进行四次资本公积金转增,现董某共持有该公司股份2,681,552股,董某于双方婚姻关系存续期间取得的该公司股份2,076,552股应属于董某与彭某的夫妻共同财产。董某辩称上述股份的增加属于资本公积金转增,故为其婚前持有股份的自然增值。自然增值是指该财产增值的原因是通货膨胀或市场行情变化。而董某作为该公司的股东,实际参与公司的经营管理,该公司在双方婚姻关系存续期间上市并进行资本公积金转增之行为与董某投入的劳动、管理等经营行为密不可分,该财产的增值原因并非通货膨胀或市场行情变化,上述股权应属于董某在从事生产经营活动中的一种收益形式载体,董某婚前持有的公司股份具有财产价值,而股权行为亦属于投资行为。《最高人民法院关于适用〈中华人民共和国民法典〉婚姻家庭编的解释(一)》第26条明确规定,夫妻一方个人财产在婚后产生的收益,除孳息和自然增值外,应认定为夫妻共同财产。

对于该条规定可以从两个方面分析:一方面,夫妻一方婚前财产在婚后产生的收益,一般应认定为夫妻共同财产。这一原则既符合我国《民法典》婚姻家庭编所确认的夫妻共有财产制度,亦适应我国传统婚姻家庭理念和文化。另一方面,除外情形,孳息和自然增值可认定为个人财产。孳息的产生依附于原物,原物属于一方个人财产,其产生的孳息亦应当归个人所有。孳息一般分为天然孳息与法定孳息两种,其中依照物的自然性质而产生的收益物称为天然孳息,依照法律规定产生的收益物称为法定孳息。自然增值根据发生原因的不同分为自然增值和主动增值。其中,夫妻一方财产在婚后产生的自然增值通常是因通货膨胀或市场行情的变化而产生,与夫妻双方或一方是否投入物资、劳动以及管理行为并无关联。主动增值则是指因夫妻双方或一方的投资、劳动、努力以及管理行为所产生的增值。

依据上述规定,夫妻一方个人财产在婚后产生的投资收益以及主动增值部分为夫妻共同财产。投资收益即通过经营性投资行为所获取的相应收益,主动增值即该财产增值发生的原因系基于夫妻一方对该财产投入物资、劳动、管理等行为,故董某持有的北京某科技公司股份应当作为夫妻共同财产依法予以分割。

关于分割方式,依据《最高人民法院关于适用〈中华人民共和国民法典〉婚姻家庭编的解释(一)》第 73 条的规定,夫妻双方分割共同财产中的股票、债券、投资基金份额等有价证券以及未上市股份有限公司股份时,协商不成或者按市价分配有困难的,人民法院可以根据数量按比例分配。庭审中,关于上述股份之分割方案,双方未能达成一致意见,故根据相应数量按比例进行分配,判决董某于判决生效后 30 日内将其持有的北京某科技公司股份 1,038,276 股过户至彭某名下。宣判后,双方当事人均未上诉。

离婚诉讼中的股权分割问题涉及不同的法律关系,包括夫妻之间的共有财产分割关系,夫妻与公司之间的法律关系等。从法律适用层面看,离婚中的股权分割既要适用《民法典》婚姻家庭编的相关规定,又要适用《公司法》《证券法》的相关法律规定。最终股权分割的结果是在一系列矛盾中寻求利益平衡。

(2)关于婚姻关系存续期间因资本公积金转增所形成的股份是否属于夫妻共同财产之认定

如前所述,一方婚前取得的股权在婚后所获得的收益(包括现金分红、股份等各种形式)应当属于夫妻共同财产,在离婚时应当予以分割。本案的特殊之处在于,董某婚后取得的股份系通过公司四次资本公积金转增获得,婚后获得的股份性质系本案的争议焦点。

股份公司的资本公积金,主要来源于股票发行的溢价收入、接受的赠与、资产增值、因合并而接受其他公司资产净额等。资本公积金转增股本应当视为一种股东权益收入形式,而这种权益收入形式与公司的经营、管理以及决策有着密切关系。董某作为公司股东,实际参与公司的经营管理,该公司在彭某与董某婚姻关系存续期间上市并进行资本公积金转增之行为与董某投入的劳动、管理等经营行为密不可分,该财产的增值原因并非通货膨胀或市场行情变化,上述股份应属于董某在从事生产经营活动中的一种收益形式载体，故董某于婚后通过公司四次资本公积金转增所获得的股份应当属于夫妻共同财产。

案例八 罗某和陈某夫妻共有股权的分割

1. 案情简介

罗某和陈某原系夫妻，因感情不和而离婚。离婚后，罗某向法院起诉，要求将陈某在A公司的股权作为夫妻共同财产分割。双方对股权分割的方式、股权的价值产生争议。罗某要求分割股权的价值，将股权折价后由陈某给予补偿；陈某则认为目前资金周转困难，无法支付折价款，主张直接分割股权份额。对于股权的价值，双方也有较大争议，罗某表示根据公司的盈利状况，其应分得的股权价值为1500万元，陈某则认为公司经营状况不佳，最多只能分给罗某500万元，公司的其他两个股东以保护商业秘密为由，不愿意提供公司账簿进行评估。在法官的主持下，双方达成和解，由陈某支付给罗某750万元股权折价款，罗某撤诉。〔1〕

2. 争议梳理

在本案中，双方对股权分割的方式产生争议，一方要求分钱，另一方要求分股权，而且双方就股权的价值也存有争议，一方认为值1500万元，另一方认为值500万元。对于上述情况，法院能否直接判决将夫妻共有股权予以分割？不同的股权分割方式有何利弊？在裁决过程中，如何选择合适的股权分割方式以平衡夫妻利益以及公司、其他股东的利益？

3. 案例评析

在请求分割共有股权的案件中，当事人的诉请通常可分为两类，一是请求折价分割，二是请求直接分割股权份额，也即当事人是选择要钱还是要权。

若当事人仅请求进行折价分割，则关键在于股权价值的确定；若当事人请求直接分割股权份额，要求成为公司股东，则应当充分考虑公司的人合性问题，

---

〔1〕 参见董臻静：《论夫妻共有股权的性质——罗某诉陈某股权转让纠纷一案》，载《法制博览》2015年第24期。

将《公司法》的相关规定纳入处理纠纷的法律依据范围。

(1)若选择对股权的份额直接分割

若非持股一方当事人请求分割股权份额,登记成为公司股东,可能导致公司股权结构的变化。不仅应考虑《民法典》中的规定,还应当依据《公司法》的相关规定进行处理。因此,在该种情况下应当适用的分割规则较为复杂,具体又有以下几种情形:

第一,从夫妻双方是否参与经营的层面考虑:若夫妻双方均参与经营的,则公司原有的"人合性、封闭性"并未被打破,若该夫妻离婚后尚能和平共处的,可保持企业整体不变,采取分股权方式。若是夫妻仅一方参与经营,另一方不参与经营的,夫妻关系水火不容,则采取分钱的方式,即将公司股权归有经营能力的一方持有,给对方适当补偿。

第二,从有限责任公司的企业性质以及是否涉及其他股东的层面考虑。对于一人公司、夫妻型家族企业等,通常不涉及其他股东,若夫妻双方同意分股权,可以判决分股权,若双方均想获得股权而不愿意获得经济补偿,并且又不愿意与对方共同经营的,则由双方竞价,出价高者取得一人公司股权,另一方获得相应的经济补偿。但是如果是一人公司,若双方分股权的,还需变更为普通有限责任公司。涉及其他股东的有限责任公司,由于涉及第三人,在审判中应当兼顾其他股东利益以及公司的经营发展,尽量适用分钱的折价补偿分割方式,避免引发公司僵局。如补偿数额较大,为保护企业正常运转,应采取分期支付方式。若持股一方确实不具备支付折价补偿的经济实力的,则应当向另一方阐述后续执行中可能出现的问题,引导双方协商采取分割股权的方式。

第三,在夫妻双方对分割份额以及转让价格形成一致时,按《最高人民法院关于适用〈中华人民共和国民法典〉婚姻家庭编的解释(一)》第 73 条的规定应当征求公司股东的意见。其他股东过半数同意且明确放弃优先购买权的,非持股一方当事人提出直接分割股权份额的诉请一般能够得到法院的支持。其他股东半数以上不同意,但又不同意以同等条件购买的,则应视为其他股东同意,非持股一方当事人提出直接分割股权份额的诉请一般亦能得到法院的支持。

实践中,可能存在其他股东对于分割夫妻共有股权事项不予作出明确表态的情形。对该种情况如何处理,《最高人民法院关于适用〈中华人民共和国民法典〉婚姻家庭编的解释(一)》并未给予明确的处理规则。故实践中,法院往往参照适用《公司法》(2018 年修正)第 71 条中的规定,认定若其他股东对夫妻离婚时股权分割的通知未予答复或不同意优先购买的股权比例或价格时即推定其同意。此时,法院一般能够支持非持股一方提出的直接分割诉请。

在夫妻双方虽达成一致意见,但不能获得其他股东过半数同意且其他股东主张优先购买权时,非持股一方要求分割股权的诉请法院将不予支持。但是,若股权的价值最终能够得以确定,则非持股一方当事人可获得相应的折价补偿。

第四,在离婚阶段,夫妻双方就股权分割事项无法达成合意的情形,《民法典》及其司法解释并未给出明确的指引规则。但实践中,法院在夫妻请求分割股权而又无法达成一致意见时,为了保证公司的人合性,会倾向于优先寻求折价补偿的方式予以解决。若夫妻双方坚持要求分割股权份额,实践中区分不同情况可能存在不同的处理方式。例如,股权分割对公司经营不产生不利影响,同时存在股权持有方阻碍股权价值评估行为、其他公司股东未积极主张优先购买权等情形,则法院将判决分割股权,公司及持股方配偶负有配合非持股方配偶行使股东权利以及办理股东登记等事项的义务。

(2)若选择对股权的价值补偿分割

在股权分割的纠纷中,若请求分割股权的一方当事人放弃成为公司股东,仅要求对股权的价值进行分割,此时,法院的审查重点在于如何确定股权的价值。

若夫妻双方对共有股权的价值能够协商一致,或者虽未能协商一致但均同意进行价格评估,在此情况下法院可依据确定的价值,判决由持股一方向非持股一方支付补偿款,从而解决共有股权的分割问题。若夫妻双方无法就股权价值达成一致意见,同时价格评估因持股方或公司不予配合等原因无法完成,此时,法院可综合考虑非持股方主张的股权价值或出资金额、公司经营状况、财务信息等因素认定股权价值,进而作出判决。

(3)不同的股权分割方式有何利弊

分股权方式的优点:一是不需要评估确定股权的价值,二是相对比较容易执行,因为在执行中无须考虑股权价值变现的问题,若被告拒不履行,则可以以执行裁定书以及协助执行通知书的方式,由工商部门变更股权登记。但是其缺点也很明显:一是打破了有限责任公司的人合性,股东发生婚变,其配偶如果直接分得股权会受到其他股东的排斥,表决权名存实亡,即使在工商登记上获得股权,亦未必能实际参与到公司的经营管理层面;二是容易导致公司僵局,离婚当事人的冲突可能影响公司的决策管理,股东会和董事会等可能陷入权利对峙,公司可能被迫解散。

分钱方式的优点在于其一般是在夫妻之间进行利益分割,一般不会破坏有限责任公司的人合性和影响其他股东的利益。但是其缺点在于股权价值的确定困难以及持股一方当事人可能不具备支付股权折价款的经济实力,而这两大关键问题直接影响了这种分割方式的实际适用性。

总之,因审判实务的复杂性,在实际中需要考虑的要素可能远远不止上述这些,具体情况仍需根据个案灵活处理。如果股权评估的问题能够得到较好地解决,在实务中应当优先适用分割股权价值的方式,以避免给公司经营发展带来"震荡"。

案例九　何某、曾某同居关系析产纠纷[1]

1. 案情简介

曾某、何某自2011年下半年开始同居。2018年8月30日,何某与案外人签订房屋买卖合同,购买了705房,登记在何某名下,成交价为1,259,000元,何某向银行办理了按揭贷款。2019年8月6日,双方签订《分手协议》,确认:一、双方因感情不和自愿分手。二、双方同居期间未生育子女,女方未怀孕。三、双方共同财产的处理:1.双方同居期间共同购买(各出资约25万元)的位于佛山市顺德区的房产系男女双方共有房产(登记在男方名下),现该房每个月须向银行还供楼款6000元,该房出租所得收入2600元/月,双方还须各出资1700元/月供楼。供楼款组成如下:2600元/月+2人×1700元/月;供楼满2年后(从2019年

[1] 参见广东省佛山市中级人民法院民事判决书,(2021)粤06民终13461号。

1月1日开始供楼，至2020年12月31日止）双方共同将该房出售，所得款项双方平分。2. 同居期间男方对女方赠与的财物继续归女方所有，男方不得以任何名义要求退还。

该协议签订后，曾某在2019年9月15日至2020年1月21日通过微信向何某支付供楼款合计11,100元。之后曾某未再向何某支付供楼款，705房自2020年5月起出现逾期还款。2020年7月18日，何某与案外人梁某、何某2签订《房地产买卖合同》将705房出售，成交价128万元。何某独自收取售房款，并自行支付中介费19,200元，清偿银行按揭款965,068.36元。

另查，双方同居期间有较多资金往来，相互之间有多笔转账。何某确认，曾某自2019年2月至8月，每月向其支付1700元供楼款。

2. 争议梳理

本案是同居关系引发的财产纠纷，涉案财产为705房，双方亦在分手前签订《分手协议》，对财产情况进行了约定。705房登记在何某一人名下，现何某与案外人签订房屋买卖合同将房屋出售，所得房款的处分是争议的焦点。

3. 案例评析

处理同居关系导致的财产纠纷，可参考以下思路：（1）若当事人就财产归属有协议的，遵照其协议；（2）若当事人对同居期间财产归属不能达成一致的，由人民法院依法进行分割。原则上，各自所得，归各自所有；双方当事人同居期间基于共同法律行为所得的财产，按照共有处理。[1]

同居关系是指男女双方未经结婚登记而具有较稳定的长期共同生活关系。同居关系的构成要件一般为：（1）同居关系的主体是男女双方；（2）同居关系双方并未办理结婚登记；（3）同居关系双方是以共同生活为目的；（4）同居关系双方是以公开的夫妻名义或不以夫妻名义但持续、稳定地共同生活。自《最高人民法院关于适用〈中华人民共和国婚姻法〉若干问题的解释（二）》颁布实施之后，对当事人起诉请求解除同居关系的案件，人民法院已不再受理。仅对同居期间涉及同

---

〔1〕 参见《最高法司法观点：同居关系导致的财产纠纷的审理思路》，载微信公众号“法律一讲堂”2023年6月25日，https://mp.weixin.qq.com/s/FCYLnFQ-qFB3OBZcHXahLg。

居关系的子女抚养、析产纠纷才予以立案处理。《最高人民法院关于适用〈中华人民共和国民法典〉婚姻家庭编的解释(一)》第3条[1]吸收了该规定。

同居期间的一般财产是指男女双方或一方在同居期间取得的合法收入或财产。根据《最高人民法院关于人民法院审理未办结婚登记而以夫妻名义同居生活案件的若干意见》第10条的规定,解除非法同居关系时,同居生活期间双方共同所得的收入和购置的财产,按一般共有财产处理。对于同居后一方的收入或财产,原则上应归该方当事人所有。但另一方当事人对取得该财产的当事人在取得该财产时有资助,或在取得该财产的过程中有辅助性劳动及提供生活帮助的,则该收入或财产应为一般共有。可根据当事人在取得财产过程中的作用大小,确定不同的份额。同居后共同购置的财产属同居双方当事人共有;按份取得的,应当确定为按份共有,不能确定份额的则按共同共有处理。对于共同财产来说,析产纠纷的处理原则是:可以分割的财产,按各自享有的财产份额进行分割;不易分割的财产,根据生产和生活的实际需要归一方所有,分得该财产的一方对另一方按照其应得的财产份额折价补偿。

二审法院认为,本案中,705房虽然登记在何某一人名下,房屋买卖合同亦由何某个人签订,但何某与曾某是在同居期间购买此房产,由于购买时双方处于同居期间,同吃同住、共同生活,双方之间有频繁资金往来,应认定双方财产混同。另外,双方在《分手协议》中已经就房产进行了说明,在购买房产时是由双方共同出资购买,按揭贷款也是由双方共同偿还。该房产应认定为是在同居生活期间双方共同所得的财产,应当按一般共有财产处理。该《分手协议》由双方签名捺印确认,是双方的真实意思表示。所以,应当将出售所得的房款偿还贷款后的剩余部分,进行平分。

---

[1] 参见《最高人民法院关于适用〈中华人民共和国民法典〉婚姻家庭编的解释(一)》第3条 当事人提起诉讼仅请求解除同居关系的,人民法院不予受理;已经受理的,裁定驳回起诉。当事人因同居期间财产分割或者子女抚养纠纷提起诉讼的,人民法院应当受理。

第三章　婚姻家庭中的夫妻债务问题

夫妻债务是夫妻财产制度的重要组成部分,人们往往习惯于关注积极财产的运行情况,而忽视消极财产的发展变化。当家庭生活已经超出柴米油盐等日常需求,全民参与投资理财已成常态时,许多夫妻债务纠纷不再是家庭内部事务,已紧密融入了市场和社会。夫妻之间享有日常家事代理权和对共同财产的平等处理权,一旦感情破裂,容易给一方可乘之机,使另一方"被负债"。债权人要有风险意识,承担注意义务并不过分。许多金融机构早已针对夫妻债务问题实施了"共债共签",甚至要求在夫妻关系变动之前必须清偿债务,以保障自身利益。

我国《民法典》婚姻家庭编中直接涉及夫妻共同债务调整的共有四个条款,分别是第1060条的家事代理规则、第1064条[1]的夫妻共同债务认定规则、第1065条第3款规定的夫妻财产约定制下的债务清偿规则以及第1089条[2]的离婚时夫妻共同债务清偿规则。依据这四个条款彼此之间的规范关系,可以将《民法典》确立的夫妻共同债务规则的内部构造解构如下:一是夫妻债务清偿中的债权人、负债一方及非负债人利益平衡保护规则;二是夫妻共同债务的认定

〔1〕 参见《民法典》第1064条　夫妻双方共同签名或者夫妻一方事后追认等共同意思表示所负的债务,以及夫妻一方在婚姻关系存续期间以个人名义为家庭日常生活需要所负的债务,属于夫妻共同债务。

夫妻一方在婚姻关系存续期间以个人名义超出家庭日常生活需要所负的债务,不属于夫妻共同债务;但是,债权人能够证明该债务用于夫妻共同生活、共同生产经营或者基于夫妻双方共同意思表示的除外。

〔2〕 参见《民法典》第1089条　离婚时,夫妻共同债务应当共同偿还。共同财产不足清偿或者财产归各自所有的,由双方协议清偿;协议不成的,由人民法院判决。

规则;三是夫妻债务清偿规则。即处理夫妻债务,首先要解决债务归属问题,即相关债务属于夫妻共同债务还是配偶一方的个人债务。在完成债务认定之后,就需要解决债务清偿问题,即相关债务在何种责任财产范围内得以实现。

第一节 夫妻债务的概述

一、夫妻债务的概念

民法上的债,是指特定的当事人之间可以请求为特定行为的民事法律关系。从债权人与债务人之间的权利义务来看有债权与债务之分。债权是指债权人享有的以请求债务人为一定给付为内容的权利。债务是指债务人依照约定或法律规定向债权人作出给付的义务。在现行民事法律体系中,根据债的发生根据,大体分为合同之债、侵权行为之债、无因管理之债、不当得利之债以及诸如单方允诺、遗赠等基于其他事实发生的债。

夫妻债务,是指夫妻一方或者双方在婚前或者婚姻关系存续期间与第三人进行民事活动的过程中所负的债务或者是涉及刑事赔偿问题时所产生的债务,包括夫妻双方的共同债务和夫妻一方的个人债务。由此可知,夫妻债务的产生主体既可以为夫妻双方也可以为夫妻一方,夫妻债务形成的时间既可以是婚姻关系缔结之前也可以是婚姻关系缔结之后且夫妻关系存续期间,夫妻债务形成的原因可以是夫妻一方或是夫妻双方在与婚姻关系之外的第三人进行民商事交往过程中产生的债务,或者是因为违法犯罪活动导致的赔偿等债务。从夫妻债务形成的时间上看,可以有以下两种:

(一)婚姻关系存续期间

夫妻是家庭债务的产生主体,从债务发生在婚姻关系存续期间来说,发生债务的原因主要包括以下三种:(1)夫妻关系存续期间,夫妻双方为了满足共同生活所必需的衣、食、住、行等需求而负担的债务;(2)夫妻婚姻关系存续期间,为了履行法定义务所负的债务;(3)夫妻在婚姻关系存续期间,由于共同财产经营活动所负的债务。夫妻个人债务以及夫妻共同债务构成了夫妻债务的全部内容。

（二）婚前举债

若夫妻一方在婚前举债，而该债务所产生的主要利益由婚后夫妻双方共同享有或者是作为夫妻共同财产的，依据权责相统一的原则，该笔债务可以视同为夫妻共同债务；若夫妻一方在婚前举债是为了满足自己私人的利益需求，或者主要利益由其个人所享有，则应当将该笔债务认定为夫妻一方的个人债务。

二、夫妻债务的基本类型

夫妻债务的类型有很多，从时间上可以分为婚前和婚姻关系存续期间的债务，从用途上可以分为婚姻家庭成员共同生活、经营投资或是举债方个人开支，以及举债是否经过双方同意等不同情形的债务。

基于婚姻家庭的共同生活，夫妻在共同生活期间也会与第三人形成债权债务关系。关于夫妻债务的类型，以用于清偿债务的财产的性质及范围为标准，可以将夫妻债务区分为夫妻个人债务、夫妻连带债务和夫妻共同债务。[1] 其中，夫妻个人债务是以夫妻个人财产、夫妻共有财产中的个人份额以及家庭共有财产中的个人份额作为责任财产的债务；夫妻连带债务是夫妻对外以个人财产和共同财产承担责任，其基础在于多数人之债，债权人既可向夫妻中任意一方主张承担全部责任，也可向夫妻双方主张承担全部责任，夫妻任何一方的清偿对外都产生夫妻共同清偿的效果，承担责任的夫妻一方在内部可以依其应承担的份额而对不属于其承担范围的债务向另一方追偿；夫妻共同债务以夫妻法定共同财产制为基础，当夫妻一方对外以个人名义参与民事生活、产生债务，并且该项债务是基于满足夫妻共同生活或共同生产经营等家庭利益的需要而生，那么该项债务即为夫妻共同债务，应以夫妻一方的个人财产和全部夫妻共同财

---

〔1〕 参见李建国：《关于〈中华人民共和国民法总则（草案）〉的说明——2017 年 3 月 8 日在第十二届全国人民代表大会第五次会议上》，载《民法总则立法背景与观点全集》编写组编：《民法总则立法背景与观点全集》，法律出版社 2017 年版。

产作为责任财产清偿。[1]

夫妻债务的类型见图3-1。

- 债务
  - 夫妻共同债务
    - 共签共认之债
    - 家事代理之债
    - 债权人举证之债
  - 个人债务
    - 个人所负未用于家庭共同生活、经营之债
    - 虚假、非法之债；不合理之债
    - 约定个人之债

图3-1　夫妻债务的类型

从《民法典》第1064条对夫妻共同债务概念的使用情况来看，立法者并未对夫妻个人债务之外的其他债务进一步作出精细化区分，而是将学理上的夫妻连带债务和夫妻共同债务共同置于夫妻共同债务概念之下，其中第1064条第1款规定的夫妻共同债务与学理上的夫妻连带债务相当[2]，而第1064条第2款规定的夫妻共同债务则与学理上的狭义夫妻共同债务相当。[3]

（一）夫妻共同债务

由于夫妻共同债务情况多样、内涵丰富，很难用一句话或几句话就能准确地定义。大体上说，夫妻共同债务应该包括以下几种：首先是因履行婚姻家庭伦理责任而负担的债务，无论是夫妻一方举债还是双方都视为夫妻共同债务；其次是除婚姻家庭伦理责任债务之外，如果夫妻双方存在举债合意或事后追认的债务，或者一方以个人名义对外举债，没有夫妻双方举债合意但夫妻另一方分享到债务利益的情况，都应该被定义为夫妻共同债务。在法律行为理论视角

〔1〕参见汪洋：《夫妻债务的基本类型、责任基础与责任财产——最高人民法院〈夫妻债务解释〉实体法评析》，载《当代法学》2019年第3期。

〔2〕需要说明的是，《民法典》第1064条第1款所言之“夫妻共同债务”，应解释为同时包括夫妻连带债务与狭义的夫妻共同债务。狭义的夫妻共同债务，其责任财产仅包括债务人的个人财产及夫妻共同财产，而不包括债务人配偶的个人财产。如果否认这一点，将导致“共债共签”的情况下也只能产生夫妻共同债务而非连带债务的荒唐结果。对这一问题的更多讨论，参见吴至诚：《夫妻债务的英美法系功能比较研究——以不采行夫妻共同财产制的模式为中心》，载《华东政法大学学报》2021年第1期。

〔3〕参见朱晓峰：《论利益平衡保护中的夫妻共同债务认定规则》，载《法治社会》2022年第2期。

下，根据认定和推定标准，夫妻共同债务可以划分为夫妻共同行为形成的债务与夫妻一方个人行为形成的债务。[1]

夫妻共同债务的类型见图3－2。

- 夫妻共同债务
  - 共签共认之债
    - 确认
    - 追认
  - 家事代理之债
    - 符合家庭日常所需
    - 超出家庭日常所需
      - 用于共同生活
      - 未用于共同生活（个人债务）
  - 债权人举证之债

图3－2　夫妻共同债务的类型

关于夫妻共同债务构成的法理基础，“法律行为理论”从外延和内涵上更契合夫妻共同债务构成的运用场景，而且《民法典》夫妻共同债务的规定明显表现出“法律行为理论”的特征。“法律行为理论”认为，影响夫妻共同债务构成最主要的是夫妻双方是否有共同意思，存在共同意思时举债行为为夫妻共同行为，应当共同承担责任；不存在共同意思时举债行为为一方个人行为，后果应当由行为人个人承担。同时，为了补充在婚姻家庭领域夫妻债务规则可能出现的不足，当这种行为带来的利益用于夫妻共同生活、共同生产经营时，也应当构成夫妻共同债务。

（二）夫妻个人债务

夫妻一方以个人名义对外举债的性质认定问题就比较复杂。就举债时间而言，有婚姻关系存续期间与婚前、婚后之分；就举债用途而言，有为家庭共同生活与个人挥霍享用之分；就举债合意而言，有些个人举债是经过另一方同意的而有些举债甚至另一方对举债事实都不知情。

在现实生活中，夫妻一方对外举债的原因多种多样，有的是为了购房、买车，有的是为了治病借钱，有的是为了出国进修借款，也有的是为了从事生产经

---

〔1〕参见李洪祥、曹思雨：《法律行为理论视角下夫妻共同债务清偿规则》，载《山东社会科学》2021年第4期。

营活动导致的债务，还有为了满足夫妻一方的需要而借款的，上述不同情形的借款是认定为夫妻个人债务还是共同债务呢？债务的认定不但关系到债务人配偶依法所享有的财产性权利，而且会影响夫妻双方婚姻关系以外的其他第三人的合法权益。鉴于夫妻个人债务是与夫妻共同债务对应的概念，虽然法律和司法解释上没有定义夫妻个人债务，但若厘清共同债务的范围，那么个人债务也就清晰了。个人债务与共同债务的认定与区分，在《民法典》颁布之前就一直是争论不休的问题，一方面是因为夫妻间的债务区分本就困难重重，另一方面则是因为2001年《婚姻法》与司法解释之间相互矛盾冲突。随着《民法典》第1064条的出台，夫妻共同债务的认定确立了夫妻合意、为夫妻（家庭）共同生活、共同生产经营等若干标准，以区分共同债务和个人债务。后两种用于共同生活、共同经营之债先推定为个人债务，究竟是否为共同债务由债权人承担证明责任。至此，共同债务的认定规则已经十分清晰：属于第1064条规定的四种情形即属于夫妻共同债务，除此之外便是夫妻个人债务。

1. 一方以个人名义所负超出家庭日常生活需要的债务

夫妻一方在婚姻关系存续期间以个人名义所负超出家庭日常生活需要的债务，不属于夫妻共同债务。债权人能够证明该债务用于夫妻共同生活、共同生产经营或者基于夫妻双方共同意思表示的除外。

2. 与夫妻共同生活明显无关的不合理开支

债务系用于夫妻一方且与夫妻共同生活明显无关的不合理开支，均不具有家庭使用属性，应界定为个人债务。如无偿担保，夫妻一方为前婚所生子女购买房产、车辆，挥霍消费（如购买与自身消费能力极不匹配的奢侈品、负债打赏网络主播），违反婚姻忠诚义务（如包养情人、抚养私生子），危害家庭利益等行为所产生的债务，均不应认定为夫妻共同债务。

3. 虚假债务及非法债务不属于夫妻共同债务

为家庭利益所负债务应当具有正当性和合法性。在婚姻关系持续期间夫妻一方对外的高利贷、赌债、吸毒之债以及违法犯罪的罚款等因违法行为所负的债务，即便为家庭利益也不构成夫妻共同债务。这些债务皆不属于用于婚姻家庭责任的债务，基于夫妻之间的独立人格，对于这些因夫妻一方个人违法行为所负担的债务，在另一方并未参与且不知情的情况下，这些债务不应该归属于夫妻共同债务，不应该让无辜的配偶承担连带清偿的责任。违法夫妻一方应该为自己的违法行为承担责任，应该定性为夫妻个人债务。同时，一方有伪造夫妻共同债务等严重损害夫妻共同财产利益行为的，另一方可以要求婚内分割共同财产。

4. 另有约定的认定为个人债务

如果债务人与债权人之间明确约定为个人债务，或夫妻之间约定为分别财产制且债权人知情的，也应当直接认定为个人债务。

（三）其他类型的共同债务

《民法典》第1064条对夫妻共同债务采取了具体列举和概括规定的立法模式，主要是针对合同之债。《民法典》第1168条[1]确定的共同侵权导致的侵权之债，以及《民法典》第1188条[2]规定的被监护人侵权导致的侵权之债等是否都可以纳入该条规定的夫妻共同债务范畴，理论上有争议，分客观和主观两种说法。客观说认为，如果夫妻一方对外所为之侵权行为是为了使夫妻共同生活或家庭生活受益，那么因该侵权行为所生之债务当然为夫妻共同债务；若该侵权行为并不能使婚姻或家庭生活获益，则为实施侵权行为人的个人债务。主观说认为，在客观说强调的共同利益这一客观标准之上，进一步要求侵权行为人的主观过错，即如果行为人在为夫妻或家庭共同利益时是基于过失，则相应的侵权之债属于夫妻共同债务；如果是故意，则相应侵权之债应被归于侵权行为人的个人债务。[3]

---

〔1〕 参见《民法典》第1168条　二人以上共同实施侵权行为，造成他人损害的，应当承担连带责任。

〔2〕 参见《民法典》第1188条　无民事行为能力人、限制民事行为能力人造成他人损害的，由监护人承担侵权责任。监护人尽到监护职责的，可以减轻其侵权责任。

有财产的无民事行为能力人、限制民事行为能力人造成他人损害的，从本人财产中支付赔偿费用；不足部分，由监护人赔偿。

〔3〕 参见朱晓峰：《论利益平衡保护中的夫妻共同债务认定规则》，载《法治社会》2022年第2期。

三、夫妻共同债务规则的演进

(一)夫妻共同债务规则的立法演进

1950 年我国首部《婚姻法》明确规定了夫妻共同债务规则。1950 年《婚姻法》第 24 条规定:“离婚时,原为夫妻共同生活所负担的债务,以共同生活时所得财产偿还,如无共同生活时所得财产或共同生活时所得财产不足清偿时,由男方清偿。男女一方单独所负债务,由本人偿还。”该条界定了夫妻共同债务的认定标准,确立了夫妻共同债务和一方个人债务的清偿原则,尤其确立了共同生活所得财产不足清偿夫妻共同债务时,由男方负责清偿的特殊规则。

1980 年《婚姻法》在维持 1950 年《婚姻法》基本立场的基础上对夫妻共同债务规则作了完善。其第 32 条规定:“离婚时,原为夫妻共同生活所负的债务,以共同财产偿还。如该项财产不足清偿时,由双方协议清偿;协议不成时,由人民法院判决。男女一方单独所负债务,由本人偿还。”从该条可以看出在夫妻债务处理上,体现了对 1950 年《婚姻法》的继承和发展。在夫妻共同债务的认定标准上,1980 年《婚姻法》与 1950 年《婚姻法》一致,仍将“为夫妻共同生活所负”作为唯一标准;不同之处在于,前者将夫妻共同财产不足清偿共同债务时“由男方清偿”,改为“由双方协议清偿;协议不成时,由人民法院判决”。其在夫妻债务清偿上改变原有的绝对保护妇女权益的理念,取而代之的是协调夫妻双方利益的理念,由形式平等向实质平等迈进。

随着社会经济的变化与发展,2001 年《婚姻法》第 41 条规定:“离婚时,原为夫妻共同生活所负的债务,应当共同偿还。共同财产不足清偿的,或财产归各自所有的,由双方协议清偿;协议不成时,由人民法院判决。”与 1980 年《婚姻法》第 32 条相比,取消了“男女一方单独所负债务,由本人偿还”的规定。依法理,夫妻一方婚前或婚后以个人名义所负的与夫妻共同生活无关的债务,是个人债务。个人债务应由本人偿还,即便立法不再明示,也是毋庸置疑的。

(二)司法实践的演进

尽管夫妻债务的归属问题和夫妻财产的归属问题同样重要,但在债务归属问题的法律规则构造上，立法依然坚持了1980年《婚姻法》第32条的立场，[1]既未解决夫妻共同债务清偿的前提，即何谓“原为夫妻共同生活所负的债务”的界定，亦未明确清偿的核心内涵，即何谓“共同偿还”等内容。为澄清实践中出现的理解与适用上的混乱问题，1988年最高人民法院发布的《关于贯彻执行〈中华人民共和国民法通则〉若干问题的意见（试行）》（已废止）第43条[2]对1980年《婚姻法》第32条规定的债务范围作了解释，扩展了“为夫妻共同生活所负的债务”范围，有利于对夫妻关系之外的债权人利益的保护。

另外，鉴于2001年《婚姻法》第41条的夫妻共同债务规则过于简单且在实践中不利于对“假离婚、真逃债”等侵害婚姻关系外第三人利益之现象的调整，[3]《最高人民法院关于适用〈中华人民共和国婚姻法〉若干问题的解释（二）》第24条[4]对夫妻共同债务的认定作出了新的规定。该条在强化对债权人利益保护的同时，也产生了将现实生活中绝大多数债务认定为夫妻共同债务的实际效果，导致了对婚姻当事人利益保护不利的结果，引起了一些质疑与反对[5]。

为解决《最高人民法院关于适用〈中华人民共和国婚姻法〉若干问题的解释（二）》第24条存在的问题，最高人民法院于2018年发布了《最高人民法院关于审理涉及夫妻债务纠纷案件适用法律有关问题的解释》（法释〔2018〕2号）（已废止，下同）。相较于《最高人民法院关于适用〈中华人民共和国婚姻法〉若干

[1] 参见巫昌祯、夏吟兰主编：《婚姻家庭法》，中国政法大学出版社2016年版，第259页。

[2] 参见《最高人民法院关于贯彻执行〈中华人民共和国民法通则〉若干问题的意见（试行）》第43条　在夫妻关系存续期间，一方从事个体经营或者承包经营的，其收入为夫妻共有财产，债务亦应以夫妻共有财产清偿。

[3] 参见杨晓蓉、吴艳：《夫妻共同债务的认定标准和责任范围——以夫妻一方经营性负债为研究重点》，载《法律适用》2015年第9期。

[4] 参见《最高人民法院关于适用〈中华人民共和国婚姻法〉若干问题的解释（二）》第24条第1款　债权人就婚姻关系存续期间夫妻一方以个人名义所负债务主张权利的，应当按夫妻共同债务处理。但夫妻一方能够证明债权人与债务人明确约定为个人债务，或者能够证明属于婚姻法第十九条第三款规定情形的除外。

[5] 参见夏江皓：《夫妻共同债务认定规则之探究——以女性主义法学为视角反思〈婚姻法解释（二）〉第24条》，载《甘肃政法学院学报》2017年第6期。

问题的解释(二)》第24条强调对债权人利益的保护,《最高人民法院关于审理涉及夫妻债务纠纷案件适用法律有关问题的解释》更注重对夫妻关系内部当事人合法利益与夫妻关系外部债权人合法利益的平衡保护。

具体而言,首先在《最高人民法院关于审理涉及夫妻债务纠纷案件适用法律有关问题的解释》第1条确立了“共债共签”规则,令夫妻债务问题回归民法基本原理,表明婚姻关系事实上已经实现了由历史上夫妻一体的团体主义到夫妻各自平等独立但彼此协作的个人主义的发展,体现了对个人的基本尊重;〔1〕第2条规定的“为家庭日常生活需要所负的债务”的推定规则,强调夫妻共同家庭生活的本质,因家庭日常生活需要所负的债务亦可推定为取得了婚姻关系中另一方的同意;〔2〕第3条是对夫妻共同债务的法律推定,规定了共债共签和为满足家庭日常生活需要所生的夫妻共同债务的补充情形及相应的举证责任,使夫妻共同债务的认定规则更加丰富,整体上与第1条的“共债共签”规则和第2条的“家庭日常生活需要”规则共同体现从源头控制纠纷,平衡债权人和未举债夫妻一方的利益保护的目的。整体而言,其确立的夫妻共同债务认定标准吸取了之前法律实践的经验教训,较为充分地回应了整个社会长期以来的关切,符合普通民众的一般价值情感及社会生活的现实需要,对于实现稳定的社会秩序有积极的作用。〔3〕这也是《最高人民法院关于审理涉及夫妻债务纠纷案件适用法律有关问题的解释》所确立的夫妻共同债务认定规则被《民法典》基本全盘吸收的正当性基础〔4〕。

---

〔1〕 参见叶名怡:《“共债共签”原则应写入〈民法典〉》,载《东方法学》2019年第1期;程新文等:《〈关于审理涉及夫妻债务纠纷案件适用法律有关问题的解释〉的理解与适用》,载《人民司法(应用)》2018年第4期。

〔2〕 参见李洪祥:《论日常家事代理权视角下的夫妻共同债务构成》,载《当代法学》2020年第5期。

〔3〕 参见彭诚信:《论民法典中的道德思维与法律思维》,载《东方法学》2020年第4期;龙翼飞:《〈民法典〉婚姻家庭编的制度创新与适用》,载《人民检察》2020年第21期。

〔4〕 参见最高人民法院民法典贯彻实施工作领导小组主编:《〈中华人民共和国民法典〉婚姻家庭编理解与适用》,人民法院出版社2020年版,第166页;汪家元:《我国〈民法典〉夫妻共同债务规则评析》,载《东方法学》2020年第5期。

第二节 夫妻共同债务的认定与处理

夫妻共债问题的重要性和复杂程度丝毫不亚于夫妻共同财产的处理,它糅合了夫妻家事代理权、对内夫妻财产制度、对外交易安全等考量因素,是一个异常精巧复杂的结构。从现行法律规范来看,《民法典》第1064条精练地归纳出了夫妻共同债务的界定和处理原则,司法解释对夫妻共同债务也加以补充规定。

一、夫妻共同债务认定中的价值构建

在法的多元价值中,除维护秩序之外,还存在其他价值,从而实现法秩序内部的价值融合。从夫妻共同债务认定的立法沿革上,不难看出背后蕴含的价值考量是,如何平衡夫妻共同体、夫妻一方以及债权人之间的利益保护的问题。

在衡量过程中,由于涉及夫妻双方和债权人的三方关系,此时必须考虑道德风险的问题。一方面,由于夫妻双方关系的紧密性,很容易出现夫妻双方串通损害债权人利益的道德风险;另一方面,在夫妻关系较为紧张时,也会出现夫妻一方与债权人串通损害另一方利益的道德风险。规则的构建必须对此多加考虑,防止道德风险的过分极端化发展,既不能让夫妻一方承担不应该承担的债务,也不能让本该承担债务的夫妻一方逃避责任。

(一)利益平衡的价值

在夫妻共同债务认定过程中,涉及夫妻一方、夫妻另一方和债权人之间的利益平衡,相关利益取舍或者排序应该做到不偏不倚,需要平衡婚姻家庭与债权人的利益。在夫妻债务问题上,过分倾斜保护债权人,就会损害配偶尤其是未举债方的利益,进而使得很多人基于疑虑而不愿进入婚姻家庭中,或者在婚姻家庭内部采取各种防范措施,从而损害婚姻家庭本身作为共同体的价值。

另外,除了保护婚姻家庭,也需要兼顾债权人利益及交易安全。如果仅着

重保护债务人的家庭,就可能会损害债权人的利益。债权人也往往处于家庭之中,所以保护债权人的利益也是保护债权人的婚姻家庭。此时,配偶一方利益和债权人利益的关系就是保护债务人的婚姻家庭和保护债权人的婚姻家庭之间的关系。从根本上说,过分偏向举债的配偶一方利益,就可能会损及债权人的婚姻家庭,其实质损害的是婚姻家庭制度。因此,保护债权人利益和对婚姻家庭的保护并非必然对立,而应对此进行妥当平衡。

夫妻债务的背后蕴含了婚姻家庭保护和交易安全保护的价值衡量,这两种价值并非截然对立,可以转化为债务人的婚姻家庭保护和债权人的婚姻家庭保护之间的关系,表现为配偶另一方和债权人之间的利益平衡。

(二)利益平衡的路径

如果要妥当平衡配偶另一方利益和债权人利益,就应当对婚姻存续期间的夫妻债务进行更精细的区分。在夫妻债务问题上,夫妻中的举债人当然要对债权人承担责任,其个人财产如果能完全清偿债务,并不会有太大的问题;关键是,如果其个人财产不能完全清偿债务,那么此种不能清偿的风险如何在夫妻另一方和债权人之间分配。最主要的考量因素就是,比较夫妻另一方和债权人的风险控制能力的强弱,同时判断夫妻另一方获益可能性的大小。具体而言,在夫妻另一方和债权人之中,基于对防止风险现实化的信息获知成本、防免成本以及与夫妻中行为人串通的道德风险的考量,谁的风险控制能力比较强,就更有理由将风险现实化的不利后果分配给谁;夫妻另一方的获益可能性何时较大,就更有理由将此时的不利后果分配给夫妻另一方。

基于风险控制能力和获益可能性的因素,首先要区分夫妻另一方是否参与到债务形成的行为和事实之中。以约定债务为例,如果是双方意思表示所负的债务,夫妻另一方也作出了意思表示,其本来就可以且应当考量自己的获益可能,当其作出意思表示时,必须假定其对所有可能的风险和收益都进行了考量,基于意思自治,其对于自己意思表示的结果就应承担责任。因此,夫妻另一方对是否作出意思表示以及作出何种内容的意思表示具有完全的决定能力,其风险控制能力也较强。

其次,要考虑区分是否基于家庭日常生活需要负债。在基于家庭日常生活需要所负债务中，债权人更可能推定夫妻另一方是同意的，获知未经夫妻另一方同意的可能性较低，进而可能无法采取有效的防范措施，因此较之超出家庭日常生活需要所负债务，此时债权人的风险控制成本更高，同时夫妻另一方获益的可能性较大。

据此，夫妻债务的构建要考虑到不同的类型，至少要区分夫妻双方行为所形成的债务、仅一方行为但基于家庭日常生活需要所负债务、仅一方行为超出家庭日常生活需要所负债务，同时具体考量不同类型债务中的举证责任和责任承担方式，通过债务类型、责任承担方式和举证责任这些技术工具实现夫妻另一方利益和债权人利益的均衡。[1]

二、夫妻共同债务的认定规则

我国现行民事立法和司法解释越来越重视夫妻共同债务认定规则，但各层级规则还存在解释不周延的现象。例如，“共同生活”“家庭日常生活需要”“共同签字”“共同生产经营”“共同意思表示”等不同时期形成的司法解释认定标准交错，同一部司法解释中甚至出现对“共同意思表示”同词异解的现象。[2]“身份论”“用途论”“意思论”交错，市场经济财产法思维高度渗透到婚姻家庭生活领域[3]。与一般债务类型相比，夫妻共同债务的类型确实存在一定特殊之处。婚姻关系正常时，无论法律如何规定，夫妻一方对外欠下的债务，另一方通常会共同偿还。而法律的介入恰恰是在婚姻关系异常时，在夫妻间平息纷争、防范风险，同时保护交易第三人的利益。《民法典》第 1064 条[4]规定了夫

---

〔1〕 参见朱虎：《夫妻债务的具体类型和责任承担》，载《法学评论》2019 年第 5 期。

〔2〕 参见王雷：《〈民法典（草案）〉婚姻家庭编夫妻共同债务制度的举证责任配置》，载《当代法学》2020 年第 3 期。

〔3〕 参见王雷：《论身份情谊行为》，载《北方法学》2014 年第 4 期。

〔4〕 参见《民法典》第 1064 条　夫妻双方共同签名或者夫妻一方事后追认等共同意思表示所负的债务，以及夫妻一方在婚姻关系存续期间以个人名义为家庭日常生活需要所负的债务，属于夫妻共同债务。

夫妻一方在婚姻关系存续期间以个人名义超出家庭日常生活需要所负的债务，不属于夫妻共同债务；但是，债权人能够证明该债务用于夫妻共同生活、共同生产经营或者基于夫妻双方共同意思表示的除外。

妻共同债务的认定规则，明确认定夫妻共同债务的充分条件有三个：(1)夫妻双方共同签名或者夫妻一方事后追认等共同意思表示所负的债务，是共签共认之债。(2)夫妻一方在婚姻关系存续期间以个人名义为家庭日常生活需要所负的债务，是家事代理之债。(3)债权人能够证明超出“家庭日常生活需要”所负的债务是用于“共同生活”“共同生产经营”的，是债权人举证之债。这三个条件满足其中之一，则夫妻共同债务认定成立。

(一)共签共认之债的认定

《民法典》第1064条，“夫妻双方共同签名或者夫妻一方事后追认等共同意思表示所负的债务”所阐释的即共签共认之债。其核心在于，夫妻双方是否都对举债有共同意思表示。无论是婚姻关系的形成，还是债权债务的产生，共同的意思表示都是法律关系形成和产生的必要条件。

1. 意思表示的方式

意思表示作为法律行为的核心要素，《民法典》第140条规定，意思表示可以通过“明示或者默示”作出，也可以以“符合法律规定、当事人约定或当事人之间交易习惯”的“沉默”方式作出。

意思表示是指行为人为了产生一定民法上的效果而将其内心意愿通过一定方式表达于外部的行为。意思是指设立、变更、终止民事法律关系的内心意图；表示是指将内心意思以适当方式表示出来的行为。

对于以家庭为纽带的夫妻在与第三人发生债的关系时所作出的意思表示，按照《民法典》第137条[1]的规定，大致上有以下方式：

(1)以对话方式作出的意思表示。所谓以对话方式作出的意思表示，是指采取使相对方可以同步受领的方式进行的意思表示，如面对面交谈、打电话等方式。

---

〔1〕 参见《民法典》第137条　以对话方式作出的意思表示，相对人知道其内容时生效。

以非对话方式作出的意思表示，到达相对人时生效。以非对话方式作出的采用数据电文形式的意思表示，相对人指定特定系统接收数据电文的，该数据电文进入该特定系统时生效；未指定特定系统的，相对人知道或者应当知道该数据电文进入其系统时生效。当事人对采用数据电文形式的意思表示的生效时间另有约定的，按照其约定。

(2)以非对话方式作出的意思表示。以非对话方式作出的意思表示,是指表意人作出意思表示的时间与相对人受领意思表示的时间不同步,二者之间存在时间差。非对话方式的意思表示在现实生活中存在多种形式,如传真、信函等。

(3)以非对话方式作出的采用数据电文形式的意思表示。如电子邮件、电报、电传等数据电文系统类的数据。[1]

2."共签共认"中的意思表示

《民法典》第1064条第1款将形成夫妻共同债务的意思表示方式规定为"共同签名"和"夫妻一方事后追认"等,也即夫妻双方要对外展示合意。共同意思表示的方式有多种,除了共同签名、一方事后追认等明确表示愿意和配偶一起承担债务的情况,实践中还常出现未举债一方默示同意举债的情形。

配偶双方的意思表示,可以是明示的意思表示,例如《最高人民法院关于审理涉及夫妻债务纠纷案件适用法律有关问题的解释》明确列举的配偶双方共同签字、配偶一方事后的口头或者书面追认,配偶双方共同或者分别作出的口头承诺也被包括在内;也可以是默示的意思表示,例如夫妻双方共同或者分别做出能够推断出共同负债的行为;在特定条件下还包括沉默,例如有证据证明配偶另一方对负债知晓且未提出异议的,包括出具借条时在场、所借款项汇入该方配偶掌握的银行账户等情形,此时可以谨慎地推定夫妻有共同举债的合意。对于配偶双方是否存在共同的意思表示,《最高人民法院关于审理涉及夫妻债务纠纷案件适用法律有关问题的解释》第1条、第3条遵循了一般的举证规则,将举证责任分配给债权人,债权人应当举证证明配偶双方存在负债的意思表示,例如夫妻双方共同签字的借款合同、借条以及短信、微信、QQ聊天记录、邮件等其他能够体现夫妻双方负债的意思表示或事后追认的有关证据等。

3."意思表示"的效果

意思表示的作出将导致一定权利义务的取得、丧失或变更,因此意思表示的解释向来是婚姻家事等领域关注的重点。根据《民法典》第142条第1款的

---

[1] 参见《中华人民共和国民法典》(实用版),中国法制出版社2020年版,第105页。

有关规定,在有相对人的情况下,意思表示的解释应当立足当事人使用的词句,结合相关条款。在"共债共签"原则下,明确和强调了夫妻双方共同签字或者夫妻一方事后追认以及以其他共同意思表示形式所负的债务,属于夫妻共同债务。这一规定意在引导债权人在形成债务尤其是大额债务时,为避免事后引发不必要的纷争,加强事前风险防范,尽可能要求夫妻共同签字。这种制度安排,一方面,有利于保障夫妻另一方的知情权和同意权,可以从债务形成源头上尽可能杜绝夫妻一方"被负债"现象发生;另一方面,也可以有效避免债权人因事后无法举证证明债务属于夫妻共同债务而遭受不必要的损失,对于保障交易安全和夫妻一方合法权益,具有积极意义。实践中,很多商业银行在办理贷款业务时,对已婚者一般都要求夫妻双方共同到场签字。一方确有特殊原因无法亲自到场,也必须提交经过公证的授权委托书,否则不予贷款,这种操作方式最大限度地降低了债务不能清偿的风险,保障了债权人的合法权益,也不会造成对夫妻一方权益的损害。"共债共签"原则实现了夫妻财产共有制和合同相对性原则的有机衔接。

4. 共签共认之债认定的风险防范

夫妻共签共认之债的认定,不用考虑是否用于夫妻共同生活、共同生产经营,只要有共同意思表示即可。因此,为避免不必要的纠纷,债权人应当有进行正确交易和防范风险的主动意识,在出借款项尤其是大额款项时,应尽可能要求夫妻共同签字,以减少无法证明债务属于夫妻共同债务的风险。如果因特殊情况债务人配偶未能共同签字确认的,债权人应在事后及时要求其予以追认,并妥善保管相关证据资料。对于未举债配偶来说,如发现配偶在未经自己同意的情况下对外举债,应当明确告知债权人自己的反对意见,切不可以自己名义向对方还款,或表示同意清偿等,以减少"被负债"情形的发生。

(二)家事代理之债的认定

《民法典》第1064条规定,夫妻一方在婚姻关系存续期间以个人名义为家庭日常生活需要所负的债务,属于夫妻共同债务。夫妻一方在婚姻关系存续期间以个人名义超出家庭日常生活需要所负的债务,不属于夫妻共同债务。从该规定中需要梳理和澄清两个名词,即"家事代理权"和"家庭日常生活需要",正确理解这两个名词,是弄清家事代理之债的关键。

1. 日常家事代理权

《民法典》第1060条第1款对日常家事代理权进行了规定,这也是我国婚姻家庭立法中首次出现日常家事代理权的相关规定。日常家事代理权与普通的民事代理不同,其无须以被代理人(配偶另一方)名义作出法律行为,在效果上则对配偶双方发生效力。也可以认为是法律将一方对外作出的法律行为拟制为双方作出的法律行为,或拟制非举债方对此债务作出了同意的意思表示。[1]

(1)日常家事代理权的概念

日常家事代理权是传统民法中对夫妻或家庭关系进行规制的一项民事法律制度,是指夫妻一方在因家庭日常生活需要而实施一定法律行为时,享有代理配偶他方的权利。具体而言就是,夫妻一方以家庭名义所实施的日常家事行为,推定双方已对其达成合意,另一方也必须就行为后果承担法律责任,二人就行为后果共同承担连带责任。在日常家事代理权行使过程中,不需要借对方的名义实施法律行为,而只需以自己的名义;同时,法律行为的效力也并非只归属于对方,而是对夫妻双方均具有效力。

(2)日常家事代理权的简述

夫妻一方代理另一方为一定日常家庭事务的情况,最早产生于男方承担外部责任,女方只负责家庭事务的社会环境中。该种情形旨在扩大女方权利,规定女方可以借男方的名义实施法律行为,同时男方对相应法律行为负责,其源头可以追溯至古罗马时期。此后,大陆法系各国的民事立法都对发源于罗马法的日常家事代理权制度进行了规定。早期,因为夫妻地位的不平等,丈夫一方享有家务管理的权限。进入现代后,随着社会形势发生变化,男女平等的价值追求逐渐形成,日常家事代理权的具体内容也随之产生变化,夫妻一方为了满足家庭正常生活需求而实施的法律行为对二人均具有效力,由夫妻双方共同承担该法律行为的后果。

---

〔1〕 参见朱虎:《夫妻债务的具体类型和责任承担》,载《法学评论》2019年第5期。

在《民法典》颁布前,2001 年《婚姻法》及其司法解释中并未规定日常家事代理权相关内容。随着《民法典》的颁布,独立的家事代理权制度在国家法层面正式确立。从《民法典》第 1060 条规定的内容来看,日常家事代理权主要包含以下三点内容:一是日常家事代理权限于家庭日常生活需要范围;二是夫妻一方实施的民事法律行为,不仅包括契约,而且包括单独行为;三是日常家事代理权仅发生在夫妻之间,不包括非婚同居关系。

2. 家庭日常生活需要

既然日常家事代理权对未作出意思表示的非举债的夫妻一方有法律效力,那么如何界定"家庭日常生活需要"就至关重要。

(1)"家庭日常生活需要"的范围

何为家庭日常生活的需要,一般应根据客观标准予以认定,不取决于债权人个人的认识,这是由日常家事代理的首要目标是强化配偶之间的生活共同体而非保护交易安全所决定的。按照实践中的观点,判断家庭日常生活需要时,可以参考国家统计局关于我国城镇居民家庭消费的八大种类,结合负债金额大小、家庭富裕程度、夫妻关系是否安宁、当地经济水平及交易习惯、借贷双方的熟识程度、借款名义、资金流向等因素,并根据夫妻共同生活的状态(如双方的职业、身份、收入、资产、兴趣、家庭人数)和当地普遍的社会生活习惯予以认定,立足点在于"必要"。如果举债金额与举债时的家庭收入状况、消费形态基本合理匹配,例如为正常的衣食住行消费、日用品购买、医疗保健、子女教育、老人赡养、文化消费等而举债,可以认定为家庭日常生活需要。如果普通收入家庭中的配偶一方,举债数百万元供子女就读国外顶级的私立中小学,或者家用住房和汽车的购买或转让、订立大额保险合同等,就并非家庭日常生活需要。实践中,可综合上述因素因地制宜地规范小额债务的标准,例如单笔及单个债权人负债总额不超过 10 万元或家庭年收入的两倍,浙江省高级人民法院对此就确定了"单笔举债或对同一债权人举债金额在 20 万元(含本数)以下的"标准。

(2)界定家庭日常生活的不同标准

界定家庭日常生活需要主要存在三种标准:金额标准、用途标准和综合标准,各标准优缺点兼有。金额标准认为,满足家庭日常生活需要所产生的开支通常情形下数额较小,若数额较大则明显与常理不符,就不属于这一范畴。该标准虽然与日常家事代理相吻合,但也存在问题,主要表现为两个方面:一是数额较大较小并不容易确定,相应标准与各地经济发展水平、生活观念以及法官个人主观意见等因素密切相关,仍需要在个案中结合具体案情进行判断;二是单笔金额较小的债务若存在多笔,则其在叠加之后仍可能构成巨额债务,以金额较小径直认定相应债务为满足家庭日常生活所需仍存在风险。〔1〕为了弥补金额标准之不足,用途标准侧重于强调为家庭日常生活需要所负债务的目的,若该项债务用于夫妻双方及其共同生活的具有扶养或抚养义务的家庭成员在日常生活中,如通常的衣食住行、子女教育、老人赡养以及医疗保健等必要开支,即使相应开支的数额较高,亦属于为家庭日常生活需要。其不足有二:一是由于对日常生活需要的理解不同,导致这一标准在具体的适用中存在较大的不确定性;二是对家庭生活有重要影响的交易,例如,夫一方借款 20 万元用于购买家具、自住用房或车辆等物品所生债务等,都纳入"家庭日常生活需要"的范畴,并不能保障非举债配偶方对重大交易事项的决策权。〔2〕也就是说,即使用途标准内的"衣食住行"属于"家庭日常生活需要",但将房产、机动车的购置所生的大宗债务也纳入满足家庭生活需要范畴并不妥当。

相较于金额标准和用途标准,综合标准更关注对涉案各项因素的总体把握。例如,《浙江省高级人民法院关于妥善审理涉夫妻债务纠纷案件的通知》(浙高法〔2018〕89 号)规定家庭日常生活需要应主要考察的因素包括"负债金额大小、家庭富裕程度、夫妻关系是否安宁、当地经济水平及交易习惯、借贷双方的熟识程度、借款名义、资金流向等因素"。虽然这一标准可能导致案件审理结果的不确定性,但法官若将个案中影响相应法律效果评价的因素及相互作用的方式以可视的方式呈现出来,消除相应法律效果评价的神秘性,那么,这种综合考量标准中所内含的利益权衡思想,更有助于坚持立法者通过《民法典》第 1064 条所表达的平衡保护债权人和夫妻非举债方利益的基本立场。以综合标

〔1〕 参见吉林省高级人民法院民事判决书,(2018)吉民再 251 号;广东省高级人民法院民事裁定书,(2018)粤民申 8787 号。

〔2〕 参见冉克平:《论因"家庭日常生活需要"引起的夫妻共同债务》,载《江汉论坛》2018 年第 7 期。

准判断家庭日常生活需要,应从目的与手段两个方面展开:就目的方面而言,夫妻一方在因交易行为而负债时必须具有维持家庭日常生活、养育未成年子女等方面的主观意图;就手段方面而言,为满足前述目的所采取的手段应具有适当性。因此,对夫妻共同生活有重大影响的交易、交易金额巨大或者因奢侈品买卖而负债等通常不在家庭日常生活需要的范围。[1]

(3)"家庭日常生活需要"的量化

按照通常理解,"家庭日常生活需要"是指夫妻双方及其共同生活的具有扶(抚)养义务的家庭成员在日常生活中的必要开支事项,如正常的衣食住行消费、日用品购买、医疗保健、子女教育、老人赡养、文化消费等。诸如衣食住行医疗教育文娱等之类的家庭日常生活需要,其代表的是一项项的经济活动,归根结底,需要指标去量化,这个量化的指标可以从金额标准和用途标准两个维度展开。[2] 目前,我国国家法律层面尚未明确界定"家庭日常生活需要"的范围。部分省市级高级人民法院基于当地的实际状况,出台了更加具体的指导意见,如《浙江省高级人民法院关于妥善审理涉夫妻债务纠纷案件的通知》,该规定在量化处理上,分为"为家庭日常生活需要所负债务"和"超出家庭日常生活需要所负债务"两种情形。

首先,认定"为家庭日常生活需要所负债务"的考量因素:①单笔举债或对同一债权人举债金额在20万元(含本数)以下的;②举债金额与举债时家庭收入状况、消费形态基本合理匹配的;③交易时债权人已尽谨慎注意义务,经审查举债人及其家庭支出需求、借款用途等,有充分理由相信债务确系为家庭日常生活需要所负的。

其次,认定"超出家庭日常生活需要所负债务"的考量因素:①单笔举债或对同一债权人举债金额在20万元以上的;②债务发生于夫妻分居、离婚诉讼等夫妻关系不安宁期间,债权人知道或应当知道的;③出借人明知借款人负债累

〔1〕 参见吉林省高级人民法院民事判决书,(2018)吉民再251号;广东省高级人民法院民事裁定书,(2018)粤民申8787号。

〔2〕 参见王轶、包丁裕睿:《夫妻共同债务的认定与清偿规则实证研究》,载《华东政法大学学报》2021年第1期。

累、信用不佳,或在前债未还情况下仍继续出借款项的;④借贷双方约定高额利息,与正常生活所需明显不符的。

实践中,还需注意以下情形可作为超出“家庭日常生活需要所负债务”的考量因素:①债务金额明显超出债务人或者当地普通居民家庭日常消费水平的;②债权人明知或者应知债务人从事赌博、吸毒等违法犯罪活动仍出借款项的。

(4)举证责任

就举证责任而言,大部分法院要求债权人仅需举证证明债务存在、债务符合当地一般认为的家庭日常生活范围,无须举证证明该债务是否实际用于家庭日常生活。[1] 如《浙江省高级人民法院关于妥善审理涉夫妻债务纠纷案件的通知》规定,夫妻一方为家庭日常生活所负的债务,原则上应当推定为夫妻共同债务,债权人无须举证证明该债务是否实际用于家庭日常生活。若配偶抗辩债务不属于夫妻共同债务的,应由其举证证明所负债务并非用于夫妻共同生活;对于超出家庭日常生活范围的债务是否属于夫妻共同债务,证明责任则分配给了债权人,由债权人举证证明该债务用于夫妻共同生活、共同生产经营或基于共同意思表示。

(三)债权人举证之债的认定

《民法典》第1064条规定,夫妻一方在婚姻关系存续期间以个人名义超出家庭日常生活需要所负的债务,不属于夫妻共同债务;但是,债权人能够证明该债务用于夫妻共同生活、共同生产经营或者基于夫妻双方共同意思表示的除外。即债务的用途超出了家庭日常生活所需范围后,在债权人有证据证明的情况下,能够举证证明该债务,或基于“夫妻双方共同的意思表示”(共签共认之债)或用于“夫妻共同生活”或用于“共同生产经营”所负的债务,也即“债权人举证之债”。由于“双方共同意思表示”已经由前款规定,该条实质上确立的是基于“共同生活”或“共同生产经营”的夫妻共同债务。所以,也有说是“共同生产经营之债”,从理解上看,“债权人举证之债”外延更周全。

---

[1] 参见王轶、包丁裕睿:《夫妻共同债务的认定与清偿规则实证研究》,载《华东政法大学学报》2021年第1期。

1. 基于“夫妻共同生活”的债务

“夫妻共同生活”这一概念较“家庭日常所需”更为广泛，是指夫妻为履行经济扶养、生活照顾、精神抚慰义务而进行共同消费或者积累夫妻共同财产的情形。[1]

夫妻共同生活的范围具有广泛性、多样性，既包括基于家庭日常生活需要产生的支出费用，也包括超出家庭日常生活但由夫妻双方共同消费支配或者形成共同财产的开支，或者基于夫妻共同利益管理共同财产产生的债务等情形。《浙江省高级人民法院关于妥善审理涉夫妻债务纠纷案件的通知》（浙高法〔2018〕89号）指出，因夫妻共同生活产生债务的具体类型包含夫妻双方共同消费支配及用于形成夫妻共同财产的支出。在实践中，法院常通过日常生活经验，具体确认债务的目的是否为共同生活需要，并结合非举债方配偶的收入、消费情况对债务进行认定。若债务人在合同中写明所负债务用于共同生活（如购买家庭生活用品、偿还银行贷款、子女教育及其他开销）的，在没有相反证据的情况下，法院均认定为夫妻共同债务。若在合同中写明债务用于举债方“个人需要”的，或是存在借款后直接转交给第三人等情况时，在没有相反证据证明的情况下，一般不认为是夫妻共同债务。[2]

相较而言，“夫妻共同生活”在概念外延上要大于“家庭日常生活需要”。现实生活中，超出家庭日常生活范围的支出，夫妻一方以个人名义为满足家庭日常生活需要与超出家庭日常生活需要所负的夫妻共同生活债务，均属于夫妻共同债务。[3]

事实上，多数法院都通过日常生活经验，对非举债方的收入、消费情况等进行分析，判断债务是否用于夫妻共同生活。具体而言，对“共同生活”的理解，又呈现出两种不同层次的观点。一种观点将“共同生活”理解为“直接目的”，例

---

〔1〕 参见《江苏省高级人民法院家事纠纷案件审理指南（婚姻家庭部分）》第48条。

〔2〕 参见高堃：《我国夫妻共同债务认定标准研究》，兰州大学2021年硕士学位论文，第17页。

〔3〕 参见程新文等：《〈关于审理涉及夫妻债务纠纷案件适用法律有关问题的解释〉的理解与适用》，载《人民司法（应用）》2018年第4期；《浙江省高级人民法院关于妥善审理涉夫妻债务纠纷案件的通知》（浙高法〔2018〕89号）第4条。

如,举债方购买商品或服务产生的债务,或举债方将借款明确、直接地用于"共同生活"。另一种观点则通过考察负债期间的家庭收入和消费情况,间接判断借款是否用于"共同生活"。这实际上意味着借款的确切用途无法查明,而仅是具有用于"共同生活"的可能性。后一种理解下的"共同生活",实质上接近于"共同利益"标准。[1]

2. 基于"夫妻共同生产经营"的债务

"夫妻共同生产经营"是指夫妻共同决定生产经营事项或者一方授权另一方决定生产经营事项或者夫妻另一方在生产经营中受益的情形。[2]

《民法典》并未将夫妻共同体即家庭列入自然人、法人以及非法人组织的范畴,家庭不能以自己名义从事民事活动。个体工商户与农村承包经营户("两户")作为例外,被认定为民事主体,纳入自然人。《民法典》第 56 条确立了"两户"责任承担上的"经营标准",个体工商户的个人财产与家庭财产发生混同,难以证明是个人经营时,"以家庭财产承担"应当理解为以家庭成员的个人财产和他们的共同财产一并承担。"夫妻共同生产经营"相较于"两户",在范围上更广,包含很多经济组织形式,例如合伙企业之类的非法人组织、有限责任公司之类的营利法人。从债务的发生原因上看,会产生很多民间借款之债、买卖合同之债、担保之债等。

《最高人民法院关于审理涉及夫妻债务纠纷案件适用法律有关问题的解释》提出,判断生产经营活动是否属于夫妻共同生产经营,要根据经营活动的性质以及夫妻双方在其中的地位作用等综合认定。对经营活动是否合法、是否违背公序良俗的判断,影响经营活动的性质认定。

夫妻共同生产经营所负的债务,包括夫妻双方经营性负债,即夫妻共同投资、共同生产、共同经营所负的债务,也包括夫妻一方的经营性负债,即夫妻一方从事生产经营但所得利益用于夫妻共同生活所负的债务。

在司法实践中,主要包括以下几种情形:第一,夫妻一方负债用于农村土地

---

〔1〕 参见王轶、包丁裕睿:《夫妻共同债务的认定与清偿规则实证研究》,载《华东政法大学学报》2021 年第 1 期。

〔2〕 参见《江苏省高级人民法院家事纠纷案件审理指南(婚姻家庭部分)》第 48 条。

承包经营或者个体工商户经营,通常认定为夫妻共同债务。[1] 第二,夫妻双方参与公司经营,举债一方以个人名义所负债务用于公司经营,则推定另一方知晓该负债,该债务应当认定为夫妻共同债务。[2] 第三,举债一方作为建设项目工程的负责人,若该负责人将对外所负之债用于工程建设,其所得利益归家庭共享,该债务应当认定为夫妻共同债务。[3] 第四,对于夫妻一方单独从事生产经营的负债,如果所得利益归家庭共享,该债务应当认定为夫妻共同债务。[4]

此外,经营利润是否一贯为家庭主要收入或用于夫妻共同生活,也会影响债务的认定。如果夫妻一方隐瞒另一方对外经营,经营所获得的利益未用于夫妻家庭生活,原则上不属于夫妻双方"共同生产经营",所产生的债务一般由举债方自己承担。反之,如果未举债一方知道配偶从事经营活动,且经营收入用于夫妻共同生活,则很有可能被认定为与配偶"共同生产经营",进而对经营活动产生的债务共同承担责任。

3. 基于"共同利益"的举证分析

(1)"共同利益"概述

"用于夫妻共同生活、共同生产经营"在规范目的上可以概括为"为家庭共同体的增益而实施",即"共同利益"。[5] 在法律的有权解释上,并未直接采纳学说上的夫妻"共同利益"[6]标准,但是一些法院在说理中采用将"夫妻是否分享了债务所带来的利益"作为判断债务是否为共同债务的标准之一的观点。[7]

---

〔1〕 参见吉林省通化市中级人民法院民事判决书,(2020)吉 05 民终 381 号;辽宁省鞍山市中级人民法院民事判决书,(2019)辽 03 民终 2467 号。

〔2〕 参见最高人民法院民事裁定书,(2018)最高法民申 384 号;最高人民法院民事裁定书,(2019)最高法民申 5731 号。

〔3〕 参见海南省昌江黎族自治县人民法院民事判决书,(2019)琼 9026 民初 1056 号。

〔4〕 参见最高人民法院民事裁定书,(2019)最高法民申 2302 号。

〔5〕 冉克平:《夫妻财产制度的双重结构及其体系化释论》,载《中国法学》2020 年第 6 期。

〔6〕 刘海涛:《夫妻共同债务应以"为夫妻共同利益"为前提》,载《人民法院报》2013 年 7 月 4 日,第 6 版;龙俊:《夫妻共同财产的潜在共有》,载《法学研究》2017 年第 4 期;冉克平:《夫妻团体债务的认定及清偿》,载《中国法学》2017 年第 5 期。

〔7〕 参见湖北省武汉市东西湖区人民法院民事判决书,(2017)鄂 0112 民初 4686 号;四川省高级人民法院民事裁定书,(2018)川民申 5729 号。

从既有讨论及司法实践中的分歧来看,尽管不同讨论者和裁判者在对夫妻共同债务的判断上都遵循夫妻“共同利益”的思维路径,但其所言说的“共同利益”却可能分别对应着不同的价值立场和规则适用方案。[1]

在共同利益标准之下,司法实践中可以归纳出三种具体判断标准:第一,负债所获利益归属标准,若相应利益归属于夫妻共同财产等,则符合共同利益标准,反之则否;第二,负债期间家庭支出标准,如举债方负债后是否有用于家庭的大额消费等情形,若存在相应情形,则相应举债符合共同利益标准;第三,事实共同利益,要求相应债务确实给夫妻产生了共同利益而非可能产生共同利益,对于这里的确实存在的可能性判断,应结合债务发生的时间、数额、形成过程、资金流向、是否有要求非举债方签字的可能等因素综合判定,由此实际保护非举债方配偶的合法权益。这三种具体判断标准分别体现了不同的保护侧重。[2]

《民法典》第1064条第2款的核心目的在于,通过基于“共同利益”之下的举证责任的分配来实现对债权人和非举债方配偶的平衡保护。因此,应在个案中结合经验上的可能性和事实上的可能性对夫妻共同利益进行整体判断。当存在事实上的可能性时,自然应依据事实可能性认定共同生活的存在;若不存在事实可能性,则应依据经验可能性判断;只有在这两者皆不能认定是否存在共同生活时,才应通过逻辑上的可能性来推定共同生活的存在。

(2)举证责任分析

在“债权人举证之债”情形下,推定夫妻一方所负之债是否存在夫妻间的“共同利益”,可分为两条路径:第一条路径,夫妻之间的“共同利益”可基于夫妻关系推定,即在法定共同财产制之下,只要夫妻关系存在,通常便认为一方负债所带来的利益存在高度的“共同利益”可能性,若无明确的相反事实,[3]则推

---

[1] 参见蔡蔚然:《一方保证何以形成夫妻共同债务?——基于“共同利益”的分析与展开》,载《法学论坛》2023年第3期。

[2] 参见王轶、包丁裕睿:《夫妻共同债务的认定与清偿规则实证研究》,载《华东政法大学学报》2021年第1期。

[3] 例如,夫妻一方借款后未加利转贷,便是“共同利益”这一推定的相反事实。参见湖北省十堰市张湾区人民法院民事判决书,(2016)鄂0303民初1292号。

定负债具有“共同利益”。[1] 于此情况，债权人在诉讼中主张夫妻共同债务的举证责任通常较轻，而债务人的配偶要证明负债确无“共同利益”则颇为困难。因此，这一立场下的“共同利益”，体现的是保护债权人的价值取向。

第二条路径，夫妻之间的“共同利益”无法径直通过夫妻关系推定，[2]而是纯粹作为一项待证事实，只有负债实际用于夫妻的共同生活或共同生产经营这一事实被证明之后，方认可“共同利益”之存在。[3] 在这一立场之下，由于裁判者认定“共同利益”的审慎态度，债权人在诉讼中主张夫妻共同债务的举证责任通常较重，不仅需要证明债务人与配偶之间的夫妻关系，还须证明债务确实用于家庭目的。因此，这一立场体现的是保护债务人配偶的价值取向。

当然，不同法院之间对证明标准的要求也存在较大差异。有的法院根据举债后存在用于家庭的大额消费这一事实，认定该债务具有夫妻共同利益[4]，也有法院认为只有待证事实的存在具有高度盖然性的，才能认定夫妻共同获益的事实存在，要求债权人提交借债资金流转的直接证据[5]。

在“共同利益”的第一条路径之下，“共同利益”可经由夫妻关系直接推定，但这一推定尚可以通过反证推翻；只不过，这种举证责任对不知情的配偶一方而言过于严苛，几乎是不可能完成的任务[6]。但是，若债务人的配偶果真举出充分证据，证明负债确无夫妻“共同利益”，债务也依然可被认定为个人债务。在此逻辑之下，弊端并非来源于“共同利益”这一标准本身，而是来源于对“共同利益”存在的推定，以及在此基础上建立的共债推定规则。

第二条路径推定“共同利益”不存在，但只要债权人能够证明负债确实具有债务人与配偶之间的“共同利益”，则该债务便落入了“共同生活”“共同生产经

---

〔1〕 湖南省高级人民法院民事裁定书，(2018)湘民申 2481 号；湖北省高级人民法院民事裁定书，(2018)鄂民申 3499 号。

〔2〕 参见湖北省高级人民法院民事判决书，(2019)鄂民申 387 号。

〔3〕 参见江西省高级人民法院民事判决书，(2018)赣民终 400 号。

〔4〕 参见重庆市高级人民法院民事裁定书，(2018)渝民申 3232 号。

〔5〕 参见江苏省高级人民法院民事裁定书，(2018)苏民申 1841 号；湖南省高级人民法院民事裁定书，(2018)湘民申 2900 号。

〔6〕 参见夏吟兰：《我国夫妻共同债务推定规则之检讨》，载《西南政法大学学报》2011 年第 1 期。

营”的文义之内,债务也随之成为夫妻共同债务。当然,这一举证责任可能对债权人过于严苛,转而成为债权人不可能完成的任务。[1]

三、夫妻共同债务的举证

在实体方面确定夫妻共同债务认定的标准之后,接着要在程序上辅以正确的举证责任分配。举证责任分配的不合理必然会导致实体判决的不公正,举证责任的一方如果不能提供相应的证据证明就应承担举证不能的风险。夫妻共同债务案件中,举证责任分配方式受债务类型影响,具体如下。

(一)证明责任

1. 证明责任的含义

举证责任也称证明责任,是指证明主体依据法定职权或举证负担在诉讼证明上所应承担的相应责任。《最高人民法院关于适用〈中华人民共和国民事诉讼法〉的解释》第 90 条将举证责任和证明责任创制为“举证证明责任”。按照“双重含义说”的观点,证明责任可分为主观证明责任和客观证明责任,即行为意义上的证明责任和结果意义上的证明责任。前者是指当事人对于自己的诉讼主张有提出证据证明的责任,即举证责任;后者是指在用尽一切手段仍无法查明事实真相时,一方应当承担的不利后果,即证明责任。[2]

因此,证明责任可以分为三个层面:第一,提供证据的行为责任,诉讼当事人就其诉讼中主张向法庭提供证据的责任;第二,说服法官的行为责任,当事人使用符合法律要求的证据,说服法官相信其事实主张的责任,以围绕诉讼请求所依据的事实或反驳对方请求所依据的事实进行,提供的证据应达到证明待证事实的程度;第三,承担不利后果的责任,当案件事实不清或不明时承担不利后果的责任。

〔1〕 参见贺剑:《夫妻财产法的精神——民法典夫妻共同债务和财产规则释论》,载《法学》2020 年第 7 期。

〔2〕 参见张进德、潘牧天编:《新编民事诉讼法学》,中国民主法制出版社 2013 年版,第 252 页。

民事证明责任分配的一般规则即“谁主张,谁举证”。[1]

2. 证明责任分配

(1)一般原则

证明责任分配的核心问题是按照什么标准来分配证明责任。一般情况下,提起诉讼的一方理应承担证明责任,但若将此责任全部推给提起诉讼一方,必然会导致原、被告双方在诉讼中的地位严重不平等,对原告的结果也会更加不利。目前,证明责任分配的一般原则是“谁主张,谁举证”,该原则来源于《民事诉讼法》的规定,“当事人对自己提出的主张,有责任提供证据”。主张可以分为积极主张与消极主张,一般而言,积极主张是指认定事实或现象发生或存在的主张。积极主张的情况下,主张者应该承担证明责任。当事人提出消极主张时,是否也应当对提出的消极主张加以证明呢？比如,主张不存在债务关系的事实,但对于没有发生或存在的事实,当事人要加以证明,在许多情况下是非常困难的。因此这里的主张仅指积极主张。

(2)证明责任的倒置

证明责任倒置必须有法律的明确规定,法官不可以在诉讼中任意将证明责任倒置。证明责任分配的一般原则是“谁主张,谁举证”,但有原则也会有例外。因为在某些诉讼中,如果按这一原则去要求主张者承担举证责任,客观上难以或根本无法提供证据。在一些特殊的案件中,如原告主张侵权事实的存在,被告加以否认的,则由被告负责举证,不再由积极主张者承担证明责任。该理论就称为举证责任倒置,举证责任倒置的依据主要有以下几点。

第一,在许多新类型的侵权行为中,侵害者一般都拥有相对丰富的专业知识,掌握着有关证据。而被害者无法掌握有关材料,他们在诉讼中难以提供侵权人应负责的充分证据。实行举证责任倒置是为了充分保护弱者的权利,体现法律的公平合理,是完全必要的。

第二,实行举证责任倒置有利于加强安全管理,尽最大可能注意义务,防止

---

〔1〕 参见《民事诉讼法》第64条第1款和《最高人民法院关于适用〈中华人民共和国民事诉讼法〉的解释》第90条、第91条。

和减少损害的发生。在我国主要法律规定中,举证责任倒置适用于无过错归责原则、过错推定责任原则等严格责任中。例如共同危险行为致人损害、产品质量侵权、专利侵权、医疗事故侵权、劳动争议等案件都适用举证责任倒置。

民事诉讼过程中存在原告的诉讼请求和被告的诉讼抗辩,这不简单等同于民法上的请求权和抗辩权。原告起诉必须符合的条件之一就是"有具体的诉讼请求、事实和理由",原告对自己提起的诉讼请求也可以放弃、变更或者增加。针对原告的诉讼请求,被告可以承认,也可以反驳,还可以提起反诉。原告的各类民事权益被侵害时,都可以提起诉讼请求,这种诉讼请求可以表现为确认之诉、给付之诉或者变更之诉等不同形态,指向的可以是支配权、请求权、形成权或者其他合法民事利益。被告的抗辩权与被告的诉讼抗辩不相同,后者又包括对权利发生的抗辩、对权利存续的抗辩和对权利实现的抗辩等。换言之,被告的诉讼抗辩可以表现为提出权利妨碍、权利消灭或者权利受制等。抗辩权仅仅是诉讼抗辩的方法之一,诉讼抗辩也不简单等同于诉讼否认。诉讼否认仅仅是诉讼反驳的一种形式,诉讼抗辩还可能表现为反驳或者反诉的其他形式。对于民事诉讼中的抗辩事由,法院应依职权主动审查。对抗辩权,则须由权利人主张,法院不能主动审查。

(二)不同情况下的举证规则

1."共同意思表示"的证明

对夫妻共同债务中的"共同意思表示",应结合《民法典》第140条[1]作体系解释:非举债夫妻一方偿还部分借款的行为可以认定为共同意思表示;所借款项打入非举债夫妻一方账户也可以认定为夫妻双方的共同意思表示;所借款项部分转至非举债方配偶账户中,也可以认定非举债方对该部分举债做了共同意思表示,或者视为非举债方以自己的行为追认该部分债务为夫妻共同债务。

另如债权人与举债方、非举债方是亲戚关系,按照常理,债权人出借资金是

---

[1] 参见《民法典》第140条 行为人可以明示或者默示作出意思表示。

沉默只有在有法律规定、当事人约定或者符合当事人之间的交易习惯时,才可以视为意思表示。

基于其与非举债方的亲属关系，应认定为非举债方对借款明知，借款应属夫妻双方共同意思表示。〔1〕举债用于举债人（夫妻一方）单方从事的生产经营活动，但配偶一方（夫妻另一方）分享经营收益的，根据民事权利、义务、责任相统一的公平原则，应基于“该债务用于夫妻共同生活”标准认定为夫妻共同债务。夫妻共同债务的本质特征在于基于“夫妻双方共同意思表示”或者“为夫妻共同生活”。如果夫妻双方有共同举债的意愿，那么不论夫妻双方是否共享了该债务带来的利益，该债务均应视为夫妻共同债务；如果夫妻事先无共同举债的意思表示，但债务发生以后，债务带来的利益却由夫妻二人共同分享的，同样应视为共同债务。

若债权人主张婚姻关系存续期间夫妻一方以个人名义超出家庭日常生活需要所负的“大额举债”属于夫妻共同债务，则需承担举证责任，即债权人此时需要举证证明该“大额举债”用于夫妻共同生活、共同生产经营或者是夫妻双方的举债合意，否则债权人将承担不利的后果。债务人单方借款，如果借款的目的是保障公司运转，数额相对合理且确实投入公司运营，系因正常的经营活动所负，公司经营收入用于家庭生活，即便举债人的配偶未参与该公司的经营，但配偶因此享受利益，则应认定构成夫妻共同债务。当然，负债用于夫妻一方以单方名义经商办企业，或进行股票、期货、基金、私募等高风险投资的，不宜一律以“不能排除收益用于共同生活”为由，“一刀切”地认定为夫妻共同债务。尤其在夫妻长期分居、矛盾激烈等情况下，如果有独立收入来源的配偶一方抗辩称对举债人的经营或投资行为完全不知情，且未分享经营或投资所得的，应谨慎认定债务性质为夫妻共同债务。〔2〕但简单来说“如果夫妻一方完全没有享受到债务所带来的任何利益，则其也没有义务来承担与自己无关的债务”，这就违背了夫妻有福同享、有难同当的身份共同体特点。“在婚姻关系存续期间，夫妻的生产经营性活动通常是为维持家庭生活而进行，生产经营活动的盈亏应由夫妻共享共担。”〔3〕实践中，“基于夫妻双方共同意思表示”还可以通过非举债

---

〔1〕参见上海市第二中级人民法院民事判决书，(2018)沪02民终字第347号。

〔2〕参见《浙江省高级人民法院关于妥善审理涉夫妻债务纠纷案件的通知》(浙高法〔2018〕89号)。

〔3〕参见北京市高级人民法院民事裁定书，(2018)京民申字第2378号。

方配偶受益的方式体现出来。例如,举债方配偶没有共同借款,但若事后存在参与还款或使用借款行为,则可以视为对借款追认,也可以作为“基于夫妻双方共同意思表示”的证据。债务用于夫妻共同生活、共同生产经营可以作为“基于夫妻双方共同意思表示”的特殊表现。

2.“家庭日常生活需要”的证明

“为家庭日常生活需要”与“共同生活”同属家庭开支所负,但二者所产生的债务对债权人的举证要求却不尽相同,主要呈现以下几个特点:

第一,对于维持正常生活运转所产生的债务无须过多证明。如债务人举债购买房屋、添置交通工具、用于教育、医疗等较为明显的夫妻共债行为,债权人通常能够提供证据予以证明。同时还可以结合家庭的具体消费能力和职业特征,消费能力较强的借贷双方即使涉及的金额稍大一些,也可直接认定为夫妻共同债务。

第二,对于夫妻关系存续期间发生的多笔借款,如果单笔金额对于借贷双方来说不高的话,则依照单笔金额来确认金额是否过大,是否符合家庭日常生活需要。但是在其他案件中,对于发生的多次小额借款,存在按照以总借款参考借款金额是否满足家庭日常生活需要的做法,即使单笔数额不大,但法院可能会按照最终借款金额予以确认。

第三,对“为家庭日常生活需要所负的债务”数额界限认定不一。在无明显证据证明借款是用于衣食住行等家庭日常开支的情况下,部分判决对“家庭日常生活需要”进行认定时没有具体金额要求,无论是几千元还是上万元的金额,通常直接判定为超过家庭日常生活需要所负的债务,要求债权人承担证明责任。当然也有部分裁判意见认为,对于“为家庭日常生活需要”所负的债务要结合具体的金额、行业以及当地的经济发展水平综合予以确定。具体而言,对于一些小额的借贷,可以直接认定为家庭日常生活需要所负。

3.“共同生活与共同经营”的证明

在判定夫妻共同生活时,债权人成功证明债务用于“共同生活”的情况有以下两种:第一,夫妻一方大额举债后,由于另一非举债方没有单独的收入来源,债权人提供非举债配偶一方没有实际工作的证据或者社保缴纳记录,以证明借款用于共同生活，此时基于权利和义务相对和共同受益原则，非举债一方既然享受了借款收益，那么同样也应该负担相应的债务，从而判定借款资金用于夫妻共同生活。第二，在夫妻双方都有单独收入的情况下，债权人如果能够有效举证借款资金系用于共同购买房产、共同装修房屋、共同偿还银行消费贷款等来证明用于夫妻共同生活，那么也能被认定为夫妻共同债务。除前述两种方式外，在没有“共签共债”的前提下，债权人通常因无法证明债务用于共同生活而败诉。

在没有证据证明借款进入非举债配偶账户的情况下，债权人通常因无法完成举证而使债务被判定为夫妻一方个人债务。

在判定用于夫妻“共同经营”时，法院的裁判逻辑大致呈现以下特点：第一，关于共同参与的认定。若夫或妻非举债一方在经济组织中担任主要职务，如公司董事、股东、监事等重要职务，通常能够认定为夫妻共同债务。此外，还有法院认为，判断生产经营活动是否属于夫妻共同生产经营，要根据经营活动的性质以及夫妻双方在其中的地位作用等综合认定，夫妻一方即使存在经营行为或者双方被认定为共同经营公司，但如果当事人一方能够证明借款的资金并未实际流入公司账户，也不能认为存在夫妻共同经营。

第二，共同获益的认定。其一，非举债配偶虽然没有共同参与经营，但债权人或者举债配偶方如果能够证明夫妻双方对于往来经营资金有共同管理、支配和使用权，那么仍可认为系由夫妻共同经营。其二，一方当事人能够有效证明非举债配偶实际分享了经营收益，夫妻双方存在日常资金往来，那么债权人的举证也可以成立。

第三，对于债权人是否还需要证明借款实际用于共同经营的问题。部分法院认为，由于此时个人经营和家庭经营无法区分，从而判定由家庭财产承担责任，成立夫妻共同债务。而采取严格证明责任的法院则认为，即使夫妻双方存在共同经营的情况，但仍无法证明借款系实际用于生产经营，此时债权人还需要举证证明借款的实际用途，在债权人无法完成举证的前提下，不能认定为夫妻共同债务。

(三)合理划分举证责任

关于举证责任分配。《民事诉讼法》以及司法解释只规定了“谁主张,谁举证”的大原则,其他并无明确规定。基本都是由法官根据实际情况,依公平诚信原则确定。关于超出家庭日常生活需要所负债务的举证责任,在 2018 年 1 月 18 日《最高人民法院关于审理涉及夫妻债务纠纷案件适用法律有关问题的解释》实施之前,司法解释规定,由举债人的配偶证明借款未用于共同生活或者共同经营,在 2018 年 1 月 18 日之后,新的解释将举证责任分配给了债权人,即债权人举证证明借款用于共同生活或者共同经营,才能认定为夫妻共同债务。

与给举债方配偶安排了过重的举证责任不同,《民法典》更加强调要遵循《民事诉讼法》中“谁主张,谁举证”的一般证明规则,举证责任会更多地落在主张夫妻共同还债的债权人一方,这使得在观察结果上对债权人的保护存在不周全之处。但从民事诉讼基本法理来看,这种举证责任分配是正当合理的,也提醒债权人出于保护自身的合法权益的需要,在借款时尽量要求债务人夫妻共同签字。非出于共债共签、家庭日常生活需要范围内形成的债务推定为个人债务,债权人若想证明债务用于共同生活、生产经营或者共同意思表示的则需承担举证责任。夫妻共同债务推定规则的改变已经暗含于该标准之中,《最高人民法院关于适用〈中华人民共和国婚姻法〉若干问题的解释(二)》将夫妻关系存续期间的债务全部推定为共同债务,而《民法典》认定标准下非共同意思债务推定为非共同债务,在此推定规则下,根据“谁主张,谁举证”的证明规则,对被推定为个人债务而债权人认为是共同债务情形时,债权人对此负有举证的证明责任。虽然债权人对共同债务负举证责任这一点被认为是不利于保护债权人利益的规定之一,债权人独立于夫妻生活之外对债务用途承担证明责任难度极大,无异于要求债权人直接承担败诉风险。但《民法典》推定为个人债务规则之下举证责任的分配是符合诉讼法一般规则的,并且债权人虽独立于夫妻生活,但债权人非夫妻共同债务的局外人,不应独立于债务证明责任之外,当然也是债权人注意义务应当承担的必然后果。

从“谁主张,谁举证”形式上看,举债人的配偶主张没有用于共同生活或者共同经营,不属于共同债务,或者债权人主张用于共同生活或者共同经营,属于共同债务,由举债人的配偶和债权人举证,似乎符合“谁主张,谁举证”的大原则。但客观地讲,无论是由举债人的配偶举证没有用于共同生活或者共同经营,还是由债权人举证证明用于共同生活或者共同经营,几乎都是不可能的,也只有债务人本人能够说清楚借款的真正用途和去向。因此,将举证责任分配给债务人更切合实际。

从“谁主张,谁举证”的原则角度来看,无论债务人主张是不是夫妻共同债务,也均应由债务人承担举证责任。有人要问,如果债务人的配偶主张不是共同债务,或者债权人主张是共同债务,而债务人本人不作抗辩或者不应诉,那么不还是应该按照“谁主张,谁举证”的原则,由债务人的配偶或者债权人举证证明吗?这要分别进行分析,在离婚案件中,如果债务人主张超出家庭日常生活需要所负债务是夫妻共同债务,由债务人承担举证责任毫无疑义,债务人不举证就要承担败诉的后果。但是在债权人主张是夫妻共同债务要求共同偿还的案件中,债务人不应诉不举证,而债务人的配偶又否认,是不是应该以债权人“举证不能”直接判决其败诉呢?

《民事诉讼法》第 67 条第 2 款规定:“当事人及其诉讼代理人因客观原因不能自行收集的证据,或者人民法院认为审理案件需要的证据,人民法院应当调查收集。”上述债务是否属于夫妻共同债务,应当属于该情形,人民法院应当调查收集。虽然客观情况确实应该如此,但相关司法解释及《民法典》关于“超出家庭日常生活需要所负债务是否用于共同生活或者共同经营由债权人举证”的规定,往往让人形成逻辑上的混乱,实践中还是造成了很多偏差,背离了公平公正的原则。

四、夫妻债务清偿规则

(一)夫妻一方个人债务的清偿规则

1. 夫妻一方个人债务的一般清偿规则

在解决夫妻个人债务清偿问题之前,首先需要解决的是哪些属于夫妻个人债务,即明晰个人债务的认定规则。在夫妻关系中,个人债务与共同债务是相对的概念。从对夫妻共同债务的认定上,可以推定出来。夫妻个人债务认定之后,亟待确认的是责任财产的范围。只有明确了债务人责任财产的范围,才能知道用哪些财产清偿夫妻个人债务。此处的责任财产并不简单地等于夫妻财产关系中排除在共同财产之外的夫妻个人财产，而是指需要用来偿还夫妻个人债务的财产。根据我国法定的夫妻财产制度——婚后所得共同制，可以将夫妻责任财产分为丈夫个人财产、妻子个人财产和夫妻共同财产。

夫妻个人债务的清偿规则主要从夫妻责任财产入手，存在“个人财产”、“个人财产 + 共同财产个人份额”或“个人财产 + 共同财产一半”以及“个人财产 + 共同财产”等几种清偿的方式。基于夫妻共同体并不独立，财产具备可分性，以及债权人利益与夫妻另一方利益的衡量，在处理夫妻个人债务时，债务人应以“个人财产 + 共同财产个人份额”予以清偿。无论是《最高人民法院关于人民法院民事执行中查封、扣押、冻结财产的规定》(2020 年修正)第 12 条[1]允许执行共同财产的份额，抑或部分高级人民法院出台的规范性文件明确规定“个人财产不足清偿的，可执行共同财产的一半份额”，[2]还是实践中以个人财产 + 共同财产的份额(一半)清偿个人债务，在执行夫妻一方个人债务时，均不约而同地选择了以“个人财产 + 共同财产个人份额(一半)”实现其权利的清偿路径。[3]

---

〔1〕 参见《最高人民法院关于人民法院民事执行中查封、扣押、冻结财产的规定》(2020 年修正)第 12 条　对被执行人与其他人共有的财产，人民法院可以查封、扣押、冻结，并及时通知共有人。共有人协议分割共有财产，并经债权人认可的，人民法院可以认定有效。查封、扣押、冻结的效力及于协议分割后被执行人享有份额内的财产；对其他共有人享有份额内的财产的查封、扣押、冻结，人民法院应当裁定予以解除。共有人提起析产诉讼或者申请执行人代位提起析产诉讼的，人民法院应当准许。诉讼期间中止对该财产的执行。

〔2〕 如上海市高级人民法院允许执行共同财产的份额，非举债方之异议不足以排除执行。北京市高级人民法院、浙江省高级人民法院、江苏省高级人民法院更是直接规定“个人财产不足清偿的，可执行共同财产的一半份额”。参见《上海市高级人民法院关于执行夫妻个人债务及共同债务案件法律适用若干问题的解答》(沪高法执〔2005〕9 号)、《关于审理分家析产案件若干问题的意见》(沪高法民一〔2007〕20 号)、《北京市法院执行工作规范》(2013 年修订)、《关于执行生效法律文书确定夫妻一方为债务人案件的相关法律问题解答》(浙高法〔2014〕38 号)、《关于执行疑难问题的解答》(苏高法〔2018〕86 号)。

〔3〕 除上述有明确依据的北京、上海、浙江、江苏四地各级法院采取“个人财产 + 共同财产个人份额”方式之外，其他地方采取此路径的也不胜枚举，可参见最高人民法院民事裁定书，(2017)最高法民申 2083 号；内蒙古自治区高级人民法院民事判决书，(2018)内民终 0119 号；河南省南阳市中级人民法院民事判决书，(2022)豫 13 民终 4251 号；广东省湛江市中级人民法院民事判决书，(2020)粤 08 民终 2570 号；广西壮族自治区钦州市钦南区人民法院民事裁定书，(2017)桂 0702 执异 49 号；等等。

至于如何在执行中划分共同财产中的个人份额，在现行法下可扩大解释《民法典》第303条[1]中的"重大理由"来为司法实践提供实证法基础。执行中可以从代位析产的路径来解决夫妻一方偿还个人债务时共同财产个人份额的划分问题。

2. 共同财产个人份额的析出

(1)质疑析出"个人份额"的正当性

以"共同财产的个人份额(一半)"清偿债务而要求析出"个人份额"的司法实践的路径选择看似解决了个人债务清偿的问题，但是仍面临着正当性的质疑。

其一，析出"个人份额"不是《民法典》第1066条婚内析产规定的法定情形。《民法典》第1066条所列举的婚内析产法定事由是封闭式的规定，这不仅为学理所采纳，[2]更是为《最高人民法院关于适用〈中华人民共和国民法典〉婚姻家庭编的解释(一)》第38条[3]所确认。而夫妻一方个人财产不足以清偿债务并非前述法定事由，请求析产与前述规范的体系解释结论有着直接冲突。[4]

其二，实践中法院几乎都认可，未经实体审理，执行程序中不得追加配偶为被执行人，也即执行阶段直接追加债务人配偶或原配偶为被执行人与执行法定主义原则不符。追加被执行人是生效法律文书确定的权利义务内容及主体基础在执行环节的扩张，其在实体上对第三人的权益将产生重大影响，因此应当严格限定于法律、司法解释明确规定的情形，避免随意扩大、变更、追加范围。

---

[1] 参见《民法典》第303条　共有人约定不得分割共有的不动产或者动产，以维持共有关系的，应当按照约定，但是共有人有重大理由需要分割的，可以请求分割；没有约定或者约定不明确的，按份共有人可以随时请求分割，共同共有人在共有的基础丧失或者有重大理由需要分割时可以请求分割。因分割造成其他共有人损害的，应当给予赔偿。

[2] 参见李永军主编：《民法学教程》，中国政法大学出版社2021年版，第800页；杨代雄主编：《袖珍民法典评注》，中国民主法制出版社2022年版，第928页。

[3] 参见《最高人民法院关于适用〈中华人民共和国民法典〉婚姻家庭编的解释(一)》第38条规定："婚姻关系存续期间，除民法典第一千零六十六条规定情形以外，夫妻一方请求分割共同财产的，人民法院不予支持。"

[4] 参见任重：《夫妻债务规范的诉讼实施——兼论〈民法典〉与民事诉讼的衔接》，载《法学》2020年第12期。

同时执行权具有公权性质，应当遵循公权行使的一般原则即“法无授权皆禁止”。目前，我国规定可以追加被执行人的法律依据只有《民事诉讼法》《最高人民法院关于适用〈中华人民共和国民事诉讼法〉若干问题的意见》《最高人民法院关于民事执行中变更、追加当事人若干问题的规定》《最高人民法院关于在执行工作中规范执行行为切实保护各方当事人财产权益的通知》，而在这些现行法律和司法解释中，并无关于在执行程序中可以追加被执行人的配偶或原配偶为共同被执行人的规定。

以典型的配偶婚前支付首付，婚后双方共同还贷的房屋为例，若其登记于配偶或双方名下，不将配偶列为被执行人则无法执行债务人个人份额；若其登记于债务人名下，不将配偶列为被执行人或可执行个人份额，但未经实体审理执行的婚后双方共同还贷对应的个人份额或许有损配偶利益。

此外，“个人份额”中的析产和份额判断应是实体判断，直接执行或违背审执分离的基本原则。[1] 这样的后果可能是：若直接执行共同财产中的一半用以偿还债务，可能会处分到共同财产中属于另一方的财产，以至侵犯另一方权益，对于没有负债的夫妻一方而言，就造成了不公的待遇。

其三，这或有违婚姻家庭法中“婚姻保护”的原则，[2] 并侵蚀以夫妻关系为本位的家庭基础。此种模式强行界分“共同财产个人份额”或“共同财产一半”的“析产”的做法，并无法律根据，或破坏乃至终止夫妻共同财产制，或“让金钱给婚姻添乱”。[3]

由此，司法实践所选择的以“个人财产 + 共同财产个人份额（一半）”清偿的路径虽交织考虑了债权人利益、配偶利益以及效率化，但其面临规范依据和正当性的双重障碍，如无源之水般无从维系。个人债务清偿的出路为何，亟须予以证成。

---

〔1〕 参见张卫平：《执行救济制度的体系化》，载《中外法学》2019 年第 4 期。

〔2〕 参见贺剑：《夫妻财产法的精神——〈民法典〉夫妻共同债务和财产规则释论》，载《法学》2020 年第 7 期。

〔3〕 陈苇主编：《婚姻家庭继承法学》，中国政法大学出版社 2018 年版，第 127 页；马忆南：《婚姻家庭继承法学》，北京大学出版社 2019 年版，第 93 页。

(2)个人债务清偿的出路与证成

如上所述,个人份额析产的正当性质疑主要来自规范依据和婚姻保护的立法精神,所以,问题的出路仍然要回到司法实践的选择及其修正上,对其规范依据以及正当性予以重构。

其一,从析产的规范依据上看,将个人财产不足清偿作为婚内析产的法定事由,并非毫无依据,《民法典》第303条〔1〕规定的重大理由可分割共同财产为其提供了新的出路,也为司法实践中部分判决所采纳。〔2〕从文义上看,夫妻一方个人财产不足清偿,符合该条关于重大理由分割共同财产的文义,适用的最大障碍无非在于《民法典》第1066条婚内析产的规定是否排除第303条之适用。如前文所述,婚内析产的法定事由规定的"封闭性"已由司法解释所确认,但观察该司法解释的表述,其规定的是"……夫妻一方请求分割共同财产的,人民法院不予支持。"从文义上看,其仅排除了"夫妻一方"在《民法典》第1066条列举的法定事由之外请求析产,并未排除夫妻以外的第三人析产的请求。在夫妻一方个人债务清偿中,请求析产的主体并非仅有"夫妻一方",还有"债权人",故债权人因夫妻一方个人财产无法清偿债务(重大理由)请求析产并不违反文义。可能的质疑在于连夫妻一方都不能请求析产,那债权人一个外人怎么可以请求呢?这样"举重以明轻"的解释实际上不能成立。从《民法典》第1066条的规范目的出发,严格限制析产的目的在于维护家庭和睦、稳定。而债权人一方请求析产,夫妻双方财产分离实属无奈,而夫妻一方请求析产,财产分离系一方主动请求,较之前者或对家庭和睦、稳定危害更甚。由此,从维护家庭和睦的规范目的出发,债权人请求析产较之夫妻一方更为妥当,文义解释和当然解

---

〔1〕参见《民法典》第303条　共有人约定不得分割共有的不动产或者动产,以维持共有关系的,应当按照约定,但是共有人有重大理由需要分割的,可以请求分割;没有约定或者约定不明确的,按份共有人可以随时请求分割,共同共有人在共有的基础丧失或者有重大理由需要分割时可以请求分割。因分割造成其他共有人损害的,应当给予赔偿。

〔2〕参见甘肃省兰州市西固区人民法院民事判决书,(2018)甘0104民初1819号;贵州省黔西南布依族苗族自治州中级人民法院民事判决书,(2018)黔23民终2251号;河南省襄城县人民法院民事判决书,(2018)豫1025民初2315号。

释均不再有障碍[1]。

为了进一步佐证上述解释的说服力，还需要分析《民法典》第1066条的立法源流。《民法典》第1066条源于《最高人民法院关于适用〈中华人民共和国婚姻法〉若干问题的解释（三）》第4条，该条源于《物权法》第99条（现为《民法典》第303条），婚内析产事由的规定系对《民法典》第303条"重大理由"这一不确定概念的具体化和相应解释。[2] 由此可见，第1066条是第303条中"重大理由"在家庭共有关系的解释条款，二者的关系是特别法和一般法的关系，第1066条并不排除第303条的适用。

另外，全国人大常委会于2022年公布《中华人民共和国民事强制执行法（草案）》，其第172条规定："被执行人个人财产不足以清偿执行依据确定的个人债务的，人民法院可以执行其与他人的共同共有财产。"第173条规定，"所得执行款按照被执行人和共有人出资额占比进行分配"。该草案并未设置例外，待其通过后，夫妻个人债务并无不适用的理由，这与《最高人民法院关于人民法院民事执行中查封、扣押、冻结财产的规定》（2020年修正）第12条允许个人债务执行共同财产的规定一致。由此可见，程序法的立法动态表明立法者在债权人利益和共同共有人利益的衡量上倾向了前者，使得个人债务允许以共同共有财产的个人份额清偿与执行。由此，以《民法典》第303条作为分割共同财产的法律依据，将不至于与程序法间的体系适用产生矛盾。

其二，从"夫妻财产和债务的认定"立法上看，在个人债务清偿时应当适当填补变革中所牺牲的债权人利益。首先，现行法在采取"推定为夫妻共同财产（《民法典》第1062条）"与"推定为夫妻个人债务（《民法典》第1064条）"的双

---

〔1〕 参见韩欣、李瑞峰：《夫妻婚内个人债务的清偿与执行：破解及出路》，载微信公众号"青苗法鸣"2022年11月24日，https://mp.weixin.qq.com/s/ItBJsYvGqlOF-G52AmqbGg。

〔2〕 参见黄薇主编：《中华人民共和国民法典婚姻家庭编释义》，法律出版社2020年版，第102~103页；最高人民法院民法典贯彻实施工作领导小组主编：《中华人民共和国民法典婚姻家庭编继承编理解与适用》，人民法院出版社2020年版，第116页；裴桦：《也谈婚内共同财产分割——兼评最高人民法院〈关于适用婚姻法若干问题的解释（三）〉（草稿）第15条》，载《法律适用》2010年第1期。

重推定规则下,[1]举债一方所得的财产大多是共同财产,而所负的债务却大多是个人债务。如此,举债一方本就易资不抵债,若不许债权人就"共同财产个人份额"或"共同财产一半"求偿,其责任财产范围将更为限缩。举债一方似极易因不能清偿成为失信被执行人,更毋论债权人利益的保护。

另外,在"夫妻债务的认定"这一问题上,从立法沿革可以看出,《民法典》第1064条扬弃了《最高人民法院关于适用〈中华人民共和国婚姻法〉若干问题的解释(二)》第24条推定为夫妻共同债务的规定,而延续了《最高人民法院关于审理夫妻债务纠纷案件适用法律有关问题的解释》第3条推定为夫妻个人债务的规定。在交易安全与婚姻家庭安全的天平上,现行法倾向了后者,在一定程度上牺牲了债权人的利益,其规范目的在于防止债权人与举债一方串通损害非举债方的利益,但导致的问题是夫妻存在"假离婚,真逃债"的诈害可能。而个人债务清偿的责任财产并不包括非举债方的个人财产及其在夫妻共同财产中的共有份额,以防其被坑害的规范目的在此处并不能得以实现。[2] 由此,在进行个人债务的清偿时就应当适当填补前述所牺牲的债权人的利益,回应逃债的诈害可能,允许债权人就"共同财产个人份额"或"共同财产一半"求偿。

其三,在对共同财产作一半划分之后,为了保证夫妻间的公平与平等,应赋予未负债一方追偿权或补偿权以保护配偶利益。虽然享有这样的权利,但是相较于实际的财产甚至是物权而言,单独的债权,特别是针对已无个人财产的债务人的债权,在实际的价值上相差很大。这样处理的核心理由在于夫妻未负债一方利益需要为债权人利益以及效率价值作出让步,相较于共同财产完全被用以清偿个人债务而言,夫妻未负债的一方已经获得了更为优越的地位。更何况,夫妻一方举债所得的利益也极有可能分享给另一方。所以,作出这样的让步有一定的合理之处。

---

〔1〕 参见张学军:《中国夫妻"共同财产"清偿一方"个人债务"的补偿立法研究》,载《暨南学报(哲学社会科学版)》2019年第12期。

〔2〕 参见赵大伟:《共同财产制下夫妻个人债务执行程序的规则建构》,载《交大法学》2022年第2期。

以合伙财产的比较为例。比较《民法典》第974条[1]与《最高人民法院关于适用〈中华人民共和国民法典〉婚姻家庭编的解释(一)》第74条[2]的规定,原则上未经其他合伙人一致同意,对外转让合伙财产份额的效力难以发生。而离婚分割财产的一方将其合伙企业中的财产份额全部或者部分转让给配偶时,无论其他合伙人是否同意,该配偶均能获得该"财产份额"。其他合伙人同意与否及同意的内容影响的仅仅是夫妻一方取得合伙人地位或(转让/结算)所得的财产。同为合伙色彩浓厚的婚姻关系,离婚时财产分割的一方配偶相较于一般受让人更轻易地获得财产份额。但若不许债权人就"共同财产个人份额"或"共同财产一半"求偿,形似于婚姻这样的法律关系很容易形成壁垒,以达到一方配偶极易侵入其他团体关系,而自身内部关系又不易为外部侵入的绝佳状态。故婚姻这一普遍的人身关系显然不足以作为支持该特殊效果的正当理由。因此,在允许一方配偶轻易可获得合伙的财产份额时,应当同样允许债权人就"共同财产个人份额"或"共同财产一半"求偿。

综上而言,相较于"共同财产份额"的全有与全无的做法而言,用个人的全部责任财产("个人财产+共同财产中的潜在份额"或"个人财产+共同财产的一半")作为个人债务清偿困境的出路更为合理。其规范依据可遵循《民法典》第303条,这与程序法的立法动态保持一致。且其在填补被牺牲的债权人利益、双重推定中的利益考量、追偿权以保护配偶的利益以及与合伙财产的比较考量中兼具正当性。但是因为涉及潜在份额的分割,在执行的过程中也有不少的问题。

---

〔1〕 参见《民法典》第974条 除合伙合同另有约定外,合伙人向合伙人以外的人转让其全部或者部分财产份额的,须经其他合伙人一致同意。

〔2〕 参见《最高人民法院关于适用〈中华人民共和国民法典〉婚姻家庭编的解释(一)》第74条 人民法院审理离婚案件,涉及分割夫妻共同财产中以一方名义在合伙企业中的出资,另一方不是该企业合伙人的,当夫妻双方协商一致,将其合伙企业中的财产份额全部或者部分转让给对方时,按以下情形分别处理:(一)其他合伙人一致同意的,该配偶依法取得合伙人地位;(二)其他合伙人不同意转让,在同等条件下行使优先购买权的,可以对转让所得的财产进行分割;(三)其他合伙人不同意转让,也不行使优先购买权,但同意该合伙人退伙或者削减部分财产份额的,可以对结算后的财产进行分割;(四)其他合伙人既不同意转让,也不行使优先购买权,又不同意该合伙人退伙或者削减部分财产份额的,视为全体合伙人同意转让,该配偶依法取得合伙人地位。

3. 夫妻个人债务执行

(1)司法实践中的困难

其一,强制执行夫妻共同财产中债务人的份额,实际上已经影响到夫妻另一方的实际权益。在实践中,法院绝大部分情况下都会直接强制执行夫妻共同财产中债务人的份额,来偿还个人债务,而保留另一方配偶的份额。[1] 而且从很多法院认为"不可以以影响夫妻一方份额权益为由,而达到排除执行共同财产的目的"的态度上,可以得到这样的观点:法院只执行了负债配偶方在共同财产中的份额,并没有执行未负债配偶方在共同财产中的份额,其实只算针对夫妻一方的债务人进行执行,所以并不需要追加另一方为被执行人,也不需要寻找分割共同财产的理由。

这样的观点看似有些道理,但是忽视了共同财产确实存在的实际情况,也在一定程度上抛弃了未负债配偶方的利益。首先,虽然法院在强制执行的过程中只将属于债务人的那一份财产份额转移给债权人,但是将共同财产拍卖变现,以及切割共同财产的行为也属于执行的一部分。这与查封、扣押、冻结并不相同,根据《最高人民法院关于人民法院民事执行中查封、扣押、冻结财产的规定》(2020 年修正),法院可以对共同财产全部查封、扣押或冻结。查封等手段只是对被执行的财产的初步处理,并不会改变财产的性质与价值,可以说并未进入真正的执行阶段,而变价、拍卖以及切割则确确实实改变了财产的价值与存在形式。根据《最高人民法院关于民事执行中变更、追加当事人若干问题的规定》,只有在法定情况下才能追加夫妻另一方为被执行人,进而执行共同财产。其次,法院认为在执行过程中保留了夫妻另一方的份额,对于夫妻另一方的利益并无实质的影响,所以也并不需要对另一方进行执行。实际上,就如上文所述,对夫妻共同享有的共同财产进行拍卖、变卖以及切割实际上已经属于对夫妻另一方进行执行。而且,将共同财产变卖只保留变卖后款项的一半或者

---

〔1〕 参见河南省南阳市中级人民法院民事判决书,(2022)豫 13 民终 4251 号;甘肃省兰州市西固区人民法院民事判决书,(2018)甘 0104 民初 1819 号;贵州省黔西南布依族苗族自治州中级人民法院民事判决书,(2018)黔 23 民终 2251 号等。从上述判决书的时间跨度可以发现,法院这样直接执行的做法很久以来便是如此。

相应的份额,实际上已经影响到夫妻另一方的实际权益。仅以房产为例,在拍卖、变卖前,另一方配偶享有的是房屋的一半份额,以及在共有房屋上使用处分的权益。而在变卖后,另一方配偶只享有在当时市场下房屋价款的一半,尚且不论房屋将来的升值空间,另一方配偶仅凭一半的房款已经无法再享有对房屋的使用以及处分的权益,甚至无法通过购买的方式再次享有相应的权利。[1]

所以,法院采取直接执行的做法在法律上可能无法站住脚。而法院之所以采取这样直接执行的做法其实有其现实意义上的原因。首先,在案多人少的诉讼压力下,采取直接执行的做法,排除了当事人提出的析产诉讼的可能,大大简化了诉讼与执行的程序,提高了诉讼与执行的效率。简便诉讼执行当然不能以减损当事人的利益为代价,影响法院采取直接执行做法的另一个原因则是现实中夫妻串通逃避债务的现象太多。如果不及时直接执行夫妻共同的财产来偿还债务,另一方配偶就会主张其共有份额,以此来阻止共同财产的执行,导致执行成本增加甚至陷入困境,也极大地产生了转移责任财产的风险。或许是基于这样的考虑,实践中法院绝大多数都采用了直接执行的方式,但是直接执行的方式也不可避免产生了不少困难。

其二,追加另一方配偶为被执行人,违反了法定原则。毋庸置疑,审判与执行既紧密联系,又相互区别。民事责任主体及责任具体内容的确定,应当通过诉讼或仲裁程序解决,执行权不能代替行使审判权、裁决权。执行过程中被执行人的变更、追加是对于生效法律文书既判力的扩张,是当生效法律文书确定的义务主体不能履行义务时,人民法院裁定第三人成为新的执行当事人行使权利、承担义务的司法活动。执行阶段直接追加债务人配偶为被执行人突破了既判力主观、客观范围的相对性。《最高人民法院关于能否在执行程序中确定夫妻共同债务的答复》[(2012)执他字第 8 号]中指出,对于是否属于夫妻共同债务,属实体问题,在涉案生效判决并未明确的情况下,不应通过执行程序直接确定为夫妻共同债务。是否属于夫妻共同债务以及是否应由夫妻双方共同承担还款责任属于实体问题,应在审判程序中通过审理确定。而在执行阶段以债务

---

〔1〕 参见冉克平:《论夫妻债务的清偿与执行规则》,载《法学杂志》2021 年第 8 期。

是婚姻关系存续期间发生的，就依据实体法的相关规定认定其系夫妻共同债务而裁定追加另一方为被执行人，直接改变了生效法律文书确定的义务主体，属于以执代审，不符合变更、追加被执行主体的法律规定，违反了审执分离原则。

绕过审判程序直接在执行阶段追加债务人配偶为被执行人，不仅可能极大地损害债务人配偶的实体权利，而且不利于保护其诉讼权利，对债务人配偶来说是不公平的。如前文所述，执行夫妻共同财产与查封、扣押不同，需要追加夫妻另一方为被执行人，而根据《最高人民法院关于民事执行中变更、追加当事人若干问题的规定》的要求，只有在法定的情况下才可以追加夫妻另一方为被执行人。不可以在没有诉讼的情况下，直接在执行阶段追加被执行人。在司法实践中，也有不少法院已经认识到这样的问题。[1]

其三，没有进行析产而直接执行，会导致未举债方或债权人的利益保护落空。析产是否是执行的前置程序，在实践中实际上是一个具有争议的问题，关于析产与执行的关系存在不同的理解，大致可以分为三种观点。第一种观点认为，夫妻共同财产的执行必须要以析产为前提，而允许“先析产，再执行”的裁判需要面对的问题是：为何允许非举债方因债务的执行而析产？这在理论上也可以通过《民法典》第1066条予以证成。《民法典》第303条也为此种情况“随时请求分割”提供了依据。当然在大多数法院采用直接执行做法的现实背景下，这样的做法十分少见。第二种观点认为，析产并不是执行的前提，但是是当事人的权利，如果当事人没有提出析产，就可以直接执行夫妻共同财产，这样的观点在法院的判决中也不在少数。第三种观点则认为，虽然在执行共同财产中有析产的要求，但是因为涉及夫妻关系，不可以进行析产，所以需要直接强制执行。因为依据《民法典》第1066条以及《最高人民法院关于适用〈中华人民共和国民法典〉婚姻家庭编的解释（一）》第38条的规定，婚姻关系存续期间内分割共同财产的情形仅限于一方隐藏、转移、变卖、毁损、挥霍夫妻共同财产或者伪造夫妻共同债务等严重损害夫妻共同财产利益的行为，或者一方负有法定扶养

---

〔1〕 参见王轶、包丁裕睿：《夫妻共同债务的认定与清偿规则实证研究》，载《华东政法大学学报》2021年第1期。

义务的人患重大疾病需要医治，另一方不同意支付相关医疗费用的两种情形，此种观点是法院判决中的大多数。

司法实践或许认为，共同财产的债务人个人份额实际上仍然属于债务人的个人财产，被执行人实质上还是只有债务人一人，故无须追加配偶为被执行人，即可实现以“个人财产 + 共同财产个人份额(一半)”清偿。由此可知，非举债方在未依据《最高人民法院关于人民法院民事执行中查封、扣押、冻结财产的规定》第 14 条达成财产分割协议或依据《民法典》第 1066 条提起析产之诉时，无法“先析产，再执行”。但不允许“先析产，再执行”的裁判需要面对的问题是，为何在未经审判程序对非举债方取得生效给付裁判的情况下，可以对非举债方的财产进行执行？理论上，对非举债方的执行行为可以通过“执行的形式化原则”予以证成。另有少数法院在执行小额债务时采取了“直接处置共有财产中的非主要部分”的方法。例如，有法院认为，在民事执行程序中，如果仅对被执行人夫妻共同财产中的非主要部分(如小额存款、车辆等)进行处置，或者该共同财产的价值明显不超过被执行人在全部共同财产中享有的份额，可直接予以执行。

执行阶段是否可以解决析产问题呢？答案明显是否定的，若要将析产诉讼部分待解决的争议内容转移到执行之中，无疑突破了审执分离的原则。无论是作为债务人，还是未负债的一方，未经审判就确定了分割的份额，无疑丧失了一审、二审以及再审的审级利益。有学者提出，可以在法院直接执行的基础之上，加上另一方配偶提出执行异议的权利，来保障其夫妻共同财产中的合法利益。[1] 本书并不赞同，一方面，这样亡羊补牢的做法并没有解决直接执行所带来的困难；另一方面，从检索的百余份判决书或裁定书中可以看出，即便当事人提出了执行异议，法院也并不会停止执行或进入析产诉讼程序。此外，直接执行可能导致债权人和配偶的利益的双重落空。实践中，因为未经实体析产诉讼，无法得知权属情况，故直接执行是建立在物权外观原则下的，而物权外观很可能与权利的真实状态不一致。司法实践中即存在这样的情形：对于债务人名

---

〔1〕 参见赵大伟：《共同财产制下夫妻个人债务执行程序的规则建构》，载《交大法学》2022 年第 2 期。

下的财产,法院不考虑其配偶的份额予以直接执行,此时配偶的利益保护落空;对于配偶名下的财产,法院不考虑债务人的份额予以解除执行措施,此时债权人的利益保护落空。

综上所述,法院直接执行的做法虽然具有一定的现实意义,但是也遭遇了不可忽视的困难。无论是追加被执行人的法定性要求,还是先析产再执行的程序要求,都是由于直接执行所带来的问题;但是如果将执行拉入诉讼之中,再次进入诉讼阶段,转而以诉讼的结果为依据执行,不仅可以避免追加被执行人的法定要求,也可以满足先析产后执行的要求。而析产这一做法早已出现在《最高人民法院关于人民法院民事执行中查封、扣押、冻结财产的规定》(2020 年修正)之中,该规定第 12 条第 3 款就已经明确"共有人提起析产诉讼或者申请执行人代位提起析产诉讼的,人民法院应当准许",但是在实践过程中几乎没有法院采取这样的做法。[1]

(2)代位析产诉讼路径

代位析产诉讼,是指法院民事强制执行过程中,在被执行人(债务人)与他人享有共有财产而不主动析产清偿债务的情况下,由申请执行人(债权人)依法代替被执行人(债务人)提起的析产诉讼。很多情况下共同财产可能在双方名下或举债人的配偶名下,在对共同财产进行执行时,若不将配偶列为被执行人,无法清偿与执行析出"个人份额"。[2] 如何才能执行共同财产中的个人份额?在《最高人民法院关于人民法院民事执行中查封、扣押、冻结财产的规定》(2020 年修正)中早有协议析产以及代位析产的规则,[3]也就是被执行人与他人共有的财产,被执行人与他人不进行分割,导致法院无法执行该财产的,申请执行人可以代被执行人的位置提起析产诉讼,共有财产分割以后,法院再执行被执行人享有的产权份额。

---

〔1〕 参见韩欣、李瑞峰:《夫妻婚内个人债务的清偿与执行:破解及出路》,载微信公众号"青苗法鸣"2022 年 11 月 24 日,https://mp.weixin.qq.com/s/ItBJsYvGqlOF-G52AmqbGg。

〔2〕 任重:《民事诉讼法教义学视角下的"执行难":成因与出路——以夫妻共同财产的执行为中心》,载《当代法学》2019 年第 3 期。

〔3〕 参见《最高人民法院关于人民法院民事执行中查封、扣押、冻结财产的规定》(2020 年修正)第 12 条。

实践中，债权人代为析产诉讼的做法很少，因为很多执行法院根本不需要债权人，或者被执行人提起析产诉讼，而是直接执行共有财产，因为财产共有一般是夫妻之间，法院一般都认为夫妻共有的财产应该一人一半。总结司法实践中的案例，析产的难点有两个方面：一方面，需要夫妻双方协商对夫妻共同财产进行分割，达成析产协议。但是实践中，夫妻双方基本上不会主动对夫妻共同财产进行协商分割，反而夫妻之间串通转移夫妻一方财产的案例屡见不鲜，另一方配偶甚至会以自己一方在共同财产中的份额来排除对共同财产的执行。另一方面，若适用夫妻析产诉讼，夫妻间的共同财产是否可以析产也是一个重要的问题，是适用《民法典》第 303 条关于共同财产因重大理由而分割的规定，还是适用《民法典》第 1066 条以及《最高人民法院关于适用〈中华人民共和国民法典〉婚姻家庭编的解释（一）》第 38 条的规定，强行将婚姻关系存续期间析产的情形限定在特定范围内。在《民法典》物权编关于共有的规定中，只有在共有基础关系丧失或重大理由两种情形下才可以对共同共有物进行分割。所以唯一可能的解释路径就是个人债务偿还的场合是否属于重大理由，从而适用《民法典》第 303 条关于共有物分割的规定。但《民法典》第 1066 条（《最高人民法院关于适用〈中华人民共和国婚姻法〉若干问题的解释（三）》第 4 条）本就是对《民法典》第 303 条（《物权法》第 99 条）中“重大理由”的说明，也就是可以婚内析产的两种特殊情形。所以，即使可以从第 303 条进行解释，似乎也难以将债务偿还纳入“重大理由之内”，以突破第 1066 条关于婚内析产特殊情形的限制。

针对夫妻之间很少通过协议的方式来析产的问题，可以通过债权人代位析产诉讼的方式来进行。在《最高人民法院关于人民法院民事执行中查封、扣押、冻结财产的规定》（2020 年修正）第 12 条第 3 款中，其实除了当事人协商析产的选择之外，还可以通过债权人代位的方式来进行析产。代位析产诉讼具有特定的构成要件，可以从四个方面把握。一是原告的债权已依法申请强制执行，处于法院的强制执行之中；二是被执行人（债务人）除与他人共有财产外，别无其他可供执行的财产；三是该共有财产已被法院查封、扣押、冻结，且所有的共有人已得到法院关于查封、扣押、冻结共有财产及其原因的通知；四是被执行人（债务人）、其他共有人既不协议分割共有财产也不提起析产诉讼，给法院的强制执行和申请执行人(债权人)的债权实现构成了妨碍。对照《民事诉讼法》第108条的规定,上述构成要件对代位析产诉讼的起诉条件具有特别的补充性。因此,在实践中既不能片面地依照起诉条件的一般规定而拒不受理代位析产诉讼,也不能忽视代位析产诉讼的特定构成要件当成一般民事案件受理。至于对代位析产诉讼的管辖,宜以执行机构所在地法院为恰当,既方便诉讼,又利于执行案件及时恢复执行。可以料想到代位析产方式的产生,就是考虑到共有人之间可能不会自主析产,为避免僵局的出现,赋予债权人代位析产的权利,而这对于夫妻共同财产中出现的问题,也同样适用。

夫妻之间的共同财产是否可以因为偿还一方债务而分割,答案是肯定的,前文已经讨论此处不再赘述。

总结而言,虽然直接执行共同财产个人份额(一半)以清偿债务确实可以极大地提高诉讼与执行的效率,但是其缺乏实体法与程序法上的支持,存在不可忽视的困难。更为重要的是,直接执行的做法牺牲了夫妻之间的关系利益,也牺牲了夫妻之间关于共同财产的诉讼利益。效率需为权利利益让行,虽然效率的价值确实重要,但是当事人的实体权利也同等重要甚至更重要。所以在夫妻个人债务的执行过程中,与其采用漏洞重重的直接执行,不如先析产后执行,以代位析产的方式来兼顾夫妻共同体与债权人的利益。

(二)夫妻共同债务的清偿规则

关于夫妻共同债务的清偿曾有两种倾向,一种是为了保护举债方配偶的利益,即让举债人偿还,配偶不签字的不用承担偿还责任。这种倾向导致了实践中大量出现"假离婚,真逃债"损害债权人利益的情况。另一种是为了保护债权人的利益,即只要在夫妻关系存续期间形成的债务,均为夫妻共同债务。这种倾向也导致了夫妻一方伪造债务损害另一方合法权益的情形,而且有的情况下,一方借款并未实际用于夫妻共同生活,让另一方偿还有失公平。正如上文分析,《民法典》平衡了债权人以及举债方配偶的利益,适当增加了债权人的审查义务,对夫妻共同债务的认定作出了合理的规定。

1. 夫妻共同债务的一般清偿规则

夫妻双方对共同债务负共同清偿责任。夫妻共同债务是一种特定的多数人之债,由于夫妻特定的相互关系,决定了其任何一方对外都负有清偿全部债务的义务。就基于合意的夫妻共同债务而言,首先要基于债权人与夫妻双方之间的约定;没有约定的,应先用夫妻共同财产清偿,然后才是夫妻的个人财产。对于推定的夫妻共同债务,在法理上的效力应该等同于未约定清偿顺序的夫妻共同债务,清偿顺序也应当是先夫妻共同财产,再夫妻个人财产。对于合意的夫妻共同债务,这意味着,一方面,在有共同财产的情况下,不能直接要求一方以个人财产偿还夫妻共同债务,否则将产生对偿还一方课以超出其应承担范围的义务的后果,有违公平原则。另一方面,夫妻双方对共同债务不因婚姻关系变化而免除共同清偿责任,这也有利于防范夫妻双方串通损害债权人利益的风险,保护善意债权人的合法权益。

实践对此有诸多说法,就基于合意的夫妻共同债务而言,大多数裁判都确认,非举债方应承担连带责任。也有部分认为非举债方应"共同偿还债务"或承担"共同还款责任",但并未提及非举债方应否承担连带责任。就基于"家庭日常生活需要"的夫妻共同债务而言,一部分法院认为非举债方应当承担连带责任。大部分法院仅作出了"共同还款责任""共同清偿责任""共同偿还"等表述,而未对责任财产的范围进行说明。

法院虽然在裁判中使用了"连带清偿责任""共同清偿责任"等表述,但同时将其限缩为"以夫妻共同财产为限"的连带责任。也有法院明确对"共同还款责任"与"连带责任"这两个概念进行了区分,并认为非举债方承担的"共同还款责任"并非"连带责任"。还有法院在概念上不区分"共同清偿"与"连带偿还",认为二者"在对债务的清偿结果上并无区别,不影响债权人权利的实现"。由于司法实践中对夫妻共同债务的责任财产范围的讨论并不充分,未能在检索范围内查阅到有裁判文书进一步对共同财产和个人财产的清偿顺序进行阐述。[1]

---

〔1〕 参见王轶、包丁裕睿:《夫妻共同债务的认定与清偿规则实证研究》,载《华东政法大学学报》2021年第1期。

2. 夫妻离婚时共同债务的清偿规则

(1)《民法典》规定的夫妻离婚时债务清偿的基本准则

夫妻共同债务共同偿还,个人债务由个人偿还。夫妻共同债务先由夫妻共同财产进行清偿,清偿完毕后,余下的夫妻共同财产再由双方分割。如果共同财产不足以清偿共同债务的,由双方协议清偿;如果协议不成,则由人民法院根据双方的经济能力判决。还有另外一种情况是,夫妻约定婚后财产分别所有的,共同债务则由双方协议清偿,协议不成时,由人民法院判决。需要注意的是,与一般合同或侵权领域的连带责任不同,人民法院在确定共同债务的分担比例时,应当参照《民法典》第 1087 条关于离婚夫妻共同财产分割的规定,遵循照顾子女、女方和无过错方权益的财产分配原则。同时,还应当根据案件的实际情况,将双方的经济能力、对债务形成、支配或收益的参与情况等因素纳入考虑范围,合理确定男女双方对夫妻共同债务的分担比例,不得对当事人的生存权利造成不良影响。

需要说明的是,一般情况下,离婚时夫妻约定或人民法院判决对共同债务的分担方式仅具有对内的约束力。如果债权人不予认可,离婚当事人双方对债权人仍承担债务的连带清偿责任。一方承担了超过约定或人民法院判决承担的部分,可以向另一方追偿。夫妻离婚通常会分割共同财产,但不论离婚时如何分配共同财产,对于婚姻关系存续期间的夫妻共同债务,债权人仍有权就夫妻共同债务向男女双方主张权利。

(2)债权人继续主张的权利

根据《最高人民法院关于适用〈中华人民共和国民法典〉婚姻家庭编的解释(一)》第 35 条第 1 款的规定,当事人的离婚协议或者人民法院的生效判决、裁定、调解书已经对夫妻财产分割问题作出处理的,债权人仍有权就夫妻共同债务向男女双方主张权利。也就是说,无论是双方当事人协商确定,还是人民法院判决确定的清偿方式、清偿比例等内容,仅在离婚的双方当事人之间有效,对债权人是没有法律效力的。即使夫妻双方在离婚协议书中约定无夫妻共同债务、财产归一方债务归另一方等,债权人仍有权就夫妻共同债务向男女双方主张权利。在司法实践中,债权人在债务人解除婚姻关系之后又向债务人或其配偶主张权利的,一般分为两种情况:第一,离婚协议或人民法院的生效判决对夫妻财产作出处理时，遗漏了夫妻双方对外承担的共同债务，债权人可以向夫或妻的任何一方主张权利；第二，离婚协议或人民法院的生效判决对夫妻财产作出处理的同时，已经将夫妻共同债务划分在一方名下，债权人在其权利未能实现之前，仍可以向夫或妻任何一方主张权利。不论哪种情况，债权人与债务人设定债权债务关系之前，债权人对债务人的信赖建立在其夫妻关系存在和夫妻共同财产负担能力的基础之上，债务人虽因婚姻关系解除而必须变更共同财产之归属，但不得据此侵害债权人基于原先信赖所产生的利益。除此之外，还需要注意债权人基于特殊原因，仅向男女一方请求履行共同债务的情况，应当区分只向一方行使债权请求权和放弃要求另一方承担偿还责任的情况。前者，男女双方均有义务向债权人承担全部偿还责任；后者，则应当认定为部分连带债务人的债务被债权人免除，在该连带债务人应当承担的份额范围内，其他债务人仅以协议或判决确定其应当承担的份额为限承担责任。

(3)夫妻一方的求偿权

根据《最高人民法院关于适用〈中华人民共和国民法典〉婚姻家庭编的解释(一)》第35条第2款的规定，一方就夫妻共同债务承担清偿责任后，主张由另一方按照离婚协议或者人民法院的法律文书承担相应债务的，人民法院应予支持。也就是说，当债权人要求男女双方中的一方承担超过其应当承担份额的偿还责任时，该方不能以协议或者判决确定的偿还份额为抗辩理由，拒绝债权人的偿还请求。但是，夫妻双方中任何一方在婚姻关系解除后又因共同债务承担共同清偿责任的，可以根据离婚协议或者人民法院裁判文书中确定的原则和内容请求另一方承担相应债务，债务数额以实际偿还数额与应当偿还数额之差计。因此，离婚协议或人民法院生效判决中所确定的夫妻共同财产和共同债务的负担标准和原则是夫妻一方请求另一方负担相应债务的依据。

3. 夫妻一方死亡后夫妻共同债务的清偿规则

根据《最高人民法院关于适用〈中华人民共和国民法典〉婚姻家庭编的解释(一)》第36条的规定，夫或者妻一方死亡的，生存一方应当对婚姻关系存续期间的夫妻共同债务承担清偿责任。这是夫妻共同债务共同偿还的一种具体体现。在夫妻一方承担清偿责任之后，有权在夫妻财产制度和遗产继承制度下进行求偿，即在约定财产制下优先用约定的财产偿还，在法定财产制下优先用共同财产偿还，上述财产不足以偿还的，生存一方求偿权的行使以死亡一方的全部遗产的实际价值为限，超过实际价值的部分，除继承人自愿偿还外，生存一方的求偿权将不能实现。对此，还应当注意以下两个问题。

一是应当与照顾子女和女方权益相统一。如果夫妻在离婚后发生求偿的，离婚协议或人民法院判决时对照顾子女和女方权益的原则已经给予必要的考虑，故在生存一方行使求偿权时，不会影响对子女和女方权益的保护。但如果夫妻一方死亡时双方尚未解除婚姻关系，生存一方承担了清偿责任并获得求偿权后，因而发生继承权纠纷的，人民法院在处理这类纠纷时应当体现照顾子女和女方权益的原则。

二是应当与继承人清偿债务原则相互衔接。在死亡一方的继承人为二人以上时，即可产生与继承人继承权的冲突。对此，根据《民法典》第 1161 条的规定，继承人以所得遗产实际价值为限清偿被继承人依法应当缴纳的税款和债务。超过遗产实际价值部分，继承人自愿偿还的不在此限。继承人放弃继承的，对被继承人依法应当缴纳的税款和债务可以不负清偿责任。

第三节　夫妻债务纠纷典型案例

案例一　王某琼与杨某松、贺某强等民间借贷纠纷[1]

1. 案情简介

杨某松、王某琼于 1997 年 11 月 30 日登记结婚。2014 年 7 月 7 日，杨某松向贺某强出具借条载明："今借到侨联贺某强人民币 300,000.00 元，大写：叁拾万元整。借款时间：2014 年 7 月 7 日至 2014 年 10 月 6 日止。用于家庭开支及生意周转。借、还款以到达以下银行账户生效。杨某松农商行：× × × × ×，贺

[1] 参见重庆市第三中级人民法院民事判决书，(2017)渝 03 民终 1051 号。

某强农商行：×××××，借款人：杨某松2014年7月7日。”同日，贺某强将借款30万元转账至杨某松的银行账户。2015年3月6日，贺某强与杨某松约定借款期限延期到2015年4月7日归还。杨某松于2015年5月14日、7月9日、7月10日分别向贺某强转账支付6万元、3万元、2万元，合计11万元。2015年11月24日，贺某强与杨某松再次约定还款期限延至2015年12月8日。同时，刘某海作为担保人在该借条空白处签名并捺印。2015年11月24日，杨某松向贺某强另行出具借条载明：“今借到侨联贺某强人民币94,000元，大写：（玖万肆仟元整），用于家庭开支及生意周转，于2015年12月8日前还清。此据借款人：杨某松2015年11月24日、刘某海2015年11月24日”，刘某海也在该借条的借款人下面另起一行签名并捺印。

二审查明的事实：贺某强在诉讼中认可：本案借款时，王某琼不在场，贺某强要求王某琼在借条中签名，杨某松明确告知王某琼不同意签名。重庆农村商业银行股份有限公司垫江支行心桥分理处出具的户名为杨某松账号为×××××，自2014年7月7日至10月15日的交易记录载明：杨某松收取贺某强支付的借款30万元后，于2014年7月7日、8日分别向刘某海指定的其雇请的财务负责人蓝某勇的银行账户转账10万元、20万元。刘某海认可：杨某松帮刘某海搞经营，本案借款系杨某松帮刘某海所借，贺某强知道刘某海是实际用款人曾找其催收本案借款。王某琼对本案借款不知情。

杨某松、王某琼于2016年3月22日协议离婚。双方在离婚协议书中约定：“除向胡某芳和王某借的款项由女方归还外，其余款项均由男方归还。”

2. 争议梳理

本案中，杨某松向贺某强所出具借条上只有一方签字，但在借款用途注明“为家庭开支和生意周转”，王某琼对本案借款不知情。此款项是否属于夫妻共同债务。

3. 案例评析

（1）在涉及“共债共签”的认定时，能否将非直接借款方的不知情行为认定为就借款行为进行了“默示”追认

所谓“共债共签”，是指所有债务必须经夫妻双方共同签名等共同意思表示

确认,才能认定为夫妻共同债务。涉夫妻共同债务民间借贷纠纷主要属于“双方共同意思表示”类的夫妻共同债务。实践中常见的情形又分为两种,一种是夫妻双方以“明示”方式共同签署借贷合同;另一种是夫妻一方先行签署借贷合同,另一方以事后同意或者以行为等“默示”方式对借贷表示追认或者同意。

“明示”的情形:如夫妻双方共同向出借人签借条、借款合同;非举债方在借据上补充签名;非举债方就债务另行向出借人出具借据等方式。在民间借贷纠纷中,非直接借款人的“默示”主要有两种情形:第一种,是明知借贷行为发生,但保持沉默。常见的情形诸如非直接借款人在借条上以“配偶”、“见证人”或“财产共有人”的名义签字、签署借条时在场但不签字,或者默许借款人使用非直接借款人的银行账户接收借款等。第二种,是借款合同成立时不知情,在知情后保持沉默。

值得一提的是,构成夫妻一方对共同债务的事后追认只限于“明示”,比如,在电话、短信、微信、邮件中承认夫妻共同举债的事实或表示愿意共同偿还借款等。对于夫妻一方个人举债,配偶曾经帮助偿还一次或数次的情形,如果配偶未明确表示与债务人共同还债,就不能推定是配偶对该项债务的事后追认。

民间借贷纠纷中,对沉默的性质进行评价时,实质问题是判断非直接借款人的“知晓且未提出异议”的“可归责性”,结合案件具体事实和举证责任分配来考量。在本案中,杨某松收到了贺某强的两笔款项,也出具了借条,根据《民法典》第679条[1]的规定可知,借贷合意和款项交付是民间借贷关系成立的两大基本构成要件。据此,杨某松与贺某强的民间借贷关系成立。但是,从二审查明的情况来看,王某琼未在借条上签字,同时自始对本案借款不知情。在借款用途上,二审查明“杨某松帮刘某海搞经营,本案借款系杨某松帮刘某海所借,贺某强知道刘某海是实际用款人曾找其催收本案借款。”也就是说,被上诉人杨某松所借款项之实际去向及用途并非家庭消费。

---

〔1〕 参见《民法典》第679条　自然人之间的借款合同,自贷款人提供借款时成立。

(2)裁判结果

根据相关法律法规规定,夫妻共同债务的本质系因夫妻共同生活而产生的债务,而以个人名义发生且与夫妻共同生活无关的债务不属夫妻共同债务。贺某强称本案借款系杨某松与刘某海合伙搞市场无证据证明,而重庆农村商业银行股份有限公司垫江支行心桥分理处出具的户名为杨某松账号为×××××自2014年7月7日至10月15日的交易记录、王某琼分别与刘某海、蓝某勇、贺某强的通话录音及双方当事人的陈述等证据充分证明:本案借款系杨某松帮刘某海借。现无证据证明杨某松在帮借款过程中取得收益并用于杨某松与王某琼的共同生活。加之,借款时王某琼不在场,贺某强要求王某琼在借条上签名,杨某松明确告知王某琼不同意签名,与王某琼、刘某海称均称王某琼对本案借款不知晓,能够相互印证。故本案借款应属杨某松的个人债务,不属杨某松与王某琼夫妻关系存续期间的共同债务。故法院对贺某强要求王某琼对本案债务承担共同清偿责任的主张,不予支持。

案例二 白某等与李某债权人撤销权纠纷[1]

1. 案情简介

2019年4月20日至2020年1月5日,李某给邱某送货,邱某欠付货款2,580,244元及逾期利息。

2021年8月16日邱某与白某办理离婚登记。北京市某区民政局存档的双方签字《离婚协议书》载明:“离婚原因:感情不和。一、子女抚养:婚生女由男方抚养,直至经济独立,女方不支付抚养费。二、财产分割:1. 房子:丽园东里6号楼2单元402室和丽园B区16号楼3单元201室都归女方所有,两套房子的抵押贷款300万元由男方偿还。2. 车子:奥迪A4和沃尔沃都归女方所有。三、债务:1. 男方应付给女方,厂子拆迁款450万元及利用女方信用贷款150万元,共计600万元。2. 男方的一切债务与女方无关。”

[1] 参见北京市第二中级人民法院民事判决书,(2023)京02民终6902号。

2022年1月25日李某起诉至法院,请求判令邱某支付货款2,580,244元,并自2022年1月1日起每月支付40,000元利息。邱某则提出,其是净身出户,已经没有任何资产,所有的财产都分割给了白某。李某认为其与邱某的债权债务关系发生于2019年4月20日至2020年1月5日,系在白某与邱某婚姻存续期间,双方于2021年8月16日离婚,系在债权到期后,根据北京市大兴区人民法院于2022年3月22日作出的(2022)京0115民初1805号判决,邱某与白某的《离婚协议书》中,邱某放弃房产、车产及拆迁款分割权,承担夫妻关系存续期间所有债务,该财产处分行为明显降低了邱某对外承担债务能力,案涉《离婚协议书》约定,邱某所有债务与白某无关,可以推定邱某与白某假离婚逃避债务的行为影响了李某的债权实现。

2. 争议梳理

本案为债权人撤销权纠纷。但从以下角度对争议焦点进行梳理也有其意义,第一个争议焦点为,如果可以认定邱某与白某的离婚构成假离婚,该假离婚行为是否可以适用通谋虚伪表示,这涉及法律行为制度在婚姻家庭领域中的适用问题。一种观点认为,民事法律行为制度不能适用于离婚案件;另一种观点认为,民事法律行为制度可以适用于离婚案件。本案第二个争议焦点为,案中邱某所欠的债务是否属于夫妻共同债务?一种观点认为,邱某所欠的债务属于其个人债务,应当由其个人偿还,而且该债务已经超出了日常生活需要,应当属于邱某的个人债务。另一种观点认为,邱某的债务是在夫妻关系存续期间所负担的债务,应当属于夫妻共同债务,白某应当负担连带清偿义务。

3. 案例评析

本案首先涉及邱某与白某的离婚是否构成假离婚的问题。这既是一个事实问题,也是一个法律问题。在本案中,截至2020年1月5日,邱某欠付李某货款2,580,244元及逾期利息且一直没有偿还。2021年8月16日邱某与白某签订了一份"离婚与财产分割协议",办理了离婚登记手续。同时,双方在"离婚与财产分割协议"中约定邱某的财产都分给白某,债务则由邱某承担。2022年1月25日李某起诉,请求邱某清偿债务。邱某则提出,其已经没有任何资产,所有的财产都分割给了白某,因此其没有财产清偿债务。从这些事实可以判断,邱某确实有以离婚为名，逃避债务的可能。如果该事实能够认定的话，那么就要认定秦某与其妻子白某签订的《离婚协议书》是否有效。

（1）《离婚协议书》能否适用合同无效的规则

就离婚协议而言，《婚姻登记条例》第 11 条第 3 款规定，离婚协议是双方当事人自愿离婚的意思表示以及对子女抚养、财产及债务处理等事项协商一致而达成的协议或者意见。离婚协议采用书面形式，应当载明双方当事人自愿离婚的意思表示以及对子女抚养、财产及债务处理等事项协商一致的意见。也就是说，离婚协议应该包含两层关系，一是关于双方当事人自愿离婚以及对子女抚养的意思表示中的人身关系，二是关于财产及债务处理等事项协商一致而达成的财产关系。

①离婚协议书的"人身关系"能否适用合同无效的规则

关于离婚协议效力问题中的生效时间主要有两种观点：一种观点认为，离婚协议经婚姻登记机关办理相应手续后生效，或者更具体说自婚姻登记机关颁发离婚证之日起生效；另一种观点认为，离婚协议自双方签订之日起生效。综合以上两种观点，当事人离婚协议或经婚姻登记机关办理相应手续后生效，或者自婚姻登记机关颁发离婚证之日起生效，则离婚协议书除自上述约定成就方能发生法律效力外，如果离婚协议的当事人没有约定或者约定不明，则离婚协议书的自愿离婚条款自取得离婚证之日起生效，而关于子女抚养及财产分割的条款则在当事人意思表示一致时即行生效，不以婚姻登记机关办理相应手续，或者婚姻登记机关颁发离婚证为生效要件。

关于离婚协议的效力问题中身份与财产效力区分的问题，应当区分不同类型的人身关系，以确定其是否适用民事法律行为的规则。对身份关系而言，如婚姻关系，其无法适用民事法律行为的规则。对财产关系而言，如夫妻财产分割协议，则应当适用民事法律行为的规则。对人身关系纠纷而言，其中的身份关系原则上不适用民事法律行为的规则，而其中的财产关系则应当适用民事法律行为的规则。就离婚而言，当事人的离婚协议涉及身份关系安排的内容，不应当适用民事法律行为的规则，而《离婚协议书》涉及财产分割的内容则应当适用民事法律行为的规则。例如，一旦依据民事法律行为的规则否定假离婚的效力，则应当恢复原婚姻关系，这可能使当事人之间的身份关系过于复杂，容易引发新的纠纷，因为假离婚中当事人可能又与第三人结婚，在此情形下，不可能撤销假离婚，恢复在先的婚姻关系；即便当事人没有另行结婚，但如果当事人已经不愿意婚姻关系继续存续，也不能恢复婚姻关系；此外，离婚还涉及子女是否同意婚姻关系恢复的问题，如果子女不同意，则径行恢复婚姻关系也不合理。因此，民事法律行为的规则难以直接适用于身份关系。我国《民法典》第464条[1]也采纳了此种立场，就本案而言，邱某与其妻子白某签订了一份"离婚与财产分割协议"，办理了离婚登记手续，就该协议中终止婚姻关系的内容，无法适用民事法律行为的规则，即便当事人离婚的意思是虚假的，也不宜依据民事法律行为的规则认定其无效，而就其中财产分割的内容而言，则可以与其中的人身关系分开，可以适用民事法律行为的规则。因此，应严格区分身份关系和财产关系，身份关系不应适用民事法律行为的规则，但财产关系应当适用。

②"离婚与财产分割协议"能否适用合同无效的规则

如前所述，对离婚协议本身，不能适用民事法律行为的规则宣告其无效，但其中的财产分割协议能否撤销？对此存在不同的观点。一种观点认为，财产和离婚是不可分割的，构成一个完整的整体，因此，财产协议也是不可撤销的。另一种观点认为，财产分割协议和婚姻关系分别属于财产关系和身份关系，二者虽然处于一个协议关系中，但仍可以对二者进行必要的区分，其中的财产关系仍然可以适用民事法律行为的规则。从本案来看，离婚关系属于身份关系的范畴，不宜认定其可撤销，但就财产分割而言，其本质上仍然属于财产关系，有关财产关系分割的约定，则可以适用《民法典》合同编和总则编的民事法律行为制度。那么，关于财产分割协议，是否构成欺诈？李某认为，邱某与其妻子离婚并约定财产分割协议构成欺诈，目的在于逃避债务；因此，其主张撤销该协议。根据《民事诉讼法》及相关司法解释规定，认定二人构成欺诈需要李某证明二人具

---

〔1〕参见《民法典》第464条　合同是民事主体之间设立、变更、终止民事法律关系的协议。

婚姻、收养、监护等有关身份关系的协议，适用有关该身份关系的法律规定；没有规定的，可以根据其性质参照适用本编规定。

有欺诈的故意，且二人具有故意告知虚假情况或者故意隐瞒真实情况的情形，李某显然难以完成上述证明责任。因此，李某主张二人构成欺诈可能难以成立。同时，李某如果主张邱某与白某构成恶意串通，其也需要证明二人具有恶意串通的故意，这可能也难以证明。在本案中，邱某与白某订立财产分割协议，并约定将财产分割给白某，这将导致邱某丧失债务清偿能力，影响李某债权的实现，依据《民法典》第538条[1]无偿处分财产情形下的债权人撤销权的规定，李某有权主张债权人撤销权，撤销邱某与白某的夫妻财产分割协议，以保全其债权。

(2)本案中邱某所欠的债务是否属于夫妻共同债务

关于夫妻共同债务的认定，《民法典》第1064条专门作了规定，依据该规定，判断夫妻一方以个人名义对外所负担的债务是否属于夫妻共同债务，首先需要认定该债务是否超出家庭日常生活需要，未超出家庭日常生活需要所负担的债务，应当认定其属于夫妻共同债务的范畴；而超出家庭日常生活需要的债务，原则上不属于夫妻共同债务的范畴，但是，债权人能够证明该债务用于夫妻共同生活、共同生产经营的除外。在本案中，邱某向李某欠付货款2,580,244元，是否用于共同生活、共同生产经营需要李某去证明。如果债权人能够证明"该债务用于夫妻共同生活、共同生产经营"的，应当将其认定为夫妻共同债务。

(3)裁判结果

二审法院认为，邱某与白某签订《离婚协议书》实际系将夫妻共同财产中属于邱某所有的部分无偿转让给白某，使白某取得的夫妻共同财产在价值上明显多于邱某，客观上减少了邱某应取得的可供偿债的财产价值，致使李某对邱某的债权无法实现。上述行为应认定为邱某"无偿转让财产"，侵害了李某债权的实现，李某有权申请撤销。

---

[1] 参见《民法典》第538条　债务人以放弃其债权、放弃债权担保、无偿转让财产等方式无偿处分财产权益，或者恶意延长其到期债权的履行期限，影响债权人的债权实现的，债权人可以请求人民法院撤销债务人的行为。

案例三　茅某某与陆某某、杨某某民间借贷纠纷[1]

1. 案情简介

2012 年 7 月至 2019 年 12 月，原告茅某某通过取现、转账的方式多次借款给被告陆某某。2020 年 3 月 7 日，陆某某向原告出具借条一张，载明借款合计 183.3 万元，定于 2020 年 6 月结清本息，还写明借款均用于偿还房贷、公司经营以及家庭开支等用途。同时，陆某某与杨某某系夫妻关系。两人所住的芳林路房屋登记为陆某某、杨某某及案外人陆某共有。两人还是一家公司的股东，陆某某担任公司执行董事，并且为法定代表人，而杨某某担任公司监事。到了约定还款期限，陆某某未能还钱。原告茅某某起诉至法院，主张其向陆某某的借款已经构成了两被告的夫妻共同债务，两被告应共同支付该笔借款的本息及维权支出等合理费用。被告陆某某确认原告所述事实，表示其借钱用于归还芳林路房屋房贷、家庭开支和公司周转，妻子杨某某是知道的。另外，银行流水显示，这些借款中仅有一部分存入了陆某某的证券账户中，其余均通过取现提取了出来。对此，陆某某称，现钱都用在了给工人发工资、买材料，以及还房贷和付物业费上，证券账户中的钱是用于炒股，但最终也均用于公司周转以及家庭开支。被告杨某某辩称，不知道丈夫向茅某某借钱的事情，不确认原告所述的借款经过，其不应该作为被告，该笔债务亦不构成夫妻共同债务。[2]

2. 争议梳理

茅某某于 2012 年至 2019 年通过取现、转账等方式陆续借给陆某某共计 183.3 万元，现请求判令陆某某、杨某某归还原告借款。本案例中双方系借贷关系，但其中一个争议焦点在于，被告陆某某向原告的借款是否构成夫妻共同债务。

3. 案例评析

根据《民法典》第 1064 条第 2 款的规定，夫妻一方在婚姻关系存续期间以个人名义超出家庭日常生活需要所负的债务，不属于夫妻共同债务；但是，债权

---

〔1〕 参见上海市浦东新区人民法院民事判决书，(2020)沪 0115 民初 50539 号。

〔2〕 参见彭思琪、庄雨晴：《"共同生产经营"类夫妻共同债务的司法认定》，载微信公众号"上海浦东法院"2022 年 7 月 11 日，https://mp.weixin.qq.com/s/03nosX73t5AegdMhiYixxA。

人能够证明该债务用于夫妻共同生活、共同生产经营或者基于夫妻双方共同意思表示的除外。该款规定事实上对2018年出台的《最高人民法院关于审理涉及夫妻债务纠纷案件适用法律有关问题的解释》第3条进行了吸收。根据该条规定，对于夫妻关系存续期间以一方个人名义发生的共同债务原则上不应认定为夫妻共同债务，同时亦存在例外情况，即该笔债务用于夫妻共同生活以及共同生产经营等方面的情况，然而对于该种类型的夫妻共同债务其举证责任在于债权人。

"共同生产经营"类夫妻共同债务的认定在司法实践中存在争议，其中的分歧点主要在于对该类债务范围的认定以及举证责任的分配。如在本案中，事实上存在不同的夫妻共同债务形态，其中陆某某用于夫妻共同作为股东的××公司生产经营部分的债务则构成了"以个人名义超出家庭日常生活需要但用于夫妻共同生产经营的债务"。

(1)"共同生产经营"类夫妻共同债务的认定标准

对于共同生产经营类夫妻共同债务，司法实践中应根据经营活动的性质以及夫妻双方在其中的地位作用等综合认定。一般而言，对夫妻共同生产经营的认定可从以下几个方面入手：

①生产经营活动的性质

夫妻共同从事的生产经营活动主要包括夫妻共同投资经营的有限责任公司、合伙企业、个体工商户等各类经济组织。如本案中，两被告共同生产经营的形式就是共同作为股东开设有限责任公司，并在公司中担任高管职务。但除此之外，还有一些特殊的夫妻共同生产经营形式。例如，最高人民法院曾在相关案件中认定用于共同投资购买商业性质的房产所负债务亦为共同生产经营类夫妻共同债务。

②夫妻双方在生产经营活动中的地位及作用

实践中，最为常见的夫妻共同生产经营形式即为双方共同经营公司、合伙企业等各类经济组织。对于该种形式的生产经营，一般着重考察夫妻双方是否在相关的企业中担任高管职务，或者是否为企业的股东、实际出资人、实际控制人等。但仍需注意的是，并不能完全根据夫妻中未举债一方是否在生产经营组织中担任职务或者是否为股东等形式要件来判断相应债务是否用于夫妻共同生产经营。在某些情况下，即使未举债方未在举债方经营的企业中担任任何职务或享有任何权益，但若通过协助办理相关事务等方式对举债方的生产经营活动起到了积极作用，也可以认定为共同生产经营。

③生产经营活动所获利益的分配

由于夫妻共同生产经营的举证责任在于债权人，而除了前述夫妻在相关企业中作为共同股东或担任高管等通过公开渠道能够获取的信息之外，作为债权人往往很难获取债务人家庭内部的相关资料并进行举证证明未举债的配偶实际参与了共同生产经营。因此，即使在案证据无法充分表明夫妻中未举债方实际参与了共同生产经营的过程，司法实践中也经常采取“共同利益”标准来推定夫妻共同生产经营情况的存在。需要强调的是，在夫妻关系中应当遵从夫妻双方的权利与义务相适应原则，无论非举债方是直接获利抑或间接获利，最终的结果均是非举债方通过举债方的债务享受到了其基于夫妻关系而带来的利益。在债权人难以举证证明实际的共同生产经营事实的情况下，出于公平原则也不宜免除实际享有利益的非举债方的责任。

(2)“共同生产经营”类夫妻共同债务的举证责任分配

根据《民法典》第 1064 条第 2 款的规定，对用于夫妻共同生产经营的债务的举证责任在于债权人。之所以这样规定，主要是为了保护在婚姻关系存续期间未举债配偶一方的合法权益，同时通过将举证责任课以债权人以倒逼债权人在建立债权债务关系时尽到审慎的注意义务，引导相关主体对大额债务实行“共债共签”，以最大限度避免夫妻一方与债权人恶意串通损害另一方合法权益，达到债权人利益以及未举债一方利益的平衡保护。

然而，夫妻之间的共同生产经营活动很大程度上属于家庭内部事务，将举证责任完全分配给债权人往往会导致在司法实践中债权人举证不能或举证不力的情况。考虑到夫妻之间的信息通常可以高度共享，为避免对举债人夫妻的过度救济，除依当事人申请或法院应当依据职权查清案件事实之外，如果法官凭逻辑推理或日常生活经验能够对“债务用于夫妻共同生活、共同生产经营”形成高度盖然性判断，应当支持债权人的请求。因此，在司法实践中为了更好地平衡债权人利益与夫妻关系中未举债方的利益，避免对未举债方的过度保护从而损害债权人合法权益，不应对债权人的举证责任过于苛求。

(3)夫妻生活不安宁期间一方负债认定的特殊问题

婚姻是以夫妻双方的感情联系为基础的，在正常的婚姻关系中夫妻双方感情稳定且共同安宁地生活。然而，实践中也必须注意到的是在某些情况下夫妻关系并非处于安宁阶段，可能出现因感情不和导致的分居等情况，而此时一方以个人名义对外进行的举债应根据具体案情进行区别处理。司法实践中，一般认为，即使存在如夫妻中未举债方在举债方举债用于经营的公司中担任相关职务等情况，若有证据能够证明夫妻婚姻状态处于不安宁阶段，且非举债方实际未分享共同生产经营所得利益的，不应认定为共同生产经营类夫妻共同债务。

综上分析，本案例中原告于 2012 年至 2019 年通过取现、转账等方式陆续支付被告陆某某共计 183.3 万元，双方系借贷关系。本案的争议焦点在于，被告陆某某向原告的借款是否构成夫妻共同债务。首先，原告提供的借条上均载明借款“为偿还房贷、××公司经营以及家庭开支等”，被告陆某某对此予以确认，并提供了相关证据。从资金走向来看，借款部分以现金支付，部分以转账支付。转账的款项，陆某某同样大多进行了提现，而其偿还房贷的方式为现金存入，支付工人工资亦以现金方式，款项进出情况可基本相互对应。同时，从两被告家庭开销分配及收入情况来看，被告杨某某除数千元退休金外，并无其他收入。其辩称对该债务不知情，家庭开销都由自己负担，但未能提供相应证据予以佐证。被告陆某某则称自 2012 年至今，公司处于亏损状态，自己靠举债维持家庭生活及公司经营。审理中杨某某也承认每月 1 万多元房贷由陆某某负责清偿。综合上述情况，法院认定原告给被告陆某某的借款用于偿还房贷、公司经营以及家庭开支等用途。其次，从两被告的婚姻关系及居住情况来看，本案借贷发生在 2012 年、2018 年及 2019 年。其中 2012 年两被告共同居住，2018 年及 2019 年杨某某称两人分居，但周末放假仍居住于芳林路房屋，亦未能提供证据证明这期间两人处于长久稳定的分居状态。故法院认定借款发生于两被告婚姻关系存续期间，且无证据证明处于婚姻不安宁阶段。综上，在两被告婚姻关系存续期间，被告陆某某向原告借款 183.3 万元，用于家庭开支、归还房贷，以及夫妻共有公司的经营,该债务应属于夫妻共同债务。

(4)裁判结果

法院认为,被告陆某某向原告的借款构成夫妻共同债务。根据法律及相关司法解释的规定,夫妻一方在婚姻关系存续期间以个人名义为家庭日常生活需要所负的债务,债权人以属于夫妻共同债务为由主张权利的,人民法院应予支持;夫妻一方在婚姻关系存续期间以个人名义超出家庭日常生活需要所负的债务,债权人以属于夫妻共同债务为由主张权利的,人民法院不予支持,但债权人能够证明该债务用于夫妻共同生活、共同生产经营或者基于夫妻双方共同意思表示的除外。本案主要从以下几个方面考量:

首先,从证据来看,原告提供的 1 张借条原件及 11 张借条复印件上均载明"为偿还房贷、上海某工贸有限公司经营以及家庭开支等",被告陆某某确认上述借款用途,并提供了现金存入芳林路房屋贷款银行卡、给工人现金支付工资以及支付物业费、水电煤费用等证据。从资金走向来看,原告支付被告陆某某的借款部分以现金方式支付,部分以转账方式支付,以转账方式支付的款项,被告陆某某以取现方式取出或转入其证券账户,转入证券账户的钱款亦有转出到其银行卡中并取现,而被告陆某某偿还房贷的方式为现金存入,其支付工人工资亦以现金方式支付。被告杨某某辩称其对被告陆某某的债务不知情,家庭开销都由其负担,但未能提供相应证据予以佐证,且对被告陆某某提供的中国建设银行、中国工商银行及上海银行流水等未到庭质证,但被告杨某某认可芳林路房屋的贷款系被告陆某某偿还。综合原、被告提供的证据及庭审陈述,可以认定原告给被告陆某某的借款用于偿还房贷、上海某工贸有限公司经营以及家庭开支等用途。

其次,从两被告的婚姻关系及居住情况来看,被告杨某某陈述自 2002 年以后双方未谈过离婚事宜,两被告均陈述自 2009 年至 2016 年共同居住在芳林路房屋,本案借贷发生在 2012 年、2018 年及 2019 年,2012 年两被告共同居住,2018 年及 2019 年被告杨某某辩称两被告分居,但自认周末放假居住于芳林路房屋,其未能提供证据证明其与被告陆某某 2018 年、2019 年处于长久稳定的分居状态,故法院认定原告给被告陆某某的借款发生于两被告婚姻关系存续期间，且无证据证明处于婚姻不安宁阶段。

最后，从两被告家庭开销分配及收入情况来看，被告杨某某除数千元退休工资外，并无其他收入。被告陆某某称自2012年至今，上海某工贸有限公司处于亏损状态，其靠举债维持家庭生活开支以及上海某工贸有限公司经营及芳林路房屋贷款，同时审理中被告杨某某承认芳林路房屋贷款每个月1万多元由被告陆某某负责清偿。故被告陆某某向原告借款用于上述三处用途，亦属合理。

综上，在两被告婚姻关系存续期间，在被告杨某某未能提供证据证明处于婚姻不安宁阶段的情况下，被告陆某某向原告借款183.3万元，用于家庭开支、归还两被告共有且共同居住的芳林路房屋房贷以及两被告共同作为股东的上海某某工贸有限公司经营，该债务应属于夫妻共同债务。

案例四 上海某机床公司诉靖江某配件公司买卖合同纠纷〔1〕

1. 案情简介

2014年3月10日，上海某机床公司与靖江某配件公司签订《产品购销合同》，约定靖江某配件公司向上海某机床公司购买数控机床4台，总金额为980,000元，于4月30日前交付，货到一个月内付款。后上海某机床公司按约送货，靖江某配件公司于2014年4月28日签收。但靖江某配件公司仅支付货款196,000元，后于2015年12月8日出具《还款协议书》，确认欠款784,000元，并承诺自2016年1月30日前付款110,000元，之后每月付款110,000元，余款至2016年7月30日前付清，其间计收万分之四日资金占用费。若逾期还款，则应依据逾期金额按每日千分之一向上海某机床公司计付逾期还款违约金，朱某某在担保人处签字。

另查明，靖江某配件公司为一人有限责任公司，朱某某系其法定代表人及股东。朱某某与洪某某系夫妻关系，洪某某为靖江某配件公司的监事。

〔1〕 参见上海市第一中级人民法院民事判决书，(2018)沪01民终1666号。

2. 争议梳理

本案中，洪某某作为靖江某配件公司的监事，监督公司的经营管理，争议焦点在于洪某某是否应在本案中承担责任，公司欠款是否构成夫妻共同债务。

3. 案例评析

《民法典》第1064条规定，夫妻一方在婚姻关系存续期间以个人名义超出家庭日常生活需要所负的债务，“债权人能够证明该债务用于夫妻共同生活、共同生产经营或者基于夫妻双方共同意思表示的”，应认定为夫妻共同债务。该条款虽然将共同生产经营列为夫妻共同债务的一种情形，但对于构成要件、具体认定标准还有待分析论证。

(1)共同生产经营认定的举证责任分担

相较于其他类型的普通债务而言，夫妻之间的关系特点决定其共同债务更具有封闭性，夫妻双方作为一个完整的家庭单位，其内部对于夫妻合意的形成、款项的用途及目的均难以为外部所知，此时要从目的与用途角度证实夫妻一方所负债务为共同债务对债权人而言客观上存在一定难度，因此由哪一方来具体承担举证责任则直接影响夫妻共同债务的认定。

《民法典》第1064条围绕“为夫妻共同生活所负的债务”这一夫妻共同债务构成的本质特征，将夫妻共同债务重新分为夫妻共同合意之债，家庭日常生活需要之债，虽超出家庭日常生活所需但用于夫妻共同生活、共同生产经营或者基于夫妻共同意思表示但需债权人举证之债三类。其中，第一类债务的形成系基于夫妻双方之间的共同意思表示，自然应认定为夫妻共同债务。第二类债务的法理基础在于家事代理制度，在日常家事范围内与他人实施的法律行为之债亦应由夫妻双方共同负担。而对于第三类夫妻一方超出家庭日常生活需要所负债务的认定上，在进行原则性定性的同时又确立三种例外情形，对于包括夫妻共同生产经营在内的情形则明确规定由债权人予以证明。该项举证责任的重新分配一方面符合了“谁主张，谁举证”基本证明责任分配原则，另一方面也重新平衡了债权人同债务人之间的利益保护。

具体到本案中，上海某机床公司作为债权人欲主张本案债务为夫妻共同债务，则其应就该款项系用于朱某某和洪某某的共同生产经营活动加以举证。二审庭审中，上海某机床公司提供了靖江某配件公司的工商登记信息，通过工商信息表明在一人公司中朱某某任股东、洪某某任唯一监事，从而证明朱某某与洪某某共同经营靖江某配件公司这一事实，完成了其相应的举证责任。

(2)共同生产经营的构成要件分析

①应为以夫妻一方名义所负且超出家庭日常生活需要的债务

从文义解释和体系解释来看，基于共同生产经营认定的夫妻共同债务，其前提应当是以夫妻一方名义所负，且超出家庭日常生活需要的债务。以一方名义所负较为容易理解，若债务上夫妻双方均具名、认可或者被证明为夫妻双方共同意思表示的，则应认定为共同债务，自然无须讨论是否为共同生产经营的问题。这里需要讨论的问题在于，超出“家庭日常生活需要”要素应当如何理解。

家庭日常生活需要是指夫妻双方及其共同生活的未成年子女在日常生活中的必要开支事项，如正常的衣食住行消费、日用品购买、医疗保健、子女教育、老人赡养、文化消费等，该项被认定为夫妻共同债务的基础在于家事代理制度。具体到本案中，涉案款项为上海某机床公司出借给靖江某配件公司用于经营，朱某某基于其一人公司股东人格混同而应对债务承担连带责任，款项金额达到78万余元，从款项的用途、金额、性质来看均不属于夫妻合意或者家庭日常生活所需，因此是否构成夫妻共同债务则需要考虑是否属于《最高人民法院关于审理涉及夫妻债务纠纷案件适用法律有关问题的解释》第3条所规定的用于夫妻共同生产经营之债，此为本案中债权人上海某机床公司向洪某某主张债权的权利基础，也是案件二审的争议焦点及裁判关键。

②该生产经营活动应具有经营共同性

经营共同性是指生产经营活动系夫妻双方基于共同意志协力经营，此种合意参与和共同经营是认定共同生产经营及夫妻共同承担债务的基础。此种经营共同性包括合意参与和共同经营两部分，具体到实践中可以体现为共同决策、共同经营、共同投资等特征。但需要注意的是两要素之间在重要性上并非完全等同，应以合意参与为核心要素，共同经营要素则因受到具体分工的影响而可能存在不同形态，在参与程度上存在差异和不同状态，此亦符合我国家庭生产生活的实情。因此,实践中在共同参与要素的认定上应当适当予以放宽。

本案中朱某某为靖江某配件公司的唯一股东和法定代表人,而洪某某则为公司登记在册的唯一监事,表明夫妻双方具有共同经营的合意。夫妻双方均为该公司的高级管理人员,因此债权人也有理由相信该公司的决策系由夫妻双方共同决定和实行,故应当认定为具有经营共同性。

对此问题还有需要说明之处,有观点认为经营共同性需要债权人证明其经营性收入为夫妻共有财产,即经营性收入以夫妻共有财产数量和收益程度作为债务人配偶承担共同债务的量化标准和依据,现实当中亦有判决将夫妻双方通过生产经营活动获得共同财产性收益作为认定理由,此种说法有待商榷。首先,依照夫妻共同财产制的基础,在夫妻关系存续期间生产经营活动所产生的收益均应当认定为夫妻共同财产,因此关于经营性收入为夫妻共有财产作为经营共同性的认定标准并无实际性意义;其次,经营收益的取得源于债务人对公司或企业的出资,与债权人同债务人之间的债务并没有直接关系,两者之间是两种不同的法律关系,自然不应将前者作为后者认定的要件;再次,夫妻家庭生活内容本身即具有秘密性,对于共同经营所产生的收益如何使用和处理本身并不能为债权人所知,若将此交由债权人证明存在证明责任分配不当之嫌;最后,若依照该观点,则在债务形成后债务人经营未能够获得盈利,或者夫妻共同经营一直亏损时,则该债务即为配偶一方债务,若有盈利转化为夫妻共同财产才成立夫妻共同债务,则会发生是否构成夫妻共同债务依赖于经营是否盈利的现象,实际上已经不符合共同经营的评判标准,亦会造成对债权人实质性的不公平。

该债务应系用于生产经营活动当中,并由债权人就此予以证明。此处涉及两点需要明确:一方面,债务是否构成夫妻共同债务,应当按照债务的用途进行认定,而非经营收入的用途;另一方面,经营收益的取得源于债务人对经营活动的出资,与债务之间并无直接关系。对该两点予以强调的目的在于说明,共同经营的认定只需考虑款项是否用于经营当中,而经营收益的用途则并非共同经营的构成要件。

(3)裁判结果

法院认为,一审法院就靖江某配件公司、朱某某对上海某机床公司应承担责任的认定,有事实和法律依据,予以维持。本案二审的争议在于洪某某是否应在本案中承担责任。对此,法院认为,《最高人民法院关于审理涉及夫妻债务纠纷案件适用法律有关问题的解释》第 3 条规定,夫妻一方在婚姻关系存续期间以个人名义超出家庭日常生活需要所负的债务,债权人以属于夫妻共同债务为由主张权利的,人民法院不予支持,但债权人能够证明该债务用于夫妻共同生活、共同生产经营或基于夫妻双方共同意思表示的除外。本案中,朱某某作为一人公司的股东,并未举证证明其个人财产与公司财产相分离,故依法应对靖江某配件公司的对外债务承担连带责任。洪某某作为靖江某配件公司的监事,监督公司的经营管理,可以认定靖江某配件公司是朱某某、洪某某夫妻共同生产经营的公司,再结合洪某某亦未举证证明其与朱某某在婚姻关系存续期间的财产与靖江某配件公司的财产不存在混同,故上海某机床公司主张洪某某承担连带清偿责任的上诉请求,法院依法予以支持。

案例五 黄某某、郭某等民间借贷纠纷[1]

1. 案情简介

被告黄某某、郭某是夫妻关系,也是被告盛世辉煌公司的股东。2018 年 11 月 1 日,原告某图书公司借款给被告盛世辉煌公司 130 万元,被告盛世辉煌公司法定代表人黄某某自愿承担连带责任保证并以保证人身份在借条上签字,借款期限:2018 年 11 月 1 日至 12 日,到 2018 年 11 月 12 日一次性归还,若到期未归还,除借款人要支付全部借款金额外,并自愿无条件支付经济损失和违约金 10 万元,还要在拖欠还款期限内按日利率 0.05% 支付利息,而且自愿承担经济诈骗的法律责任和自愿抛弃先诉抗辩的权利。被告黄某某担保期限:借条出具之日起到还清借条约定的全部款项止,担保范围:借款期满未能还清借款,担保人自愿还清所有借款本息、违约金、赔偿金、实现债权的费用(诉讼费、律师代理费、差旅费、公证费及其他实际支付的费用)。2018 年 11 月 9 日被告盛世辉煌

[1] 参见陕西省西安市中级人民法院民事判决书,(2021)陕 01 民终 8843 号。

公司偿还原告借款1,028,718.31元,余271,281.69元未还。

2. 争议梳理

本案中,夫妻双方为公司股东,夫妻一方为公司借款提供担保,该借款是否为夫妻共同债务。

3. 案例评析

原告某图书公司与被告盛世辉煌公司双方签订借条,被告黄某某自愿承担连带责任保证并签字,借款发生在黄某某与郭某婚姻关系存续期间,在黄某某和郭某同为被告盛世辉煌公司股东的情况下,该股东为公司担保的借款是否为夫妻共同债务。《民法典》第1064条规定了夫妻一方在婚姻关系存续期间以个人名义举债,用于夫妻共同生产经营的,属于夫妻共同债务。在共同生产经营型夫妻共债的认定中,需要理解"生产经营型共债"的一些概念。

(1)生产经营型共债的识别

与生活消费型及共同利益型共债的区分。《民法典》第1064条第2款将夫妻共同生活与夫妻共同生产经营进行了区分。生活消费型共债的判定标准是债务利益直接转化为夫妻共同财产或用于共同生活支出,生产经营型共债则是债务利益实际被用于事业经营。此外,理论界和实务界还有持"共同利益"标准的立场,但现行法上并无共同利益型共债。法院在个案审理时应指出债务利益的具体转化路径,不能笼统地以共同利益或家庭利益来回避问题。

与合意型共债及侵权型共债的区分。混淆生产经营型共债与合意型共债的典型错误表现是,认定成立生产经营型共债的理由是非举债方对债务发生明知或应知。正确的立场是将知情作为手段而非目的,知情是为了判定有无授权经营,故知情的对象是特定的生产经营活动。因《民法典》未对夫妻一方侵权之债的性质认定作出专门规定,实务中还会出现侵权型共债与生产经营型共债的混淆。在解释论层面,应对"债务用于夫妻共同生产经营"进行目的性扩张,采直接获益说判定夫妻共同生产经营过程中的侵权之债可否认定为共债。

(2)对"共同生产经营"中"共同"的理解

共同的本质是共同的影响力,即夫妻双方对生产经营活动的重大事务享有平等的决定权。具体又可分为双方参与型与一方授权型共同生产经营、实体型与非实体型共同生产经营。

①双方参与型与一方授权型共同生产经营

双方参与是指夫妻双方通过显名出资、担任重要管理岗位等不同方式对生产经营发挥影响力,此类型有如下表现形式:其一,共同显名出资特定企业并均占据主要份额;其二,一方显名出资并占据主要份额,另一方参与管理;其三,一方为企业实际控制人,另一方参与管理;其四,无经营实体场合下的夫妻共同财产出资和共同管理。

一方授权型夫妻共同生产经营是指表面上由夫妻一方单独经营,实际上源于双方共同安排。在识别过程中需要注意:第一,知情是同意(授权)的前提,但知情本身不等于同意(授权);第二,一方授权虽不必有正式的授权书,但必须能从案件事实中推得;第三,用以推定存在一方授权经营的事实不可泛滥;第四,非参与一方既然能授权,当然也能收回授权。基于其特殊性,认定一方授权型夫妻共同生产经营应保持更审慎的态度,对该场合下的大额借贷或担保,应有夫妻内部之合意。

②实体型与非实体型共同生产经营

将夫妻共同生产经营区分为实体型和非实体型的意义在于,经营实体具有法定公示方法,其工商登记对判定是否存在夫妻共同经营具有重要的证据意义。实体型可进一步划分为公司型、合伙型和“两户”(个体工商户与农村集体土地承包经营户)型夫妻共同生产经营。在“两户”型的认定上,第一步,适用《民法典》第 56 条推定存在家庭经营;第二步,适用《民法典》第 1064 条第 2 款推定债务利益并未用于两户共同生产经营;第三步,若债权人举证推翻了第二步的推定,则适用《民法典》第 56 条。

无实体形态的夫妻共同生产经营,主要表现形式是一方主导生产经营(对外)而另一方参与管理(对内)。此类型判定的重点和难点在于非主导方对生产经营是否参与管理(双方参与型),或虽未参与但知情同意(一方授权型)。前者需结合双方具体工作内容来判断，后者主要根据案件事实综合情况来判断。[1]

(3)裁判结果

法院认为，合法的民间借贷关系受法律保护。至于郭某辩称其并非本案适格主体一节，根据《民法典》第1064条第2款“夫妻一方在婚姻关系存续期间以个人名义超出家庭日常生活需要所负的债务，不属于夫妻共同债务；但是债权人能够证明该债务用于夫妻共同生活、共同生产经营或者基于夫妻双方共同意思表示的除外”的规定，盛世辉煌公司的借款发生在黄某某与郭某婚姻关系存续期间，且盛世辉煌公司的股东为黄某某和郭某，因此郭某辩称之理由，法院不予采信。判决黄某某、郭某对上述款项承担连带清偿责任。

案例六　陈某津、林某彦民间借贷纠纷[2]

1. 案情简介

2014年5月29日，借款人林某彦向出借人陈某津借款人民币230万元整，写下借条并签名，内容为：“兹有林某彦于2014年5月29日借到陈某津人民币230万元整，该款其中195万元汇入下列账号(账号：A，户名：陈某忠，开户行：建设银行)，另外35万元以现金方式收取。上述借款每月利息为2%，利息应逐月偿还，借款期限为半年。另外提供本人所有的C、D两套房向陈某津作上述借款的抵押，如本人未能归还借款本息，愿意将上述房产交由陈某津自行处理，同时本人承诺在未还清上述借款时，不得私自将上述房产转让、过户、抵押。两房产的购房发票交由陈某津存执”。林某彦出具落款时间为2014年5月29日的收条，内容为：“兹收到陈某津交来借给本人的现金35万元整。《建行卡客户交易查询打印单》显示：2014年5月29日，案外人肖某发向账号A(户名：陈某忠)账户汇入金额99万元。《中国工商银行电子渠道转账汇款业务受理凭证》显示同月30日，汇款人肖某发汇入收款人陈某忠账户金额96万元。”

---

[1] 参见叶名怡：《论生产经营型夫妻共债的认定》，载《法律科学(西北政法大学学报)》2023年第4期。

[2] 参见广东省汕头市中级人民法院民事判决书，(2018)粤05民终694号。

2016年4月5日,案外人肖某发在另一案件中接受调查时向法官陈述:

我与陈某津是朋友关系,受陈某津的委托,于2014年5月29日通过本人卡号B汇款至陈某津指定账户即陈某忠的卡号A,汇入金额99万元。同月30日,我从本人卡号C汇给陈某忠卡号A款项96万元。上述两笔款项作为陈某津借给林某彦、陈某忠的借款,为陈某津所有。2014年5月29日,林某彦将C、D两套房的发票交由陈某津存执,上述房产没有办理抵押登记。

2015年7月6日,汕头市某房产交易所向一审法院出具复函,内容为:经查,林某彦于2014年6月在我所办理C、D两套房的商品房登记备案手续。同年10月,汕头市某置业有限公司与林某彦以交房验收时,该房产的渗漏情况严重,小区容积率及栋距过密为由,向我所申请办理注销商品房交易登记备案手续。2015年1月6日该房产经汕头市某房产管理局审批同意撤销交易登记手续。2015年3月,开发公司和买受人向汕头市某房产管理局申请合并上述两套房产为F房,并于2015年5月在我所办理商品房登记备案手续,买受人为陈某忠。

2017年6月6日,汕头市某置业有限公司向汕头市中级人民法院出具复函,内容为:林某彦与陈某忠于2014年9月19日到我司办理申请更名手续,林某彦(原户名人)将C、D两套房申请更名为陈某忠(新户名人),并明确表示由此产生的一切经济损失及费用概由林某彦负责。我司据此协助林某彦办理更名手续。因林某彦是办理更名,并非退房另售,所以无林某彦房款退还记录,也无陈某忠支付记录。根据林某彦的申请及双方签字确认的更名申请表,我司已经办理C、D两套房相关交易手续,并开具发票。

诉讼期间,陈某津提出陈某明对借款是知情的,陈某明提出其完全不知情。

林某彦与陈某明离婚纠纷一案已被一审法院一审判决离婚,2018年4月13日,汕头市中级人民法院作出终审判决,维持一审判决林某彦与陈某明离婚。该案诉讼请求没有涉及夫妻共同财产的分割。

2. 争议梳理

本案是民间借贷纠纷,林某彦与陈某明原为夫妻,本案争议的焦点为林某彦的债务是否属夫妻共同债务,陈某明是否应承担共同还款责任。从夫妻共同债务认定规则来看，债权人具有举证责任。对于超出日常家庭生活所需的借款，若要确定是否为夫妻共同债务，须从三个方面予以举证。

3. 案例评析

(1)夫妻共同债务认定规则的举证逻辑

《民法典》第1064条对夫妻共同债务的认定规则作出明确规定，对于夫妻共同举债，夫妻共同在债权凭证上签字，即“共债共签”或夫妻一方对外举债，另一方事后追认的，应当认定为夫妻共同债务；对夫妻一方在婚姻关系存续期间以个人名义为家庭日常生活需要所负的债务，应当认定为夫妻共同债务；对夫妻一方在婚姻关系存续期间以个人名义超出家庭日常生活需要所负的债务，债权人能够证明该债务用于夫妻共同生活、共同生产经营或者基于夫妻双方共同意思表示的，应当认定为夫妻共同债务。

对于夫妻一方在婚姻关系存续期间以个人名义超出日常生活需要所负的债务，债权人该如何证明该债务用于夫妻共同生活、共同生产经营或基于夫妻双方共同意思表示，举证到何种程度，在司法实践中颇有争议，也是当事人最关心的问题。根据《民法典》第1064条可以推知，债权人需要举证证明债务用于夫妻共同生活或共同生产经营，或基于夫妻共同意思表示，如果债权人不能证明的，则不能认定为夫妻共同债务。

从保护未举债配偶一方合法权益、维护婚姻家庭稳定的角度，该条规定起到了一定的积极作用，但从保护债权人权益、保护交易安全的角度，该条规定还是有些消极。关于夫妻共同意思表示(举债合意)方面的举证比较好理解，即如果债务人的配偶否认，债权人又没有其他证据证明，就不能认定为夫妻共同债务；关于债务是否用于夫妻共同生活或者共同生产经营，由债权人举证，这就让人很难理解，让债权人举出证据证明债务人借款的用途去向不太可能。

实践中，在债务人陈述借款用于夫妻共同生活或共同经营的情况下，只要债务人配偶否认，仍然以债权人举证不能判决不支持。现实生活中，大多数借钱的行为人之间都是亲戚或朋友关系，出于朴素的情感，很少有借钱时还要求借款人的配偶签字的情况，将是否用于夫妻共同生活或者共同生产经营的举证责任强加给债权人，不利于法律对善良诚信的保护，同时也有违公平公正的司法原则。从公平和诚实信用的角度来看，如果债权人认为借款用于夫妻共同生活或者共同生产经营，起诉要求债务人及配偶偿还，应首先由债务人说明借款去向并举证证明，再由法官具体判断是否属于夫妻共同债务，更为合理。也就是说，债权人主张超出家庭日常生活需要所负债务用于夫妻共同生活或共同经营，属于夫妻共同债务的，由债权人提供该部分债务用于夫妻共同生活或共同经营的基本线索，债务人应对该部分债务的去向和用途举证证明；人民法院亦应对该部分债务的去向和用途举证进行调查核实，经审查并结合相关事实，确信债权人主张事实的存在具有高度可能性的，应当认定该事实存在。

（2）夫妻共同债务认定规则的证明标准问题

关于证明标准问题。对于债权人的举证要求达到具有高度可能性的标准，即应认可。

夫妻共同意思表示（举债合意）方面的证明标准：最为直接的就是有共同签字的债务凭证，其次就是债权人提供债务人配偶之前对债务认可的录音证明、债务人配偶偿还债务的转账凭证等，均应作为认定夫妻举债合意的依据。债务人及其配偶如果否认是夫妻共同债务，则应提供足以反驳的证据，因为现实当中往往存在夫妻双方恶意串通逃避债务的情形，故该证明应达到足以排除合理怀疑的标准。

是否用于共同生活或者共同经营的证明：债权人举证证明或者人民法院调查核实举债期间家庭购置大宗财产或存在大额开支情形，夫妻双方无法说明资金来源的，举债用于夫妻双方共同从事的投资、经营事项，举债用于债务人单方从事的投资、经营事项，但债务人配偶分享投资经营收益的，都应作为认定夫妻共同债务的依据。

（3）裁判结果

本案中，陈某津已提交林某彦确认向陈某津借款两笔共230万元的借条、收据及银行的转账凭证，系当事人的真实意思表示，不违反法律规定，故确认陈某津借给林某彦的借款为230万元，该借贷行为有效。陈某津作为出借人履行了出借义务，林某彦没有按照合同约定的期限偿还陈某津借款本息，已构成违约,应当承担相应的违约责任,偿还尚欠陈某津的借款本息。陈某津关于陈某明共同偿还借款的诉讼请求,因涉案230万元系大额借款,超出了日常生活需要,陈某津未能举证上述借款系用于林某彦、陈某明夫妻共同生活、共同生产经营及夫妻双方共同意思表示,且陈某明否认对借款知情及该借款用于夫妻共同生活、共同生产经营,该请求未被法院支持。

案例七　张某某、许某某民间借贷纠纷[1]

1.案情简介

张某某是陈某的配偶,双方于1987年3月20日登记结婚。青岛某健康产业发展有限公司成立于2017年8月25日,陈某持股70%,张某某持股30%,陈某担任公司的法定代表人。

自2016年8月30日至2018年11月30日,因经营需要,陈某向许某某借款本息共计863.10万元,陈某偿还利息140万元。2018年12月5日,许某某与陈某和案外人青岛某健康产业发展有限公司(作为保证人)签订了《还款协议》,约定上述未偿还本息723.10万元于2018年11月30日全部转为本金,将还款期限延长至2018年12月31日,并约定了借款利息计算方式及违约条款,案外人青岛某健康产业发展有限公司对上述债务提供连带责任保证,保证期限为十年。在《还款协议》中陈某声明:位于青岛市市南区××路××号××号楼××室房产是陈某与妻子张某某的共同财产,陈某和张某某自愿以该房产对该债务提供财产保证责任,并承诺在还款义务履行完毕前不对该房产实施任何法律行为。张某某未在《还款协议》上签字。

上述《还款协议》签订后,陈某和案外人青岛某健康产业发展有限公司并未按约定的期限还款,许某某遂向上海市闵行区人民法院起诉。在该案审理中,陈某、青岛某健康产业发展有限公司共同答辩称,许某某所述的借款均已收到,借款用于经营。2019年5月24日,上海市闵行区人民法院作出(2019)沪0112

[1] 参见最高人民法院民事裁定书,(2021)最高法民申2072号。

民初10089号民事判决书，判决：一、陈某于判决生效之日起10日内归还许某某借款本金5,131,000元及利息55,533.61元并支付以2,100,000元为本金，自2018年12月15日起至2018年12月20日止，按年利率24%计算的逾期利息；以5,131,000元为本金，自2019年1月1日起至实际归还之日止，按年利率24%计算的逾期利息；二、陈某于判决生效之日起10日内支付许某某律师费150,000元；三、青岛某健康产业发展有限公司对陈某的上述债务承担连带还款责任。该判决已于2019年6月17日生效，但陈某和案外人青岛某健康产业发展有限公司未履行10089号判决确认的金钱给付义务。

青岛某健康产业发展有限公司的经营范围包括：养老机构、医疗护理机构管理策划、健康护理教育培训；养老、健康护理服务管理组咨询、养老、健康与护理机构建设管理、养老健康产品技术服务等。

青岛市市南区××路××号××号楼××室房产登记在张某某名下，张某某曾以该房产为青岛某健康产业发展有限公司的借款提供担保。

2. 争议梳理

本案的争议焦点是，张某某应否对案涉债务承担连带清偿责任。或者概括地说，夫妻双方均为公司股东的情况下，公司为夫妻一方借款提供担保，该借款是否为夫妻共同债务。

3. 案例评析

(1)一审法院认为的争议焦点

在上述案例中，一审法院认为，本案的争议焦点在于：涉案债务是否用于陈某、张某某夫妻共同生产经营以及在此基础上的举证责任分配。本案中，涉案借款虽然为陈某个人名义所借，但青岛某健康产业发展有限公司以担保人身份签订《还款协议》对所涉债务承担连带还款责任。陈某也确认涉案借款用于经营养老项目，而青岛某健康产业发展有限公司的经营范围内也包含养老项目。至此，许某某作为债权人已经初步完成举证责任，证明涉案债务用于青岛某健康产业发展有限公司相关的经营。现陈某、张某某未能举证，应承担举证不能的法律后果，一审法院依法确认涉案债务用于了与青岛某健康产业发展有限公司相关的经营中。

青岛某健康产业发展有限公司股东仅为陈某、张某某,其在公司各占70%和30%的份额。张某某亦以其名下房产为青岛某健康产业发展有限公司对外所负债务提供抵押担保,即张某某亦参与青岛某健康产业发展有限公司的经营。因此,与青岛某健康产业发展有限公司经营相关所负的债务,应视为陈某、张某某夫妻共同经营所负债务。

另外,在陈某与许某某签订的《还款协议》中,陈某声明:位于青岛市市南区××路××号××号楼××室房产是陈某与妻子张某某的共同财产,陈某和张某某自愿以该房产对该债务提供财产保证责任,并承诺在还款义务履行完毕前不对该房产实施任何法律行为。陈某、张某某系多年夫妻关系,虽然张某某未在该协议上签字,但该声明的内容与长期夫妻关系的事实,足以使许某某相信,张某某对该借款系明知的且陈某同意以夫妻共同财产进行债务偿还的意思表示。而借款所用于的经营项目与青岛某健康产业发展有限公司的经营项目雷同,青岛某健康产业发展有限公司担任担保人的行为也足以使许某某认为,涉案借款用于了陈某、张某某夫妻共同经营的青岛某健康产业发展有限公司。即陈某、张某某均不能提交证据证明在借款发生及《还款协议》签订时,其足以使许某某相信,该借款系用于陈某个人生产经营或陈某、张某某对该借款或夫妻共同财产的处置有特殊约定。夫妻对婚姻关系存续期间所得的财产约定归各自所有的,夫或妻一方对外所负的债务,第三人知道该约定的,以夫或妻一方所有的财产清偿。现陈某、张某某未能提交证据证明,因此应承担举证不能的法律后果。

综上,许某某的证据与主张,已达到证据高度盖然性的要求,可以证明涉案借款用于陈某、张某某夫妻共同经营。现涉案借款经生效判决确认数额,张某某应对此承担连带还款责任。

(2)二审法院认为的争议焦点

二审法院认为,本案的争议焦点是:张某某应否对案涉债务承担连带清偿责任,并从三个方面进行说理分析。

①关于案涉债务是否属于基于夫妻共同意思表示所负的债务

《最高人民法院关于审理涉及夫妻债务纠纷案件适用法律有关问题的解释》第1条规定,夫妻双方共同签字或者夫妻一方事后追认等共同意思表示所负的债务,应当认定为夫妻共同债务。夫妻共同意思表示的表现形式可以是事前共同签字,也可以是事后追认。第一,许某某与陈某、青岛某健康产业发展有限公司签订的《还款协议》记载的借款人仅为陈某,虽然该协议第 9 条约定:"乙方(陈某)声明位于青岛市市南区××路××号××号楼××室房××方与妻子张某某的共同财产。乙方和妻子自愿以该房产对乙方的上述借款提供财产保证责任并承诺在还款义务履行完毕前不对该房产实施任何法律行为。"但张某某未在该协议上签字。第二,张某某未在事后对借贷债务予以追认。第三,青岛某健康产业发展有限公司以担保人身份签订《还款协议》以及张某某知道或者应当知道借贷事实,均不能推定张某某作出了共同借贷的意思表示或对债务予以追认。因此,本案债务不属于基于夫妻共同意思表示所负的债务。

②关于案涉债务是否为家庭日常生活需要所负的债务

《最高人民法院关于审理涉及夫妻债务纠纷案件适用法律有关问题的解释》第 2 条规定,夫妻一方在婚姻关系存续期间以个人名义为家庭日常生活需要所负的债务,债权人以属于夫妻共同债务为由主张权利的,人民法院应予支持。本案中,陈某借贷的本金高达 700 万元,显然已超出家庭日常生活所需,故亦不属于陈某以个人名义为家庭日常生活需要所负的债务。

③关于案涉债务是否属于夫妻共同生产经营所负的债务

关于举证证明责任问题。《最高人民法院关于审理涉及夫妻债务纠纷案件适用法律有关问题的解释》第 3 条规定,夫妻一方在婚姻关系存续期间以个人名义超出家庭日常生活需要所负的债务,债权人以属于夫妻共同债务为由主张权利的,人民法院不予支持,但债权人能够证明该债务用于夫妻共同生活、共同生产经营或者基于夫妻双方共同意思表示的除外。据此,许某某应当对案涉债务用于夫妻共同生产经营的事实承担举证证明责任,否则承担不利后果。

关于证明标准问题。《最高人民法院关于适用〈中华人民共和国民事诉讼法〉的解释》第 108 条规定,对负有举证证明责任的当事人提供的证据,人民法院经审查并结合相关事实,确信待证事实的存在具有高度可能性的,应当认定该事实存在。对一方当事人为反驳负有举证证明责任的当事人所主张事实而提供的证据,人民法院经审查并结合相关事实,认为待证事实真伪不明的,应当认定该事实不存在。法律对于待证事实所应达到的证明标准另有规定的,从其规定。据此,许某某承担的是高度可能性的证明标准,而不是初步证明责任。第一,案涉债务发生于2016年8月至12月,此时青岛某健康产业发展有限公司尚未成立,案涉借贷款项无法直接用于该公司生产经营。第二,赵某自认款项用于经营养老项目,青岛某健康产业发展有限公司经营范围中也包括养老项目,但因许某某承担的不是初步证明责任,仅经营项目雷同并不导致举证责任转移给张某某,故在张某某一审未提交反证的情况下,不宜推定借款用于该公司生产经营。第三,从张某某二审提交的银行流水来看,借贷款项没有转账给张某某或青岛某健康产业发展有限公司。许某某主张2016年10月31日,陈某向青岛中德国际经济文化交流有限公司转账200万元,张某某系该公司股东,应当认定该200万元用于夫妻共同经营。对此,法院认为,2016年10月27日,许某某向陈某转账200万元借款,后陈某分8次将款项转账至房某、卜某、宋某、王某等人账户,银行账户余额仅为2000元。2016年10月31日,200万元银行贷款发放至陈某账户,同日陈某向青岛中德国际经济文化交流有限公司转账200万元。从上述资金流转过程来看,陈某转入青岛中德国际经济文化交流有限公司的200万元系银行贷款资金,与许某某的借款缺乏关联性。第四,从许某某提交的微信聊天证据来看,陈某以青岛福润泽养老事业发展中心参与养老项目为由向许某某借款(陈某系该中心法定代表人),张某某没有参与借款协商。因青岛福润泽养老事业发展中心的登记管理机关为青岛市民政局,该中心系民办非企业单位,不是盈利法人,与张某某没有法律上的利益关系,故青岛福润泽养老事业发展中心参与的养老项目不应认定为陈某和张某某共同生产经营或受益。

因许某某未提交充分证据证明案涉借款用于陈某、张某某共同生活、共同生产经营或者基于夫妻双方共同意思表示,故案涉债务不应认定为夫妻共同债务。许某某主张张某某承担连带清偿责任,法院依法不予支持。

(3)再审结果

再审法院认为:当时有效的《最高人民法院关于审理涉及夫妻债务纠纷案件适用法律有关问题的解释》第3条规定:“夫妻一方在婚姻关系存续期间以个

人名义超出家庭日常生活需要所负的债务,债权人以属于夫妻共同债务为由主张权利的,人民法院不予支持,但债权人能够证明该债务用于夫妻共同生活、共同生产经营或者基于夫妻双方共同意思表示的除外。”据此,许某某提起本案诉讼,主张案涉借款属于夫妻共同债务,依法应当承担举证责任。同时,依据《最高人民法院关于适用〈中华人民共和国民事诉讼法〉的解释》第 108 条的规定,许某某的举证应达到待证事实的存在具有高度可能性的证明标准,否则应承担举证不能的不利后果。

首先,根据二审判决查明的事实,案涉借款系陈某以其个人名义向许某某所借,许某某与陈某、中瑞公司签订的《还款协议》记载的借款人为陈某,张某某并未在该协议上签字。张某某虽然为中瑞公司的股东,但许某某未提交其他能够证明张某某在事后对案涉债务予以追认的直接证据,中瑞公司以担保人身份签订《还款协议》并不能推定张某某作出了共同借贷的意思表示或对债务予以追认。其次,另据二审判决查明的事实,虽然陈某自认案涉借款用于经营养老项目,中瑞公司经营范围也包括养老项目,但本案现有证据不能证明案涉借款用于中瑞公司的生产经营。从许某某提交的微信聊天证据来看,陈某以青岛福润泽养老事业发展中心(陈某系该中心法定代表人)参与养老项目为由向许某某借款,许某某主张陈某名下所有公司的股东均为陈某和张某某,陈某没有其他独立主体运营养老项目,与事实不符。另外,许某某一、二审提交的相应证据仅能证明张某某曾以其名下住房为中瑞公司借款提供担保,在没有其他证据相佐证的情况下,据此不能证明张某某知道并参与了陈某借款所涉及的养老项目。二审判决根据上述事实和理由,认定许某某未提交充分证据证明案涉借款用于陈某、张某某共同生活、生产经营或者基于夫妻双方共同意思表示,故案涉债务不应认定为夫妻共同债务,对许某某关于判令张某某承担连带清偿责任的请求未予支持,举证责任分配并无不当,不存在因认定案件基本事实缺乏证据证明、适用法律错误而应再审的情形。综上,法院裁定驳回许某某的再审申请。

第四章　婚姻家庭中的未成年子女问题

第一节　未成年人的界定与家庭权利

一、未成年人的法律界定

(一)未成年人的法定年龄

“未成年人”是一个法律概念,是由法律直接规定的,它的界限是明确的。《民法典》第 17 条规定:“十八周岁以上的自然人为成年人。不满十八周岁的自然人为未成年人。”第 18 条规定:“成年人为完全民事行为能力人,可以独立实施民事法律行为。十六周岁以上的未成年人,以自己的劳动收入为主要生活来源的,视为完全民事行为能力人。”第 27 条第 1 款规定:“父母是未成年人的监护人。”可见,“未成年人”一词是法律中确定特定人群的一个法律用语,具有规范性、明确性、法定性的特点。

(二)儿童、青少年与未成年人的词义辨析

儿童、青少年与未成年人是三个不同的概念,但它们之间有一些相似之处。“儿童”一词在联合国《儿童权利公约》中指的是“18 岁以下的任何人,除非对其适用之法律规定成年龄低于 18 岁。”该公约中所指的儿童与我国未成年人的概念是一致的。但在我国,儿童的概念却不是在这一意义上使用的,而是一个模糊的概念,其包括从出生到青春期的各个阶段的人。由于立法目的不同,不同立法在使用同一概念时所关注的基点是不同的。通过对《民法典》、《未成年人保护法》、2001 年《婚姻法》以及联合国《儿童权利公约》的对比,为确保规范的统一,“儿童”应当是指 18 周岁以下的公民。但在政府主导的儿童管护实践中,

法律规范仅起到一个参考的作用。政府主导下的管护制度及其运行首先考量的是行政权力的可行与便利。如 1992 年最高人民法院、最高人民检察院联合制定的《关于执行全国人民代表大会常务委员会〈关于严惩拐卖、绑架妇女、儿童的犯罪分子的决定〉的若干问题的解答》(已废止)第 8 条规定:"儿童年龄是指不满 14 周岁。其中不满 1 周岁的为婴儿,1 周岁至 6 周岁的为幼儿。"将"儿童"界定为不满 14 周岁的人。比如妇联系统认为儿童是指 6 周岁以下的孩子;《刑法》猥亵儿童罪中的"儿童"是 14 周岁以下的自然人。从我国现行的法律和政策来看,虽然没有明确规定儿童年龄的起始,在我国,"儿童"一词是使用频率较高的概念,但是其年龄界定却相当模糊。在我国现有的全国人大立法体系中,《宪法》《刑法》《民法典》《未成年人保护法》《教育法》等法律均使用了"儿童"这一概念,但均未对其含义进行规定。一般情况下,儿童是与父母、妇女、老年人相对的一个概念,通常被认为是比青少年年龄更小的一个年龄层次的群体,但具体界定却很不明确。情况更为复杂的是,在同一部法律中"儿童"和"未成年人"两个概念同时出现的情况又较多,这也增加了对儿童界定的难度。所以,它是一个易造成混淆和争议的概念,在我国不适合作为法律概念来使用。

"青少年"是社会学的一个概念,不同的语境下对它的定义是不同的,它与未成年人的年龄范围不同。关于哪些年龄段的人应该属于青少年分歧比较大,一般指十岁至十五六岁这一时期的孩子。众多专家曾对青少年到底应该包括哪些年龄段的人发生过争论,有的确定为 25 岁以下,有的确定为 30 岁以下,有的确定为 35 岁以下等,到底该如何确定,目前还没有一个定论,因此"青少年"作为一个社会学概念不适合当作法律概念使用。

根据《民法典》第 17 条的规定:"十八周岁以上的自然人为成年人。不满十八周岁的自然人为未成年人。"《未成年人保护法》第 2 条规定:"本法所称未成年人是指未满十八周岁的公民。"可见,从刚出生的婴儿到 18 周岁以内的任何一个年龄层的公民,不论其性别、民族、家庭出身、文化程度如何,都属于未成年人的范围。在民法中区分成年人与未成年人的法律意义主要有以下几个方面:一是判断民事法律行为的效力。成年人可以独立实施民事法律行为,未成年人只可以独立实施部分民事法律行为,实施其他民事法律行为要经过法定代理人的同意或追认;二是确定婚姻家庭关系中的权利义务;三是设立监护;为了保护未成年人的人身、财产权利及其他合法权益,对未成年人应当设立监护人。《民法典》将成年人年龄确定为18周岁,这也与我国《宪法》的相关规定相一致。我国《宪法》将选举权和被选举权这一重要的政治权利,赋予年满18周岁的公民。[1]

二、未成年人的权利类型

未成年人权利是一个广义的概念,是指为保障未成年人人权而给予的特殊照顾和保护的权利,包括与亲生父母联系的权利,作为独立个体的权利,获得基本物质生活条件的权利,接受义务教育和医疗保健的权利等。[2] 由于未成年人最大的特点就是年龄小、知识和经验欠缺,自我谋生能力和自我保护能力欠缺,容易受到成人社会的忽视甚至侵害。未成年人权利的类型也是着眼于凸显未成年人特点的特殊性来进行划分,以《儿童权利公约》为依据,将一般的未成年人权利的内容划分为未成年人的生存权利与发展权利。生存权是人类维持其存在的最首要的基本权利,我国《未成年人保护法》第3条明确规定了未成年人享有生存权。其具体又可以分为生命权、健康权、适当生活水准权、身份权、家庭成长权、受抚养权、受监护权;未成年人发展权是指除了保证未成年人的身体发育成长,还要体现出其心理、情感、认知、社会和文化方面的发展的权利,具体又可以分为受教育权、参与权、交往权、表达权。[3]

三、未成年人的家庭权利

家庭是未成年人生活的重要场所,在未成年子女成长中发挥着无法替代的作用。自出生起,未成年人就生活于家庭之中。基于未成年人与家庭成员之间的血缘、亲情关系,父母与家庭在未成年子女健康成长、实现其人格全面发展中

---

〔1〕 参见《宪法》第34条;《未成年人保护法》第2条。
〔2〕 参见汪金兰:《儿童权利保护的国际私法公约及其实施机制研究》,法律出版社2014年版,第6页。
〔3〕 参见张庆林:《我国诉讼离婚中儿童权利保护研究》,西南政法大学2019年博士学位论文,第52~59页。

扮演着重要的角色。在家庭中,父母履行的义务就是未成年人子女享有的权利。未成年人的家庭权利具体包括受抚养权[1]、受教育权、交往权、受保护权、表达权和财产权。[2] 其中抚养权纠纷、监护权纠纷、子女探视等纠纷在婚姻家事案件中所占比重最大。

(一)未成年人的受监护权

监护制度是我国基本的民事法律制度之一,监护对保障无民事行为能力人和限制民事行为能力人的权益,起到很重要的作用。监护权是监护人对于未成年人和精神病人等无民事行为能力人和限制行为能力人的人身权益、财产权益所享有的监督、保护的身份权。未成年人受监护权是指监护人对于未成年人人身和财产权益负有监督和保护的职责,未成年人享有监护人抚养、保护与教育的权利。其主要内容有三个方面,分别为人身监护、财产监护以及对未成年人其他合法权益的保护。人身监护包括"保护被监护人的身体健康,照顾被监护人的生活",父母要以良好的品行为孩子树立良好的榜样,引导他们进行有益于健康成长的各种活动,同时为其提供良好的成长环境,防止受到来自外界的非法侵害;在财产监护方面"监护人应当履行监护职责,保护被监护人的财产除为被监护人的利益外不被处理";至于对于未成年人其他合法权益的保护主要是指监护人的法定代理,常表现为当未成年人涉及诉讼时,由监护人作为其代理人参加诉讼。

现代社会未成年子女监护的发展趋势就是以子女利益为本位,以儿童最大利益为原则,维护子女的人身和财产利益。未成年子女监护的核心内容就是父母要履行监督、保护子女人身和财产利益的责任,而非获得额外的自身利益。人身方面的监护职责主要有:保护儿童的人身安全;请求交还儿童;监督教育儿童;提供、保障和指定儿童的住所;作为儿童的法定代理,代理参与民事活动或民事诉讼活动;对儿童的医治和管束。财产方面的职责主要有:开具儿童的财

---

[1] 注意区分抚养与扶养,抚养是指父母、祖父母、外祖父母等长辈对子女、孙子女、外孙子女等晚辈的抚育、教养、保护;扶养是指夫妻双方、兄弟姐妹等同辈之间在物质和生活上的相互帮助。

[2] 参见薛宁兰:《我国亲子关系立法的体例与构造》,载《法学杂志》2014 年第 11 期。

产清单;管理儿童的所有财产;为儿童的利益使用和处分其财产。[1] 鉴于监护权的法定性,只要另一方还具有监护能力,则当然享有监护权,与父母双方之间的婚姻关系状况并无关联,即使是双方离婚也无须进行监护权的转让,依然能自然享有该权利。亦可以说,是在法定监护人之间不存在监护权转让的问题;所以监护权问题不是离婚诉讼中的纠纷处理问题。

(二)未成年人的受抚养权

未成年人受抚养权,是未成年人享有其幸福生活所必需的受到父母保护、照料和教养的权利,也是未成年人所享有的一项基础性人身权利。父母对未成年子女的抚养义务是法定义务,《民法典》第1058条、第1067条[2]都专门予以规定。抚养,是指父母为未成年子女的健康成长提供必要的物质条件,包括哺育、喂养、抚育、提供生活、教育和活动的费用等。父母对未成年子女的抚养义务是无条件的义务,不能因任何借口而免除。从子女出生时起到能够独立生活时止,都必须承担,即使父母离婚后也不能免除。抚养义务是亲权的主要内容,权利主体是未成年子女,义务主体是亲权人。亲权的抚养义务须以直接养育为原则,即让未成年子女与亲权人共同生活,直接进行养育。对于因事脱离亲权人的未成年子女,如参军、就学、与无亲权的父母一方暂居等,亲权人应当支付现金或实物,进行间接养育。未成年子女作为权利人,有权要求父母履行抚养义务。亲权人拒绝履行抚养义务,权利人依法享有抚养费给付请求权。

(三)未成年人的受教育权

受教育权是公民的基本权利。受教育权既包含学校教育和社会教育,也包括家庭教育。学校教育是由专业人员承担,在专门的机构中进行目的明确、组织严密、系统完善、计划性强的,以影响学生身心发展为直接目标的社会实践活

---

[1] 参见杨大文:《亲属法》,法律出版社1997年版,第330页。

[2] 参见《民法典》第1058条　夫妻双方平等享有对未成年子女抚养、教育和保护的权利,共同承担对未成年子女抚养、教育和保护的义务。

《民法典》第1067条　父母不履行抚养义务的,未成年子女或者不能独立生活的成年子女,有要求父母给付抚养费的权利。成年子女不履行赡养义务的,缺乏劳动能力或者生活困难的父母,有要求成年子女给付赡养费的权利。

动。学校教育是与社会教育相对的概念,专指受教育者在各类学校内所接受的各种教育活动。一般来说,学校教育包括初等教育、中等教育和高等教育。社会教育旨在有意识地培养人、有益于人的身心发展的各种社会活动。从广义上来说,社会教育是学校教育的延续,家庭教育的补充,可以弥补学校教育在知识教学方面存在的不足,又可以广泛地开展道德品质、价值观教育,使人在自身能力、感情道德的发展中愈加成熟完善。家庭教育也是教育的组成部分,是学校教育与社会教育的基础。家庭教育是指在家庭生活中,由家长,即由家庭里的长者(其中主要是父母)对其子女及其他年幼者实施的教育和影响。

从《宪法》层面来看,在公民的基本权利与义务部分既赋予了未成年子女享受家庭教育的权利,也规定了父母对未成年子女家庭教育的义务。《宪法》第46条第1款规定:"中华人民共和国公民有受教育的权利和义务。"这里的受教育权理应包括未成年人接受家庭教育的权利。由于权利和义务的相互性,要保证未成年人的受教育权,国家就需要对受教育权的实现履行保护义务,保障未成年人受家庭教育的权利也是题中之义。[1] 我国未成年人的受教育权不仅是宪法意义上的权利,还表现为其他意义上的权利,如行政法和民法意义上的权利。不同意义的受教育权其内涵是不一样的,受教育的权利主体和义务主体也可能不一样,当然其保护的方式就应当不一样。[2]

家庭教育既为"国事"——需要国家转向以法律为载体的法治引领和政策层面的刚性保障,也属于"家事"而属于家庭自治范畴。未成年人的家庭教育是受教育权的重要组成部分。家庭教育是国民教育的基础,家庭教育以血缘为基础,教育的渗透性强,影响深远、持久,对未成年人身体和心理健康的养成、良好道德品质的形成、意志品质、个人生活目标与个性发展等具有原生性和终身性的影响。家庭教育是基于亲权的教育,受教育权的主体是未成年人,国家、家庭、学校和社会是共同义务主体,其中家长是实施家庭教育的第一责任人,国家

---

〔1〕 参见杨乐:《家庭教育立法中国家义务的法律规制及实现路径——基于未成年人受教育权保障视角》,载《人文杂志》2021 年第 2 期。

〔2〕 参见李洁:《论未成年人的受教育权》,载中国法院网,https://www.chinacourt.org/article/detail/2013/10/id/1107318.shtml。

则通过监督家长履责和为家长提供家庭教育指导服务,间接地保障未成年人享有家庭教育的权利。根据权利推定原则,家庭教育中未成年人受教育权应包括未成年人从家庭获得受教育的权利、家长教育子女的权利和选择家庭教育的自由。其中包含两方面的权利,也体现了受教育权的双重权利性质:一是受教育自由权,即未成年人从家庭获得受教育机会、参与家庭教育和家长选择家庭教育的权利;二是受教育社会权,即家长为教育子女获得国家提供家庭教育指导服务的权利。因此,根据基本权利功能理论,研究受教育权的多层次子权利,阐释家庭教育中未成年人受教育权的具体权能,能够更好地保障受教育权的实现。

(四)未成年人的受保护权

受保护权是指未成年人有在安全的生存环境中过快乐而有尊严的生活的权利。受保护权包括免受歧视,免受一切人身和精神剥削和伤害,对处于危急状态下儿童的保护等内容。未成年人保护包括家庭保护、学校保护、社会保护以及国家保护的方方面面。我国法律中,专门设立了多项保护未成年人权益的条款,对未成年人权益起到全方位立体式的保护作用。未成年人应当享有健康、安全、和谐的家庭环境,不应该受到虐待和歧视。对未成年人的虐待包括精神方面和身体方面。对未成年人的忽视,是指持续性地没有为未成年人提供必需的、与年龄相适应的照料、教育、监督等,涉及未成年人的身心、安全、医疗和社会活动等方面。在家庭中,未成年人和成人之间在人格上是平等的,而且,处于弱势的未成年人还应当得到特别的保护和照料。当未成年人遭遇不公时,家庭中的监护人要提供保护;当未成年人在家庭中遭遇虐待和忽视时,国家和社会应当通过合法方式和程序进行适当的干预。

第二节　最有利于未成年子女原则

《民法典》婚姻家庭编第1084条[1]第3款规定父母离婚纠纷中对未成年子女抚养问题协商不一致时，由人民法院根据双方的具体情况，按照最有利于未成年子女的原则判决，这是首次以法律条文的形式确认了“未成年人利益最大化”的适用。

一、未成年人利益最大化原则的意义

“最有利于未成年人的原则”是指导所有的涉及未成年人的家事案件的总领性原则，在探望权、抚养权等涉及未成年人的家庭权利纠纷中，都需要保证未成年人利益最大化。如在争夺子女抚养权纠纷中，并非有些人认为的：孩子是我生的，就应该由我来支配。应该以子女利益为首要判断因素，能不能争取到子女的抚养权，关键在于自己是不是那个最适合抚养孩子的人，这就是《民法典》抚养制度贯穿始终的“最有利于未成年子女原则”。《民法典》第1084条第3款规定：离婚后，不满两周岁的子女，以由母亲直接抚养为原则。已满两周岁的子女，父母双方对抚养问题协议不成的，由人民法院根据双方的具体情况，按照最有利于未成年子女的原则判决。子女已满八周岁的，应当尊重其真实意愿。最有利于未成年人原则，又称儿童最大利益原则，其要求以未成年人利益为最大考量因素来作出对未成年人案件的处理。司法机关应当充分、全面考虑维护未成年人利益的需要，最大限度避免和降低司法活动给他们带来的不利影响，帮助他们尽快恢复正常生活、学习和工作。除此之外，听取未成年人的意

---

[1] 参见《民法典》第1084条　父母与子女间的关系，不因父母离婚而消除。离婚后，子女无论由父或者母直接抚养，仍是父母双方的子女。

离婚后，父母对于子女仍有抚养、教育、保护的权利和义务。

离婚后，不满两周岁的子女，以由母亲直接抚养为原则。已满两周岁的子女，父母双方对抚养问题协议不成的，由人民法院根据双方的具体情况，按照最有利于未成年子女的原则判决。子女已满八周岁的，应当尊重其真实意愿。

见，尊重未成年人的合理要求，也是儿童最大利益原则所要重点保障的内容。儿童最大利益原则是指导与未成年人利益相关的一切活动的基本准则。各国的立法、司法和行政机关逐渐将儿童的最大利益纳入其规划、行动以及评估的标准之中。

二、最有利于未成年子女原则的衡量标准

是否符合“最有利于未成年子女原则”，在评判过程中存在诸多的参酌因素，其中最典型的是未成年子女的真实意愿、父母满足未成年子女需求的能力（教育陪伴子女的精神抚养能力和稳定保障基本生活的物质条件能力）、父母的特征因素（父母的品行特征、抚养子女的意愿及恳切程度、父母与子女的关系融洽程度）。实际中，各种因素会交叠存在，很难讲某一因素即一贯的决定性因素，还需结合案件具体情况，立足于未成年人利益最大化的考量，作出综合认定。

（一）未成年子女的真实意愿

《民法典》第1084条，除规定“最有利于未成年子女原则”外，还规定“子女已满八周岁的，应当尊重其真实意愿”。在我国既有法律体系下，8周岁以上的未成年人对于日常学习生活已有一定程度的认知，可以实施与其年龄、精神状况相适应的民事行为，故其对父母离婚后自己应随哪方共同生活，已具备相应的判断能力。为贯彻落实《民法典》最有利于未成年子女原则，未成年子女的真实意愿应当成为酌定考量直接抚养权的实体法律要件。

尊重孩子的真实意愿，是突出孩子作为主体本身的自由意志，是尊重未成年人人格尊严和保障未成年人利益最大化的体现，亦与《儿童权利公约》中“应确保有主见能力的儿童有权对影响到其本人的一切事项自由发表自己的意见，对儿童的意见应按照其年龄和成熟程度给以适当地看待”的精神相契合。

依据我国《民法典》及《最高人民法院关于适用〈中华人民共和国民法典〉婚姻家庭编的解释（一）》的相关规定，对于八周岁以上的子女，在认定抚养权归属以及变更抚养权时，均应当尊重子女的真实意愿。即对于年满八周岁的未成年子女，法律赋予了其参与诉讼表达是由父亲还是母亲抚养的真实意愿的权

利。各方有责任更有义务听取年满八周岁子女的意愿,通过询问、调查了解等各种形式与孩子建立沟通,引导未成年子女自由充分表达想要跟随父亲还是跟随母亲,探究其真实意愿,并根据未成年子女的年龄大小及成熟程度进行判断是否是真实意愿以及是否真正有利于未成年子女的成长。

(二)父母满足未成年子女需求的能力

离婚诉讼中,认定未成年子女抚养权归属时需要衡量的一个重要因素是,父或母一方谁更具备满足未成年子女需求的能力。未成年子女的需求包括情感需求以及物质需求。情感需求即未成年子女在成长中与父母、同胞兄弟姐妹、祖父母、外祖父母等近亲属的亲密关系得到满足的需求,以及其成长环境给予的熟悉感和安全感的需求。情感需求对未成年子女的成长尤为重要,一个情感能够得到充分满足的孩子往往更具备健康的人格,更能够乐观积极地面对生活,并且更能够勇敢地应对挑战,故情感需求应作为衡量未成年子女抚养权归属的首要因素。物质需求即生活条件、教育条件得到满足的需求,物质需求与经济实力直接关联。实践中,在主张孩子抚养权时,常常会听到父母一方说"我的收入更多""我的学历更高""我的居住条件更好",所以孩子应随自己共同生活。如此说来,在大多数人心目中,父母的条件越好,孩子就能生活得越好。如果说孩子的真实意愿、稳定的生活状态,是从孩子的自身因素出发去评判是否最有利于未成年子女,那么父母的各方面条件,则是从父母的因素出发,来看待怎样才是最有利于未成年子女。通常来讲,这样的条件大致可以分为有利条件和不利条件。

有利条件,是争取抚养权时的加分项,不妨称为"正面清单",比如拥有稳定的工作和良好的收入,有良好的亲子关系,有条件可以亲自抚养孩子,父母可以协助抚养孩子,等等。

不利条件,是争取抚养权时的减分项,不妨称为"负面清单",比如无稳定工作和收入、基本生活无法得到保障,存在相应的违法行为记录,长期有赌博、吸毒、酗酒等恶习,无特殊情况却让孩子长期辍学在家,等等。

在这里,要强调一点,父母的条件是指各方面的综合条件,而不仅仅指物质条件。从最有利于未成年子女角度出发,物质条件不同而带来的抚养差异,有时未必如想象中那般明显。

为什么会这么说？一方面，孩子的成长确实要有必要的物质条件，但只要具备一定的物质条件，即可保障孩子的日常生活和学习所需，并非无止境的。另一方面，我国《未成年人保护法》第16条规定，监护人应为未成年人提供生活、健康、安全等方面的保障，且应关注其生理、心理状况和情感需求。

可见，抚养孩子并非仅仅是物质上的供给，而应是对孩子的全面照顾和养育。甚至很多时候，心理上的安全感与慰藉，对孩子的健康成长更为重要。

（三）父母的特征因素

父母的特征因素主要有父母的品行特征、抚养子女的意愿及恳切程度、父母与子女的关系融洽程度。实践中，父母的品行以及其与子女的日常关系，往往也是法院确定孩子抚养问题时的一个重要评判因素。但要强调的是，即使未成年子女的真实意愿和父母满足未成年子女需求的能力都非常契合“最有利于未成年子女原则”，但如果父母一方的品行及与子女关系上存在不稳定问题，就算未成年子女明确表示愿意随其共同生活，从最有利于未成年人成长的角度考虑也是不会被支持的。正如有的研究者所述：“儿童可能不会理性地选择对他们最有利的，而是选择令他们感觉最自在的方案。”

类似的特殊情形，除了父母一方长期存在家暴行为，还有父母一方长期存在赌博、酗酒恶习，或者是父母一方存在较为明显的教育理念偏差等。此类特殊情形的存在，使得孩子的意愿并不当然意味着对其最为有利，需要综合案件情况后再行作出评判。

三、最有利于未成年子女原则的完善

（一）夫妻利益优先的思想仍然普遍存在

在我国离婚诉讼中，夫妻双方才是案件的当事人，未成年子女往往处于一个被选择、被决定的地位，被动地接受父母的分开，二孩及多孩家庭同时还可能面临与兄弟姐妹的分离。诉讼离婚中未成年子女权益保护一直是一个被忽视的问题，当抚养权发生争议时，夫妻利益优先的思想仍然普遍存在。很多夫妻

离婚时,并未考虑到未成年子女的感受,有些父母甚至为了更顺利地离婚,把未成年子女的抚养权当成了加速离婚的筹码,他们为了自己的婚姻自由,完全不考虑未成年子女的想法和境况,导致未成年子女不能在一个健康的环境下成长。[1]

(二)“最有利于未成年子女原则”未作详细规定

《民法典》及《最高人民法院关于适用〈中华人民共和国民法典〉婚姻家庭编的解释(一)》直接或间接体现了“最有利于未成年子女原则”,“按照最有利于未成年子女的原则”作为确定抚养权的原则性条款,虽然给了法官一定的自由裁量权,但是没给法官明确的依据。

简单来说,怎样的条件是最有利于未成年子女是不确定的,如果个案中的父母一方有重大过错,或者个案中的父母双方经济条件相差悬殊,这样还好,在双方协商不成时,法官很容易判决。但是,如果未成年子女的父母双方各项条件都相差不大,法官又该如何判决,这不仅是留给法官的难题,也是留给所有人的难题。如果法律能够明文规定,则会让人更加信服。

“未成年人利益最大化”之“最大化”本身就是一个比较用语,何为最大,是相对来说,通过与未成年人所处的环境进行对比才能得出的感受,其本身属于一个难以界定的抽象概念,却是可以通过建立一套评价规则去参考所处的环境因素去设定。我国目前对未成年人子女利益最大化原则缺乏相应的法律法规,因此很难在实践中将其具体化。未成年子女利益最大化原则的内涵可以从两方面内容判定:一方面是客观性标准,对结果是否能够实现对儿童群体基本权利的保护进行判断;另一方面是能动性标准,对结果中是否体现了儿童个人意愿和个体利益进行判断。[2]

(三)未成年子女的真实意愿

法院在酌定直接抚养权归属时,未成年子女的真实意愿难以成为优先考虑

---

〔1〕 参见金强微:《未成年人利益最大化原则在家事司法中的适用研究》,吉林大学 2021 年硕士学位论文,第 5 页。

〔2〕 参见陈奇伟等:《论“儿童利益最大化”在家事立法与司法中之贯彻与完善》,载《南昌大学学报(人文社会科学版)》2020 年第 5 期。

或评判的因素。相较于未成年子女的意愿,父母的抚养能力及父母抚养子女的意愿等因素,更能左右或影响判断抚养问题的"心证"。

在离婚诉讼中,父母争取未成年子女抚养权往往都是从各自利益出发,子女的真实意愿可能并不是离婚父母首要关注的问题,但如果未成年子女的真实意愿未被尊重,则很有可能抚养权的归属并不能最有利于未成年子女成长。《民法典》第 1084 条第 3 款规定,子女已满八周岁的,应当尊重其真实意愿。因此,《民法典》实施后,未成年人年满八周岁的,在处理抚养关系问题上应征求其意愿。在审判实践中,未成年人往往受生活环境的影响,或受父母双方的压力,可能不敢、不愿或者不能表达其真实意思,由此导致较难把握未成年人的意愿。尤其《民法典》具体条文对未成年人意愿从"考虑"调整为"尊重"的前提下,如何正确引导未成年人表达其真实意思,或者当未成年人意愿与其他抚养条件发生冲突时如何平衡并妥善处理,成为审理此类案件的难点。

第三节　离婚中的未成年子女问题

未成年人婚姻家庭纠纷主要包括离婚诉讼中的未成年人抚养问题、抚养费纠纷、变更抚养关系纠纷、子女探望权和同居关系子女抚养纠纷。未成年子女直接抚养权的归属是离婚案件中最受关注的问题。未成年子女直接抚养权争议纠纷,即如何确定未成年子女直接抚养权的归属,由于紧密联系到未成年子女利益保护的特殊性、复杂性以及困难性,就显得更为重要与突出。

一、直接抚养权归属认定的分析

一般而言,在父母双方离婚之后确定的抚养权归属,更大程度上应当具化为直接抚养权的归属,也即双方均依然享有抚养权,只是行使抚养权的方式不同。不直接抚养未成年子女的另一方,更多的是通过行使探视权,以及承担抚养费用等方式来行使抚养权。那么夫妻离婚时,对于孩子的直接抚养权,法律是怎样规定的？根据《民法典》第 1084 条以及《最高人民法院关于适用〈中华人民共和国民法典〉婚姻家庭编的解释(一)》可按照子女的年龄进行划分。

(一)不满两周岁未成年子女直接抚养权归属的判定

虽然在实际生活中婴儿哺乳期长短因人而异,但司法实践中通常将“哺乳期内的子女”理解为两周岁以下的婴幼儿。根据《民法典》第1084条以及《最高人民法院关于适用〈中华人民共和国民法典〉婚姻家庭编的解释(一)》第44条[1]的规定,不满两周岁的子女以随哺乳的母亲抚养为原则,法院一般对女方请求直接抚养未成年子女的诉求予以支持。但母亲有下列情形之一的,也可随父亲生活:

(1)母亲患有久治不愈的传染性疾病或其他严重疾病,子女不宜与其共同生活的;

(2)母亲有抚养条件不尽抚养义务,而父亲要求子女随其生活的;

(3)因其他原因,子女却不宜随母亲生活的,如母亲的经济能力及生活环境对抚养子女明显不利的,或母亲的品行不端不利于子女成长的,或因违法犯罪被判服刑不可能抚养子女的,等等。

此外,如果父母双方协议不满两周岁子女由父亲直接抚养,并对子女健康成长无不利影响的,人民法院也应予支持。

(二)两周岁以上未成年子女直接抚养权归属的判定

两周岁以上的未成年子女,随父或随母生活,首先应由父母双方协议决定。因此,当父母双方对抚养未成年子女发生争议时,法院应当进行调解,在当事人双方自愿、合法的前提下,协商决定:未成年子女由父方抚养,或随母方生活,或者在有利于保护子女利益的前提下,由父母双方轮流抚养,上述几种抚养方式,法院都是可以准许的。

---

〔1〕 参见《最高人民法院关于适用〈中华人民共和国民法典〉婚姻家庭编的解释(一)》第44条 离婚案件涉及未成年子女抚养的,对不满两周岁的子女,按照民法典第一千零八十四条第三款规定的原则处理。母亲有下列情形之一,父亲请求直接抚养的,人民法院应予支持:

(一)患有久治不愈的传染性疾病或者其他严重疾病,子女不宜与其共同生活;

(二)有抚养条件不尽抚养义务,而父亲要求子女随其生活;

(三)因其他原因,子女确不宜随母亲生活。

如果当事人双方因子女抚养问题达不成协议时，法院应结合父母双方的抚养能力和抚养条件等具体情况，根据有利于子女健康成长的原则妥善地作出裁决。具体可参见《最高人民法院关于适用〈中华人民共和国民法典〉婚姻家庭编的解释(一)》第 46 条[1]的规定。

(三)八周岁以上未成年子女直接抚养权归属的判定

对八周岁以上的未成年子女，父母双方对抚养问题协议不成的，应当尊重子女的真实意愿。但是这并不是说八周岁以上未成年子女可以随意选择随谁生活，法院一般在父母同时争直接抚养权，且双方都具有抚养子女的条件时，才考虑子女个人的意见。法院会进一步审查年满八周岁子女意愿的形成原因和背景、其表达的意愿是否最有利于其健康成长。

如果子女是在与父母均建立起正常的亲子关系的情况下，通过比较作出了更有利于自己健康快乐成长的选择，法院会尊重该选择。但如果子女的意愿是建立在父母一方人为制造的亲子长期分离，是父或母爱缺位的环境下的选择结果，此种情况下的子女的意愿并不符合其最大利益，故法院仍会从最利于保护子女利益角度出发，对子女抚养权进行全面分析后作出判决。

(四)单独随祖父母或外祖父母共同生活多年的未成年子女抚养权归属的判定

根据《最高人民法院关于适用〈中华人民共和国民法典〉婚姻家庭编的解释(一)》第 47 条的规定，如果父母抚养子女的条件基本相同，双方均要求直接抚养子女，但子女单独随祖父母或者外祖父母共同生活多年，且祖父母或者外祖父母要求并且有能力帮助子女照顾孙子女或者外孙子女的，可以作为父或者母直接抚养子女的优先条件予以考虑。

---

[1] 参见《最高人民法院关于适用〈中华人民共和国民法典〉婚姻家庭编的解释(一)》第 46 条　对已满两周岁的未成年子女，父母均要求直接抚养，一方有下列情形之一的，可予优先考虑：

(一)已做绝育手术或者因其他原因丧失生育能力；

(二)子女随其生活时间较长，改变生活环境对子女健康成长明显不利；

(三)无其他子女，而另一方有其他子女；

(四)子女随其生活，对子女成长有利，而另一方患有久治不愈的传染性疾病或者其他严重疾病，或者有其他不利于子女身心健康的情形，不宜与子女共同生活。

（五）父母服刑的未成年子女直接抚养权归属的判定

由于父或母一方正在监狱服刑，并没有抚养条件，在这种情况下，法院判决由服刑人员抚养的情况会非常小。如服刑一方坚持抚养子女，且其父母愿意代养，另一方也同意的，可以准许，但该子女为八周岁以上的未成年人的，应当征求该子女的意见。

（六）有继父母的未成年子女直接抚养权归属的判定

根据《最高人民法院关于适用〈中华人民共和国民法典〉婚姻家庭编的解释（一）》第54条的规定，生父与继母离婚或者生母与继父离婚时，对曾受其抚养教育的继子女，继父或者继母不同意继续抚养的，仍应由生父或者生母抚养。

如果继父或继母不愿意再抚养孩子的，可不再负担继子女的抚养费。如果离婚后继父母愿意负担子女一部分或全部抚养费的，应当允许。此种给付行为不是法定义务，应出于继父母的自愿。

（七）收养的未成年子女直接抚养权归属的判定

养子女与亲生子女在与父母之间的权利义务上是等同的。夫或妻一方收养的子女，对方未表示反对，即已形成了父母与子女的关系，《民法典》规定父母有抚养子女的义务，即使夫妻离婚，不直接抚养养子女的一方也必须支付养子女的抚养费。夫或妻一方收养的子女，对方始终反对的，离婚后，应由收养方抚养该子女。

（八）有两个子女的直接抚养权怎么分配

对于有两个子女的父母，可以先协商决定子女抚养权的归属，协商不定时，可以选择通过诉讼的方式争取子女的抚养权。如果两个子女都过了哺乳期，法院一般情况会判决一人一个，这是法院出于经济责任分摊、孩子成长、家长精力这些角度考虑的；如果还在哺乳期，原则上会交由母亲抚养。

二、直接抚养权取证问题

关于抚养权，双方可以协商签订协议，协商不成的，向法院提起争取子女抚养权的诉讼。既然是诉讼，就需要准备双方的身份证、结婚证、户口簿、子女出生证明,民事起诉状,以及工资证明、银行存款、产权证书等证明自身综合条件优越的证据。

(一)争夺直接抚养权要准备的证据

1. 双方基本条件的取证。即使夫妻双方的基本条件,如工资收入、教育程度等差异不大,但并不表示就没有区别。比如,一方的思想品质,就在争取子女抚养权方面尤为重要,因为直接抚养方的思想品质,会直接影响下一代的健康成长。因此,取得这一方面的证据,是比较重要的。

2. 双方父母基本条件的取证。如果父母双方都主张子女抚养权,且抚养子女的条件基本相同的情况下,子女单独随爷爷奶奶,或者外公外婆共同生活多年,而且爷爷奶奶或者外公外婆,都愿意且有能力继续协助照顾孩子,可以作为父母争取孩子抚养权时的优先条件予以考虑。如果父母愿意且有能力照顾孩子,自然也能成为争取抚养权的有利证据。

3. 子女生活环境方面的取证。离婚案件中子女抚养问题的处理原则,是不影响子女的健康成长。如果双方离婚,但有一方距离学校较近,或生活小区成熟,对子女入学、生活最为有利,当然得到子女抚养权的可能性就会更大。因此,这方面的取证工作也是必需的。

4. 未成年人的意见相当重要。一般法院在处理抚养权问题上,会认真听取八周岁以上子女的意见,并作笔录入卷。在离婚前或离婚过程中,做好子女的思想工作,使子女作出最有利于其成长的选择是尤为重要的。此外,在有利于保护子女利益的前提下,父母双方协议轮流直接抚养子女的,人民法院应予支持。对于在离婚诉讼期间,双方均拒绝抚养子女的,可先行裁定暂由一方抚养。

(二)争夺直接抚养权要准备的材料

第一,证明经济能力的材料。

包括工资单、缴税证明、银行存款单、产权证书等,充分的经济实力能为子女提供良好的生活和学习环境,对争取子女抚养权较为有利。

第二,证明综合素质的材料。

抚养人的道德品质、人际关系、教育程度、价值观等因素会对未成年子女的性格产生极大的影响,直接抚养方的思想品质,会直接影响下一代的健康成长。所以应该尽可能提供一些展示自身素质的证据,如证明子女一直跟随自己生活,比如子女长期在一起共同生活的照片、视频;证明自己有更好的抚养能力,比如有稳定的收入,学历证明、房产证明、工作证明等;已做绝育手术或者因其他原因丧失生育能力,对现有子女依赖度高,比如医院的诊断报告等;也要准备对方不利的证据,如提供对方是否有其他子女的证据,比如再婚家庭,对方与前妻或前夫育有子女;收集对方是否有实施暴力行为,有酗酒、吸毒、赌博等恶习,存在精神病、传染病、心理极端等不适合抚养孩子的证据;对方是否存在将子女交给其父母或者其他亲戚、朋友抚养,自身无法陪伴子女的证据;对方受过行政处罚或者刑事处罚,不利于子女健康成长的证据;对方没有稳定收入,无法提供孩子基本生活保障的证据等;其他亲戚、朋友、居委会等提供的证人证言,证明自己能够更好地抚养子女,或者对方不能抚养好子女的证明等。

第三,证明子女抚养环境的材料。

一方面是居住情况,如一方居住的生活小区成熟,还带有好的学位,对子女生活、就学更为有利,取得抚养权的机会就较大。

另一方面是家庭成员情况,在双职工家庭下,夫妻都出去上班,真正照看子女的往往不是夫妻任何一方,特别是对于学龄前儿童,通常是一方的父母。因此,子女以往的生活环境,以及长期照看子女的父母的意见及身体情况,往往也是影响子女抚养权的一个重要方面。

第四,子女意见。

法院在处理抚养权问题上,会认真听取八周岁以上(实践中可能更低)孩子的意见,在平日生活中与子女形成亲密关系,争取到子女的意愿是尤为重要的。

三、直接抚养权归属可变更

根据《最高人民法院关于适用〈中华人民共和国民法典〉婚姻家庭编的解释(一)》第57条的规定,父母双方协议变更子女抚养关系的,只要有利于子女身心健康和保障子女合法权益,则应予准予;而父或母一方要求变更子女抚养关系的,《最高人民法院关于适用〈中华人民共和国民法典〉婚姻家庭编的解释

(一)》第56条也规定,具有下列情形之一的,人民法院应予支持:

(1)与子女共同生活的一方因患严重疾病或者因伤残无力继续抚养子女;原来取得子女抚养权的当事人,更因患病等原因,已无力继续承担子女的抚养费用,此时可以向法院申请抚养权变更。

(2)与子女共同生活的一方不尽抚养义务或有虐待子女行为,或者其与子女共同生活对子女身心健康确有不利影响;出现上述情况,无抚养权一方可以向法院申请抚养权变更。

(3)已满八周岁的子女,愿随另一方生活,该方又有抚养能力。

(4)有其他正当理由需要变更。比如原抚养方失业、外出工作、生活,难以照顾子女,无抚养权一方移居香港或国外,要求子女随同生活等。

注意:离婚后,一方要求变更子女抚养关系的,双方对此不能达成协议时,应另行起诉。

四、抚养费问题

(一)抚养费的理解

涉及抚养费的案件时,在对未成年人的抚养费用表述上有多种用词,如"抚育费""抚养费""生活费",若对抚养费的含义存在理解上的分歧,那么这种分歧就影响着今后是否就此再次提起诉讼的问题。自《民法典》颁行后,父母离婚的未成年子女抚养费的称谓经历了从"抚育费"到"抚养费"的变化。《民法典》颁行前,抚养费制度中包含"抚养费"和"抚育费"两个概念;而《民法典》颁行后二者合为"抚养费"。[1]

对于抚养费数额的确定标准,《最高人民法院关于适用〈中华人民共和国民法典〉婚姻家庭编的解释(一)》第49条第2款进一步对抚养费的计算方法规定了收入百分比模型:"有固定收入的,抚养费一般可以按其月总收入的百分之二十至三十的比例给付。负担两个以上子女抚养费的,比例可以适当提高,但一

---

[1] 参见张鸿巍、钟琦龄:《父母离婚后未成年子女抚养费纠纷案件的实证考察》,载《少年儿童研究》2022年第9期。

般不得超过月总收入的百分之五十。”因此,司法实践中常以固定收入为参考确定抚养费数额。不过,上述方式亦备受质疑。一方面,大部分案件以当事人的基本工资作为基数,实际上缩小了“收入”的范围,导致抚养费计算基数不准确。[1] 另一方面,收入为税前收入或税后收入也存在争议,对收入认定标准不一致同样会影响子女抚养费的具体数额。简言之,实践中存在抚养人之间、不同法官之间对抚养费理解不一致和抚养费数额确定标准过于原则化以致司法实效不佳的现象。

(二)抚养费的范围

设立抚养费制度的主要目的之一是给单亲家庭子女提供与完整家庭类似的经济支持,降低以抚养费作为主要收入来源的未成年子女的贫困风险。依据《民法典》第1085条[2]和相关法律规定,离婚后抚养人承担抚养子女的经济责任,从生活费、教育费扩充至包含医疗费等费用的抚养费。

我国《民法典》婚姻家庭编没有明确固定支付抚养费的涵盖项目与具体范围,对此有两种看法,第一种看法是:在父母离婚后,不与未成年子女共同生活的一方父母承担的抚养费包括生活费、教育费和医疗费,但是非义务教育费和住院医疗费不应当包括在固定支付的抚养费中。[3] 第二种看法是:根据受抚养人的需要,不应当仅仅以衣食住为限,还应当包括疾病治疗费、适度娱乐费、教育费,以及相当的职业培训教育费,抚养程度以权利人的需要与义务人的经济能力与身份作为确定的依据比较妥当。

结合实践情况,抚养费包括子女生活费、教育费、医疗费等费用。对于被抚养者的需要,应该以正当而且必要为限度,就算抚养义务人的收入很高,当受抚

---

[1] 参见李明建:《论离婚后抚养费给付中的未成年子女最佳利益》,载《长沙大学学报》2010年第3期。

[2] 参见《民法典》第1085条　离婚后,子女由一方直接抚养的,另一方应当负担部分或者全部抚养费。负担费用的多少和期限的长短,由双方协议;协议不成的,由人民法院判决。

前款规定的协议或者判决,不妨碍子女在必要时向父母任何一方提出超过协议或者判决原定数额的合理要求。

[3] 参见赵莉、丁钰:《离婚案中确定未成年子女抚养费存在的问题及解决途径》,载《中华女子学院学报》2018年第2期。

养人提出不合理的请求时,也是可以拒绝的。对于抚养的需要,只要是合理的,不以衣食费用为限度,而应当包括全部生活所需,如疾病护理费、教育费等。抚养程度应当根据抚养权利人的需要与抚养义务人的经济能力进行权衡。

(三)抚养费的支付方式和标准

一般根据子女的实际需要、父母双方的负担能力和当地的实际生活水平确定抚养费的数额:

(1)有固定收入的,抚养费一般可以按其月总收入的20% ~30%的比例给付。负担两个以上子女抚养费的,比例可以适当提高,但一般不得超过月总收入的50%。

(2)无固定收入的,抚养费的数额可以依据当年总收入或者同行业平均收入,参照上述比例确定。有特殊情况的,可以适当提高或者降低上述比例。

(3)抚养费应当定期给付,有条件的可以一次性给付。

(4)父母一方无经济收入或者下落不明的,可以用其财物折抵抚养费。

(5)抚养费的给付期限,一般至子女十八周岁为止。十六周岁以上不满十八周岁,以其劳动收入为主要生活来源,并能维持当地一般生活水平的,父母可以停止给付抚养费。

(6)两个子女时,抚养费一般原则上:双方分别抚养一个时,互相不需要给抚养费;如果都是一方抚养,另一方需要每月给抚养费。

根据《最高人民法院关于适用〈中华人民共和国民法典〉婚姻家庭编的解释(一)》第58条,在下列情况下,子女要求有负担能力的父或者母增加抚养费的,人民法院应予支持:

1. 原定抚养费数额不足以维持当地实际生活水平;

2. 因子女患病、上学,实际需要已超过原定数额;

3. 有其他正当理由应当增加。

此外,如果抚养子女一方擅自改变子女姓氏,另一方不得因此拒付子女抚养费。对于突发、特殊疾病产生的医疗费用不包含在上述抚养费范围内。至于父母给子女报兴趣班产生的费用,法律一般持区别对待的态度。确实符合未成年人利益,夫妻双方也同意参加的兴趣班,并且没有超出夫妻负担能力的,由此产生的费用应当予以支持。对于超出双方负担能力,过度报班或参加具有奢侈性消费的兴趣班,产生的费用一般不予支持。

五、探望权问题

(一)探望权的概念和意义

我国在2001年《婚姻法》中第一次规定了探望权制度。探望权是以血缘关系为依托,从亲权中衍生出的一种具体权利,是父母因为自身的身份而取得的专属性身份权。探望权,在部分国家也被称为见面交往权,是指离婚后与子女不能共同生活的父亲或母亲一方所拥有的,与其未成年子女进行会面、沟通、交流或者暂时性短期共同居住的权利,以实现其对子女的抚养及监护。《民法典》第1086条[1]对2001年《婚姻法》第38条[2]进行了继承,2021年1月1日同步开始正式施行的《最高人民法院关于适用〈中华人民共和国民法典〉婚姻家庭编的解释(一)》第65条至第68条并未对原《最高人民法院关于适用〈中华人民共和国婚姻法〉若干问题的解释(一)》中关于探望权的内容进行实质修订,但在表述上存在一定的差异。例如,将原《最高人民法院关于适用〈中华人民共和国婚姻法〉若干问题的解释(一)》第25条的"请求中止行使探望权的",表述为《最高人民法院关于适用〈中华人民共和国民法典〉婚姻家庭编的解释(一)》第66条中的"一方请求中止探望的",尽量多地用"探望"代替"探望权",传递了一种法律观念导向,虽然父母有探望子女的权利,但子女的想法与利益也应

---

〔1〕 参见《民法典》第1086条　离婚后,不直接抚养子女的父或者母,有探望子女的权利,另一方有协助的义务。

行使探望权利的方式、时间由当事人协议;协议不成的,由人民法院判决。

父或者母探望子女,不利于子女身心健康的,由人民法院依法中止探望;中止的事由消失后,应当恢复探望。

〔2〕 参见2001年《婚姻法》第38条　离婚后,不直接抚养子女的父或母,有探望子女的权利,另一方有协助的义务。

行使探望权利的方式、时间由当事人协议;协议不成时,由人民法院判决。

父或母探望子女,不利于子女身心健康的,由人民法院依法中止探望的权利;中止的事由消失后,应当恢复探望的权利。

受到足够的重视与考量,体现了更为人性化的进步。[1]

在未成年人的成长过程中,父母无论是对子女的身体健康状况还是心理健康状况都起到了举足轻重的作用。父母离异不仅可能因为单亲父母照顾不周,对未成年人的生活起居产生不利的影响,还可能会给子女的心灵带来巨大的创伤,针对这种情况,探望权制度的建立显得尤为重要。首先,探望权可以在父母离婚后,继续保证父母与子女的接触与联系,减少因为夫妻离婚后父母一方与子女生活分离而给子女带来的伤害,有利于避免未成年人产生消极情绪、形成性格缺陷或行为障碍。对我国的未成年人犯罪案例进行梳理分析,可以发现有很大比例的涉案未成年人来自单亲家庭,[2]不直接抚养子女的一方行使探望权,可以让孩子继续感受到父母双方的关怀,有利于未成年人保持身心健康,避免未成年人走向违法犯罪的道路。其次,探望权还有利于不与子女共同生活的父母一方了解子女的生活状况,当发生不利于未成年人健康成长的事由时,可以及时保障未成年人的合法权益。最后,当离婚父母协议轮流抚养对子女的上学等实际生活问题产生不便时,探望权可以有效地解决这个问题,在便于子女落户、上学等基础上,同时保障了父母与子女沟通生活途径的顺畅。[3]

(二)探望权的理解

根据《民法典》第1086条第1款的规定,离婚后,不直接抚养子女的父或母,有探望子女的权利,另一方有协助的义务。从该条的文义解释出发,至少有以下结论。

1.探望权是法定权利而非义务

探望权一般为不直接抚养未成年子女的父母一方享有的法定权利。从《民法典》第1086条第1款的规定来看,立法已明确界定探望权是不直接抚养子女

[1] 参见魏思韵、张有林:《家事审判中探望权及其执行问题研究》,载《山西大同大学学报(社会科学版)》2021年第3期。

[2] 参见骆婧:《未成年人犯罪心理特征分析》,载《贵州工程应用技术学院学报》2021年第6期。

[3] 参见冯乐坤、武晓媛:《比较法视野下的探望权制度——兼论我国探望权制度的完善》,载《西南石油大学学报(社会科学版)》2021年第4期。

的父或母的法定权利,另一方则有协助义务。与一般民事权利不同,探望权的设立,首先考虑的是权利行使对象即未成年子女健康成长的需要,而非权利人父母一方的情感需要。在父母双方未离婚的情形下,父母与未成年子女朝夕相处,共同生活,故一般不存在探望不能的情形。

2. 探望权的存续期间是父母双方离婚后至未成年子女成年

探望权是否中止或有无终止期限均应站在未成年子女利益最大化角度来决定。对此,《民法典》第 1086 条第 3 款已规定"父或母探望子女,不利于子女身心健康的,由人民法院依法中止探望"。虽然《民法典》婚姻家庭编没有规定探望权行使的终止期限,但是就探望权主体是不直接抚养子女的父母一方而言,应当认为,子女不需要父母抚养时,一般是未成年人已年满 18 周岁,此时探望权即终止。探望权的存续时间基本限定在父母离婚后,子女身心尚未发育健全的成长阶段(不满 18 周岁的未成年阶段)。该阶段内的未成年子女因其民事行为能力的欠缺,而比成年人更需要父母的教育、关爱和心灵慰藉。而来自不能与其共同生活的夫妻一方的探望行为则有利于满足未成年子女的上述需求。而等到子女成年后,上述需求因其已具备完全民事行为能力并可独立承担民事责任而无必要继续通过探望权行使方式加以保障。这也是为什么探望权的行使对象为未成年人的主要原因。

3. 享有探望权的主体一般为不直接抚养未成年子女的父或母一方

亲子关系,即父母子女间的关系,以血缘为基础,是人类社会最紧密的关系。这一方面是因为从生物学角度,父母是与未成年子女血缘关系最近的亲属;另一方面是因为从社会学角度,父母一般也是与未成年子女共同生活居住时间最久的亲属。故立法将不直接抚养子女的父或母一方确定为探望权的享有者理所当然。

(三)探望权的行使

1. 行使探望权的方式和时间

《民法典》第 1086 条第 2 款规定,行使探望权的方式和时间由当事人协议,协议不成,则由人民法院判决。该款对探望权的行使方式和时间等提供了两种途径:一是由当事人以协议方式确定;二是由人民法院判决确定。在父母双方离婚时或离婚后达成有关探望权行使协议的情况下，如果直接抚养子女父母一方不协助甚至阻拦、妨碍不直接抚养子女父母一方行使探望权，则后者可向人民法院提起诉讼，要求法院判令另一方履行协助其行使探望权的义务。如果父母双方离婚时，未就探望权行使问题达成协议，或未在离婚诉讼中提出探望权行使请求，则离婚后，不直接抚养子女一方行使探望权，另一方不协助时，可就此单独提起诉讼，要求另一方履行协助其行使探望权的义务。

对此，《最高人民法院关于适用〈中华人民共和国民法典〉婚姻家庭编的解释（一）》第 65 条也规定，人民法院作出的生效的离婚判决中未涉及探望权，当事人就探望权问题单独提起诉讼的，人民法院应予受理。这里的“单独提起诉讼”至少包括两种情形：

一是请求法院判令另一方履行协助义务；二是请求法院确认其对未成年子女享有探望权。作为一种自然的心态，离婚后与子女共同生活的一方通常不会喜欢对方与子女见面交流，并可能阻挠对方与子女会面。一般而言，孩子如果直接或者间接地知道与自己共同生活的父母一方不愿意甚至反对自己与另一方见面交流，出于潜意识里安定的本能，他们也会压抑想要见面的心情，拒绝非监护方的见面要求。就结果而言，这显然不利于不直接抚养子女的父或母一方通过探望更好地对子女进行抚养教育，更不利于减轻未成年子女的家庭破碎感，不符合未成年子女利益最大化原则。因此，离婚后，给予不直接抚养子女的父母一方就探望权行使提起诉讼的权利是有必要的。这也是为什么 2001 年修正《婚姻法》时，要在该法第 38 条第 2 款增加“协议不成时，由人民法院判决”的原因。但必须承认，即便法院判决确定了不直接抚养子女一方行使探望权的时间、方式，但直接抚养子女父母一方不履行判决确定的协助义务的情形仍时有发生。即便不直接抚养子女父母一方申请法院强制执行，由于判决执行涉及未成年子女的人身利益，执行难度较大。究其原因，主要有：一是直接抚养子女父母一方因受伤害或未收到子女抚养费而对另一方心怀不满，甚至存在怨恨心理，不愿其子女和另一方亲密接触；二是直接抚养子女父母一方认为另一方存在生活陋习或传染性疾病等，担心影响未成年子女的健康成长，比如不直接抚养父母一方有吸毒、赌博等恶习或肺结核等严重传染性疾病；三是不直接抚养子女父母一方提出的探望方式和时间，会影响未成年子女的正常生活起居和学习。

2. 应视情形尊重未成年子女意愿，保障探望权行使

一般而言，未成年子女主要包括无民事行为能力人、限制民事行为能力人两种。不满 8 周岁的未成年人是无民事行为能力人，8 周岁以上不满 18 周岁的未成年人为限制民事行为能力人。无民事行为能力人没有意思能力，不能辨别自己意思表示及行为后果，故在探望权行使上无须征求其意见。但对于 8 周岁以上不满 18 周岁的限制民事行为能力人，则应考虑其有一定意思能力和辨别能力的实际情况，在酌定探望权行使方式时，未成年子女的意思能力随年龄增长逐步增强，因此应尊重子女的意愿。当然，这种对子女意愿的尊重应以智力发育正常为前提，如果智力发育缓慢，达不到同样年龄一般智力水平，则子女意愿在决定探望权行使中的比重也应相应降低。

3. 一方拒绝探望如何处理

《民法典》第 1086 条规定：离婚后，不直接抚养子女的父或者母，有探望子女的权利，另一方有协助的义务。行使探望权利的方式、时间由当事人协议；协议不成的，由人民法院判决。父或者母探望子女，不利于子女身心健康的，由人民法院依法中止探望；中止的事由消失后，应当恢复探望。

因此，对于拒不协助另一方行使探望权的有关个人或者组织，可以申请人民法院依法采取拘留、罚款等强制措施，但是不能对子女的人身、探望行为进行强制执行。

4. 探望权的中止情形

如果未成年子女、直接抚养子女的父或者母以及其他对未成年子女负担抚养、教育、保护义务的法定监护人认为父母探望子女，不利于子女身心健康的，可以向人民法院提出中止探望的请求。实践中，可以申请中止探望权的通常有以下几种情形：

(1)父母对子女具有侵害或者犯罪倾向行为。

(2)父母有可能劫持、胁迫子女。

(3)父母有恶习或者有不良道德倾向。

(4)父母有严重传染病。

(5)父母是无行为能力人或者限制行为能力人。此外,探望权和抚养费支付也没有必然的联系,不论父母是否享有探望权,其均具有支付抚养费的义务。不论父母是否支付抚养费,其均享有探望子女的权利。

(四)探望权中的争议

1. 探望权主体方面的争议

(1)(外)祖父母探望权的主体地位的争议。关于探望权的主体,《民法典》未回应现实需求,没有赋予(外)祖父母探望权的主体地位。首先,观察我国的现实,与未成年子女无法共同生活的情形不仅是离异家庭面临的情况,还包括情感破裂的夫妻分居后,或非婚生父母与子女间的情形。另外,通过观察,由于父母工作较为繁忙,许多未成年人是由(外)祖父母照看抚养的,这种情形下(外)祖父母理应享有探望的权利,但因法律规定的限制,就此剥夺(外)祖父母的探望权,同样使未成年人失去了部分心理慰藉。[1]

(2)父母分居状态下,父或母一方是否享有探望权。所谓分居,并无法律定义,通常是指在继续维持夫妻关系的情况下,夫妻双方停止共同生活,各自建立自己的生活方式的情形。我国早在1989年《最高人民法院关于人民法院审理离婚案件如何认定夫妻感情确已破裂的若干具体意见》第7条就规定"因感情不和分居已满三年,确无和好可能的,或者经人民法院判决不准离婚后又分居满一年,互不履行夫妻义务的"为感情确已破裂的情形。后又在2001年《婚姻法》第32条第3款中将其修改为"因感情不和分居满二年的"作为调解无效,准予离婚的情形。因此,分居本身不等于离婚,只能成为夫妻双方是否感情确已破裂、准予离婚的法定情形。既然分居不等于离婚,而《民法典》第1086条规定的探望权产生前提又是已离婚,故严格意义而言,分居父母均不符合《民法典》第1086条规定的享有探望权的条件。但如果因父母分居,未成年不能得到未共同生活父或母一方的呵护、关爱,其身心健康难免受到不利影响,显然不符合未成年人利益最大化的原则精神。因此,从保护未成年人合法权益出发,似应

---

〔1〕 参见项定宜、徐久雅:《我国探望权制度探析》,载《白城师范学院学报》2022年第3期。

规定分居父母享有探望权。当然,这需要立法对此进行完善。

(3)未成年子女能否享有探望权的问题。根据2001年《婚姻法》第38条的规定,探望权是不直接抚养子女的父母一方基于父母子女身份关系而派生的一种法定权利。立法规定该权利的目的是:一方面是满足不与子女生活的父母一方对于子女的情感需要,另一方面是保障子女在父母双方的关爱下健康成长,最大限度降低父母离婚对于未成年子女在情感关爱和亲情呵护上造成的负面影响。因此,探望权不仅是法律创设的权利,更是基于亲子关系所衍生的自然权利。《民法典》第1084条第2款规定:离婚后,父母对于子女仍有抚养、教育、保护的权利和义务。因此,探望子女不仅是父母与子女的见面和交往,更是父母及时了解子女生活及学习情况的过程,是父母与子女的沟通交流和精神抚慰的过程,也是让子女感受父母关爱促进自身健康成长的过程。因此,探望也应当纳入抚养和教育的范畴。父母双方的关爱和教导对于子女健康成长的作用无可替代。获得不直接扶养父母一方的关爱和探望,是未成年子女理应享有的一项法定权利,并不因父母离婚而消失。故法院可考虑从父母的抚养教育义务角度,支持子女对不直接抚养子女的父或母一方探望的诉请。

2. 探望对象范围的争议

第一,探望权的对象是否包括不能独立生活的成年子女。对此,司法实践中,有两种不同观点:第一种观点认为,《民法典》第1086条规定的探望权针对的是未成年子女,不包括成年子女。第二种观点认为,从法理上看,探望权是基于亲权的一种派生权利,只要身份关系存在,对子女的探望就是父母的正当权利。法律已经明确,不直接抚养子女的父或母,有探望子女的权利。这里的"子女"两字前并未以"未成年"作为限定。因此,就语义解释而言,只要父母对之有抚养义务,不直接抚养子女一方就有探望的权利。而根据《最高人民法院关于适用〈中华人民共和国民法典〉婚姻家庭编的解释(一)》第43条的规定,"婚姻关系存续期间,父母双方或者一方拒不履行抚养子女义务,未成年子女或者不能独立生活的成年子女请求支付抚养费的,人民法院应予支持"。可见,父母有抚养义务的子女包括未成年子女和不能独立生活的子女。后者就包括不能独立生活的成年子女。依此类推，不直接抚养成年子女的父或母一方，也应该对不能独立生活的成年子女有探望权。而且，根据权利义务相一致原则，父母对不能独立生活的成年子女依法享有探望权也符合民法所强调的权利义务责任相一致原则，更是对中华民族传统美德的继承与发展。

第二，探望权的对象是否包括非婚生子女。《民法典》第 1086 条第 1 款规定，离婚后，不直接抚养子女的父或母，有探望子女的权利，另一方有协助的义务。根据该条规定可知，探望权的行使对象是婚姻关系存续期间与父母共同生活，形成抚养关系的子女，这主要是指婚生子女。婚生子女是在婚姻关系存续期间受胎或出生的子女。与之相对应，非婚生子女，是指由没有婚姻关系的父母所生的子女。显然，从文义解释来说，《民法典》第 1086 条第 1 款并未规定父母对非婚生子女有探望权。但是既然《民法典》第 1071 条第 1 款规定了非婚生子女享有与婚生子女同等的权利，那么不与其共同生活的父母一方就应对非婚生子女享有探望权。因此，似应对《民法典》第 1086 条作扩张解释，“子女”包括“非婚生子女”。

第三，探望权的对象是否包括养（继）子女。婚姻关系存续期间，形成合法收养关系的养子女、受其抚养教育的继子女，是否符合探望权行使对象要求？《民法典》第 1111 条第 1 款规定，“自收养关系成立之日起，养父母和养子女间的权利义务关系，适用本法关于父母子女关系的有关规定……”因此，夫妻离婚时，不直接抚养子女的养父或养母，有对该子女探望的权利。至于离婚后，养（继）父母能否行使探望养（继）子女的问题，由于继父和继母与子女没有血缘关系或收养关系，故 1993 年颁布的《最高人民法院关于人民法院审理离婚案件处理子女抚养问题的若干具体意见》第 13 条规定，生父与继母或生母与继父离婚时，对曾受其抚养教育的继子女，继父或继母不同意继续抚养的，仍应由生父母抚养。既然该子女由其生父母抚养且继父或继母不同意继续抚养，故其一般不会主张也没有必要再给予其探望权。

第四节　非婚生子女的法律地位和权益现状

非婚生子女在民间被称为“私生子”，受传统的社会观念的影响，同婚生子女相比，非婚生子女往往不被重视，在成长过程中，往往被“区别对待”甚至遭受歧视。非婚生子女在法律意义上是与婚生子女相对应的一个概念，生活中常指非法定夫妻所生子女。包括情形有未婚男女生育的子女、有配偶者与他人通奸后所生的子女、无效婚姻及可撤销婚姻的当事人所生的子女、妇女被强奸后所生的子女等情形。“代孕”“弃养”“非婚生”等涉及法律道德伦理的话题可能引发社会热议。由于我国法律不承认代孕行为的合法性，一些人选择去代孕合法化的国家实施代孕行为，代孕儿童出生后回到国内生活，由此产生跨国代孕儿童纠纷问题[1]。

一、非婚生子女的法律地位

（一）非婚生子女的法律地位变迁

自从人类确立一夫一妻的婚姻制度后，为了确保社会与家庭秩序，人们将自然血亲之子女划分为非婚生子女与婚生子女两类，并且在这样一种二元构架基础上，通过制定不同的社会制度来确立二者身份和财产法上的不同待遇。[2]

通过对有关史籍的考察发现，我国古代，亲子关系有多种形式。按照血统的纯正程度，可以分为四大类，如正房之子为嫡子，妾室之子为庶子，婢女之子为婢生子，私相授受之子则统称私生子。一个人在家里的地位，与他的生母有很大的关系，他的生母越是尊贵，他的孩子就越是受重视。在古代，嫡子是最常见的继承者，不管年纪多大，庶子都不能继承家产，而且，私生子也不能继承家

---

〔1〕参见汪金兰：《跨国代孕儿童身份权的保护：以亲子关系确立为中心》，载《中国青年社会科学》2021年第5期。

〔2〕参见张水萍、何菊花：《非婚生子女法律地位之重构》，载中国法院网2023年7月5日，https://www.chinacourt.org/article/detail/2005/04/id/158843.shtml。

产。到了民国时期,就子女的地位出台了相应的法规,抛弃了嫡子、庶子、私生子之类的区分,将其分为婚生子女和非婚生子女,除了界定身份地位,还制定了关于非婚生子女转正、认领的标准以及父母对其抚养的相关制度。这个法律体系相对于古代来说,更加地公平和宽松,也更加地照顾到了私生子的利益。

中华人民共和国成立以后,国家重视和关注未成年人的成长,致力创造一个婚生子女和非婚生子女平等的良好环境,无论是我国出台的第一部《婚姻法》,还是后期修改的《婚姻法》,都严格落实二者平等这一理念,不仅将婚生子女和非婚生子女的称呼进行了统一,还给予后者同前者一样的法律身份。〔1〕比如《民法典》第1071条针对非婚生子女权利有这样的说明:"非婚生子女享有与婚生子女同等的权利,任何组织或者个人不得加以危害和歧视。不直接抚养非婚生子女的生父或者生母,应当负担未成年子女或者不能独立生活的成年子女的抚养费。"这一条款的中心思想是保障非婚生子女的权益,但是受现实情况影响,非婚生子女依然会面临不公平待遇,无法得到有力保护。

(二)非婚生子女的法律地位

根据《民法典》第1071条的规定,非婚生子女享有与婚生子女同等的权利,任何组织或者个人不得加以危害和歧视。《民法典》第1127条规定〔2〕,在继承方面,非婚生子女与婚生子女的权利义务完全相同。这条规定强调了有关组织和个人,也应尊重和保障非婚生子女的合法权益。非婚生子女与婚生子女权利的同等性,不仅体现在父母双方对非婚生子女具有抚养义务,还体现在非婚生子女对于父母的财产也享有第一顺位的法定继承权,即非婚生子女在继承方面和婚生子女有同等地位。

根据上述法律规定可以看出,非婚生子女与婚生子女享有同等的权利,非

---

〔1〕参见沈晓明:《论非婚生子女的法律地位》,黑龙江大学2017年硕士学位论文,第5页。

〔2〕参见《民法典》第1127条第1款至第3款　遗产按照下列顺序继承:

(一)第一顺序:配偶、子女、父母;

(二)第二顺序:兄弟姐妹、祖父母、外祖父母。

继承开始后,由第一顺序继承人继承,第二顺序继承人不继承;没有第一顺序继承人继承的,由第二顺序继承人继承。

本编所称子女,包括婚生子女、非婚生子女、养子女和有扶养关系的继子女。

婚生子女和父母之间也存在血缘关系，造成非婚生的原因在于父母，不应由子女承担不利的法律后果。但是，法律对非婚生子女和婚生子女一视同仁，并不意味着法律鼓励、提倡未婚生育。司法实践中，许多案例反映出非婚生子女大多缺乏温暖和谐的成长环境，非婚生子女会面临亲子关系确认、抚养、探望等纠纷，部分非婚生子女在继承权的实现中也存在现实障碍。此外，非婚生子女在户口登记中可能面临相对烦琐的程序，对于非婚生育的无户口人员，本人或者其监护人可以凭《出生医学证明》和父母一方的居民户口簿、结婚证或者非婚生育说明，按照随父随母落户自愿的政策，申请办理常住户口登记。申请随父落户的非婚生育无户口人员，需一并提供具有资质的鉴定机构出具的亲子鉴定证明。[1] 甚至会影响以后顺利入学，无法充分享受教育资源。也就是说，非婚生子女也可以和婚生子女一样上户口。

二、亲子关系的确认与确认之诉

(一)亲子关系的确认

非婚生子女，主要有几种情况：其一，生母未婚所生子女；其二，生父与生母在受胎期间内无婚姻关系所生子女；其三，同性伴侣领养或自己通过人工生殖技术生育的子女；其四，被婚生推定的子女，因父或母提出否认之诉并得到法院支持，使其从婚生子女成为非婚生子女；其五，认领人以生父身份认领非婚生子女，而成立父子关系时，另有“父或母”对此认领提出否认并得到法院支持，该子女从婚生子女再恢复为非婚生子女。[2] 依据《民法典》的规定，非婚生子女要取得婚生子女身份地位，有两种法律途径：诉讼认领和生父与生母在子女出生后结婚使之转正。但是非婚生子女要想获得与婚生子女平等的继承权等相关权利，需证明其与父亲(母亲)的亲子关系。在传统亲子关系确认领域，[3] 父母子女关系的确定主要涉及生父的确定，因为生母因其分娩事实的存在而较为容

---

〔1〕 参见《国务院办公厅关于解决无户口人员登记户口问题的意见》。

〔2〕 参见游文亭：《〈民法典〉第1073条(亲子关系认定制度)评注》，载《法治研究》2022年第6期。

〔3〕 实践中已经出现婴儿的血缘母亲(提供卵子)、孕育母亲(代孕)和抚养母亲(实际抚养)发生分离的现象。

易进行身份确定。实践中,单纯要求确认生父的诉讼并不多见,比较常见的确认生父的原因有以下几种情形:一是未成年的非婚生子女要求生父负担抚养费;二是非婚生子女要求参与继承生父遗产;三是同居分手后,未成年子女的生父起诉要求获得该非婚生子女的抚养权。

生父与子女的亲子关系的确认往往需要提供亲子鉴定报告等可证明血缘关系存在的证据。如果一方当事人申请亲子鉴定且提出了必要的证据证明亲子关系存在,但另一方拒绝做亲子鉴定又无相反证据,则可综合全案证据推定亲子关系存在。亲子关系得到确认的,子女可诉请生父或生母承担抚养义务,未成年子女可追索自出生之日起的抚养费。实践中,经常会遇到非婚生子女亲子关系如何确定方面的难题。由于生物科学技术的发达,DNA 亲子鉴定成为便捷、有效、科学的方式,往往通过 DNA 鉴定就可以确定子女的生物学父亲。但是,经常会遇到一方否认亲子关系,又不配合做鉴定的情况,遇到这种情况的话,通常的做法是适用推定原则:一是同居期间受孕或出生的子女,与女方同居的男子即为非婚生子女的父亲;二是受孕时与母亲同居的男子和在子女出生时与母亲同居的男子不同,推定出生时与母亲同居的男子为非婚生子女的父亲。《最高人民法院关于适用〈中华人民共和国民法典〉婚姻家庭编的解释(一)》第39 条[1]对此有专门规定。实践中,哪些证据才属于"必要证据",一般情况下,当事人需要提供其与另一方有亲密关系的证据、《出生医学证明》等证据,如果男方否认与女方具有同居关系或者性关系,但是对出具身份证原件办理出生证明等行为不能作出合理解释的话,又没有其他证据反驳女方主张,又无故拒绝做亲子鉴定,那么就应该推定男方与非婚生子女之间存在亲子关系。值得一提的是,"推定亲子关系"规则有严格限定,不能非法或强制进行,否则将作为非法证据予以排除。[2] 亲子关系的确认,目的在于有力保障子女的亲权,而亲权的

[1] 参见《最高人民法院关于适用〈中华人民共和国民法典〉婚姻家庭编的解释(一)》第 39 条　父或者母向人民法院起诉请求否认亲子关系,并已提供必要证据予以证明,另一方没有相反证据又拒绝做亲子鉴定的,人民法院可以认定否认亲子关系一方的主张成立。

父或者母以及成年子女起诉请求确认亲子关系,并提供必要证据予以证明,另一方没有相反证据又拒绝做亲子鉴定的,人民法院可以认定确认亲子关系一方的主张成立。

[2] 参见庄德通:《民法典保障非婚生子女权利》,载《民主与法制时报》2021 年 3 月 4 日,第 7 版。

行使要建立在合法有效的亲子关系基础之上。

（二）亲子关系的确认之诉

《民法典》第1073条规范的是亲子关系的确认与亲子关系的否认。亲子关系的确认，实质上为认领，可以分为自愿认领和强制认领。自愿认领，即任意认领，生父依自己的意思表示，愿意成为非婚生子女生父，这是生父的单独行为，无须得到母或子女的同意。强制认领，即子女基于生父应当对其进行认领而生父不为认领时，向法院请求确认父子关系，以防止生父逃避抚养责任，通过司法机关强制力对亲子关系进行干预来实现，生母作为子女的代理人，可向法院提起强制认领的诉讼。

多数情况下，因父亲与子女未形成保护教育抚养的事实，使非婚生子女利益受损，因此立法上通过强制认领制度对非婚生子女进行保护，子女及父母可随时向法院提起要求与未形成抚养教育保护事实的父或母一方确认亲子关系的诉讼，令其承担亲权义务。尽管《民法典》第1073条对亲子确认诉讼作出了规定，但我国《民法典》将亲子关系确认诉讼的原告限于父或母。单从文义来看，父或母也存在多种理解。比如有基于法律拟制的父母（继父继母、养父养母）、婚生的父母、非婚生的父母。因此原告的选择是亲子关系确认之诉第一个需要考虑的问题。第二个需要考虑的问题是明确适合要求的被告，确认生父之诉的适格被告通常是父亲，但若父亲死亡的，该如何选择被告就是需要面对的棘手问题。在确认生父之诉的域外立法中，作为被告的父亲死亡，诉讼并不一定终结或停止，其他相关主体应当根据法律规定续行诉讼。[1] 第三个需要考虑的问题就是确认生父之诉的证明与推定，首先，确认生父之诉是典型的身份关系诉讼，此类诉讼的判决具有对世效力，故特别强调客观真实，采真实发现主义。[2] 对于亲子关系的证明，最准确的证明手段是获取DNA亲子鉴定。其

〔1〕 我国台湾地区“家事事件法”第66条第3款规定，由子女、生母或其他法定代理人提起之认领之诉，被指为生父之被告于判决确定前死亡者，由其继承人承受诉讼；无继承人或被告之继承人于判决确定前均已死亡者，由检察官续受诉讼。

〔2〕 参见陈爱武：《亲子关系确认诉讼的类型化：案例、问题与思考——兼议〈民法典〉第1073条的规定》，载《法学杂志》2023年第1期。

次，若当事人或第三人不予协力，《最高人民法院关于适用〈中华人民共和国民法典〉婚姻家庭编的解释（一）》第39条第2款规定，人民法院可以认定确认亲子关系一方的主张成立。

三、非婚生子女的权益现状

（一）非婚生子女户籍办理困难

《国务院办公厅关于解决无户口人员登记户口问题的意见》规定，"非婚生育的无户口人员，本人或者其监护人可以凭《出生医学证明》和父母一方的居民户口簿、结婚证或者非婚生育说明，按照随父随母落户自愿政策，申请办理户口。其中，申请随父落户的需一并提供具有资质的鉴定机构出具的亲子鉴定证明。"

根据该规定，办理非婚生子女的户口登记须出示《出生医学证明》，相关规定并没有对如何补办非婚生子女的《出生医学证明》规定详细的办理程序，只是颁布了一部通知，规定各地的卫生与计生部门可以将签发《出生医学证明》等事务性管理工作委托给该地区其他部门。这导致实际操作中，这个政策的适用依然有不少待解难题。如非婚生子女落户政策的前提是亲生父母非常配合，可现实情况是，亲生父母一般都有了各自的家庭。再加上各地对非婚生子女落户的具体操作细则不太相同，导致落户仍面临重重障碍。如在需要《出生医学证明》的地区，父母还需要缴纳一定数额的社会抚养费，落实计划生育政策后，凭计生部门开出的证明到公安机关上户口。非婚生子女落户手续略显复杂，在一定程度上加重了部分本不太愿意配合的父母为非婚生子女落户的负担。[1]

（二）非婚生子女抚养问题

首先需要明确一点，法律规定，非婚生子女享有与婚生子女同等的权利，任何人不得加以危害和歧视。但是鉴于非婚生子的来源非常复杂，有强奸生子、有不到法定年龄生子、有年轻人无经济能力生子等情况，都可能会导致谁都不愿抚养的情形。在父母涉嫌犯罪或者有其他无法承担抚养义务的情况时，非婚

---

〔1〕 参见《非婚生子女上户口，咋就这么难?》，载《人民政协报》2021年2月7日。

生子女面临抚养缺失的风险。抚养孩子,对于父母而言,不仅是权利,更是义务。“非婚生子”降生在复杂的环境中,需要父母更多的爱与呵护。每一个决定做“父亲”或“母亲”的人都应该深思熟虑,生而不养,不仅是对子女的伤害,更有触犯法律的风险。

子女并非父母的私有物品,从诞生起已然是独立的生命个体,父母没有任意处置的权利。对于弃婴和其他残害婴儿的行为都会受到法律的惩罚,即使是婴儿的亲生父母亦不例外。在双方实在无力抚养的情况下,也可以协商一致将子女送他人抚养。但送养子女,须符合我国《民法典》收养编的相关规定,并在民政部门办理相应手续。我国法律严禁买卖儿童的行为,送养不可收取高额费用。此外,儿童福利院是为无依无靠、无人抚养的孤儿和残疾儿童提供服务的社会福利事业单位。父母双方健在的不可把孩子送至福利院,否则同样构成遗弃行为。如果双方无法协商一致,也可以由法院判决。但是对于诸如缺乏经济能力的非婚生子,抚养费的执行是难以实际落实的,即非婚生子女向其亲生父母提出请求支付抚养费可能得不到支持、执行或者得不到完全的支持和执行。

(三)非婚生子女监护权落空问题

在很多案例中,尤其是涉及强奸、婚外情等行为导致出现非婚生子女的案例,非婚生子女往往一出生就面临着生父缺失的境况,得不到生父的监护权益。也存在生母生下非婚生子女后离开,让生父独自抚养的情形。另外还有许多非婚生子女由祖父母、外祖父母进行抚养监护,这种隔代监护不仅容易让非婚生子女遭受他人歧视,而且老一辈人“养而不教”的教育方法不利于非婚生子女的身心健康成长。由此可见,来自生父生母的监护对非婚生子女来说尤为重要,但在现实生活中非婚生子女由于身份特殊,通常不能享有完整的监护权益。

(四)非婚生子女权益救济困难

非婚生子女是社会中的弱势群体,当非婚生子女权益受到侵害时,很难通过正当的法律途径得到救济,主要有以下方面原因:首先,非婚生子女本身年龄小、社会经验不足,心智不成熟,很难自己通过法律途径对自身的受损权益进行救济。其次,很多同居男女没有独立抚养子女的能力无法担负养育职责;还有的本身心智都不成熟，将非婚生子女随意抛弃；或者一部分独自抚养非婚生子女的生母，将生活的不幸归咎于非婚生子女身上，很难期待她们履行好自己的抚养职责和保护非婚生子女的权益。此外，当非婚生子女的权益受损时，若其利害关系人因为缺乏法律知识而在维权时行为失当，反而可能构成违法犯罪，不仅无法保护非婚生子女权益，反而因为陷入纠纷使非婚生子女进一步受到侵害。最后，我国现行法律只规定民政部门应对无父无母的未成年人进行权益损害救助，但对于非婚生子女这一同样易受侵害的群体却没有为其规定救济措施，以上情况都对保护非婚生子女的健康成长十分不利。[1]

第五节　未成年子女纠纷典型案例

案例一　未成年子女抚养权纠纷[2]

1. 案情简介

万某与李某甲于2004年在深圳经同事介绍认识并恋爱后开始同居生活，2011年1月6日在兴业县民政局办理结婚登记手续，于2011年4月18日生育儿子李某乙，现于兴业县某镇中心小学读一年级。万某与李某甲于2014年至2017年8月一直在无锡工作，并共同租房居住生活。由于婚后双方缺乏交流沟通，常因生活琐事发生争吵，致使夫妻感情日趋淡漠。2017年8月双方因孩子教育问题产生矛盾分居，夫妻感情已完全破裂，万某向法院提出诉讼请求：(1)判决准许两人离婚；(2)婚生儿子随万某生活，李某甲每月支付生活费1000元至儿子年满十八周岁止。庭审中李某甲亦表示同意离婚，但双方因对小孩抚养产生分歧，双方均坚持要求抚养小孩，案件经调解未果。

---

〔1〕参见王昱芳：《非婚生子女权益法律保护问题研究》，山东财经大学2021年硕士学位论文，第18～19页。

〔2〕参见《未成年子女抚养权到底归谁？》，载广西梧州司法局网2019年6月25日，http://sfi.wuzhou.gov.cn/vasf_3267/t83289.shtml。

庭审中,原告主张其有固定的收入,且孩子一直由原告悉心照顾,能够为孩子提供良好的生活和教育条件,原告的妈妈及在无锡定居多年的姐姐能给予原告极大的支持。被告辩称,其同意离婚,但是双方的儿子应跟随被告生活,儿子与被告感情深厚,被告一直伴其成长,对儿子的生活各方面无微不至,同时儿子也表示愿意跟随被告一起生活。儿子目前在兴业县某镇中心小学就读,已经能够适应学校环境,与老师、同学相处较好,如儿子跟随原告回无锡生活,改变其生活、学习的环境,对其成长极为不利。被告的经济能力较好,且有稳定的工作。儿子居住在该镇,消费水平较低,被告能够给孩子提供较好的物质生活条件。而原告的工资在无锡当地而言并不是很高,还是在外地打工,如将孩子及原告的父母接到无锡生活,以无锡的消费水平及原告的经济能力,根本无法承担由此产生的各方面开支。被告的父母对儿子十分疼爱,均表示愿意帮忙抚养儿子,儿子与被告的父母感情也很好,且被告父母身体健康,居住在镇中心小学附近,便于接送儿子上下学。

2. 争议梳理

本案的争议焦点在于,在父母双方都有意愿拥有未成年子女直接抚养权的情况下,法院应将直接抚养权判予哪方?

3. 案例评析

未成年人最大利益原则是解决抚养纠纷的基本价值取向。我国《民法典》对离婚后子女的直接抚养权归属提出了“最有利于未成年子女”的原则。根据《民法典》第 1084 条及有关法律规定,人民法院应当从有利于子女身心健康,保障子女的合法权益的角度出发,结合父母双方的经济情况、个人素养、对子女的责任感、家庭环境、父母与子女的感情等因素综合判断。根据上述原则,结合审判实践,子女抚养权主要考虑以下几方面的要素:子女的年龄和意愿、父母经济条件、子女随父或母一方共同生活的时间、父或母一方的身体健康状况、性格特征、是否有其他子女、父母是否有恶习等。

在本案中,原告万某有固定的收入,能够为子女提供良好的生活和教育条件,原告的妈妈及在无锡定居多年的姐姐能给予原告极大的支持和悉心照顾。而被告李某甲一直陪伴儿子李某乙成长,对其的生活各方面无微不至,父子感情深厚,同时李某乙也表示愿意跟随被告一起生活。目前李某乙在兴业县某镇中心小学就读,与老师、同学相处较好,已经能够适应学校环境,如跟随原告回无锡生活,改变其生活、学习的环境,对其成长极为不利。被告的经济能力较好,且有稳定的工作。居住在该镇,消费水平较低,被告能够给孩子提供较好的物质生活条件。综合双方的情况,可以看出原、被告双方的稳定保障未成年子女基本生活的物质条件能力,父母的品行特征、抚养子女的意愿及恳切程度都基本相当。未成年子女的真实意愿,教育陪伴子女的精神抚养能力以及稳定的生活环境还存在差异。

本案是离婚纠纷案件。双方当事人在诉讼中争议的焦点是婚生子女应当由谁抚养的问题。法院根据本案的事实和2001年《婚姻法》以及有关司法解释的规定,适用"未成年子女利益优先"原则进行处理。法院认为,对于原、被告双方的儿子的抚养问题,原、被告双方的抚养条件及抚养能力基本相当,鉴于儿子已入读其户籍所在地的兴业县某镇中心小学,从有利孩子的健康成长及稳定孩子的生活、教育环境的角度考虑,本院确定原、被告双方的儿子跟随被告李某甲生活,抚养费由被告负担,原告对儿子有探望权。

应当说未成年人最大利益原则是解决抚养纠纷的基本价值取向。我国《民法典》对离婚后子女的抚养权归属提出了"最有利于未成年子女"的原则。抚养教育保护子女,既是父母的权利也是父母的义务。离婚后,父母对子女的抚养教育保护的权利和义务不因离婚而受影响或消除。是否变更子女的抚养权,应从有利于子女身心健康成长、保障子女合法权益的角度出发,既要尊重子女个人意愿,也要结合父母双方的抚养能力和抚养条件等因素予以综合考虑。

案例二　张某1与张某2抚养费纠纷[1]

1. 案情简介

任某与被告张某2于1996年12月26日登记结婚,2003年6月13日育有

---

〔1〕 参见北京市朝阳区人民法院民事判决书,(2021)京0105民初23891号。

一子张某1,即本案原告。2003年10月31日,任某与被告协议离婚,原告由任某抚养,被告支付抚养费。2003年10月25日,任某与被告张某2在民政局协议离婚,离婚协议约定:儿子张某1由其母亲任某抚养,自协议离婚之日起,张某2每月需支付抚养费3000元至儿子张某1十八周岁止。离婚后,张某2仅支付了部分抚养费,张某1将张某2诉至法院,诉请要求:张某2支付2018年7月至2021年4月的抚养费99,000元。

庭审中,被告张某2提出抗辩:(1)离婚协议系其被迫签订的,每月按照3000元的标准支付抚养费,明显过高;(2)离婚协议书中并未约定其对儿子张某1的探视权,张某1母亲任某拒绝张某2探视儿子;(3)张某2已经给张某1母亲支付了抚养费9750元,应予扣除;(4)工资卡的银行账户明细显示2020年4月至2021年5月张某2的工资收入为13万余元,但该13万余元并非其一年单纯的工资收入,这些钱包括上一年的部分延迟发放的收入及部分执勤补贴,不能作为认定其收入的依据。[1]

2. 争议梳理

本案的争议焦点在于离婚协议约定了抚养费数额是否此后不能变更?支付固定数额抚养费后,是否承担子女其他高额费用?不让探望子女就可以不支付抚养费?

3. 案例评析

(1)关于抚养费的问题

对于离婚协议约定了抚养费数额,此后是否可以变更的问题。《最高人民法院关于适用〈中华人民共和国民法典〉婚姻家庭编的解释(一)》第58条明确规定是可以变更的。抚养费数额的变更包括增加抚养费和减少抚养费两个方面:一是增加抚养费,随着社会发展和经济环境的变化,原协议的抚养费数额已经不能满足子女实际生活需要,子女可起诉要求增加抚养费数额;二是减少抚养费,当负有抚养义务的一方出现重大疾病、失业等情况导致收入骤减,无力承

---

[1] 参见姚心怡:《离婚后未成年子女抚养义务如何承担?抚养费金额如何确定?》,载微信公众号"西安市碑林区人民法院"2023年5月6日,https://mp.weixin.qq.com/s/8eHU08PBZyLgnr_fvqjbWQ。

担原抚养费等情形的,可起诉要求减少抚养费数额。但义务方减少抚养费情况消失后,未成年子女仍可另行起诉恢复或者增加抚养费。

对于支付固定数额抚养费后,是否承担子女其他高额费用的问题。我国《民法典》婚姻家庭编规定,父母对未成年子女享有抚养、教育以及保护的权利,承担同样的义务,父母解除婚姻关系后不改变与未成年子女之间存在血缘关系的事实。法律规定没有与未成年子女共同生活的一方父母应该给付多少抚养费数额可以参考以下几个方面的因素:第一,可以考察子女的实际需要;第二,考虑父母的经济承受能力;第三,要以当地的实际生活水平为根据。如果支付抚养费的一方父母的收入是固定的,抚养费的数额是月总收入的20%～30%,未与未成年子女共同生活的一方父母要承担两个以上子女的抚养费的,抚养费的数额可以适当增加,但是为了保障支付抚养费方的基本生活,增加的数额最大不能超过月总收入的50%。如果支付抚养费方的收入不固定的,其应当支付多少抚养费数额,是以当年总收入或者同行业的平均工资为依据,参照有固定收入的支付标准进行确定。对于无经济收入或下落不明的抚养费支付方,可以用财物折抵抚养费。从上述的规定可以看出,我国法律没有规定既无收入又无财物的父母应当如何给付抚养费。从道德伦理上,父母将未成年子女带到这个世界,未成年子女自身缺乏生存能力,主要依赖自己的父母生存,故不管父母是否有经济收入都应当履行抚养义务。从法律角度上,不管父母是否离婚,抚养未成年子女是法定义务。在司法实践中,也有很多未成年子女起诉到法院要求没有收入的父母给付抚养费或在支付固定数额抚养费外另行请求支付的大额子女抚养费用。请求没有收入的父母给付抚养费,法院或多或少都会判决支持。但是对于在支付固定数额抚养费外另行请求支付的大额子女抚养费用,理由最多的就是要以子女的实际生活需求和父母的经济情况以及当地的实际生活水平确定。至于具体数额如何计算并没有给出一个具体的理由。总体来说,还是应当遵循未成年人利益最大化原则,首先,考虑该请求是否符合未成年人的利益及是否有相应的法律依据;其次,考虑该请求是否属于因未成年人合理需求而实际产生的支出;最后,考虑父母双方的经济能力与实际负担义务,相应费用若由一方负担是否会导致父母双方义务负担的不平衡。固定数额抚养费中已经包含子女日常的教育和医疗支出，但如果遇到子女突发疾病或者子女接受必备教育而产生的大额支出，父母双方应共同分担。

对于不让探望子女就不给付抚养费的问题，首先支付抚养费与父母行使探视权属于不同的两个法律关系。探视权受阻挠并非拒付抚养费的合法理由，不直接抚养子女的一方可以另行起诉要求依法对子女进行探望，对拒不履行相关探望子女裁判文书的，有权向法院申请强制执行。

(2)裁判结果

法院认为，根据《民法典》第1067条的规定：父母不履行抚养义务的，未成年子女或者不能独立生活的成年子女，有要求父母给付抚养费的权利。第1084条规定：父母与子女间的关系，不因父母离婚而消除。离婚后，子女无论由父或母直接抚养，仍是父母双方的子女。离婚后，父母对于子女仍有抚养和教育的权利和义务。第1087条规定：离婚时，夫妻的共同财产由双方协议处理；协议不成时，由人民法院根据财产的具体情况，按照照顾子女、女方和无过错方权益的原则判决。本案中，任某与被告离婚时，就子女抚养、财产分割等问题已经在两份离婚协议书中协商一致，虽被告主张原告提供的离婚协议书是虚假的，但被告就此明确表示不申请笔迹鉴定，故应承担不利的法律后果。法院对两份离婚协议书的真实性均予以确认。在此情况下，任某与被告均应按两份离婚协议书的约定履行。离婚协议书明确约定，被告应向原告支付每月不低于1500元的抚养费，且原、被告均认可被告自2005年年中至2015年8月31日亦系按该标准支付抚养费，故被告应当按每月1500元的标准向原告支付自2015年9月至2021年6月的抚养费共计105,000元。被告虽辩称现收入低，需要偿还房贷、治疗疾病，无经济能力按照1500元的标准支付抚养费，但自2015年9月至本次诉讼前，被告并未以此为由要求降低抚养费，故对被告该项抗辩意见法院不予采信。关于后续抚养费问题，法院需指出，被告作为原告之父，在原告仅四个月的时候就与任某离婚，原告由任某抚养，且自2015年8月至今，被告未再与原告有任何联系，也未与原告见面，并未尽到作为父亲的责任与义务，且需要说明的是，北京作为一线城市，生活成本及教育成本都较高，任某作为直接抚养原告一方，付出要远高于被告。被告虽辩称无经济能力，还需向被告之母借款偿还房贷及购买车辆,在被告能够向其母亲借款购买非生活必需品作为生活支出的情况下,被告更应尽到作为父亲的责任与义务。现原告虽已成年,但仍无法独立生活,无经济收入,正在求学,且离婚协议书中亦约定支付抚养费至原告大学毕业为止,故法院综合考虑被告现在的实际收入情况及原告已成年的实际情况,认为原告要求被告按照每月5000元的标准支付自2020年12月起至原告大学毕业为止的抚养费标准过高,被告应按照每月1000元的标准向原告支付自2021年7月起至原告大学毕业为止的抚养费。

案例三　谭某甲与陈某亲子关系确认纠纷〔1〕

1. 案情简介

1994年谭某在广东打工,认识亿万富翁有妇之夫陈某,后两人发展为同居关系,2000年谭某为陈某生下一个女儿谭某甲。2002年4月,陈某突然病逝。2002年6月11日,谭某以谭某甲监护人的身份向广东省惠阳区人民法院提起诉讼,请求确认谭某甲具有继承人身份并参与陈某遗产的分配。在诉讼过程中,谭某还多次提出亲子鉴定申请,由于生父陈某已死,因而有必要抽取陈某婚生子女之血样以供鉴定。但陈某的三个子女认为,亲子鉴定的双方是"父母"及"子女",只有父母子女间的鉴定才是亲子鉴定,则谭某要求陈某的婚生子女提供血样以供鉴定于法无据,陈某的婚生子女在法律上也没有这个义务。法院一审驳回谭某甲的诉讼请求,一审判决败诉后,谭某不服一审判决上诉至惠州市中级人民法院。谭某的前夫帮她作证,证实谭某甲不是他与谭某所生,并愿意抽血和孩子进行鉴定。上诉法院审理认为:一审法院的判决,认定事实不清、证据不足,且遗漏了当事人,可能影响案件的公正审理。遂于2002年12月25日作出撤销原判,发回重审的裁定。一审法院重审此案后,于2003年3月27日作出"驳回原告谭某甲的诉讼请求"的判决。理由是:第一,谭某甲在提出血亲鉴定申请时,法院已以书面形式通知陈某的婚生子女们,但他们不同意抽取血样

---

〔1〕 参见惠州市惠阳区人民法院民事判决书,(2003)惠阳法民初字第101号。

进行鉴定。第二，本案属于民事纠纷，被告在法律上没有协助原告举证的义务，法院亦不能强制抽取其血样以供鉴定。第三，谭某甲提供的证据不足以证明其为陈某非婚生子女，故其诉讼请求不予支持。

2. 争议梳理

该案争议的焦点是：谭某甲是否为陈某的非婚生子女？谭某在法庭上出具了多个间接证据：其一，三个保姆的证人证言，证明她与陈某同居并生育一个女儿取名谭某甲；其二，陈某与谭某、谭某甲“一家三口”的诸多生活照片；其三，陈某为谭某购买物品和代缴相关费用的书面凭证等。

3. 案例评析

本案中，可能的父亲死亡，未成年的非婚生子女起诉请求确认父子关系，该亲子关系能否被确认，直接涉及其能否参与继承遗产。而本案原告在证明亲子关系时遭遇了两重困境，一是可能的父亲已经死亡，没有留下可用于鉴定的检物；二是申请与同父异母兄弟姐妹进行血缘鉴定遭到拒绝。法院对本案原告谭某甲与死者之间的亲子关系不予确认，亲子确认诉讼如何证明？不负举证责任的当事人是否有配合义务？

(1)亲子确认诉讼如何证明

首先，对于亲子关系，最准确的证明方式是 DNA 亲子鉴定。因为随着科技的发展，对于肯定的亲子关系，DNA 鉴定可以达到 99.9% 的准确度；对于否定的血缘关系，DNA 鉴定可以达到 100% 的准确度。本案值得反思的是，对于亲子关系的证明，并非仅有亲子鉴定一个路径，亲子鉴定意见固然重要，但在无法取得该类直接证据或证明方法时，也可以用间接证据进行证明。本案中的现有证据已证明：陈某生前与谭某同居（有三个保姆的证言证实）；谭某怀孕前后与陈某关系密切（保姆证言、生活照片）；陈某对谭某、谭某甲在经济上予以资助等事实，而陈某的亲属没有提供相反证据进行反驳。据此，法院完全可以在综合判断所有证据的基础上，运用逻辑推理和日常生活经验，推定判决谭某甲即陈某非婚生子女。

(2)不负举证责任的当事人是否有配合义务

若当事人不予配合，法院该当如何？《最高人民法院关于适用〈中华人民共和国民法典〉婚姻家庭编的解释（一）》第 39 条第 2 款规定，父或者母以及成年子女起诉请求确认亲子关系，并提供必要证据予以证明，另一方没有相反证据又拒绝做亲子鉴定的，人民法院可以认定确认亲子关系一方的主张成立。当然，在确认生父之诉中，当事人拒绝配合血缘关系协查，法院对亲子关系的事实作出推定，必须建立在足够数量的间接证据基础上方可进行。

在本案中，因陈某已去世，能够证明血缘关系的只有其婚生子女，因直接强制涉及其婚生子女的"自我决定权"或"同意权"，故多数国家或地区在综合考量多种因素的基础上，不支持采取直接强制血缘鉴定的方式，而是采取缓和的、间接强制方式进行事实认定，如由法官采用自由心证、拟制真实、推定等方式进行认定。我国澳门特别行政区《民法典》第 1720 条第 2 款对此有完整的规定："如母亲身份已被确立，或母亲身份与父亲身份被同时请求确认，即在下列任何一情况下推定假定的父亲具有父亲身份：（1）子女曾被假定父亲如子女般称呼或对待，且大众亦视其为该人之子女；（2）存有信件或其他书面文件，其中显示出假定父亲曾明确表示其父亲身份；（3）在法定受孕期，母亲与假定父亲间存在不论是否符合第 1472 条规定之事实婚关系，或存在长期之性伴侣关系；（4）在法定受孕期间，假定父亲曾引诱母亲发生性行为，且母亲在当时仍为未成年之处女，又或母亲之同意系藉结婚之许诺、滥用信任或权力之手段而取得。"〔1〕由上文可见，对于确认生父之诉，最佳证据或证明方式是通过科学鉴定证据（DNA）来锁定父子关系的血缘联系；当无法取得该类证据时，则可通过间接证据并借助推定等方式来进行认定。

案例四　邱某与李某甲同居关系子女抚养纠纷〔2〕

1. 案情简介

原告邱某与被告李某甲于 2006 年 9 月相识并同居，尔后由于双方脾气性

〔1〕参见陈爱武：《亲子关系确认诉讼的类型化：案例、问题与思考——兼议〈民法典〉第 1073 条的规定》，载《法学杂志》2023 年第 1 期。

〔2〕参见浙江省瑞安市人民法院民事判决书，（2016）浙 0381 民初 2715 号。

格不相符，没有办理结婚登记手续。其后两人非婚生育儿子李某乙，办理出生证时将第三人陈某作为李某乙父亲。儿子李某乙一直由被告抚养。原告又建立起新的家庭，被告至今没有结婚。原告诉请：(1)确认原告与李某乙系法律上父子关系；(2)儿子李某乙由被告李某甲抚养，并由被告承担抚养费。在庭审中，被告李某甲对原告邱某诉称的事实没有异议，陈述自己与原告曾口头达成子女抚养协议，承认原告所提出的全部诉讼请求。第三人陈某述称自己与被告李某甲系朋友关系，被告办理李某乙出生证时自己同意登记为李某乙父亲。2015年11月5日经司法鉴定科学技术研究所司法鉴定中心鉴定，依据现有资料和DNA分析结果，支持原告与被告为李某乙的生物学父母亲。第三人陈某因故在出生证上登记为李某乙父亲，但并不是李某乙真正的生物学父亲；李某乙生物学父亲的认定应当以鉴定意见书为准。

2. 争议梳理

本案虽是子女抚养纠纷，但确定子女抚养权的前提条件是要确认父子关系。

3. 案例评析

(1)明确诉权主体

亲子关系是否存在，直接涉及子女与被指为生父的人之间有无抚养、继承等法律关系，并常涉及第三人(如其他继承人)的权利义务。因此，明确诉权主体有利于通过诉讼程序保护非婚生子女的利益。

我国《民法典》将亲子关系确认诉讼的原告限于父或母，把提起确认父亲(母亲)的诉权，赋予了成年子女。在本案中，可能的生父邱某提起确认亲子诉讼，出生证上登记的父亲陈某作为追加的第三人。出生证，也叫作《出生医学证明》，是按照《母婴保健法》开出的一项证明，是具有法律效力的国家文书，机构签发出生证有非常严格的管理要求和签发流程。这份证明详细记录了婴儿的出生情况、与父母的血亲关系。同时也是申报婴儿户籍及国籍的重要证明材料，具有法律效用。《民法典》第15条[1]规定了自然人出生和死亡时间的认

---

[1] 参见《民法典》第15条 自然人的出生时间和死亡时间，以出生证明、死亡证明记载的时间为准；没有出生证明、死亡证明的，以户籍登记或者其他有效身份登记记载的时间为准。有其他证据足以推翻以上记载时间的，以该证据证明的时间为准。

定，从该规定可知，出生证主要是证明出生日期，对于出生证上登记的父亲仅仅具有记载形式，并无办理户口、入托入学登记等实质性内容，则陈某可以作为第三人；但如果已经办理了户口，并在户口簿上显示出父子关系，则该登记的父亲应当作为被告参加诉讼，因为此种情形下，他与本案已经有了直接的利害关系。

非婚生未成年子女因其未成年，需要父母的抚养教育和保护，而抚养所需要的巨大开支仅凭生母可能难以为继，亟须生父的抚养支持。在本案中，被告李某甲自认自己有能力抚养李某乙并愿意承担全部抚养费，但若生母经济能力较差难以承担抚养的情形时，可起诉要求生父给付抚养费。根据法律要求，非婚生未成年子女是没有诉权的。实践中，我国确认生父之诉多数情况下是未成年子女在母亲的代理下，起诉要求生父给付抚养费进而涉及对亲子关系的确认。

(2)裁判结果

法院认为：非婚生子女享有与婚生子女同等的权利，任何人不得加以危害和歧视。原告邱某是李某乙的生物学父亲，而李某乙并未经他人收养，故原告与李某乙之间具有父子法律关系。被告李某甲自认自己有能力抚养李某乙并愿意承担全部抚养费，未损害李某乙的合法权益，法院不予干预；如果被告的财产状况恶化不能保障李某乙的合法权益，李某乙在成年或独立生活之前仍可另行请求原告给付抚养费。第三人陈某作为出生证上登记的李某乙父亲，其先前与被告在法院达成李某乙由被告抚养等协议并无不当且应当仍然对其有效；但其与李某乙不具有父子法律关系应当明确。对被告而言无须改变子女抚养现状，但抚养效力应当及于原告。

案例五　张某与刘某变更抚养关系纠纷[1]

1. 案情简介

被告刘某(女)婚前患有精神病，经人介绍与原告张某(男)相识后，原告

[1] 参见河南省高级人民法院民事裁定书，(2011)豫法民再申字第00044号。

为其求医治病。病情稳定后,双方于1998年2月9日(农历1月13日)结婚,同年3月1日双方办理了计划内一胎生育证。同年8月29日,刘某在郏县白庙乡计生办进行了孕检,其结果为无孕。同年9月24日双方在白庙乡人民政府协议离婚,并领取了离婚证。同年11月14日(农历9月26日),刘某与徐某昌结婚。1999年4月28日(农历3月13日)刘某在郏县中医院生一男孩(后取名徐某1)。该医院病历档案记载:孕周37+5,产别:足月产,分娩方式:顺产。

按照“十月怀胎”的生活经验,原告张某推断被告所生之子为其亲生儿子,于是在2000年5月10日向郏县人民法院提起诉讼,请求法院判决:刘某1999年4月28日所生男孩徐某1是张某之子;徐某1由其抚养。理由是:徐某1是其与刘某婚姻关系存续期间怀孕所生,而刘某患有精神病,不能抚养徐某1。法院一审驳回原告张某诉讼请求。

张某不服向平顶山市中级人民法院提起上诉,2000年11月10日,平顶山市中级人民法院作出民事裁定,以事实不清撤销了一审法院的判决,发回重审。

2001年5月30日,郏县人民法院重审后作出判决,认定徐某1就是张某和刘某之子,并判决由张某抚养。判决后,刘某提出上诉。

2001年10月9日,二审法院审理后再次作出民事裁定,发回重审。郏县人民法院为了慎重地查清事实,在审理过程中提出,可以对徐某1进行亲子鉴定。张某当即表示同意,而刘某现在的丈夫徐某昌却不同意。郏县人民法院审理后作出判决:徐某1是张某和刘某之子,因刘某有精神病,故孩子由张某抚养。法院宣判后,刘某不服,向中级人民法院提起上诉。二审法院经审理认为原审法院在没有充足证据的支持下,判决变更抚养关系不利于家庭团结、社会稳定。遂于2003年3月作出发回重审裁定。

一审法院审理后判决:一、被告刘某1999年4月28日所生男孩(后取名徐某1)是原告张某与被告刘某之子。二、徐某1暂由被告刘某抚养,抚养费自理。待徐某1成年后,随张某或者随刘某生活由其自己选择。三、驳回原告张某要求抚养徐某1的诉讼请求。案件受理费50元,由被告负担。张某不服,上诉。二审判断驳回上诉,维持原判。后二审判决发生效力,张某不服,向河南省高级人民法院申请再审,河南省高级人民法院指令平顶山市中级人民法院对该案进行再审。

2. 争议梳理

本案的处理经过是曲折和耐人回味的,案涉法院不断地在支持和驳回原告诉求的两端徘徊,历经一审、二审、再审。争议焦点是:对被告刘某所生男孩的确认亲子关系纠纷和变更被告刘某所生男孩的抚养权纠纷。

3. 案例评析

(1)关于亲子关系确认之诉

亲子关系指父母子女关系,广义的亲子关系包括事实的亲子关系及法律拟制的亲子关系。事实的亲子关系仅指生物学上的父母子女关系;法律拟制的亲子关系指继子女关系、养子女关系等。亲子关系纠纷是《民法典》生效后新增的案由之一。确认亲子关系纠纷中的亲子关系,特指事实的亲子关系。亲子关系纠纷之下包括两个四级案由:确认亲子关系纠纷;否认亲子关系纠纷。

根据《民法典》第 1073 条和《民事诉讼法》对亲子确认诉讼作出的规定,当事人一方请求法院确认自己与子女存在亲子关系或不存在亲子关系的,应以自己为原告,以子女为被告;当事人一方请求法院确认对方与子女存在亲子关系或不存在亲子关系的,应以自己为原告,以对方为被告。

提起亲子关系确认之诉,一般应当提供亲子鉴定报告等可证明血缘关系存在的证据。除了亲子鉴定报告,还可以提供受孕期间双方并未同居、一方有生理缺陷或者没有生育能力,或者子女与他人存在血缘关系等证据。本案中,一审法院认为:1999 年 4 月 28 日,刘某在郏县中医院所生男孩徐某 1,是其怀孕 37 +5 周后所生足月男孩。郏县中医院的病历档案是客观事实的记载,可以作为本案定案的依据。

对于对方拒绝亲子鉴定的情形,根据《最高人民法院关于适用〈中华人民共和国民法典〉婚姻家庭编的解释(一)》第 39 条、《最高人民法院关于民事诉讼证据的若干规定》第 95 条、《最高人民法院关于适用〈中华人民共和国民事诉讼法〉的解释》第 143 条的相关规定,一方当事人已提供必要证据证明存在或不存在亲子关系,另一方没有相反证据又拒绝做亲子鉴定的,法院可以作出支持提供证据一方确认或否认亲子关系的判决。具体到本案中,一审法院认为:在原告尽了其所有的举证能力后,而唯一可以直接证明原告与徐某1是否有亲子关系的只有亲子鉴定。由于被告方拒不同意做亲子鉴定,原告的亲子鉴定要求无法实现。《最高人民法院关于民事诉讼证据的若干规定》第75条[1]规定,“有证据证明一方当事人持有证据无正当理由拒不提供,如果对方当事人主张该证据的内容不利于证据持有人,可以推定该主张成立”。由此,可推定原告所诉事实为真实正确的。

关于亲子关系确认之诉的提起需要准备以下诉讼材料:

①基础材料

A. 起诉状:首先,起诉状应有明确的被告(应包含姓名、性别、出生日期、民族、住所地、身份证号码、联系方式等信息);其次,具体的诉讼请求和事实依据(如诉讼请求是确认亲子关系还是否认亲子关系,相应的事实等);最后,要写清事实和理由(亲子关系纠纷具体的内容)注意:起诉状的份数应当按照原、被告及第三人人数+2份向法院提供。

B. 原告身份证明:身份证或其他能够证明原告身份的证明材料。

C. 被告身份证明:原告需要提供具体明确的足以使被告与他人相区别的姓名、性别、出生日期、住所、身份证号码等信息。

D. 委托手续:授权委托书:受托人为律师的,提供律所函、律师证;受托人为基层法律工作者的,提供法律服务工作者执业证、基层法律服务所出具的介绍信、当事人一方位于本辖区的证明材料;受托人为近亲属的,提供受托人身份证、户口簿或其他证明近亲属关系的材料;受托人为单位员工的,提供受托人身份证、社会保险资料或劳动局有备案的劳动合同、加盖公章的工资表、工作证或上岗证等。

②证据材料

对亲子关系有异议及其正当理由等支持原告诉讼请求的基本材料。

---

〔1〕 2019年修正后为第95条。《最高人民法院关于民事诉讼证据的若干规定》第95条 一方当事人控制证据无正当理由拒不提交,对待证事实负有举证责任的当事人主张该证据的内容不利于控制人的,人民法院可以认定该主张成立。

(2)关于变更抚养权纠纷

依照最有利于未成年子女原则,法院认为:由于徐某1已随被告生活多年,故其暂由被告抚养对其身心健康比较有利。依法判决驳回原告张某要求抚养徐某1的诉讼请求。

"最有利于未成年子女原则"实为"儿童最大利益原则"在抚养权案件中的体现。1989年,联合国首次将"儿童最大利益原则"写入《儿童权利公约》作为基本原则。"最有利于未成年子女原则"在离婚案件审判实践中应当考虑以下三点:

①尊重未成年子女的主体地位

在离婚纠纷中,父母是当事人主体,未成年子女系被动参与案件审理,其对婚姻关系的处理没有主体资格和主体利益,但事涉抚养权时,未成年子女的主体利益应当是明确的,应当从实质利益角度尊重未成年子女的利益主体地位。

②尊重未成年子女的主观意愿

《民法典》第1084条第3款规定,子女已满八周岁的,应当尊重其真实意愿。未成年子女已满八周岁的,系限制民事行为能力人,其具备想要由谁抚养的识别能力和表达能力,应当尊重其个人主观意愿。具体到本案,在河南省高级人民法院民事裁定书中,法院认为:张某的诉讼请求是变更抚养权,原再审期间被抚养人已满十周岁,被抚养人明确表示愿意随现在的家庭生活,且张某的委托代理人张父(张某的父亲)在本院审查期间,也明确表示"起诉时要求的抚养权,现在不再要求了",故原再审判决对张某要求变更抚养关系的请求不予支持正确。关于张某现在提出的探视和姓名等问题,因一审时未主张,法院不予审查。

③综合衡量父或母的抚养条件

父母对未成年子女的抚养,包括满足未成年子女在生活、教育、医疗等多方面的生存和发展需要。除了基本的经济保障,还要照顾其身心健康。因此,考量父或母的抚养条件,要比较其满足子女需要的能力及其行为对子女的影响等因素。

总而言之,法院在审理离婚案件涉及抚养权时都是非常谨慎的,要经过反复斟酌和考量,遵循“最利于未成年人原则”,根据父母双方和子女实际情况,充分了解未成年子女生活和学习的需要,从最有利于子女身心健康、保障子女合法权益的角度出发,进行分析和判断,依法作出判决,为孩子的健康成长争取最有利的条件和环境。在没有新情况和新理由时,起诉变更抚养关系一般不会得到法院的支持。除非双方协商一致,同意变更。因此,只有符合一定条件才能通过诉讼变更抚养关系。法律规定具有下列情形,父母一方要求变更子女抚养关系的,法院应予支持:一是与子女共同生活的一方因患严重疾病或者因伤残无力继续抚养子女;二是与子女共同生活的一方不尽抚养义务或有虐待子女行为,或者其与子女共同生活对子女身心健康确有不利影响;三是已满八周岁的子女,愿随另一方生活,该方又有抚养能力;四是有其他正当理由需要变更。

下篇 继承

第五章　继承制度的一般规定

继承制度是规范如何将死者生前的财产和其他合法权益转移给他人所有的民事法律制度。继承法律制度涉及千家万户，关乎每一个家庭、每一个人。继承和遗嘱是两个不同的概念。遗嘱是指自然人生前在法律允许的范围内，按照法律规定的方式对其遗产或其他事务所作的个人处理，并于立遗嘱人死亡时发生效力的法律行为。继承是指自然人死亡后，由法律规定的人或遗嘱指定的人按法定或遗嘱的方式接受死者遗留的个人合法财产的法律制度。继承有法定继承和遗嘱继承。法定继承的继承人和继承份额由法律直接规定；遗嘱继承的继承人以及继承份额由被继承人以遗嘱的形式指定。我国《民法典》继承编在法定继承部分既规定了继承权男女平等的原则，又对继承人的范围、继承顺序、代位继承、遗产分配原则等都作了明确规定。

第一节　继承制度的发展与演变

一、我国古代继承制度

我国古代继承制度融合了礼法传统，不仅涉及身份地位、物质财富的世俗性规则，更体现出中华法系的特质，浓缩了我国的文化传统。我国《民法典》继承编中的规定虽然添加了现代法治精神，但也不乏我国古代继承制度的文化基因。

我国古代虽无"继承"概念，但有继承制度，主要由"承祧"和"析产"两方面的内容构成。其中“承祧”为身份继承，“析产”为财产继承。“析产”有时包括“析分”和“继承”两层含义，有时专指“继承”。早期继承制度的最高行为指南是礼法和宗法。二者虽有不同，但本质上都是族群内部规则，宗法组织内部、国家都带有宗法属性。夏商周三代作为宗法制度的开创阶段，继承制度更多地体现在身份继承上。之后的封建王朝，原属于封建贵族组织的宗法逐渐被破坏，取而代之的是宗族组织，其中的继承规则深深影响了之后的古代财产继承制度。身份继承主要遵循一继一及制和嫡长子继承制。总体而言，身份继承是先确定“子继”，后发展为嫡长子继承制。《礼记》认为，夏商周三代实行的是传子与传弟并行的制度，即所谓“大人世及以为礼”。而《孟子》则认为各代均实行传子制，即所谓“唐、虞禅，夏后、殷、周继，其义一也”。殷商实行的主要是兄终弟及制，即“以弟及为主，而以子继辅之，无弟然后传子”；西周经周公推行一继一及制和周厉王的改革，才基本确立了“子继之法”。汉朝以来，继承制度主要吸收儒家观念，以嫡为贵，长为尊，形成嫡长子继承制。这种身份继承规则在古代官僚政治体制的影响下，被后世爵位的继承所遵循，并对古代财产继承规则产生深远的影响。

在古代，身份继承与财产继承都深受礼法和宗法的影响，具备相同的文化内核和继承规则。由于身份继承规则出现较早，财产继承规则不可避免地受到身份继承规则的影响，讲究长幼尊卑和宗族“父权”。就文化层面而言，以家族为本位是整个古代社会政治法律规则的基础，也是齐家治国理论的文化基础，使得从家法到国法的规则具有一致性，家族秩序与社会秩序紧密相连。财产继承制度深受家族本位的影响，同一家族内部的财产继承主要由家庭内部各自负责，但并没有排除族长的分配权。有的家庭为防止宗族内部其他人员干预家庭财产的分配，而使用了遗嘱继承。

就经济层面而言，农耕社会和小农经济占据古代社会的统治地位，在这种经济模式下，土地是家族、家庭的生存基础，即家族或家庭实质都需要拥有一定土地作为生产资料，进行生产和生活。为照顾嫡长子之外家庭成员的生存问题，财产继承规则也因此不得不与身份继承规则有所区别，从而建立一种诸子均分的财产继承制度。自秦汉至明清，基本各朝代都肯定了这样的制度安排。

可以看出，从文化层面，财产继承本应与身份继承具有相同的规则，但由于经济模式的限制，财产继承规则确立为诸子均分，从而保障社会秩序的稳定。这就使得财产继承规则的外在和内核存在一定的撕裂，造成财产继承规则在传承和发展过程中，烙有深深的文化印记。时至今日，我国部分地区的民间继承风俗中仍带有这种文化烙印，即侧重于长子继承。

我国古代继承规则已经考虑到女子继承、非婚生子女继承和胎儿继承的问题。古代女子并非没有继承权，宋朝之前女子继承限定于未出嫁的女子，而宋朝规定出嫁女继承份额为男子的1/3，之后的其他朝代基本也规定出嫁女有继承权。我国《民法典》第1126条则明确规定了继承权男女平等。非婚生子女继承规则在古代有一定的发展过程，唐朝时期，非婚生子女一律不享有继承权。至元明清时期，非婚生子女的继承权得到体现和承认，但继承份额较低。《民法典》第1127条则明确规定婚生子女与非婚生子女均为法律上的合法继承人。古代对胎儿继承权也进行了保护。早在汉《置后律》中就有记载，“死，其寡有遗腹者，须遗腹产。”《民法典》第1155条[1]对胎儿继承份额也作出了明确规定。

古代遗嘱继承与现代相同，遵循遗嘱优先原则，遗嘱的形式也与现代遗嘱相似。汉代书面遗嘱规定在《先令券书》中，包含了订立遗嘱时间、遗嘱者姓名、遗嘱内容、具有公证效力的行政组织官吏、遗嘱见证人及担保人，基本具备了现代遗嘱的要件。宋朝完善了对遗嘱细节的规定，要求有族人见证和官凭，“不由族众、不经官司之遗嘱”均为无效。我国《民法典》第1134条至第1139条，对遗嘱的形式要求作出明确规定，其中录音录像遗嘱形式、打印遗嘱形式等虽然有明显的现代特征，但其蕴含的形式规则与古代较为类似。

从古代继承制度到现代继承制度可以看出，我国传统文化对现代立法、司法的深远影响。我国的立法由法律移植逐步转变为注重本土化，其中正蕴含对文化传统、社会背景和现代发展的理解和尊重。法律的实施实际是由生长在这片文化沃土上的人民来实现的，严格遵守法律和尊重文化传承，将并行不悖。

---

[1] 参见《民法典》第1155条　遗产分割时，应当保留胎儿的继承份额。胎儿娩出时是死体的，保留的份额按照法定继承办理。

二、继承规则的发展

遗产继承,是指因公民死亡对其个人的财产进行继承而发生的民事权利义务关系。

关于遗嘱继承,在距今3000多年前的《汉谟拉比法典》中就有涉及,其规定:"丈夫死后,配偶取得自己之嫁妆及其夫所给且立有遗嘱中确定赠与孀妇之赡养费。"虽然内容简单,但是从中已见遗嘱继承制度的雏形。而在罗马法中,遗嘱继承先于无遗嘱继承(法定继承),这是因为古代罗马人对"无遗嘱继承"具有极大厌恶,认为无遗嘱是终身最大的耻辱,这样做完全是为了维持家庭的稳定。然而,当时罗马法遗嘱继承最重要的目的并不在于分配遗产,而主要是通过遗嘱指定家族身份的承续者。至于财产的继承,只是依附于此目的而已。在我国古代,也有关于遗嘱的记载。但在继承法律制度中,遗嘱的地位远没有罗马法中那么重要,法定继承占据了绝对主导地位,遗嘱继承仅是法定继承的补充。当然,采取遗嘱继承方式的被继承人也有严格的身份地位限制,只能是父祖尊长。这一做法,也是为了保证封建家族的财产和权利不被分散。进入近代资本主义社会,由于私人所有权绝对原则和个人意思自治原则的确立,遗嘱才成为个人对自己财产生前作出死后安排的一种手段,遗嘱继承才因建立在个人财产权利基础上得以发展,从而成为继承的一种重要方式。遗嘱继承制度的大体走向是越来越尊重个人的意志自由,在遗嘱继承制度设计上,主要考虑的是个人、家庭和社会三者利益的统一,既尊重遗嘱人生前意愿,也维护继承人的合法权益。中国进入近代后,自然经济逐步瓦解,受西方继承思想的影响,我国的宗族制度也随之动摇,遗嘱继承制度逐渐在法律上得到了认可。中华人民共和国成立后颁布的《宪法》、《继承法》(已废止,下同)以及有关继承问题的法律和司法解释,完全废止了传统继承制度,全新的财产继承制度建立与发展起来,遗嘱继承制度也自然得到了发展。

第六届全国人民代表大会第三次会议审议通过并颁布了《继承法》,正式确立了遗嘱继承制度的法律地位,将其规定为我国的基本继承方式之一,进一步完善了我国的继承制度。这对保护公民财产继承权、增进家庭成员之间的团结互助、推进社会经济发展、稳定社会秩序起到了积极作用。

但也应看到,当时的继承立法制定于计划经济年代,由于当时公民的私有财产相对较少,且主要是一些价值不大的生活资料,再加上在旧的习惯下,很少有公民采用遗嘱处分自己的生前财产,所以在立法上原则性的条款较多,很多规定相对简单。然而,随着市场经济体制的确立,我国经济得到快速发展,公民私有财产不仅数量大大增加,而且财产性质由过去单纯的生活资料转变为既有生活资料又有生产资料。同时,公民法律意识的增强、传统观念的改变,越来越多的公民选择立遗嘱来处分自己的生前财产,遗嘱继承案件的情况也越来越复杂,遗嘱继承制度已显露出滞后性、不适应性。例如,《继承法》规定了五种主要的遗嘱形式,但很多信息化时代下的新型遗嘱形式没有位列其中,如电子遗嘱和打印遗嘱等。再如,许多遗嘱继承司法纠纷案件中,都存在遗嘱管理主体不明确的问题。被继承人的遗嘱由于没有明确的继承执行者,又缺乏相应的遗嘱保护规定,造成了遗产的损失,也给遗产被继承人和继承人带来了严重影响。当遗产继承人暂时不明确或没有正式接受继承之时,被继承人的遗产保护和遗嘱执行就会面临无人管理的情况。

随着《民法典》的正式实施,遗产继承制度也得以完善。其中,继承权独立成编是民法典的核心亮点,对遗产、继承人、遗嘱等多方面内容进行了完善,更加尊重被继承人的意志,为相关民事主体的继承权提供了更加全面有力的法律保护,兼顾了社会发展与司法实践的新要求,实现了我国相关法律的优化改进。我国《民法典》第六编采用一整编单独规定继承制度。作为一部现代色彩浓厚的法律,受市场经济、文化发展、法学理论的影响,蕴含了男女同权、私权保护、家庭伦理的现代法治精神,与古代继承规则有着显著的差别。但法律离不开文化,本土文化仍然是我国立法的基础之一,因此《民法典》继承编既有现代的发展也有古代继承规则的影响。

三、《民法典》对《继承法》的修改

(一)取消公证遗嘱优先效力

我国《继承法》规定,“自书、代书、录音、口头遗嘱不得撤销、变更公证遗嘱”，承认了公证遗嘱相较于其他形式的遗嘱具有优先性。

如果立遗嘱人想变更自己立的公证遗嘱，就只能再另立一份公证遗嘱，否则公证遗嘱的效力不可被其他任何形式的遗嘱所撼动。

为尊重遗嘱人的真实意愿，《民法典》修改了遗嘱效力规则，删除了《继承法》关于公证遗嘱效力优先的规定，以更好保护民法当事人意思自治。

尽管公证遗嘱不再有优先性，但公证遗嘱仍是法律规定的遗嘱形式。在条件允许的前提下，律师建议立遗嘱人可以优先选择公证遗嘱。

一直以来，《继承法》赋予公证遗嘱优先效力产生了不少问题，其中比较突出的是，公证遗嘱很多时候不能代表被继承人的真实意愿。《民法典》取消公证遗嘱的优先效力，以最后的遗嘱为准，体现了对被继承人的真实意愿的尊重和保护。

（二）明确规定遗嘱信托

《民法典》第 1133 条规定，自然人可以依法设立遗嘱信托，这是遗嘱制度的一大突破。遗嘱信托可以解决很多家庭的财产传承难题。比如，如果继承人因年幼、残疾或者其他原因缺乏理财能力，从父母处继承庞大的财产之后，所继承的财产很可能被侵占或被挥霍。通过遗嘱信托方式，由父母指定有资质的信托机构担任受托人可以化解这一难题。

（三）增加打印、录音录像遗嘱新形式

《民法典》在遗嘱形式方面有很大变化，顺应时代发展的趋势和民众对遗嘱形式多样性的需要，《民法典》增设了打印遗嘱与录音录像遗嘱两种法定遗嘱形式。

第 1136 条规定：“打印遗嘱应当有两个以上见证人在场见证。遗嘱人和见证人应当在遗嘱每一页签名，注明年、月、日。”

第 1137 条规定：“以录音录像形式立的遗嘱，应当有两个以上见证人在场见证。遗嘱人和见证人应当在录音录像中记录其姓名或者肖像，以及年、月、日。”

《民法典》在《继承法》所规定的公证遗嘱、自书遗嘱、代书遗嘱、录音遗嘱和口头遗嘱之外，新增设了打印遗嘱和录像遗嘱。随着科技的进步，以打印或录像的方式设立遗嘱，越来越被大众采用和接受。这两种遗嘱形式不仅可以大大提高设立遗嘱的效率，还可以避免因被继承人不会写字、因身体原因无法亲笔书写大量文字，或者因书写字迹潦草、语句表述不清而引发争议。特别是录像的方式，更加便捷高效，也能更加真实地反映被继承人的意愿。

（四）明确规定宽宥制度

宽宥制度又称宽恕制度，是以继承权的丧失为前提，指被继承人在情感上对继承人的故意或过失行为予以谅解和宽恕，并且对继承人继承身份或资格再次认可、肯定与承认，表示愿意恢复其已丧失的继承权。

《民法典》第 1125 条第 2 款规定："继承人有前款第三项至第五项行为，确有悔改表现，被继承人表示宽恕或者事后在遗嘱中将其列为继承人的，该继承人不丧失继承权。"该条第 2 款规定的继承人第 3 项至第 5 项的行为，属于继承人相对丧失继承权的情形，如果继承人能认识错误，并且有悔改表现，被继承人对之表示宽恕、愿意由该继承人继承自己的全部或部分遗产，法律并无强行禁止的理由。如果继承人有第 1 项、第 2 项绝对丧失继承权的行为，诸如故意杀害被继承人或为争夺遗产而杀害其他继承人的行为，无论是否追究刑事责任，都丧失了被宽宥的基础，不得恢复继承权。这一规定符合我国传统的家庭伦理感情。《民法典》新增丧失继承权情形的同时补充规定了宽宥制度。《民法典》第 1125 条第 2 款规定的宽宥制度，给了曾经的"浪子"一个"回头"的机会，但宽宥并不针对所有的继承权丧失的情形，必须准确适用。

《民法典》第 1125 条在保留原有四种丧失继承权情形的同时，增添一种情形，即"以欺诈、胁迫手段迫使或者妨碍被继承人设立、变更或者撤回遗嘱，情节严重的"。同时，特别规定"继承人有前款第三项至第五项行为，确有悔改表现，被继承人表示宽恕或者事后在遗嘱中将其列为继承人的，该继承人不丧失继承权"，确立继承中的宽宥制度，填补了此项立法的空白。前两项因为涉及刑事犯罪，且情节更加恶劣，故不适用宽宥制度。最后需要注意的是，宽宥的前提是尊重被继承人的意愿，被继承人有处分自己财产的自由，是否宽恕，取决于被继承人。如果愿意宽恕，也应有明确的表示，即被继承人表示宽恕或者事后在遗嘱中将其列为继承人。

(五)增加了被继承人兄弟姐妹的子女代位继承的规定

《民法典》修改了代位继承制度,增加了被继承人兄弟姐妹的子女代位继承的规定。《继承法》第11条规定:“被继承人的子女先于被继承人死亡的,由被继承人的子女的晚辈直系血亲代位继承。代位继承人一般只能继承他的父亲或者母亲有权继承的遗产份额。”《民法典》第1128条增加了第2款:“被继承人的兄弟姐妹先于被继承人死亡的,由被继承人的兄弟姐妹的子女代位继承。”相应地,将《继承法》关于“代位继承人一般只能继承他的父亲或者母亲有权继承的遗产份额”的规定,修改为:“代位继承人一般只能继承被代位继承人有权继承的遗产份额。”按照《民法典》的规定,在被继承人没有第一顺序继承人的情况下,如果第二顺序继承人也都先于被继承人死亡,但第二顺序继承人中的兄弟姐妹有子女的,则兄弟姐妹的子女可以代位继承。《民法典》的规定扩大了遗产继承人的范围,增加了财产在亲人之间传承的可能性。

(六)确立遗产管理人制度

《民法典》首次规定了遗产管理人制度。通过第1145条至第1149条5个条文,详细规定遗产管理人选任、指定、职责、民事责任及报酬取得等,以该项制度,让专业人员按照被继承人的意志,专业地分配遗产,将会更为公平,也将有利于减少纠纷。

这是《民法典》新设的制度,这一规定明确了遗产管理人的产生方式、具体职责、民事责任及获取报酬的权利。指定或推选具有专业知识和中立立场的专业人士担任遗嘱执行人和遗产管理人,可以有效保证按照被继承人的意愿执行遗嘱,使遗产能够及时得到管理和分配,也有利于减少继承人之间的纠纷,减少继承人因不知道被继承人的遗产内容而奔波于办理各种公证和收集财产线索的麻烦。另外,在没有继承人的情况下,通过遗产管理人可以及时处理无主财产,维护债权人的合法权益,稳定民事财产关系。

(七)扩大遗产范围和法定继承人范围至侄、甥

《民法典》采用了概括的立法方式,扩大了遗产范围,删除此前对遗产的列

举,以“合法的财产”一言概之,这就意味着只要是自然人合法取得的财产,都属于遗产,可以被继承。网络财产、虚拟货币等都概括其中,最大限度地保障私有财产继承的需要。

《民法典》第1128条第2款新增规定:“被继承人的兄弟姐妹先于被继承人死亡的,由被继承人的兄弟姐妹的子女代位继承”,扩大了代位继承权主体范围,使得被继承人的侄、甥获得第二顺位法定继承人资格,突破了原先晚辈直系血亲的限制。《民法典》这一新规更多地考虑了“失独”家庭、“丁克”家庭的财富传承问题,在法律层面上保障了无后代家庭的财产可以传承给亲人。

第二节　继承的类型

根据《民法典》的规定,我国的遗产继承制度主要包括法定继承、遗嘱继承以及遗赠等。遗产继承开始于被继承人死亡时,死亡包括自然死亡也包括宣告死亡。例如,自然灾害中失踪的自然人经过法定期限其亲属可向法院申请宣告死亡。在遗产分割前,继承人无论是法定继承人还是遗嘱继承人或者受遗赠人都可以表示接受或者放弃遗产,但是若当事人表示沉默则沉默的效果不同,继承人不作出意思表示默认其接受继承,受遗赠人不作出意思表示默认其放弃接受遗赠。下面分别描述不同的继承方式。

继承和遗赠的接受和放弃见图5－1。

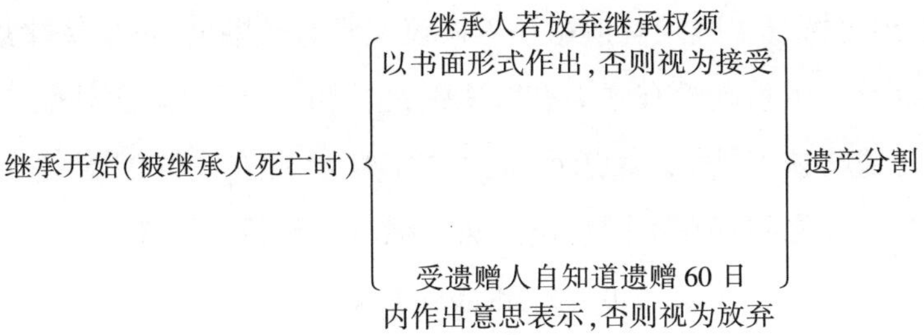

图5－1　继承和遗赠的接受和放弃

一、法定继承

(一)法定继承的概念、特征

法定继承又称无遗嘱继承,是指根据法律直接规定的继承人范围、继承顺序、遗产份额以及遗产的分配原则来继承被继承人遗产的法律制度。

1. 法定继承作为我国遗产转移的主要方式,具有以下特征

(1)具有身份性:法定继承人以特定的社会地位为依据,通常建立在亲属、夫妻之间。

(2)具有法定性:法定继承人的范围、顺序等是依法直接确定的,并且是强制性的,并不能被双方所改变。

(3)财产的划分是依据法律的直接规定:由参与到法定继承权的人数来决定被继承人遗产分配的多少。我国《民法典》继承编规定了"原则上均分、例外不均分"的原则。意味着按照相同的顺序,继承财产的比例应该相等。在继承财产时如果有特别的困难,没有劳动能力的,在继承财产时要给予适当的保护。如果对被继承人承担了赡养责任,或与其同居,则在分配财产时可以适当多分。有抚养能力、抚养条件,不履行赡养责任的,应在继承遗产时不予分配或者减少分配,继承人之间协商同意的可以不平等地进行分配。

2. 法定继承后位于遗嘱继承、遗赠和遗赠扶养协议而进行

法定继承后位于遗嘱继承、遗赠和遗赠扶养协议而进行。也就是说,在继承的过程中应依照法律规定进行;有遗嘱的,依照遗嘱处理遗产;有遗赠抚养关系的,依照约定执行。既没有遗赠扶养协议又没有遗嘱的,可依法律规定进行。

当被继承人生前既没有立下有效遗嘱,也没有与继承人之外的其他自然人或组织签订遗赠扶养协议,其遗产按照法定继承的方式分配给各个法定继承人。法定继承人之间存在不同顺位。法定继承人顺位见图5-2。

法定继承人顺位
- 第一顺位继承人:配偶、子女、父母
- 第二顺位继承人:兄弟姐妹、祖父母、外祖父母

图5-2 法定继承人顺位

（二）我国法定继承人的范围和顺序

1. 我国法定继承人的范围

以婚姻关系、血缘关系、抚养关系为基础，在《继承法》中规定了法定继承人仅限于直系亲属，而非全部的亲戚。根据我国《民法典》继承编的规定，法定继承人包括：

（1）夫妻。夫妻之间的法律关系是建立在合法婚姻关系的法律基础上的。按照夫妻的方式进行财产的继承，需要满足两个方面的要求：一是夫妻之间的法律关系是正当的，也就是结婚要满足法律规定的条件；二是在被继承人去世之前，法律上的夫妻关系应当持续存在。

（2）子女和晚辈直系血亲。被继承人的子女有：婚生子女、非婚生子女、收养子女和有扶养关系的继子女。继子女，是指妻子与前夫或丈夫和前妻所生的孩子。继子女与继父母之间的关系，是指在一方死后，另一方再婚，或在父母离异后，其中一方再婚，而孩子与其父母亲的再婚配偶一起生活所产生的关系。继父或继母与其所抚养的继子女之间的权利和责任，与其所抚养的其他子女的权利和责任相同。继子女有抚养关系的，可以成为继父母的第一顺位继承者。而继子女继承其亲生父母财产的权利，并不会因为继子女获得继父母的遗产而失去，而是可以继续继承其亲生父母的财产。被继承人子女的晚辈直系血亲只能作为代位继承人。

（3）父母。包括父母、养父母和有扶养关系的继父母。

（4）兄弟姐妹。指同母异父兄弟姐妹、同父异母兄弟姐妹、养兄弟姐妹、有扶养关系的兄弟姐妹。

（5）祖父母、外祖父母。

（6）丧偶儿媳对公婆、丧偶女婿对岳父母尽到赡养义务的，亦视为合法继承人。

2. 我国法定继承人的顺序

根据《民法典》第六编继承之规定，继承开始后，按照法定继承办理；有遗嘱的，按照遗嘱继承或者遗赠办理；有遗赠扶养协议的，按照协议办理。

（1）没有遗嘱或遗赠的情况下，按照法定继承办理。根据相关规定，遗产按照下列顺序继承：第一顺序：配偶、子女、父母；第二顺序：兄弟姐妹、祖父母、外祖父母。继承开始后,由第一顺序继承人继承,第二顺序继承人不继承;没有第一顺序继承人继承或第一顺序继承人放弃继承权的,由第二顺序继承人继承。

需要注意的是,这里所说的子女,包括婚生子女、非婚生子女、养子女和有扶养关系的继子女。所说的父母,包括生父母、养父母和有扶养关系的继父母。所说的兄弟姐妹,包括同父母的兄弟姐妹、同父异母或者同母异父的兄弟姐妹、养兄弟姐妹、有扶养关系的继兄弟姐妹。比较特殊的情况下,丧偶儿媳对公婆、丧偶女婿对岳父母尽了主要赡养义务的,同样可以作为第一顺序继承人。

(2)有遗嘱的情况下,按照遗嘱的具体内容,遗产指定由法定继承人中的一人或者数人继承,或者在遗嘱中明确将其个人财产赠给国家、集体或者法定继承人以外的人的,应遵照该遗嘱执行。有下列情形之一的,遗产中的有关部分按照法定继承办理:①遗嘱继承人放弃继承或者受遗赠人放弃受遗赠的;②遗嘱继承人丧失继承权的;③遗嘱继承人、受遗赠人先于遗嘱人死亡的;④遗嘱无效部分所涉及的遗产;⑤遗嘱未处分的遗产。

(3)我国《民法典》特别规定了遗赠扶养协议,公民可以与无法定扶养义务的自然人或者集体所有制组织签订遗赠扶养协议,以保障受扶养人的生养死葬。遗产继承的一般规则见图 5 - 3。

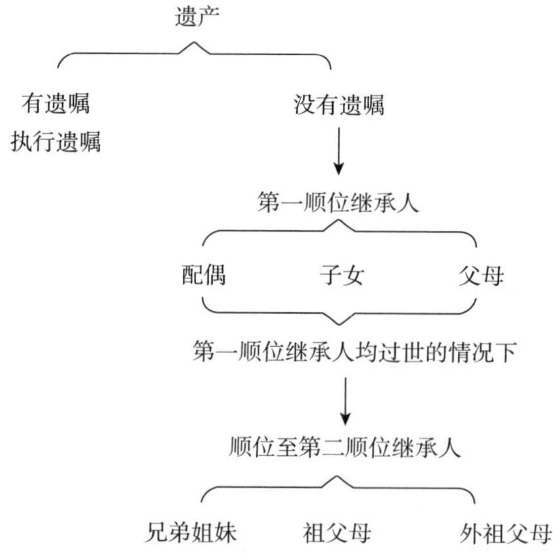

图 5 - 3 遗产继承的一般规则

（三）遗产分割的原则

1. 在遗产的分割中，应坚持以下原则：（1）男女平等原则；（2）非婚生子女与婚生子女继承权平等原则；（3）保护老、幼、病、残疾人利益原则；（4）互谅互让、团结和睦原则。

需要特别注意的是，我国《民法典》规定，遗产分割时，应当为缺乏劳动能力又没有生活来源的继承人保留必要的遗产。遗产分割不能侵害未出生人的利益，即在遗产分割时，应当保留胎儿的继承份额，以保护被继承人死亡后未出生子女的利益。

2. 遗产分割应当有利于生产和生活需要，不损害遗产的效用。不宜分割的遗产，可以采取折价、适当补偿或者共有等方法处理。例如，古董玉器无法进行分割，但可以采取折价、适当补偿或者共有等方法处理。

3. 继承遗产时应当清偿被继承人依法应当缴纳的税款和债务，缴纳税款和清偿债务以遗产的实际价值为限。超过遗产实际价值部分，继承人无清偿义务，自愿清偿的除外。

（四）代位继承

1. 代位继承的概念、特征

代位继承又称间接继承，是指在法定继承中，被继承人子女先于被继承人死亡，由被继承人的子女的晚辈直系血亲代位继承。代位继承的人一般只能继承他的父亲或母亲有权继承的遗产份额。《民法典》第1128条规定："被继承人的子女先于被继承人死亡的，由被继承人的子女的直系晚辈血亲代位继承。被继承人的兄弟姐妹先于被继承人死亡的，由被继承人的兄弟姐妹的子女代位继承。"

从社会现实的角度考虑，当前生育率下降和人口老龄化等社会问题给遗产继承带来适用的压力。早先的丁克家庭已经步入晚年，可能面对去世时没有第一顺位法定继承人的情况。与此相伴而来的是，由于缺乏最亲近的人的关照，丁克家庭往往也无法及时或没有能力订立遗嘱进行遗产分配。《民法典》增加了被继承人的兄弟姐妹的子女的代位继承权利，该条文是对社会现实的回应，将更多家族成员纳入继承人的范围，有效减少了遗产无人继承的情况，更圆满地解决了家族财富传承的问题。从另一个角度也就意味着家族财产有更大可能被自己家族亲人继承，而不会因为无人继承而归属国家，体现了国家对私人权利更有力的保障。

在《民法典》生效之前，如果被继承人死亡时无子女，配偶、父母、祖父母、外祖父母均已去世，那么兄弟姐妹可以继承被继承人的遗产，如果兄弟姐妹也先于被继承人死亡的，那就没有人可以继承遗产，被继承人的遗产则要收归国有或集体所有。

在《民法典》生效之后，如果被继承人死亡时无子女，配偶、父母、祖父母、外祖父母均已去世，继承人的兄弟姐妹也先于被继承人死亡的，可以由被继承人的兄弟姐妹的子女代位继承财产，继承人的个人财产还可以在其亲人中得以延续，以彰显法律对私产的尊重。也就是说，《民法典》扩大了继承人的范围，今后侄子、侄女、外甥、外甥女可以依法代位继承。

关于代位继承，有以下几点需要注意：

(1)代位继承人不受辈数限制。只要存在子女的直系血亲，无论是孙子女、外孙子女，还是曾孙子女、外曾孙子女，或是再下一代被继承人的直系血亲，均可代位继承，而不受辈数的限制。

(2)养子女、与继父母形成抚养关系的继子女与亲生子女权利相同。代位继承中“子女”的概念均可以适用于养子女、与继父母形成抚养关系的继子女。如被继承人的子女，亦适用被继承人的养子女或与继父母形成抚养关系的继子女；被继承人子女的晚辈直系血亲，亦适用于被继承人子女的晚辈直系拟制血亲。因此，被继承人的养子女或与被继承人已形成抚养关系的继子女的生子女，被继承人亲生子女的养子女，被继承人养子女的养子女，与被继承人已形成抚养关系的继子女的养子女等都可以代位继承。

(3)代位继承人多得遗产的情形：第一，代位继承人缺乏劳动能力又没有生活来源的，这是养老育幼、照顾弱者精神的贯彻。第二，对被继承人尽过主要赡养义务的，这是权利义务相一致原则的体现。

(4)代位继承的前提是被代位人存在有效的法定继承权。对于代位继承的性质，我国法律和司法解释认定为代位权，即因父或母丧失继承权时，其晚辈直系血亲亦无代位继承权。此时，如果该代位继承人缺乏劳动能力又没有生活来源，或对被继承人尽赡养义务较多的，不再作为法定继承人继承遗产，而是依据《民法典》的规定适当分给遗产。

2. 代位继承的条件

据统计，中国的失独家庭已超百万。[1] 这些家庭的养老问题、未来保障亟待解决，随之而来的继承问题也应有相关解决途径，除了生养死葬的遗赠扶养协议，《民法典》扩大代位继承人的范围，也是基于考虑保护部分特殊家庭的个人私产问题而进行的立法完善，使无人继承的概率大幅降低，有利于财富在家庭范围内传承，有效避免财富流失。

适用代位继承必须符合以下条件：

(1)被代位人必须先于被继承人死亡，这既是中国代位继承成立的首要条件，也是其与转继承的主要区别之一。

(2)先死亡的被代位人必须是被继承人的子女、被继承人的兄弟姐妹，其他继承人如被继承人的配偶、父母、祖父母、外祖父母等，先于被继承人死亡，不发生代位继承。

(3)代位继承人有两类：被代位人是被继承人的子女的，代位继承人须为直系晚辈血亲，被代位人是被继承人的兄弟姐妹的，代位继承人须为兄弟姐妹的子女。这两类人之间有很大的区别：首先，直系晚辈血亲排除了被代位人的旁系血亲或者直系长辈血亲，同时，原则上代位继承人没有代数限制；其次，被继承人的兄弟姐妹的子女则限定了代位人须为被代位人的子女，此处的子女为《民法典》第 1127 条第 3 款规定的婚生子女、非婚生子女、养子女和有抚养关系的继子女。

(4)被代位人生前必须享有继承权。被代位继承人基于法定事由丧失继承权，则连带引起代位继承权的消灭。

---

[1] 参见《中国有 100 万失独家庭，6 个钱包的爱何处安放？》，载新浪财经网 2023 年 8 月 1 日，https://baijiahao.baidu.com/s?id=1667347987349961668&wfr=spider&for=pc。

(5)代位继承只适用于法定继承,在遗嘱继承中不适用。只有被代位继承人的法定继承权才能被代位,如其享有的是遗嘱继承权,则该遗嘱会因继承人先于被继承人死亡而失效,此时不发生代位继承。

从法律规定来看,《民法典》扩大了继承范围,将兄弟姐妹的子女,也就是侄子、侄女、外甥、外甥女都纳入了继承范围。但这种继承,同时需要满足以下两个特定的条件:①第一顺位继承人均已去世,也就是配偶、子女、父母都先于被继承人死亡;②被继承人的兄弟姐妹也先于被继承人死亡。只有同时满足这两个特定的条件,被继承人的侄子、侄女、外甥、外甥女才能继承遗产,所以不存在侄子、侄女、外甥、外甥女会夺走自己孩子财产的情况。

这条法律的规定,是防止没有继承人,从而尽可能扩大继承的范围。

(五)转继承

1. 转继承的概念

转继承,是指继承人在继承开始后、遗产分割前死亡,其所应继承的遗产份额转由其继承人承受的法律制度。故转继承又称二次继承或者再继承。在转继承法律关系中,死亡的继承人又称为被转继承人,实际接受遗产的死亡继承人的继承人称为转继承人。在转继承中,死亡的继承人为原继承人,原继承人的继承人为转继承人。转继承权的标的是原继承人享有的遗产份额。当数个同一顺序转继承人共同继承时,应由他们共同继承和分割原继承人享有的遗产份额。因此,可以把转继承看作原继承人继承遗产权利的转移。

2. 转继承的性质

从体系解释来说,转继承规定于《民法典》继承编第四章"遗产的处理"中,而非规定于第二章"法定继承"和第三章"遗嘱继承和遗赠"中。就性质来说,转继承不仅适用于法定继承,也适用于遗嘱继承的情形。

转继承实质上是先后发生的两个独立的继承关系,相对于代位继承而言,其属于本位继承。由此可见,转继承仅为一种遗产处理制度,本质上是将两个本位继承的遗产一次性处理的一种制度。[1] 转继承不过是两个独立的继承关

---

[1] 参见房绍坤等编著:《婚姻家庭与继承法》,中国人民大学出版社2020年版,第157页。

系于时间上的衔接。转继承人所继受的乃被转继承人自被继承人处所继承的遗产份额,而非被转继承人之继承权。详言之,被继承人死亡时即开启第一次继承法律关系,只要继承人未明确表示放弃继承,则其所应继承的遗产份额自继承开始时即已确立,虽然其实际上尚未取得该遗产。接着被转继承人死亡,实质上又发生了一次继承法律关系,被转继承人依据前一次继承所应取得的遗产此时又转化为其自身的遗产,进而由其继承人参与分割。[1] 换言之,转继承人乃基于其自身对被转继承人之继承权,进而间接地从被继承人处继受遗产。[2]

实践中,转继承的典型情形是,祖父去世后、其遗产分割前,父因故去世,父作为继承人所继承的遗产源自作为被继承人的祖父,此时,在第一次继承关系中被转继承人已取得的遗产份额,属于被转继承人与其配偶在婚姻关系存续期间获得的夫妻共有财产。在确定第二次继承的遗产范围时,就需要先分割出属于配偶所有的财产。然后由孙作为父的继承人继承,若父存在多个第一顺位继承人,则平均分配。亦即,转继承就是在被继承人的遗产处理程序中一并处理被转继承人的遗产,将两次继承中的遗产进行合并处理的一种简化程序。换言之,转继承乃是一种遗产处理上的程序性制度。遵照一般法理,程序性制度不得对当事人的实体权益造成实质的不利影响,不能产生减损实体权益的不利后果。[3]

（六）转继承与代位继承的区别

转继承与代位继承,都是由原继承人的继承人取得被继承人的财产,而原继承人均在遗产分割前死亡,但二者存在区别。

1. 效力不同

转继承实质上是就被继承人的遗产连续发生了两次继承,转继承人享有的是分割被继承人遗产的权利,而不是遗产的继承权;代位继承人是基于代位继

---

〔1〕 参见马俊驹、余延满:《民法原论》(第4版),法律出版社2016年版,第925页。

〔2〕 参见刘耀东:《转继承中的夫妻财产问题研究——以〈民法典〉转继承性质解释为中心》,载《辽宁师范大学学报(社会科学版)》2023年第2期。

〔3〕 参见陈甦、谢鸿飞编:《民法典评注继承编》,中国法制出版社2020年版,第263页。

承权直接参加继承,行使的是对被继承人遗产的继承权。

2. 发生时间不同

转继承发生在继承开始后遗产分割前,且可因任一继承人的死亡而发生;代位继承因被继承人的子女或兄弟姐妹死亡而发生。

3. 适用范围不同

转继承可发生在法定、遗嘱继承及遗赠中;代位继承只适用于法定继承。

4. 权利主体不同

转继承人是被转继承人死亡时生存的所有合法继承人;代位继承人限于被代位人的直系晚辈血亲或兄弟姐妹的子女。例如,某甲因病身亡且生前未立遗嘱。某甲有三个孩子,老大中年病故,留下一子。在老二、老三办理丧事期间,老三因车祸意外身亡,留下一女。此种情形中,老大的儿子发生代位继承,是祖父(被继承人某甲)的继承人;老三的女儿发生转继承,仅是老三的继承人。

转继承制度和代位继承有相似之处,都是在继承人死亡的情况下由他的继承人来继承的制度,但二者实际存在诸多不同,关键区别在于:首先,被转继承人死亡时间为继承开始后,遗产分割前,而在代位继承中,被代位继承人先于被继承人死亡;其次,转继承人是被转继承人的继承人,而代位继承人是被继承人子女的直系晚辈血亲或被继承人兄弟姐妹的子女;最后,转继承人继承被转继承人所得遗产,代位继承人取得继承人的应继份额。转继承作为一种法定继承框架之内的遗产处理方式,特殊之处在于两次继承连续发生,区别于创设新的继承权利的代位继承。

二、遗嘱继承

根据《民法典》第1133条的规定,自然人可以依照本法规定立遗嘱处分个人财产,并可以指定遗嘱执行人。自然人可以立遗嘱将个人财产指定由法定继承人中的一人或者数人继承。自然人可以立遗嘱将个人财产赠与国家、集体或者法定继承人以外的组织、个人。自然人可以依法设立遗嘱信托。在我国遗嘱类型主要包括公证遗嘱、自书遗嘱、代书遗嘱、打印遗嘱、录音录像遗嘱、口头遗嘱等。

遗嘱类型及注意要点见表 5－1。

表 5－1　遗嘱类型及注意要点

遗嘱类型	注意要点
公证遗嘱	由公证机构办理，其效力等级与其他类型遗嘱相同
自书遗嘱	由遗嘱人亲笔书写，签名，注明年、月、日
代书遗嘱	应当有两个以上见证人在场见证，由其中一人代书，并由遗嘱人、代书人和其他见证人签名，注明年、月、日
打印遗嘱	应当有两个以上见证人在场见证。遗嘱人和见证人应当在遗嘱每一页签名，注明年、月、日
录音录像遗嘱	应当有两个以上见证人在场见证。遗嘱人和见证人应当在录音录像中记录其姓名或者肖像，以及年、月、日
口头遗嘱	口头遗嘱必须是在遗嘱人处于紧急情况下作出，并且应当有两个以上见证人在场见证。危急情况消除后，遗嘱人能够以书面或者录音录像形式立遗嘱的，所立的口头遗嘱无效

（一）遗嘱继承的概念与法律特征

1. 遗嘱的定义

遗嘱是遗嘱人在生前对自己的私人财产或其他事务所作的个人处分，是一种单方面的民事法律行为。遗嘱人只要根据自己的真实意愿作出决定，不需要取得相对人的同意，仅凭自己单方面的意思就可以使遗嘱成立。换句话说遗嘱就仅仅只是遗嘱人本身意愿的表达，没有其他人员的参与，这种行为需要自行为人作出明确意思表示时才成立。

遗嘱是遗嘱继承的前提，因此遗嘱的法律效力决定着遗嘱继承的法律效果；而遗嘱的法律效力又取决于遗嘱的有效要件，即只有具备了有效要件的遗嘱才是有效的遗嘱；而根据具有法律效力的遗嘱产生的继承，也才是有效的。

2. 遗嘱继承的概念

遗嘱继承是按照被继承人所立的合法有效的遗嘱而继承其遗产的方式。因为在遗嘱继承中遗嘱人可以根据自己的意愿去决定继承人的范围、顺序、继承财产的份额以及遗产的执行和管理等，所以，遗嘱继承又被称为“指定继承”[1]。

3. 遗嘱继承的法律特征

(1)发生遗嘱继承的法律事实包括两个，即被继承人生前立有合法有效的遗嘱和被继承人的死亡。遗嘱人生前立下合法有效的遗嘱，且该遗嘱只有在遗嘱人去世时才会生效。对于遗嘱继承而言，前者起到的作用是关键性的，同时也是必不可少的，如果缺少合法有效的遗嘱，就没有办法表达遗嘱人的真实意愿，遗嘱继承也不可能发生；而后者是遗嘱继承开始的时间点。

(2)遗嘱继承是单方法律行为。公民设立遗嘱不需要征得继承人或其他组织和个人的意见，只要本人通过一定的形式作出意思表示，就发生法律效力。遗嘱人根据自己的意愿，还可以变更或撤销所立的遗嘱，无须与他人商议。

(3)遗嘱直接体现了被继承人的意愿。在遗嘱继承中，继承人、继承人的顺序、继承人继承的遗产份额或者具体的遗产内容均是由被继承人在遗嘱中指定，按照遗嘱进行继承充分体现尊重被继承人对自己财产的处分的自由。遗嘱继承不同于法定继承；法定继承是由法律直接规定，体现的是法律的意志，就这个角度而言，被继承人的意志不直接体现；而在遗嘱继承中，被继承人的意志得到充分体现，很大程度上摆脱了法律框架的束缚，直接体现被继承人的意志。对于遗嘱继承，遗嘱人的意愿在法律上是被尊重和保护的，但是这并不代表法律对于一些超出道德、法律和伦理的遗嘱的认同，这些不符合规定的遗嘱，应该给予限制和规范。

(4)遗嘱继承实际上是对法定继承的一种排斥。在遗嘱继承中，被继承人在遗嘱中指定的遗嘱继承人只能是法定继承人中的一人或数人。

(二)遗嘱继承的法定要件

在社会快速发展的今天，遗嘱继承被越来越多的人所接受，也被越来越多的人所使用。它一方面可以让被继承人对自己的私人财产行使所有权，不但生前有权利去处分个人财产，而且死后可以通过符合法律规定的遗嘱形式，对自

---

〔1〕 参见王泽鉴：《民法概要》，北京大学出版社2009年版，第679页。

己的财产进行预先处分;另一方面,被继承人对自己的家庭成员和其近亲属的劳动能力以及生活状况十分了解,他对自己财产的处分有利于构建和谐家庭,促使晚辈更加孝顺,主动承担起赡养老人的义务,同时也有利于精神文明社会的建设。然而要使遗嘱继承发生效力,需要具备一定的条件。我国现行立法从实质和形式上就遗嘱继承的生效要件进行了规定。

1. 遗嘱的实质要件

(1)立遗嘱人必须具有遗嘱能力

也就是说在订立遗嘱时遗嘱人须为完全民事行为能力人。遗嘱设立完成后遗嘱人丧失遗嘱能力的,不影响遗嘱效力,反之亦然。根据《民法典》继承编第1143条和《民法典》总则编第18条[1]的规定:必须是满十八周岁或是十六周岁以上,不满十八周岁的公民,以自己的劳动收入为主要生活来源的,才可以设立遗嘱。也就是说,在遗嘱继承中,只要年龄满十八周岁,且智力正常的即具有设立遗嘱的权利,这是法律所允许的。未满十八周岁的青少年之所以不具备处分自己财产的权利,是因为他们都处于监护人的监护下。可见,任何人在设立遗嘱时,都必须具备行为能力,不具备行为能力的人所立遗嘱是无效的。

(2)遗嘱内容是遗嘱人的真实意思表示

遗嘱内容必须体现遗嘱人处分财产的自由意志,意思真实且不得违反公序良俗。根据私法意思自治的精神,法律对当事人意思的限制应当限于法律的明文规定,即法律应当弱化形式要件的影响。从《民法典》继承编第1143条[2]规定可以看出,遗嘱效力的核心是,遗嘱形式必须符合法律的规范,遗嘱的内容是遗嘱人真实意愿的表达。原则上,遗嘱继承的遗嘱要以遗嘱人生前最后所立下的遗嘱内容为准,因为这才是其最终的真实意思。对于居心叵测之人,对遗嘱进行篡改、伪造,或者是使用欺骗、威胁的手段使遗嘱人立下遗嘱的行为都是违

---

〔1〕 参见《民法典》第18条　成年人为完全民事行为能力人,可以独立实施民事法律行为。
十六周岁以上的未成年人,以自己的劳动收入为主要生活来源的,视为完全民事行为能力人。

〔2〕 参见《民法典》第1143条　无民事行为能力人或者限制民事行为能力人所立的遗嘱无效。
遗嘱必须表示遗嘱人的真实意思,受欺诈、胁迫所立的遗嘱无效。
伪造的遗嘱无效。
遗嘱被篡改的,篡改的内容无效。

法的,其遗嘱不具备法律效力。

(3)客体要件

遗嘱继承中所涉及的财产必须是遗嘱人所拥有的合法私有财产。遗嘱是自然人安排其死后个人财产的行为,遗嘱内容若涉及国家、集体或者他人所有的财产的,该部分遗嘱内容不发生效力。

2. 遗嘱继承的形式要件

遗嘱的实质要件决定遗嘱效力,遗嘱的形式要件保障遗嘱效力。遗嘱继承能够发挥法律效力的关键在于其形式,为避免争议,也为了尊重遗嘱人处分财产的意思表示,在遗嘱继承中,"形式"要件亦是十分重要的。

遗嘱是自然人生前对自己的财产进行处分并于死后发生法律效力的单方民事法律行为。遗嘱充分表达了公民处理个人财产的自由意志,但是遗嘱生效时遗嘱人已经死亡,因此,遗嘱内容是否真实可信,是否确实反映了遗嘱人的财产分配愿望,在执行时已经无法向遗嘱人求证。而遗嘱的内容又多属于重要事项,与继承人和相关人的利益息息相关,利害关系人之间易为此发生争执。

遗嘱是遗嘱继承的重要依据,直接关系到遗嘱继承人、法定继承人甚至受遗赠人等主体的切身利益,因此各国法律都对遗嘱的形式作出明确的规定,目的在于保障遗嘱的真实性和准确性,进而使遗嘱继承发生私法上的效果。遗嘱形式,是指遗嘱人设立遗嘱时应当遵守的行为方式,是遗嘱内容表现于外的载体。遗嘱形式是遗嘱人在设立遗嘱时对个人合法有效的财产或事物进行处分时的方式或程序,此形式要求等同于给遗嘱人的真实意思表达提供一个预设的条款,遗嘱人在此条款的框架中设立的遗嘱无疑可以最大限度地得到遵守和执行,发挥立遗嘱人想要达到的效果。遗嘱的形式也可以被称为遗嘱的形式要件,二者同义。我国《民法典》规定了六种法定遗嘱类型,前五种是普通遗嘱,最后一种是特别遗嘱,其中公证遗嘱有专门的公证细则加以规制。普通遗嘱的形式要件通常包括签名要件、日期要件、见证人要件,特别遗嘱是在特殊情况下设立的遗嘱,其形式要求较普通遗嘱有所放宽、变通。其中,签名要件是遗嘱形式的核心要素,其主要发挥身份识别功能即判定遗嘱人身份和终结功能即表明遗嘱完结且结构完整;日期要件在需要判定遗嘱人有无遗嘱能力和存在多份内容相矛盾的遗嘱的场合有重要意义;见证人要件是见证遗嘱订立的全过程,当遗嘱内容引起争议时,见证人作为证人可以最大限度还原遗嘱人的真实遗愿。[1]

遗嘱反映了遗嘱人处理身后财产的意愿,但遗嘱生效并执行时遗嘱人已经死亡,此时若发生遗嘱继承纠纷已无法向遗嘱人求证,因此遗嘱必须具备一定的方式或程序才发生效力。要式行为成立且生效的先决条件是务必遵守法律规定的特别程序,其内容包括两个方面:一方面是当事人所做的行为必须是合法的行为,这是法律行为成立的基础;另一方面是行为形式存在的必然要求,这是要式行为的必备前提。简单来讲,遗嘱继承涉及的遗嘱内容必须真实合法,遗嘱形式必须满足法律要求。遗嘱人订立遗嘱时必须遵守并采用法律规定的形式,这样依据法定形式订立的遗嘱才具有合法的效力。具体而言,遗嘱的要式性具有三层含义:第一,设立遗嘱只能在《民法典》所规定的遗嘱类型中选择;第二,在设立各种具体的遗嘱时,必须遵守各个遗嘱类型的形式要求;第三,不符合法律规定的形式要求的遗嘱无效。

3. 区分遗嘱欠缺法定形式要件和遗嘱形式存在瑕疵的不同法律后果

遗嘱应当具备要式性以保证立遗嘱人的真实意思得到明确表达,保障立遗嘱人的真实意思在其去世后得到有效执行,减少遗嘱被曲解、篡改或伪造的机会。从《民法典》的相关法条来看,未对法定形式要件区分核心要件或是一般要件,只要是法条中规定的形式要件欠缺,均可导致遗嘱无效的后果。因此,实际中仍应当严格遵循法定形式要求来判断遗嘱是否有效。

当立遗嘱人真实意思和遗嘱形式法定的要求之间产生冲突时,应当首先判断遗嘱是否已经具备了法定形式要件。例如,代书遗嘱的代书人必须在遗嘱上签字,如果代书人未签字,即便其他见证人已经达到两人以上并且均陈述该遗嘱是立遗嘱人的真实意思表示,司法上亦不能无视明确的法定形式要求来认定该遗嘱有效。

在遗嘱具备法定形式要件的情况下,应当允许所订立的遗嘱在形式上有稍许可以补正的瑕疵,如自书遗嘱没有注明年份,只书写了某月某日,但是在遗嘱

[1] 参见唐弘亚:《论我国遗嘱形式要件的缓和》,重庆大学2022年硕士学位论文,第5~7页。

正文部分明确了立遗嘱人的具体年龄，或者在正文部分明确了当年发生的重大事件，通过年龄或者重大事件可以明确立遗嘱行为的具体年份，则不应当拘泥于遗嘱尾部没有注明年份来否定遗嘱的效力。事实上，该遗嘱已经具备了“立遗嘱年份”这一要件，只是在形式上并未于署名部分直接体现。

保障遗嘱自由是公民处分私有财产的应有之义，因遗嘱轻微瑕疵导致遗嘱被认定无效，不仅剥夺了遗嘱人自由处分财产的权利，而且剥夺了遗嘱人通过遗嘱向继承人传递亲情的机会，因此具备法定形式要件的遗嘱如形式上稍有瑕疵，在能够证明遗嘱是立遗嘱人真实意思的前提下，应该允许裁判者通过解释弥补遗嘱的效力，尽量使遗嘱人处分自己财产的意思得以实现。

三、遗赠扶养协议

遗赠扶养协议，是指遗赠人与扶养人订立的，以扶养人承担遗赠人的生养死葬等义务、扶养人在遗赠人死亡后根据约定取得其遗产权利为内容的协议。

在我国遗产继承的方式中，相较于其他遗产继承方式，如遗赠扶养协议与法定继承、遗嘱继承、遗赠同时存在且内容冲突的情况下，遗赠扶养协议效力最高。

遗赠扶养协议就其本质而言是一种有偿的双务合同，扶养人承担约定的义务并享有受遗赠的权利，遗赠人享有被扶养权利的同时负有将遗产赠给扶养人的义务。而法定继承人和遗嘱继承人或者受遗赠人取得遗产是无偿的，所以在遗产分配上，遗赠扶养协议具有优先于法定继承、遗嘱继承和遗赠的效力。

遗赠扶养协议是遗赠人和扶养人之间关于扶养人承担遗赠人的生养死葬的义务，遗赠人的财产在其死后转归扶养人所有的协议。扶养人必须是继承人以外的组织或者个人，签署了遗赠扶养协议的扶养人，无正当理由不履行义务，导致协议解除的，不能享有受遗赠的权利，其支付的供养费用一般不予补偿；遗赠人无正当理由不履行，导致协议解除的，则应当偿还继承人以外的组织或者个人已支付的供养费用。另外如果被继承人生前与他人订有遗赠扶养协议，同时又立有遗嘱的，继承开始后，如果遗赠扶养协议与遗嘱没有抵触，遗产分别按协议和遗嘱处理；如果有抵触，按协议处理，与协议抵触的遗嘱全部或者部分无效。在实际生活中被继承人生前可能还存在未缴纳的税款和未偿还的债务,此时若既有法定继承又有遗嘱继承、遗赠的,由法定继承人清偿被继承人依法应当缴纳的税款和债务,超过法定继承遗产实际价值部分,由遗嘱继承人和受遗赠人按比例以所得遗产清偿。

第三节　遗嘱订立的六种类型及各自特点

我国传统继承立法以遗嘱和遗赠两大制度作为实现被继承人意愿的主要途径,[1]遗产继承,是指因公民死亡对其个人的财产进行继承而发生的民事权利义务关系。

《民法典》继承编规定了自书遗嘱、代书遗嘱、打印遗嘱、录音录像遗嘱、口头遗嘱、公证遗嘱六种形式。各种形式的遗嘱均需满足形式要件和实质要件的规定,才能发生法律效力。立遗嘱时,还需要注意"必留份"原则,即应为缺乏劳动能力又没有生活来源的继承人预留份额,这也是一种对遗嘱自由的必要限制。如果遗嘱没有预留份额,则在处理时,应当先为该继承人留下必要份额的遗产,所剩部分按照遗嘱确定的分配原则处理。

一、自书遗嘱

(一)法律规定

《民法典》第1134条规定:"自书遗嘱由遗嘱人亲笔书写,签名,注明年、月、日。"《最高人民法院关于适用〈中华人民共和国民法典〉继承编的解释(一)》第27条规定:"自然人在遗书中涉及死后个人财产处分的内容,确为死者的真实意思表示,有本人签名并注明了年、月、日,又无相反证据的,可以按自书遗嘱对待。"

自书遗嘱必须由遗嘱人亲笔书写遗嘱的全部内容。由于人们在长期的书

〔1〕 详见《民法典》继承编第三章。

写过程中会形成自己独特的书写习惯,而自书遗嘱是由遗嘱人亲笔手写全部遗嘱内容,可以通过对笔迹进行识别的方式来认定遗嘱的内容是否由遗嘱人书写,因此自书遗嘱既不要求遗嘱人在遗嘱的每一页签名,也不要求有见证人在场见证。在自书遗嘱中,尽管遗嘱的内容可能确实是由遗嘱人亲笔书写,但是如果没有签名,无法判断遗嘱人只是书写了草稿还是作出了最终决定,因此没有签名的自书遗嘱无效。

自书遗嘱又称亲笔遗嘱,是我国《民法典》规定的法定遗嘱类型之一,是指遗嘱人生前在法律允许的范围内,按照法律规定的方式对其遗产或其他事务所作的个人处分,并于遗嘱人死亡时发生效力的法律行为。自书遗嘱要求遗嘱人亲笔书写遗嘱的全部内容并签名和注明年、月、日。

（二）自书遗嘱的法律特征

所谓自书遗嘱继承,是指在遗嘱人死亡,继承开始后,依照被继承人所设立的合法有效的自书遗嘱继承遗嘱人遗产的过程。自书遗嘱继承的法律特征主要表现在它直接体现被继承人的真实意思表示,发生自书遗嘱继承的法律事实前提是有合法有效的自书遗嘱,同时自书遗嘱继承作为遗嘱继承的一种方式,是对法定继承的排斥。

1. 自书遗嘱继承可以充分体现被继承人的真实意愿

自书遗嘱继承是通过执行被继承人的自书遗嘱来实现被继承人的意志,在自书遗嘱中,继承人的继承顺序、继承遗产的份额或者继承哪些具体遗产,都是由被继承人在自书遗嘱中指定的,因此按照自书遗嘱进行继承,能够充分尊重和保障被继承人对自己财产处分的自由。

2. 发生自书遗嘱继承的前提须有合法有效的自书遗嘱

在自书遗嘱继承中,除了必须具备被继承人死亡这一法律事实外,还必须以被继承人所立的自书遗嘱合法有效作为前提,这两个法律事实缺一不可,二者共同构成一个完整的继承事实,如果被继承人所设立的遗嘱无效或者没有发生法律效力,则不能按照自书遗嘱继承。

3. 自书遗嘱继承一定程度上排斥法定继承

相较法定继承,遗嘱继承具有效力优先性,在继承开始后,有自书遗嘱的,应当按照自书遗嘱办理。法定继承是以法律推定被继承人生前的意愿,但遗嘱继承是被继承人通过遗嘱方式明确表达其真实意思,可以指定继承人,而无须按照法定继承人的继承顺序,甚至可以让某些法定继承人不得继承。因此,自书遗嘱作为我国遗嘱的法定形式之一,实际上是对法定继承的一种排斥。但是这种排斥不是绝对的排斥,自书遗嘱继承仍然要受到法定继承的制约,因为法定继承是一种国家意志,体现的是社会秩序和公序良俗。因此我国《民法典》规定遗嘱人只能在法定继承人范围内指定遗嘱继承人,且遗嘱内容不得违反法律的强制性规定,其中最为典型的制约表现在《民法典》第1141条的必留份规定,如果遗嘱中没有为缺乏劳动能力又没有生活来源的法定继承人保留必要的遗产份额,那么法院可以从被继承人的遗产中划分必要的份额给该继承人。

(三)自书遗嘱的效力要件构成

1.形式要件

自书遗嘱的形式要件,是指法律规定的自书遗嘱在形式上应当具备的具体要求,自书遗嘱体现的是遗嘱人的真实意志,是一种要式法律行为。我国对遗嘱的形式要件采取的是严格法定标准,因此遗嘱人所立的自书遗嘱如果在形式上缺乏法律规定的形式要件,其效力必然受到影响。根据我国《民法典》第1134条的规定,自书遗嘱的形式要件包括须由遗嘱人亲笔书写,签名,注明年、月、日,这三个形式要件必须同时满足,如果存在无法同时满足的情形,那么该遗嘱便属于有瑕疵的遗嘱。尽管我国对自书遗嘱的形式要件只有三个要求,但实务中不少遗嘱人在设立自书遗嘱时也常常未能同时满足。

(1)遗嘱内容由遗嘱人亲笔书写。为防止他人伪造、篡改遗嘱内容,使遗嘱反映出立遗嘱人的真实意思表示,自书遗嘱要求立遗嘱人亲笔书写遗嘱的全部内容。

(2)遗嘱人必须亲笔签名。自书遗嘱要求遗嘱人应当在遗嘱中签名,但并未对签名作出详细规定,在实务中常出现的问题是笔迹问题。在自书遗嘱继承纠纷案件中,认为自书遗嘱无效的当事人会经常认为遗嘱人在自书遗嘱中的签名笔迹存疑,并以此证明该自书遗嘱不是遗嘱人的真实意思表示。法院在认定该类案件时也仅仅只能通过笔迹鉴定来判断该签名是否为遗嘱人本人亲自签署,有些案件由于全文仅仅只有签名是遗嘱人本人书写,又缺乏笔迹鉴定需要的比对材料,无法进行笔迹鉴定,此时笔迹问题便成为审理该类案件的疑、难点。

另外,有些自书遗嘱存在涂改的情形,在涂改处是否也需要遗嘱人签名或捺印,法律对此并无明确规定。自书遗嘱要求遗嘱人必须亲笔签名的主要目的是直接体现遗嘱人的真实意志,如果遗嘱人对自书遗嘱的内容进行过涂改,为保障遗嘱人的真实意志得以落实,遗嘱人应当在涂改部分重新签名或捺印,以示慎重。

(3)遗嘱的书写日期必须注明年、月、日。自书遗嘱应当注明年、月、日。立遗嘱的时间是确定立遗嘱人是否具有遗嘱能力的依据,关系到遗嘱的成立时间,因此确实有必要具体到日。实务中也常出现遗嘱人在遗嘱制作完毕后,尚未签字确认遗嘱内容的情形,此时就出现自书遗嘱制作完毕时间和自书遗嘱成立时间不一致的状况。因此,法律规定的需要注明年、月、日的地方至少应当有两个,一是制作自书遗嘱的具体时间,二是签字确认自书遗嘱内容的时间。如果遗嘱人在制作自书遗嘱时没有注明年、月、日,或者日期没有注明完整的,遗嘱的其他内容能够证明该自书遗嘱成立日期的,也可以对自书遗嘱的制作日期和成立日期进行确认。

2. 实质要件

自书遗嘱的实质要件主要包括遗嘱人设立遗嘱时应当具有遗嘱能力,遗嘱必须是遗嘱人的真实意思表示,自书遗嘱的内容不得违反法律强制性规定。

(1)遗嘱人设立遗嘱时应当具有遗嘱能力。我国《民法典》第 1143 条规定了遗嘱无效的情形,其中第 1 款规定,无民事行为能力人或者限制民事行为能力人所立的遗嘱无效。设立遗嘱是民事法律行为,因此遗嘱人设立遗嘱时必须有相应的民事行为能力,只有完全民事行为能力人才具有遗嘱能力。要求遗嘱人具有遗嘱能力有利于防止遗嘱人被他人利用其心智不成熟或者缺乏判断能力而作出遗嘱处分,损害遗嘱人和其法定继承人的利益。但是应当指出,所谓具有遗嘱能力,是指遗嘱人在设立遗嘱时必须是完全民事行为能力人,如果遗嘱人设立遗嘱时不属于完全民事行为能力的,即便之后恢复或者获得民事行为能力,其设立的自书遗嘱仍然不具有法律效力。

(2)自书遗嘱必须是遗嘱人的真实意思表示。自书遗嘱是遗嘱人生前的单方意思表示,无须他人的同意即可设立,故自书遗嘱应当是遗嘱人自己的真实意思表示,如果遗嘱人因受到胁迫、欺诈而设立遗嘱的,该自书遗嘱则不具有法律效力。自书遗嘱被伪造和篡改的,伪造的遗嘱无效,被篡改的部分无效。原则上,应当以遗嘱人最后在遗嘱中所作出的意思表示为准。对意思表示真实的判断主要有三种标准:第一种是主观主义标准,完全以行为人的内心意志作为判断依据;第二种是客观主义标准,从行为人表达出来的意思来认定其内心意愿,除非能够证明行为人受到他人的干涉和妨碍,否则不得主张意思表示不真实;第三种是主客观兼顾标准,在判断意思表示是否真实时,应寻求是否存在引起意思表示不真实的主客观原因,只要存在引起意思表示不真实的主客观原因,就认定该意思表示不真实。在司法实务中,自书遗嘱生效时,遗嘱人已经去世,宜根据案件的具体情况综合考虑应当采用客观主义标准或者主客观兼顾的标准,在作出公平裁判的同时有利于节约司法资源。

(3)自书遗嘱不得违反法律的强制性规定。自书遗嘱的内容应当合法,遗嘱人应当在法律允许的限度内行使遗嘱自由的权利。遗嘱人在设立自书遗嘱时应当遵守法律规定,法律的强制性规定主要是指禁止性规范和义务性规范,例如,无行为能力人或者限制行为能力人所立的遗嘱无效,遗嘱人必须具备完全民事行为能力;遗嘱人应当对缺乏劳动能力又没有生活来源的继承人保留必要的遗产份额,即应当在设立自书遗嘱时考虑必留份。不少老百姓在设立自书遗嘱时由于缺乏与必留份和保护胎儿利益相关的法律知识,将财产指定由其他继承人继承,法院审理类似案件则需要查明是否符合必留份的条件,如果该案应当适用必留份制度的,法院通常都会将遗嘱中处分的遗产按照一定比例判决给需要必留份的继承人,在司法实践中,这一比例在10%~15%。

二、代书遗嘱

(一)法律规定

很多老年人因为身体状况、文化水平等原因,往往采取代书遗嘱的方式分配遗产。《民法典》第 1135 条规定:“代书遗嘱应当有两个以上见证人在场见证,由其中一人代书,并由遗嘱人、代书人和其他见证人签名,注明年、月、日。”

(二)代书遗嘱的效力要件构成

值得注意的是,代书遗嘱必须按照法律规定的形式规范操作,否则可能会导致继承人之间产生猜疑、争执、怨恨,甚至引起诉争。从《民法典》可以看出,代书遗嘱若要有效成立,在形式上要符合法律规定。

首先就是遗嘱见证人的条件要满足以下规定:一是见证人必须在场全程参与立遗嘱的过程,不能事后签名代替在场见证;二是法律规定除不能作为遗嘱见证人外的人。不能作为遗嘱见证人的包括无民事行为能力人、限制民事行为能力人以及其他不具有见证能力的人、继承人、受遗赠人以及与继承人、受遗赠人有利害关系的人。

其中“其他不具有见证能力的人”在判断时应考虑立遗嘱时的实际情况。例如,甲不识字只会讲方言,由乙见证并代书立遗嘱(乙识字且听懂方言),邀请丙作为见证人,丙识字但听不懂方言(丙符合作为见证人的其他条件),丙是否符合作为见证人的条件呢?根据假设条件,甲与乙交流过程用的是方言,丙听不懂甲、乙双方交流的内容。事实上,丙见证乙代书的过程但是无法知道甲的真实意思表示,所以丙是属于其他不具有见证能力的人的范围,不能作为见证人。上述遗嘱见证人的条件也适用于打印遗嘱、录音录像遗嘱、口头遗嘱等。

代书遗嘱中,应有两个以上见证人在场见证,由其中一人代书,并由遗嘱人、代书人和其他见证人签名,并注明日期。需要注意的是,遗嘱上的签名必须是遗嘱人正式的姓名,即身份证、户口簿上登记的姓名,而不能是笔名、艺名。

三、打印遗嘱

(一)法律规定

《继承法》并未规定打印遗嘱,随着以打印方式订立遗嘱的情形越来越常见,在认定打印遗嘱效力时出现了诸多不同观点,认识上的不统一导致出现了不同的裁判结果。《民法典》对此进行了回应,第 1136 条规定:“打印遗嘱应当有两个以上见证人在场见证。遗嘱人和见证人应当在遗嘱每一页签名，注明年、月、日。”

该遗嘱形式是《民法典》中新增的一种法定遗嘱形式，根据上述规定，打印遗嘱有效成立须符合下列要件：一是打印遗嘱应当有两个以上见证人在场见证，见证人须符合《民法典》规定的资格、数量、在场见证等方面的要求。二是遗嘱人和见证人应当在遗嘱每一页签名。当遗嘱有多页时，如果仅在一页签名，其他页的内容容易被篡改或者替换。如果遗嘱人、见证人只在遗嘱最后一页签名，没有在每一页签名，则不能认定打印遗嘱有效。三是要注明年、月、日。

（二）打印遗嘱的法律特征

1. 对打印遗嘱制作人的理解

《民法典》第 1136 条“打印遗嘱应当有两个以上见证人在场见证”的规定未清晰明确地说明遗嘱应由谁制作打印，理解上的分歧即因此而来。因为该条没有对代为制作打印遗嘱的人的资格和条件进行规定，若允许他人代为制作打印遗嘱而又不对这类人的资格和条件进行规定，明显不合理。而且打印遗嘱需要有更加严格的形式要件，如要求有一定数量的见证人在场见证、在遗嘱的每一页由遗嘱人和见证人签名等。若允许他人代为制作却又不规定其资格条件，则相较于代书遗嘱要件，相当于去掉了对代书人的限制性规定。

另外，《民法典》第 1136 条规定的遗嘱人和见证人应当在遗嘱每一页签名中的“每一页”，也存在理解上的偏差。实际中并不是每份遗嘱都会有多页，在遗嘱只有一页的时候，该条件就没有适用的余地，在实践案例中也出现了很多打印遗嘱只有一页的情况。此外，若当事人有意规避这一规定，完全可以将字号缩小或将遗嘱打印在一张更大的纸张上。但是，将打印遗嘱的制作人理解为遗嘱人本人会出现另一个问题，由他人代为制作打印的遗嘱如何定性？如果将其定性为代书遗嘱，则又会回到《民法典》实施前实践中出现的变通性做法，即根据遗嘱制作人的不同来对遗嘱进行定性，这与《民法典》新增打印遗嘱以统一司法适用的宗旨不符。

打印遗嘱作为新型、独立的遗嘱形式，相较于其他遗嘱形式而言规定了更为严格的形式要件。打印遗嘱是指遗嘱内容并非采用传统的书写方式，而是使用电脑排版,通过打印机输出而形成的遗嘱。由此可知,打印遗嘱特殊的表现方式更具机械性,其中人格痕迹的欠缺阻碍了对遗嘱人内心真意的探求,也使得遗嘱很容易被伪造,甚至篡改。更为严格的形式要件规定,能够促使遗嘱人谨慎订立打印遗嘱,降低打印遗嘱被伪造、篡改的风险,最大限度地确保打印遗嘱内容的真实真意性。

2. 对遗嘱制作打印人范围的限制

考虑到打印字体的特点,即由于打印的文字缺乏与个人特征的关联性,仅凭打印的遗嘱内容难以判断打印遗嘱的具体制作人。因此对于打印遗嘱区分是遗嘱人自己打印还是他人代为打印意义不大。在此观点下,只要遗嘱是以打印形式出现的,就应将其定性为打印遗嘱,无论其是否为遗嘱人亲自制作。但应当引起重视的是,不考虑是否为遗嘱人亲自制作并不意味着完全不考虑遗嘱的制作打印人。遗嘱的制作打印人是审查遗嘱效力的核心要素,不能将其置之不顾。实践中那种完全不考虑遗嘱制作打印人,只以遗嘱形式是否符合法条规定的做法是值得商榷的。在考虑遗嘱的制作人时,可以考虑采用排除性规定,即遗嘱受益人或其利害关系人不能作为遗嘱的制作打印人,否则遗嘱应无效。

这是因为,打印遗嘱是新类型遗嘱,打印字体的特点已经增加了判断遗嘱真实性的难度,如果再任由遗嘱受益人或其利害关系人参与遗嘱的制作过程,会增加虚假遗嘱产生的风险,可能损害被继承人及其他继承人的合法利益。而且,见证人制度的设置是为了保证遗嘱体现遗嘱人的真实意思。见证人要有中立性,即与遗嘱的内容没有利害关系。在遗嘱制作过程中,代书人的作用和重要性比见证人更大。举轻以明重,既然见证人都需要是无利害关系的人,那么遗嘱的制作人更应当是无利害关系的人。《民法典》对代书遗嘱中的代书人资格作出了限制性规定。在打印遗嘱中,对遗嘱制作人的要求不应低于代书遗嘱中对代书人的要求,否则将会架空法律关于代书遗嘱的规定,导致打印遗嘱成为规避代书遗嘱限制性规定的手段,损害法律的权威性,损害他人的合法权益。

在审查打印遗嘱的效力时,应当审查遗嘱的制作打印人,具体可以这样审查:打印遗嘱可以由遗嘱人或他人制作打印,但遗嘱受益人及其利害关系人除外,制作打印人应当在遗嘱上签署姓名并注明年、月、日,否则遗嘱无效;遗嘱的制作和打印两个阶段均应排除利害关系人的参与。

由于打印方式存在可篡改性、可伪造性等因素，因此《民法典》规定，订立打印遗嘱不仅需要两个以上的见证人，还需要遗嘱人和见证人应当在遗嘱每一页签名，注明年、月、日。

四、录音录像遗嘱

（一）法律规定

《民法典》第 1137 条规定："以录音录像形式立的遗嘱，应当有两个以上见证人在场见证。遗嘱人和见证人应当在录音录像中记录其姓名或者肖像，以及年、月、日。"《民法典》将"录音遗嘱"升级为"录音录像遗嘱"，作为一种更为简单、方便、直观的形式，"录音录像遗嘱"正在被广泛使用。但遗嘱是一种要式法律行为，必须严格按照法律规定的形式订立。若遗嘱不符合法定形式，将不能发生法律效力。

录音录像遗嘱分为录音遗嘱与录像遗嘱，录音遗嘱是遗嘱人口述遗嘱内容并用录音的方式记录而形成的遗嘱。录像遗嘱是遗嘱人表达遗嘱内容并用录像的方式记录而成的遗嘱，遗嘱人在表达遗嘱内容时可以通过口述的方式同时记录其声音，在特殊情况下无法用口述方式的，如遗嘱人为听障人士的，可以通过打手语的方式表达遗嘱内容。无论采取哪种形式，遗嘱人在录音录像中都应该亲自表达遗嘱内容，不能由他人转述。

（二）条件和注意事项

随着社会和科技的发展，具备录音录像功能的现代科技设备在生活中变得越来越普及，公民可以利用这些设备录制并保存自身的图像与声音，因此音像遗嘱逐渐成为一种重要的遗嘱形式。《民法典》顺应时代潮流，在法律上承认录音遗嘱的基础上，进一步将录像遗嘱纳入遗嘱形式中，同时对音像遗嘱的形式要件作出了明确规定。

1. 应当满足以下几个条件

（1）通过录音设备、录像设备对遗嘱人和见证人的声音、影像完整录制和保存，同时保证原始载体的完整性。比如通过录音笔录音或者通过手机录像，既要保证录制设备完好，也要保证录音录像文件无修改编辑等操作。另外需要特别注意的是，录像遗嘱还需要录制遗嘱人和见证人清晰完整的正面肖像。

（2）录音录像遗嘱录制过程中需要有两名以上见证人全程在场见证，保证录音录像遗嘱的真实性，见证人应与遗产继承无利害关系。

（3）录音录像遗嘱必须有指定的内容。例如，在录音或者录像的开头必须由遗嘱人宣示所录内容为遗嘱，遗嘱人和见证人必须在录音或者录像中明确自己的姓名、身份和录制的具体时间。

（4）录音录像遗嘱的内容应当符合法律规定，不得违反公序良俗。

（5）遗嘱人具有完全的民事行为能力，所立遗嘱内容系遗嘱人真实的意思表示。

2. 注意事项

（1）根据《民法典》第 1137 条的规定，“录音录像遗嘱”应当有 2 名以上见证人在场见证，因此，仅立遗嘱人自己通过自己手机自拍立的遗嘱并非法定的遗嘱订立形式。若立遗嘱人希望自己独立订立，可通过自书遗嘱的方式进行，即立遗嘱人亲笔书写、签名，并注明年、月、日。

（2）子女不能作为遗嘱见证人。根据《民法典》第 1140 条的规定，继承人、受遗赠人不能作为遗嘱见证人。除此之外，与继承人、受遗赠人有利害关系的人以及不具有见证能力的人均不能作为遗嘱见证人。

（3）《民法典》第 1137 条在见证人的确认方式方面，规定了见证人需在录音录像中记录其姓名或肖像。结合“录音录像遗嘱”需要 2 名见证人的规定，录音录像中需至少记录 2 名见证人的姓名或肖像（不能只记录 1 名见证人的姓名和肖像，让其他见证人仅在遗嘱载体上签字），否则将被视为无效遗嘱。

（4）遗嘱所记录的年、月、日三要素必须齐全，年、月、日三者缺一不可，记录日期不全的遗嘱是无法被法律所认可的，将被作为无效遗嘱对待。并且，遗嘱人和见证人都必须在录音录像中记录年、月、日。

（5）法律要求见证人需全程参与“录音录像遗嘱”的订立，见证人需亲自在场。若见证人委托他人代为见证，则受托人为遗嘱的见证人。

(6)遗嘱人和见证人需在录音录像中口述自己的姓名和日期,若无口述信息另行在遗嘱载体或封存材料上签名并标注日期的不符合法定的遗嘱形式要件。

(7)录像的镜头如何拍摄:①拍摄前,需将镜头焦距对好,画面不能模糊。②立遗嘱人、见证人的上半身、全身影像应在镜头中有所反映,尤其是脸部图像需要清晰呈现。订立遗嘱时的全部环境场景也应有所体现。③拍摄视频需保证完整性,使用一镜到底的方式进行录制,其间不要关机、不要暂停,当设备出现故障或拍摄中断时,应重新从头开始录制。录音录像经过拼接、剪辑后,效力将会受到影响。

五、口头遗嘱

(一)法律规定

《民法典》第 1138 条规定:"遗嘱人在危急情况下,可以立口头遗嘱。口头遗嘱应当有两个以上见证人在场见证。危急情况消除后,遗嘱人能够以书面或者录音录像形式立遗嘱的,所立的口头遗嘱无效。"

危急情况主要是指遗嘱人生命垂危或者遇到了重大灾害或者意外等紧急情况,随时有生命危险而来不及或者没有条件立其他形式的遗嘱。

处在危急情况中的遗嘱人在立口头遗嘱后死亡的,如果遗嘱符合口头遗嘱的形式要件,口头遗嘱即发生法律效力。如果危急情况解除后,遗嘱人没有死亡的,口头遗嘱不发生法律效力。考虑到口头遗嘱的内容完全依靠见证人的表述证明,准确性与证明力低,容易发生纠纷。遗嘱人在危急情况下所立的口头遗嘱,在危急情况消除后,遗嘱人在世并且能够以其他形式立遗嘱的,该口头遗嘱失效。如果遗嘱人没有另立其他形式的遗嘱而死亡的,视为被继承人未立遗嘱,其遗产按照法定继承的方式分配。

(二)口头遗嘱的法律特征

1. 口头遗嘱的设立条件

(1)须在危急情况下才可以立口头遗嘱。所谓危急情况,是指遗嘱人因疾病或战争随时都有生命危险,无法以其他形式立遗嘱的情形。

(2)口头遗嘱应当有两个以上见证人在场见证。

注:危急情况解除后,遗嘱人能够用书面或者录音形式立遗嘱的,先前所立的口头遗嘱无效。

2. 口头遗嘱见证人条件

根据《民法典》第1140条的规定,下列人员不能作为遗嘱见证人:

(1)无民事行为能力人、限制民事行为能力人以及其他不具有见证能力的人;

(2)继承人、受遗赠人;

(3)与继承人、受遗赠人有利害关系的人。

六、公证遗嘱

(一)法律规定

《民法典》第1139条规定:"公证遗嘱由遗嘱人经公证机构办理。"公证遗嘱是指通过法律规定的公证形式订立的,有关订立程序和形式都由法律规定的遗嘱。《民法典》条文规定非常简洁,至于办理公证遗嘱的程序,则依据《公证法》和《遗嘱公证细则》的有关规定办理。

根据我国《公证法》第2条的规定,公证是公证机构根据自然人、法人或者其他组织的申请,依照法定程序对民事法律行为、有法律意义的事实和文书的真实性、合法性予以证明的活动。

《遗嘱公证细则》第4条规定:"遗嘱公证由遗嘱人住所地或者遗嘱行为发生地公证处管辖。"第5条规定:"遗嘱人申办遗嘱公证应当亲自到公证处提出申请。遗嘱人亲自到公证处有困难的,可以书面或者口头形式请求有管辖权的公证处指派公证人员到其住所或者临时处所办理。"第6条规定:"遗嘱公证应当由两名公证人员共同办理,由其中一名公证员在公证书上署名。因特殊情况由一名公证员办理时,应当有一名见证人在场,见证人应当在遗嘱和笔录上签名。"第14条规定:"遗嘱人提供的遗嘱,无修改、补充的,遗嘱人应当在公证人员面前确认遗嘱内容、签名及签署日期属实。遗嘱人提供的遗嘱或者遗嘱草稿,有修改、补充的,经整理、誊清后,应当交遗嘱人核对,并由其签名。遗嘱人未提供遗嘱或者遗嘱草稿的,公证人员可以根据遗嘱人的意思表示代为起草遗嘱。公证人员代拟的遗嘱,应当交遗嘱人核对,并由其签名。以上情况应当记入谈话笔录。"第 17 条规定:"对于符合下列条件的,公证处应当出具公证书;(一)遗嘱人身份属实,具有完全民事行为能力;(二)遗嘱人意思表示真实;(三)遗嘱人证明或者保证所处分的财产是其个人财产;(四)遗嘱内容不违反法律规定和社会公共利益,内容完备,文字表述准确,签名、制作日期齐全;(五)办证程序符合规定。不符合前款规定条件的,应当拒绝公证。"第 18 条规定:"公证遗嘱采用打印形式。遗嘱人根据遗嘱原稿核对后,应当在打印的公证遗嘱上签名。遗嘱人不会签名或者签名有困难的,可以盖章方式代替在申请表、笔录和遗嘱上的签名;遗嘱人既不能签字又无印章的,应当以按手印方式代替签名或者盖章。有前款规定情形的,公证人员应当在笔录中注明。以按手印代替签名或者盖章的,公证人员应当提取遗嘱人全部的指纹存档。"

(二)公证遗嘱的优先级

《民法典》第 1142 条明确规定:当事人如果立有多份遗嘱,并且内容不尽相同,则以最后一份遗嘱为准。这一规定使得公证遗嘱长期以来的优先效力全部丧失。在确立遗嘱意愿方面,需要以时间先后为准则,即便最后一份遗嘱并非公证遗嘱,而是其他形式,也能够撤销或变更先前订立的公证遗嘱。对于常见的公证遗嘱,《民法典》实施后,公证遗嘱的效力不再优先,有数份有效遗嘱存在,内容相抵触的,以最后所立的遗嘱为准。

从公证遗嘱优先效力丧失这一变化情况分析,能够最大限度地突破遗嘱自由订立的约束,突出遗嘱订立的自由性和包容性。

(三)公证遗嘱的证明力

公证遗嘱的最大价值并不在于其优先适用效力,而在于它的证明力。因此,公证遗嘱仍具有更高的保证立遗嘱人实现遗嘱目的的作用。公证遗嘱并非具有法律规定的先天优势,其优势来源于公证程序的严谨。公证遗嘱是由公证机构的法律专业人员在充分尊重立遗嘱人意愿的前提下,严格依法审查订立的,能够切实保障遗嘱的效力。订立公证遗嘱,公证员一般要审查立遗嘱人是否具有完全民事行为能力,是否存在被欺骗、胁迫的情形;家庭成员中是否有缺乏劳动能力又没有生活来源的继承人,如有,则应保留必要的遗产份额;立遗嘱人对遗嘱中涉及的财产是否具有完全处分权,财产是否涉及夫妻共有、家庭共有等情形。

公证员会充分告知立遗嘱人订立公证遗嘱的法律意义和法律后果。根据立遗嘱人的意愿,公证员可以代为拟定遗嘱文书,使遗嘱文书在内容上和形式上完全符合法律规定。公证员要询问遗嘱人并制作询问笔录,为增强遗嘱的证明力,谈话过程还会进行同步录音录像。最终,遗嘱公证经审批出具公证书,并且相关卷宗由公证处永久保存。

遗嘱一经公证就应被推定为真实、合法、有效,而无须另加证明。我国《民事诉讼法》规定,除有相反证据足以推翻公证证明外,经过法定程序公证证明的法律事实和文书,人民法院应当作为认定事实的根据。

相反,如果遗嘱是以非公证形式订立,当利害关系人质疑遗嘱的真实性或合法性时,遗嘱继承人将不得不举证加以证明。而往往此时,遗嘱人已经死亡,遗嘱继承人举证会更加困难。

七、关于见证人的规定

(一)见证人的资格与范围

1. 见证人的资格

《民法典》第1140条规定:“下列人员不能作为遗嘱见证人:

(一)无民事行为能力人、限制民事行为能力人以及其他不具有见证能力的人;

(二)继承人、受遗赠人;

(三)与继承人、受遗赠人有利害关系的人。”

六种遗嘱类型中,代书遗嘱、打印遗嘱、录音录像遗嘱、口头遗嘱均规定需要两个以上的见证人在场见证。

我国《民法典》首先对见证人的资格作了反向规定,即规定了哪些人不具备见证人资格，包括以下四种：无民事行为能力人；限制民事行为能力人以及其他不具有见证能力的人；继承人、受遗赠人；与继承人、受遗赠人有利害关系的人。其次，见证人还需符合数量方面的要求，代书遗嘱、打印遗嘱、录音录像遗嘱、口头遗嘱中都需要两个以上的见证人在场见证，"以上"包括本数，即这类遗嘱的见证人最少为两人。

最后，符合资格、数量的见证人须在场见证，即必须在场全程参与立遗嘱的过程，不能在事后签个名来代替在场见证。如果需要见证人的遗嘱不符合上述见证人的资格、数量、在场见证等方面的要求，则该遗嘱无效。

2. 见证人的范围

见证人是独立于遗嘱人、继承人或受遗赠人的第三方，因此见证人与继承人、受遗赠人之间不能存在利害关系。因此继承人、受遗赠人不在见证人的范围。这里所指的继承人，不仅仅指遗嘱中指定继承遗嘱的继承人，应该理解为遗嘱人的法定继承人。见证人应独立于继承关系，若见证人本身是这一继承关系的民事主体，也就不具有证明力，失去了作为见证人的意义。对于利害关系的界定，可以从直接的经济利害关系和近亲属之间的利害关系上分析。

（1）经济上的利害关系

《最高人民法院关于适用〈中华人民共和国民法典〉继承编的解释（一）》明确规定，继承人、受遗赠人的债权人、债务人、共同经营的合伙人，也应当视为与继承人、受遗赠人有利害关系，不能作为遗嘱的见证人。见证人在对遗嘱订立过程进行见证时，处于一个独立公正的地位，不能为了自己的私利影响遗嘱人的决定，这就要求见证人与继承人、受遗赠人不能有直接的经济上的关联，阻断见证人影响遗嘱人遗嘱内容的可能性。

（2）亲属血缘关系

对于"利害关系"，《民法典》及其解释中没有明确规定包括亲属关系，但从中国社会传统，理应认为"利害关系人"包括亲属关系。但是对于有"利害关系"的亲属关系的认定，不能过分宽泛，应限定为近亲属关系，包括配偶、父母、子女、兄弟姐妹、祖父母、外祖父母、孙子女、外孙子女。以上近亲属关系的范围，是与继承人、受遗赠人关系最为密切的亲属范围，即使双方没有经济利益上的直接关系,但出于血缘亲情,这类见证人的公正性必然受到质疑,不应被纳入见证人的范围。

(二)遗嘱见证人遗嘱见证工作范围

见证人是亲临订立遗嘱现场,为遗嘱真实性作证的人。因此见证人的见证工作,应该贯穿整个遗嘱订立的过程,从遗嘱人开始订立遗嘱,一直到遗嘱人签名捺印完毕。同时见证人也必须具有持续性,即在确定见证人后,该见证人需全程见证,不得将订立遗嘱的过程分段,由不同见证人见证不同的遗嘱订立时期。遗嘱见证人是遗嘱订立过程中的旁观者,是为遗嘱订立真实性作证的人。因此在整个见证工作中,见证人必须确保遗嘱是遗嘱人真实的意思表示,真实的意思表示涉及两个方面:

1. 遗嘱人是否有订立遗嘱的意思表示

订立遗嘱作为一种单方法律行为,其行为人必须具有完全民事行为能力,因此遗嘱人应具备完全民事行为能力。见证人在见证遗嘱时,应该对遗嘱人的民事行为能力进行基本的询问,以防遗嘱无效。

2. 遗嘱人所订立的遗嘱是否与其真实意思表示一致

遗嘱的内容必须与立遗嘱人内心真实的意思安排一致,不受任何人的干涉、强迫。生活中,他人对遗嘱人订立遗嘱所施加的压力往往不会以明显的欺诈、胁迫方式进行,更多的是给予遗嘱人无形的压力,让遗嘱人不敢陈述自己真实的意愿。见证人在见证遗嘱订立过程中,应对在场的人员进行限制,除遗嘱人、代书人、见证人外,不应有其他人员在场。若遗嘱受益人、与受益人有利害关系的其他人在场,可能给遗嘱人造成心理压力,无法表达真实意愿,设立遗嘱的目的就无法实现,遗嘱可能因此被认定为无效。

(三)见证人见证后的后续义务

见证人的职责就是为遗嘱订立过程进行见证,为遗嘱是立遗嘱人真实意思表示作证。立遗嘱人死亡后,若继承人、受益人对遗嘱效力存在合理怀疑,审判人员认为确有必要的,将通知见证人到庭对遗嘱订立过程作证。司法实践中,大多数见证人是愿意到庭对遗嘱订立过程作证的,但也有少部分见证人不愿意出庭作证,导致遗嘱被认定无效。

八、关于注明年、月、日的规定

需要注意的是,上述六种遗嘱类型,除口头遗嘱外,其他五种都必须注明年、月、日才有效。这是因为注明年、月、日有以下作用:

1. 可以确定遗嘱设立的时间,如果在遗嘱设立以后遗嘱人撤回、变更了该遗嘱,或者遗嘱人实施了与该遗嘱内容相反的民事法律行为,那么该遗嘱的部分或者全部内容将不发生法律效力。

2. 在遗嘱人立有数份遗嘱时,如果遗嘱之间内容相抵触的,以最后的遗嘱为准,此时可以根据遗嘱中注明的年、月、日来判断遗嘱设立的先后。

年、月、日可用来确定遗嘱人在立遗嘱时是否具有遗嘱能力,从而判断遗嘱人所立的遗嘱是否有效。

第六章　遗产继承中的实务类型

我们的传统观念中，一直避讳谈论生死，认为人还活着，就不能先安排"身后"事，更不能先把家产分了。正是受这种观念的影响，被继承人死后家人可能会因遗产继承问题协商无果，产生甚至激化家庭矛盾，上演家族间遗产"争夺战"，使家庭原本的温情消散殆尽。不仅如此，由于人们对生死的忌讳，很多人并不了解遗产继承方面的相关制度与规定，当真正面对遗产时，却不知道自己应该继承哪些、又该怎么继承，从而使自身的权益受到损害。订立遗嘱是规划个人财富的有效手段，好的遗嘱不仅使财富稳妥传承，还可留下良好的精神财富。遗产继承的本质，是反映被继承人意志，实现社会财富平等保护和财产代际流传。

第一节　遗嘱继承

2021年国家统计局发布的第七次全国人口普查的数据显示，我国60岁及以上人口的比重达到18.7%，有2.6亿人，老年人口规模庞大，我国已迈入严重的人口老龄化阶段[1]。随着老龄化程度加深，我国已面临代际财富如何传承的严峻问题。

订立遗嘱需要严格依照规定进行，稍有不慎，遗嘱就无效，订立一份有效的

〔1〕 参见罗知之、吕骞：《国家统计局：60岁及以上人口比重达18.7%　老龄化进程明显加快》，载人民网，http://finance.people.com.cn/n1/2021/0511/c1004-32100026.html。

遗嘱就是很多人关注的事情。

一、遗产分配方案的设计

(一)确立遗嘱的种类

《民法典》继承编规定了自书遗嘱、代书遗嘱、打印遗嘱、录音录像遗嘱、口头遗嘱、公证遗嘱六种形式。各种形式的遗嘱均需满足形式要件和实质要件的规定,才能发生法律效力。

1. 自书遗嘱——方便、保密性高,且不需要见证人

遗嘱的全部内容必须由立遗嘱人本人亲笔书写,签名,并注明年、月、日,不能由他人代笔,也不能用打印机打印,这是自书遗嘱最主要的形式要件。对自书遗嘱进行涂改、增删也必须严格按照自书遗嘱的形式要件来进行。即涂改、增删的内容是立遗嘱人本人亲笔书写,立遗嘱人应在每个涂改、增删的地方进行签名确认,并注明涂改、增删的年、月、日。同时,立遗嘱人必须是完全民事行为能力人。

2. 代书遗嘱——适用于遗嘱人不方便书写,需要见证人

需要由两个以上见证人在场见证,由其中一人代为书写,注明年、月、日并由代书人、其他在场见证人和遗嘱人在代书遗嘱上签名,立遗嘱人必须是完全民事行为能力人。

3. 录音录像遗嘱——方便,两个以上见证人在场见证

以录音录像形式立的遗嘱,应当有两个以上见证人在场见证。录音录像开始时,遗嘱人、见证人分别说明自己的姓名、性别、年龄、籍贯和家庭住址等信息,遗嘱人应说明制作录音遗嘱的具体地址和年、月、日等信息,立遗嘱人必须是完全民事行为能力人。

4. 打印遗嘱——应当有两个以上见证人在场见证

遗嘱人和见证人应当在遗嘱每一页签名,并注明年、月、日。见证人必须与继承人,受遗赠人没有利害关系。所以需要慎重选择,立遗嘱人必须是完全民事行为能力人。

5. 口头遗嘱——必须有两个以上见证人在场见证

只能在危急的情况下才可以立口头遗嘱，在危急情况解除后，之前所立的口头遗嘱无效，遗嘱人必须用书面形式或录音形式重新订立遗嘱。立遗嘱人必须是完全民事行为能力人。

6. 公证遗嘱——不需要见证人

必须由立遗嘱人本人亲自办理。所选的公证机构可以是遗嘱人的住所地或者经常居住地的公证处。遗嘱人必须到公证处进行公证申请，并填写申请表。同时提交本人身份证、遗嘱原件、有关的财产所有权证明材料和其他必要的材料。当事人申请后，公证处会对相关材料进行审查，审查通过的，会依法颁发公证书。

（二）确定遗产分配方式

遗嘱并不是一个简单地将遗产给谁的问题，需要根据受益人的年龄、身体状态等，作出不同的安排。订立遗嘱的首要目标，是避免法定继承中的“简单的平均主义”，通过订立遗嘱可以让遗嘱人自由地指定继承人的份额，根据继承人的贡献、家庭情况、财产状况等因素加以区别，避免出现不公平的财产分配。同时，遗嘱还可以指定遗产的具体处理方式，如捐赠给慈善机构、留给子女等，实现遗嘱人的特定意愿。根据遗嘱受益人之不同，可以将遗嘱类型化为以下几种。[1]

1. 单一受益型

单一受益型属于最简单的一种类型，也就是说被继承人所有的遗产由一位继承人继承或者由受遗赠人取得遗赠。

2. 比例受益型

比例受益型，就是遗嘱人确定若干继承人，然后根据各继承人的情况按照特定比例分割财产。如已经结婚的儿子与未婚的女儿之间按照 1∶2 的比例分配遗产，理由是儿子结婚之时已经获得过部分家庭财产。比例受益型对于特定

---

〔1〕 参见陈汉：《遗嘱起草指要》，载微信公众号“高杉 LEGAL”2023 年 5 月 16 日，https://mp.weixin.qq.com/s/vvPhyth6cgQjA92DzuoINA。

房产、现金资产、特定股权的继承安排而言,是一个比较好的处理方式。

3. 顺位受益型

所谓顺位受益型,是指在指定的若干受益人中形成先后顺位关系,根据遗嘱生效时受益人的具体状况来确定遗嘱分配规则。此项安排,主要是为了避免(部分)受益人早于遗嘱人死亡而遗嘱人未能及时更新遗嘱,造成遗嘱意愿的落空。例如,某家族企业创始人对其家族企业的股权继承安排如下:“第一顺位的继承人是儿子。如果遗嘱人去世之时儿子已经先去世或者陷入无行为能力状态,则由成年的孙子继承,此为第二顺位。如果此时孙子尚未成年,则由孙子与女儿按照4∶1 的比例继承,此为第三顺位。后面还有第四顺位与第五顺位的安排。”顺位继承对防范家族企业的股权稀释及外流具有重要意义。

4. 综合受益型

综合受益型又称结构化遗嘱,即在多个继承人之间,不是按照固定比例分配财产,而是将固定数额与剩余数额进行搭配,即部分人取得固定数额,其他人取得剩余财产。此类型最能满足个性化分配的需求,同时此类型的设计,需要立遗嘱人具有一定的法律知识和条款表述技巧。综合受益型的遗嘱具体类型很多,以下仅举个别案例说明:

(1)固定数额+余额型。某离异女士订立遗嘱,其核心内容:“该女士的妹妹获得固定的500 万元,剩余的遗产由自己的两个孩子按照1∶1 的比例继承;同时还规定如果遗产总额不到2000 万元,则执行其他分配方案。”

(2)递增型浮动数额+余额型。某签署了婚前协议执行夫妻分别财产制的再婚的企业家订立遗嘱,其核心内容:“婚姻每多存续一年,配偶的继承数额就增加100 万元,直至上限2000 万元;父母及直系晚辈亲属则依据其他设定规则取得剩余遗产。”

(3)递减型浮动数额+余额型。某兄弟姐妹众多的高净值人士,考虑到如果其早于父母去世,那么一方面父母还有被赡养需求,另一方面父母也不需要太大数额的遗产,因此在遗嘱中确定核心规则如下:“其故去之时如果父母尚健在的话,以70 岁为基准确定×万元;如果其故去时父母不到70 岁,每人每年增加20 万元;如果其故去时父母大于70 岁,每人每年扣除10 万元。”

(4)激励型。激励型包括正向激励与逆向激励两种类型。正向激励的案例很多,例如,在遗嘱中注明:“如果遗嘱人生前久病在医院,陪护其最多者可以先从遗产中取得100万元,剩余部分按照特定规则在其他继承人中分配。”又如,在鼓励生育的某地,某个企业家的遗嘱的核心条款为:“3个儿子根据各自生育的第三代的数量,按比例分配遗产。也可以根据特定的情形设定逆向激励的分配条款。”

结构化的遗嘱,除了满足个性化需求之外,还能避免遗嘱未能执行的风险。此项风险往往源于受益人的情况与遗产的情况在遗嘱生效之时已经发生了重大的变化。例如,受益人已先于被继承人去世了;或者预计的遗产数额大大少于当初的预估。例如,在上述中“固定数额+余额型遗嘱”举例中,如果最终总遗产数额少于预期,那么给遗嘱人之妹妹的遗产份额即500万元可能会多于给自己孩子的份额,这显然不符合遗嘱人最初的设立目标,因此需要做备选的方案。又如,如果不设立顺位,遗嘱中列明的继承人先去世了,那么只能按照法定继承处理,设立遗嘱的目标落空,即使遗嘱本身的效力并无瑕疵。上文列举的,仅仅是结构化遗嘱之部分,复合受益+顺位受益组合的类型很多,本文在此无法穷尽列举。

(三)确认继承人和受遗赠人的范围

1. 可取得遗产的人员

(1)遗嘱继承人。原则上,有遗嘱的自是按遗嘱执行,没有遗嘱的按照法定继承办理。

(2)法定继承人(含代位继承人、转继承人)。

第一顺序继承人:配偶、子女、父母、尽了主要赡养义务的丧偶儿媳和女婿。第二顺序继承人:兄弟姐妹、祖父母、外祖父母。

继承开始后,由第一顺序继承人继承,第二顺序继承人不继承;没有第一顺序继承人继承的,由第二顺序继承人继承。

子女,包括婚生子女、非婚生子女、养子女和有扶养关系的继子女。父母,包括生父母、养父母和有扶养关系的继父母。兄弟姐妹,包括同父母的兄弟姐妹、同父异母或者同母异父的兄弟姐妹、养兄弟姐妹、有扶养关系的继兄弟姐妹。

被继承人的继承人先于被继承人死亡的，由继承人的直系晚辈血亲代位继承。代位继承人一般只能继承被代位继承人有权继承的遗产份额。

继承人在被继承人去世后也去世的，其所应继承的份额转由其继承人继承，也就是转继承。

(3)酌情可分得遗产的人。

《民法典》第1131条规定了酌情分得遗产权，对继承人以外的依靠被继承人扶养的人，或者继承人以外的对被继承人扶养较多的人，可以分给适当的遗产。

《最高人民法院关于适用〈中华人民共和国民法典〉继承编的解释(一)》第10条规定，被收养人对养父母尽了赡养义务，同时又对生父母扶养较多的，除可以依照《民法典》第1127条的规定继承养父母的遗产外，还可以依照《民法典》第1131条的规定分得生父母适当的遗产。

(4)受遗赠人。

(5)签订遗赠抚养协议的受赠人是可获得遗产的人，但其不是基于继承，而是基于协议。

2. 不取得遗产的人

(1)主动放弃继承权的继承人(因放弃继承权，致其不能履行法定义务的除外)。

(2)被动丧失继承权的继承人。

值得一提的是，《民法典》第1125条[1]规定继承人丧失继承的五种情形，司法实践中，该类案件当事人对继承人资格的争议多产生于以下三类情形中：

①继父母子女作为继承人。判断继父母子女之间是否享有继承权的前提

---

〔1〕 参见《民法典》第1125条第1款　继承人存在下列行为之一的，丧失继承权：

(一)故意杀害被继承人；

(二)为争夺遗产而杀害其他继承人；

(三)遗弃被继承人，或者虐待被继承人情节严重；

(四)伪造、篡改、隐匿或者销毁遗嘱，情节严重；

(五)以欺诈、胁迫手段迫使或者妨碍被继承人设立、变更或者撤回遗嘱，情节严重。

为双方是否形成扶养关系。扶养关系的主要证明材料有结婚证、离婚证或离婚法律文书、户籍信息、当事人陈述、证人证言、照片、视频等证据材料佐证继父母与未成年继子女共同生活的时间和状态，是否形成较为稳定的扶养关系，进而认定部分当事人是否属于继承人。

需要注意的是，根据《最高人民法院关于适用〈中华人民共和国民法典〉婚姻家庭编的解释（一）》第 54 条[1]的规定，继父母与继子女是基于姻亲而产生的一种事实上的抚养关系，这种关系是由法律拟制的。父母离婚后，若继父母不同意继续抚养继子女的，则可解除与继子女之间的拟制血亲关系，子女由其生父母抚养。然而，若生父母死亡时已形成抚养关系的未成年子女无其他抚养人，一般不允许解除继父母子女关系。

②养父母子女作为继承人。若收养行为形成于 1992 年 4 月 1 日之后的，认定养父母子女关系以县级以上人民政府民政部门的登记为准。若收养行为发生于 1992 年 4 月 1 日之前的，则要依据当时的法律、政策等审查收养关系是否存在。

该种情况下，需要综合考虑户籍登记信息、亲友群众公认以及村委会、居委会证明等证据，以确认收养人与被收养人是否达到以父母子女关系长期共同生活的程度。事实收养关系可以从被收养人与收养人共同生活年限、收养人是否以收养为目的，以及是否存在公认的父母子女关系三个方面进行认定。

③部分继承人放弃继承后又反悔的。在继承开始之后至遗产分割之前，如部分继承人以书面形式向其他继承人表示自愿、无条件地作出放弃继承的意思表示，则被继承人死亡时遗留下的权利义务，视为从继承开始就与该放弃继承权的继承人无关。

因放弃继承是单方民事法律行为，除继承人放弃继承致其不能履行法定义务的情形外，放弃行为自意思表示作出时生效，故遗产处理前或者在诉讼进行中继承人对放弃继承反悔的，一般不应准许。

然而，司法实践中以下例外情形应予注意：A. 其他继承人同意放弃继承人

---

[1] 参见《最高人民法院关于适用〈中华人民共和国民法典〉婚姻家庭编的解释（一）》第 54 条　生父与继母或生母与继父离婚后，对曾受其抚养教育的继子女，继父或继母不同意继续抚养的，仍应由生父或者生母抚养。

反悔的;B. 放弃的意思表示存在欺诈或胁迫的;C. 放弃的意思表示存在错误认识的;D. 放弃的结果影响家庭伦理的。

(四)立遗嘱所需准备的主要材料

(1)身份证明材料(身份证、户口簿原件);

(2)财产所有权凭证,如房产证、存折、存单、股票、股权持有证明等;

(3)立遗嘱人的直系亲属的关系证明(可由村委会、居委会、单位出具),内容证明立遗嘱人的配偶、婚史、父母、全部子女情况;

(4)受益人身份信息(尽量提供身份证或户口簿复印件,如无提供姓名和身份证号码)。

(五)订立遗嘱只能处分自己的财产

实践中存在夫妻一方离世,但是在遗嘱中却将夫妻共同的房屋留给了其中一个子女的情况。实际上该房屋作为夫妻共同财产,去世的一方只有一半的处分权,处分一半房屋是可以的,另外一半仍旧属于在世的另一方所有,在另一方去世之后如果没有遗嘱,按照法定继承。

(六)订立遗嘱要考虑"必留份"制度

"必留份"制度是《继承法》对在民法意思自治原则下遗嘱自由的限制。《民法典》第 1141 条规定,遗嘱应当为缺乏劳动能力又没有生活来源的继承人保留必要的遗产份额。一般而言,遗嘱人可以自主决定在其死后如何对其个人财产进行分配与处置,在分配的对象、方式、份额等方面都具有较大程度的自由。但由于继承制度还须发挥遗产的扶养和维护家庭伦理功能,各国继承立法也普遍对遗嘱自由设有一定的限制,比如,大陆法系国家则通过特留份制度对遗嘱人自由处分个人财产的权利作了适当限制,给特定的法定继承人即特留份权利人保留一定遗产份额,遗嘱人只能对特留份外的个人财产进行自由处分。

《民法典》规定的"必留份"制度并不同于"特留份"制度,其目的侧重于保障有特殊困难的继承人其基本生活需要,而非为了保护特定法定继承人最低限度的继承利益,其份额也视满足必留份权利人基本生活实际需要而定,并没有具体的比例限制。

二、遗嘱效力的保障措施

遗嘱无效,最明确的后果就是否定遗嘱内容,遗嘱中对遗产的处理方案不会获得保护,全部或者部分遗产将根据法定继承等方式处置。身后安排未能得偿所愿,从哪个方面来讲都不是一件令人愉悦的事情。因此,订立遗嘱的核心考量一定是确保遗嘱能够产生效力,不要触碰遗嘱无效的红线。

(一)遗嘱实质无效的四种情形

《民法典》规定了四种遗嘱无效的情形,这四种情形属于遗嘱的实质无效,出现这些情况,遗嘱当然无效,没有任何回旋的余地和补救措施。

1. 无民事行为能力人或者限制民事行为能力人所立的遗嘱无效。之所以遗嘱无效是因为《民法典》不认可无民事行为能力人或者限制民事行为能力人具备作出立遗嘱这一法律行为的资格,即使立下符合法定形式的遗嘱,《民法典》也不认可其效力。

2. 遗嘱必须表示遗嘱人的真实意思,受欺诈、胁迫所立的遗嘱无效。欺诈是指一方故意告知对方虚假的情况,或者故意隐瞒真实的情况,诱使对方作出错误的意思表示。例如,长子造谣说次子要与父亲断绝关系不给父亲养老,致使父亲心灰意冷立下遗嘱,长子得以继承父亲全部遗产。遗嘱虽然系父亲自愿作出,但是作出遗嘱的基础是听信了长子编造的谎言,属于受欺诈的遗嘱。胁迫是指一方以给对方及其亲友的生命健康、荣誉、名誉、财产造成损害为要挟,迫使对方作出不真实的意思表示。例如,儿子到父母家打砸一番,并告诉父母,如果不写下遗嘱把房子给儿子,就三天两头过来闹,父母迫不得已订立遗嘱。这些遗嘱究其根本都不是立遗嘱人的真实意思,《民法典》不认可其效力。

3. 伪造的遗嘱无效。伪造的遗嘱,就等于遗嘱人没有订立遗嘱,假的遗嘱自然没有法律效力。

4. 遗嘱被篡改的,篡改的内容无效。对遗嘱部分内容进行篡改和伪造遗嘱性质一样,都不是遗嘱人的真实意愿,《民法典》不认可其效力。当然,如果遗嘱本身是有效的,那么未经篡改的内容属于遗嘱人的真实意思表示,所以只有篡改部分无效,未篡改部分仍然有效。

当然,《民法典》第1143条只是规定了专属于遗嘱无效的情形,遗嘱作为一项法律行为,其效力不仅仅受到《民法典》第1143条的约束,《民法典》第一编第六章第三节专门规定了所有民事法律行为的效力问题,如果遗嘱有符合该部分规定的情形,也可能导致无效。例如,《民法典》第153条第1款规定:“违反法律、行政法规的强制性规定的民事法律行为无效。但是,该强制性规定不导致该民事法律行为无效的除外。”

遗嘱往往涉及公民的重大财产利益,作为一种要式法律行为,在订立遗嘱时,须依照不同的遗嘱类型,严格按照法律规定的形式订立。如果订立的遗嘱不符合法定形式要件、见证程序存在瑕疵、内容违反法律规定等,则不能产生相应的法律效力。

(二)遗嘱效力的保障措施

1. 遗嘱订立人必须具有完全民事行为能力

并不是所有人都可以设立遗嘱。根据《民法典》第1143条规定,“无民事行为能力人或者限制民事行为能力人所立的遗嘱无效”。

《最高人民法院关于适用〈中华人民共和国民法典〉继承编的解释(一)》区分不同情况作了进一步解释,其第28条规定:“遗嘱人立遗嘱时必须具有完全民事行为能力。无民事行为能力人或者限制民事行为能力人所立的遗嘱,即使其本人后来具有完全民事行为能力,仍属无效遗嘱。遗嘱人立遗嘱时具有完全民事行为能力,后来成为无民事行为能力人或者限制民事行为能力人的,不影响遗嘱的效力。”

订立遗嘱就是指定财产继承人,必须是完全民事行为能力人才能够处分自己的财产。很多年龄大的老人会出现认知障碍,会被认定为限制民事行为能力人,这样的情况下订立的遗嘱无效。所以,如果认为自己家里有可能出现继承纠纷,建议及早订立遗嘱,防止等到年龄大了,想立遗嘱,却因为认知问题无法订立。遗嘱成立涉及诸多实务操作的细节问题,包括但不限于遗嘱人的民事行为能力、制作遗嘱的方式、遗嘱条款的合规审查等。因此建议在遗嘱人身心条件良好、家庭关系和睦之时及早处理上述事宜,以避免在紧急情况下草率处理而导致难以挽回的结果。

2. 遗嘱订立尽量以书面形式

根据我国《继承法》的规定，继承分为法定继承和遗嘱继承，遗嘱继承又分为公证、自书、代书、录音、口头遗嘱。

口头遗嘱只能在被继承人生命垂危，又没办法订立书面遗嘱的情况下订立，一旦口头遗嘱订立之后被继承人又好转，能以录音或者书面形式订立遗嘱，该口头遗嘱就无效。

录音遗嘱需要有两个见证人在场见证录制，虽然也是一种遗嘱的形式，但是容易受到录音设备保存技术的限制。

自书遗嘱需要写明遗嘱人姓名，由遗嘱人亲笔书写，签名，注明年、月、日。

代书遗嘱应当有两个以上见证人在场见证，由其中一人代书，注明年、月、日，并由代书人、其他见证人和遗嘱人签名。

3. 遗嘱的内容规范严谨

(1)避免使用模糊或不清晰的语言。遗嘱的内容如继承人身份、财产种类及数量、所在(存放)位置等应表述清晰、明确，避免产生歧义。如因表述引起歧义，则存在不能认定为遗嘱人的真实意思表示，进而导致遗嘱无效或部分无效的风险。例如，立遗嘱人有两个儿子，其在遗嘱中表示“我的房产由二子继承”，就会产生房产究竟是由两个儿子共同继承还是第二个儿子继承的双重含义。因此，遗嘱人在立遗嘱时应尤其注意内容表述应尽量清晰、明确，避免引起歧义。

(2)确保遗嘱的真实性和完整性。

(3)谨慎地避免任何“违背公序良俗”或者任何涉嫌歧视性的条款。在设立复杂的遗嘱时，遗嘱人往往希望设立一些贯彻其价值观的条件。如果这些条件涉及人身、宗教、性别、性取向、婚姻(再婚)、生育等，那么技巧性的表达尤为重要。这主要源于我国对法律行为的条件存在立法空白，特别是在“将人身关系作为取得财产多少的条件”的法律效力并无明确的规定且存在诸多争议的情况下，是考验一个专业人士法律功底与水平的试金石。

(4)注意保护个人隐私和安全。

(5)避免在遗嘱中涉及违法行为或违反道德规范的内容。

4. 见证人的选择应当适当

很多人在寻找见证人的时候,直接找邻居或亲属,这样会产生两种问题。一种是找的亲属因为和继承人或者受遗赠人有种种关系,如姑侄、叔侄等,本着家事要家人处理的原则选择,但是这样一来,一旦继承人之间产生纠纷,见证人就会因为与继承人存在利害关系而不产生效力;另一种是见证的邻居因为搬家、离世或者其他考虑无法作证。所以在选择见证人时应当谨慎,找寻专业人员是不错的途径。

无论是何种遗嘱,下列人员均不能作为遗嘱见证人:无民事行为能力人、限制民事行为能力人以及其他不具有见证能力的人;继承人、受遗赠人;与继承人、受遗赠人有利害关系的人。若不符合见证人人数要求或者资格要求,那么所立的录音录像遗嘱等,既不符合法律规定的生效要件,也无法发生相应的法律效力。见证人应符合以下要求:

(1)人数:2 人以上,即至少 2 人;

(2)应具备完全民事行为能力,不能是无民事行为能力人或限制民事行为能力人;

(3)具有见证能力,能够证明遗嘱的真实性及具体内容;

(4)不能是与继承人和被继承人有利害关系的人。

5. 继承权公证

继承权公证是指公证机构根据法律的规定和继承人的申请,依法证明继承人的继承行为真实、合法的活动。根据《继承法》的规定,我国的继承分为法定继承和遗嘱继承两种,对应到公证领域,继承权公证也分为法定继承公证和遗嘱继承公证。继承权公证具有特定的指向内容,即公证机构依照当事人的申请,为当事人在特定遗产继承案件中提供公证法律服务的行为,是我国现行法律体系下,处理遗产、实现民众私人财产有序传承的主要方式之一。

需要特别强调的是,继承权公证与遗嘱公证等并列属于公证的具体业务类型。

遗嘱的公证和公证遗嘱是不同的。遗嘱的公证又称为继承权公证。公证遗嘱为经公证证明的遗嘱,是公证处按照法定程序证明遗嘱人设立遗嘱行为真实、合法的活动。《民法典》将自书、代书、打印、录音录像、口头遗嘱和公证遗嘱放在同一条起跑线,充分保障了立遗嘱人的遗嘱自由。

6. 确认遗嘱的签名和日期是否真实有效

《继承法》仅就自书遗嘱及代书遗嘱明确要求应注明立遗嘱日期,且代书遗嘱只需代书人注明年、月、日,其他见证人和遗嘱人只需签名即可。而《民法典》不仅要求代书遗嘱、打印遗嘱、录音录像遗嘱、口头遗嘱须注明年、月、日,而且需要遗嘱人、代书人、见证人均须分别注明年、月、日。可见,《民法典》对遗嘱的形式要件要求更为严格。

三、遗嘱的变更和撤回

(一)遗嘱的撤回与变更的概念

遗嘱的变更,是指遗嘱人在遗嘱设立后对遗嘱的内容作部分的修改。遗嘱的撤回,是指遗嘱人于遗嘱设立后取消所设立的遗嘱。遗嘱人自行撤回、变更遗嘱,是明确表示改变遗嘱的行为。撤回遗嘱是遗嘱人在遗嘱生效前,依法使遗嘱归于无效的行为。

《民法典》第1142条第1款[1]规定了遗嘱的撤回和变更。遗嘱是典型的单方法律行为,单方作出遗嘱的撤回和变更即可产生法律效力,不需要获得相对方的同意。同时,遗嘱的撤回和变更是遗嘱人自由处分自己财产的一种法律行为,也是遗嘱人自由处分自己死后遗产的权利。遗嘱的撤回是指遗嘱的全部废除或取消。具体而言,遗嘱的撤回是指遗嘱人废止自己原来所立的遗嘱使其在将来遗嘱人死亡时不发生法律效力的行为。遗嘱内容全部取消称为遗嘱的撤回,遗嘱内容部分取消,称为遗嘱的变更。

对于已经订立好的遗嘱,按照《民法典》的规定,遗嘱人可以撤回、变更自己所立的遗嘱;立遗嘱后,遗嘱人实施与遗嘱内容相反的民事法律行为的,视为对

---

〔1〕 参见《民法典》第1142条 遗嘱人可以撤回、变更自己所立的遗嘱。
立遗嘱后,遗嘱人实施与遗嘱内容相反的民事法律行为的,视为对遗嘱相关内容的撤回。
立有数份遗嘱,内容相抵触的,以最后的遗嘱为准。

遗嘱相关内容的撤回。

(二)遗嘱的变更与撤回的内容

1. 遗嘱的变更与撤回的形式

遗嘱是无相对人的单方法律行为,遗嘱的撤回和变更都属于被继承人的权利,变更与撤回都是遗嘱人说了算,不需要获得他人的许可。也就是说,遗嘱人在死亡前可根据自己的意愿随时撤回。这里也要注意撤回和撤销的区分,撤销是对生效的法律行为进行的,比如遗嘱人死亡后,遗嘱生效,利害关系人认为遗嘱人的处分行为损害自己的利益或者遗嘱在效力上存在瑕疵,则可请求撤销遗嘱。

依据《民法典》的规定,遗嘱人可以通过明示、默示和新旧遗嘱替代的方式进行撤回或者变更:明示改变遗嘱可以采取多种方式,如取回已经交给继承人的遗嘱并销毁,或者制作书面声明记载遗嘱人撤回遗嘱的意思表示等。变更遗嘱是遗嘱人对遗嘱内容予以部分改变,如原本遗嘱规定两个继承人平分遗产,后遗嘱人变更遗嘱为三七分,或者遗嘱原规定由儿子继承遗产,后变更为女儿继承。默示改变是指立遗嘱后,遗嘱人实施与遗嘱内容相反的民事法律行为。虽然遗嘱人没有明确表示撤回遗嘱或者变更遗嘱,但是遗嘱人却作出了明显与遗嘱内容相冲突的行为,比如,遗嘱规定将遗嘱人名下房产留给儿子继承,但是遗嘱作出后,遗嘱人将房产出卖,则遗嘱涉及的遗产实际不存在了,儿子无法再依据遗嘱取得遗产。这属于对遗嘱内容的撤回,遗嘱人出卖房产的行为并不受遗嘱的限制;新旧遗嘱的替代就是订立新的遗嘱替代旧的遗嘱。遗嘱人留有多份遗嘱且内容互相冲突的,以最后一份遗嘱为准。另外,公证遗嘱优先的规定已经被废止,可以被其后面的遗嘱所替代。

遗嘱人变更、撤回遗嘱的形式,须具备遗嘱的法定形式。遗嘱变更、撤回的推定方式,是指遗嘱人未以明确的意思表示变更、撤回遗嘱,而是法律规定从遗嘱人的行为推定其变更、撤回遗嘱的意思。推定遗嘱变更、撤回的,有以下情形:

(1)遗嘱人立有数份遗嘱,且内容相抵触的,推定变更、撤回遗嘱。根据《民法典》第1142条第3款的规定:“立有数份遗嘱,内容相抵触的,以最后的遗嘱为准。”

(2)遗嘱人生前的行为与遗嘱内容相抵触的,推定遗嘱变更、撤销。“遗嘱人生前的行为与遗嘱的意思表示相反,而使遗嘱处分的财产在继承开始前灭失、部分灭失或者所有权转移、部分转移的,遗嘱视为被撤销或部分被撤销。”

(3)遗嘱人故意销毁遗嘱的,推定遗嘱人撤回原遗嘱。

2. 遗嘱的变更与撤回的区别

遗嘱的变更与撤回均是遗嘱人所实施的单方的民事行为。二者的区别在于对原设立的遗嘱内容的改变程度不同:遗嘱变更是仅改变遗嘱的部分内容,而遗嘱的撤回是改变遗嘱的全部内容。遗嘱是单方民事行为,仅有遗嘱人一方的意思表示就成立。在遗嘱设立后生效前,遗嘱人可以随时无须有任何事由而变更或者撤回遗嘱。因变更、撤回遗嘱也是单方民事行为,只要有遗嘱人一方的意思表示就可成立。遗嘱变更的,应以变更后的遗嘱内容来确定遗嘱的效力和执行;遗嘱撤回的,以新设立的遗嘱来确定遗嘱的内容和执行,撤回后未设立新遗嘱的,视为被继承人未立遗嘱。

3. 遗嘱的变更与撤回的要件

遗嘱的变更与撤回只有符合以下条件,才能发生效力,否则遗嘱的变更或者撤销不发生效力:

(1)遗嘱人须有遗嘱能力。遗嘱人于变更或者撤回遗嘱时必须有遗嘱能力。遗嘱人在设立遗嘱后丧失行为能力的,于丧失行为能力后对遗嘱的变更、撤回不发生效力,原遗嘱仍有效。

(2)遗嘱的变更、撤回须为遗嘱人的真实意思表示。因受胁迫、欺骗而变更、撤回遗嘱的,不发生变更、撤销的效力。

(3)遗嘱的变更、撤回须依法定方式由遗嘱人亲自为之。遗嘱的变更、撤回也不适用代理,只能由遗嘱人亲自实施。遗嘱的变更、撤回可以采用明示方式和推定方式。遗嘱变更、撤回的明示方式,是指遗嘱人以明确的意思表示变更、撤回遗嘱。

四、继承纠纷解决的法律途径

凡权利,必有其权能,继承权作为一项重要的民事权利,目的在于保证继承人依法取得被继承人的遗产。如果被继承人死亡以后,非继承人主张继承权,而真正的权利人却无法取得遗产,不能实现对遗产的占有、用益和处分,或者部分继承人占据全部的遗产,否定其他共同继承人之继承权,这无疑构成对继承权的侵害,这本质上属于继承权和构成遗产的具体财产权之间关系的问题。

(一)继承人提起侵权之诉

如果当事人只是争议具体财产是否属于遗产以及该财产的实际归属,对于继承权的归属没有争议,真正继承人如果主张该财产上的权利当然只能以具体的财产权受侵害为由起诉,比如所有权受侵害等,那么就不存在继承权侵害的问题。

对于侵权之诉,原告须证明自己什么权利(利益)受到了侵害,对于损害范围原告同样需要予以证明,被告对此不负证明责任,对于原告的举证被告有权予以反驳。原告以继承权受侵害为由提出侵权之诉,即使经过确权原告的继承权得以确认,按照上述侵权行为法之法理,尚无法得出被告对于原告的损害范围(遗产的具体数目和位置所在)负有报告或者证明义务,这在原告不占有遗产并且对于遗产数目和位置不清楚的情况下对于原告实益甚少。继承权侵权之诉不具有总括性,继承权侵权之诉只能针对已知的个人之遗产而提出。

继承权是继承人概括取得被继承人遗产的权利,如果遗产的非直接占有人对于遗产直接占有人继承权之有无以及是否为唯一继承人产生争议,非占有人的异议当然不构成侵权,非占有人当然也不是侵权人,最多构成恶意诉讼而已。而遗产占有人如果不是继承人或者不是唯一继承人却主张继承权或者主张全部遗产的继承权,其行为显然构成对真正继承人或者其他继承人继承权的侵害。另外,“如果遗产的非法占有人不是基于所谓的继承权而占有遗产,则非继承回复请求权所解决的问题,而是个别诉权行使的问题,如基于所有权而产生的物上请求权问题。”〔1〕在此情况下当然有侵权之诉适用之余地,该诉讼本身与侵害继承权无关。继承权侵权属于一般的侵权行为,因此原告需要证明遗产占有人存在故意或者过失,侵害继承权的民事责任才能够成立,这无疑加重了

〔1〕　参见马俊驹、余延满:《民法原论》,法律出版社 2007 年版,第 912 页。

继承人继承权保护的难度。

(二)继承权回复请求之诉

如果非继承人主张继承权,或者部分继承人超越份额及权利范围行使继承权,无疑构成继承权的侵害。此时当事人争议的焦点在于继承权之有无以及继承财产的范围,只有先进行继承确权,才可以确定继承权之有无以及继承财产的范围,然后才可以据此确定具体财产的归属以及一方是否构成对他方继承权之侵害,认为此情形下无继承权的人以及超越权利范围行使继承权的人不侵害他人继承权,而只是侵害他人具体的财产权的观点显然不能成立。[1] 另外,否定说将继承权被侵害等同于所有权被侵害,同样混淆了所有权与遗产的关系,作为遗产,其范围不仅包括所有权,还包括用益物权、担保物权、债权、知识产权、股权以及其他合法权益,所有权被侵害不具有总括性,无法包含其他权利的被侵害,而继承权被侵害具有总括性,能够包含其他权利的被侵害,这对真正继承人主张权利比较有利。

继承回复之诉具有总括性,按照继承回复之诉,继承人于被继承人死亡时即取代其位置,成为遗产的新主人,被继承人生前享有什么性质的权利,继承人即享有什么性质的权利。对于物权性遗产,继承人当然得主张物权之返还,对于债权性遗产,继承人得主张债权让与,对于其他占有利益,继承人得主张占有之返还。继承回复之诉能够确保继承人依继承开始时遗产之原状或其等值获得返还。继承回复之诉中,继承人只需证明自己具有继承权,被告无继承权或者无独占性继承权即可,无须证明遗产占有人存在故意或者过失,这对于继承人权利的保护十分有利。

继承回复之诉既有确认之诉的性质,即确认继承人的合法资格,又有给付之诉的性质,即强制侵害人返还继承人应得的遗产。继承权回复请求之诉须由受侵害的继承人或法定代理人向有管辖权的法院提起。在中国一般为被继承人生前住所地的基层人民法院,或者主要遗产所在地的基层人民法院。提起继承权回复请求之诉的时效有两种:自继承人知道或者应当知道自己的继承

---

〔1〕 参见章正璋:《继承权法律保护的六个疑难问题探析》,载《现代法学》2012 年第 4 期。

权被侵害之时起计算，时效期限为 2 年；自继承开始之时计算，时效期限为 20 年。

五、遗嘱的执行

设立遗产管理人制度的目的是妥善管理和分割遗产，实现对继承关系当事人利益的平等保护。《民法典》新增遗产管理人制度，为遗嘱执行人与遗产管理人统一规定了职责、责任和报酬。遗产管理制度，是指在继承开始后遗产处置完成前，有关主体依据法律规定或有关机关的指定，以维护遗产价值和遗产权利人合法利益为宗旨，对被继承人的遗产实施管理、清算的制度。

（一）遗产管理人制度

遗产管理人是对被继承人的财产进行妥善保存、管理、分配的人。遗产管理制度是为了保障遗产的完整性和安全性，公平、有序地分配遗产，使遗产上各项权利得以实现的一项综合性制度。遗产管理制度不仅有利于管理和保全遗产，维护遗产权利人的利益，也有利于实现遗产公平分配，保障交易安全。

1. 遗产管理人的产生和变更

（1）遗产管理人的产生

遗产管理人是指经遗嘱指定或法院指定等方式产生，以实现遗嘱内容为目的的民事主体，具有独立于被继承人和继承人的法律地位。《民法典》第四章“遗产的处理”规定了遗产管理人制度，[1]就是在遗产继承之前要先确定遗产管理人。如果遗嘱中明确了遗嘱执行人的，那么遗嘱执行人就是遗产管理人；遗嘱中没有明确遗嘱执行人的，由所有继承人推选遗产管理人；遗产管理人无法确定或有争议的，可以由法院来指定遗产管理人。

如果子女不多，要留的遗产形式单一，并且家庭关系也比较融洽，那么遗

---

[1] 参见《民法典》第 1145 条　继承开始后，遗嘱执行人为遗产管理人；没有遗嘱执行人的，继承人应当及时推选遗产管理人；继承人未推选的，由继承人共同担任遗产管理人；没有继承人或者继承人均放弃继承的，由被继承人生前住所地的民政部门或者村民委员会担任遗产管理人。

《民法典》第 1146 条　对遗产管理人的确定有争议的，利害关系人可以向人民法院申请指定遗产管理人。

嘱执行人可写、可不写。特别是对于遗产全归独生子女,或者遗产由多子女均分的情形,子女就是遗产管理人。但是,如果有多种遗产形式,被继承人子女较多并且遗嘱中给他们的份额是不同的,建议找律师或者找年纪稍轻的要好的朋友来担任,事先要跟他们商量,经得他们同意,当然,需要酌情给付报酬。

《民法典》未对担任遗产管理人作出资格限制,故原则上应尊重被继承人和继承人的意思自治,只要符合一般代理人标准、能够完成管理人工作职责即可。若存在争议,法院作为公权力机关介入并指定遗产管理人时,可以参考破产管理人资质的相关规定,作为选择遗产管理人的标准。具体而言,在遗嘱指定执行人或继承人推选管理人的情形下,由于遗产管理人具备代理人的部分特征,且为有效履行职责之需要,应符合《民法典》有关完全民事行为能力人的规定。限制民事行为能力人和无民事行为能力人不能担任遗产管理人。遗产管理人可以由继承人或受遗赠人担任,也可以由其他自然人、法人或其他组织担任,包括专业的遗产管理人组织。如果遗嘱中指定的管理人(执行人)在继承发生时尚未获得完全民事行为能力,或者嗣后失去民事行为能力,应不具备遗产管理人资格。

法院在指定遗产管理人时,可以比照见证人、破产管理人的资质标准进行选任。不宜担任遗产管理人的情形包括因故意犯罪受过刑事处罚、曾被列入失信人名单、与继承有利害关系(如继承人或受遗赠人)、涉嫌违法行为正被相关部门调查、三年内曾因不适当履职被法院处罚或解任的管理人、缺乏担任管理人所应具备的专业能力、缺乏承担民事责任的能力、与继承当事人有未了结的债权债务关系、和继承当事人有经济往来或服务关系。

(2)遗产管理人的变更

从比较法角度看,遗产管理人的变更或职责终止情形一般包括死亡或丧失民事行为能力、职务执行完毕、辞任和解任。遗产管理人处理完遗产相关事务后,其职务自动终止,无须特别规定。但若遗产管理人在此之前出现死亡或丧失民事行为能力之情形,即丧失履职能力,可准用《民法典》第173条[1]第1项、第3项、第4项、第5项和第934条[2],终止其职务,由当事人另行推选或法院另行指定遗产管理人。在遗嘱执行人担任遗产管理人的情形下,若遗嘱指定了此种情况下的替任遗嘱执行人,则应由其接任管理人职责,否则应由法院指定或继承人推选遗产管理人,继任的遗产管理人应继续执行遗嘱。遗产管理人也可以随时辞职,无须正当理由,但因可归责于遗产管理人事由导致利害关系人受损害的需负损害赔偿责任。[3] 若遗产管理人怠于履行职责,如无正当理由不将遗产交付于继承人,无正当理由拒绝清理财产、编制遗产清单,或者遗产清单出现重大疏漏,遗嘱人的债权将要超过诉讼时效却怠于采取必要措施等重大事由,利害关系人有权根据约定申请解除遗产管理人职务。

2. 遗产管理人的职责

遗产管理人职责的本质是指其执行职务的权利和义务,主要包括清理遗产、管理遗产、清偿债务、分割遗产和诉讼担当,其权利外观是履行职责的依据。《民法典》第1147条[4]对遗产管理人的授权应解释为排他性授权,排除继承人对遗产的处分权。遗产管理人违反职责造成利害关系人损失的,应承担侵权责

---

[1] 参见《民法典》第173条　有下列情形之一的,委托代理终止:

(一)代理期限届满或者代理事务完成;

(二)被代理人取消委托或者代理人辞去委托;

(三)代理人丧失民事行为能力;

(四)代理人或者被代理人死亡;

(五)作为代理人或者被代理人的法人、非法人组织终止。

[2] 参见《民法典》第934条　委托人死亡、终止或者受托人死亡、丧失民事行为能力、终止的,委托合同终止;但是,当事人另有约定或者根据委托事务的性质不宜终止的除外。

[3] 参见吴国平:《比较与借鉴:海峡两岸遗嘱执行人制度之立法探究》,载《云南大学学报(法学版)》2015年第2期。

[4] 参见《民法典》第1147条　遗产管理人应当履行下列职责:

(一)清理遗产并制作遗产清单;

(二)向继承人报告遗产情况;

(三)采取必要措施防止遗产毁损、灭失;

(四)处理被继承人的债权债务;

(五)按照遗嘱或者依照法律规定分割遗产;

(六)实施与管理遗产有关的其他必要行为。

任。遗产管理人怠于履行职责或有重大事由的,利害关系人有权申请法院解除其职务。对于遗产管理人制度不明确之处,可类推适用总则编关于代理和合同编关于委托合同的规定,结合遗产管理人的实际情况解释适用。

(1)清理遗产并制作遗产清单

“遗产”应包括积极遗产和消极遗产。遗产管理人应收集并清点其有权管理的积极遗产,包括但不限于动产和不动产、货币财产、无形资产、对外债权、对外投资、依法可以追回财产的状况、债务人与相对人未履行完毕合同的情况等。就消极财产而言,主要是遗产债务,但我国尚未设立遗产债权公示催告程序,《民事诉讼法》中的公示催告程序仅适用于票据被盗、遗失或灭失的情形,不宜用于遗产债权申报。笔者认为,可以参考国外关于遗产债权公示催告程序的规定和我国破产债权申报程序的相关规定,由遗产管理人申请法院发布遗产债权申报公告,内容包括申请人、公告期间、未申报效果等信息,督促债权人行使权利。债权人未在法定期限内申报债权的,普通债权只能在清偿已申报债权之后受偿。申报后未被确认的债权,不得再向继承人或受遗赠人主张。

遗产管理人应制作遗产清单,但未规定遗产清单的制作时间、制作要求、清单内容、效力等。参考德国、法国、日本、瑞士等国家的遗产清单制度,我国遗产管理人应于就任后从速编制遗产目录。继承人担任遗产管理人的,应自继承人知道被继承人死亡之日起开始制作遗产清单。清单应逐一登记遗产标的和遗产债务的种类、数量、状况、制作日期,并经遗产管理人签名。制作完毕的遗产清单应提交给继承人以供了解,遗产利害关系人有权请求查阅清单,可要求更正错误登记事项。制作清单期间停止一切债务清偿,在清单制作完成后,继承人在清单记载的积极遗产范围内对债务承担有限清偿责任。清单编制义务不得依被继承人意思以及继承人等利害关系人的合意免除。

(2)向继承人报告遗产情况

继承人作为遗产所有权人,对遗产情况享有知情权,遗产管理人应主动定期向继承人报告遗产情况,在继承人请求时应及时报告,在履职完毕后应向继承人书面报告遗嘱执行结果。书面报告书中应包括遗产清单、管理遗产的账目和管理费用、债权债务和遗产税费处理支付情况、遗产分配方案和分配给继承人、受遗赠人的证明等。继承人提出异议的,遗产管理人应予以回应。

(3)采取必要措施防止遗产毁损和灭失

若财产权属关系存在争议或者尚未确定,遗产管理人应当依法确权或者明确。遗产闲置并具备对外出租条件的,经人民法院许可或者继承人同意,遗产管理人可以对外出租,但出租期限以有利于资产将来出售价值最大化为原则。遗产易损、易腐、价值明显减少、不适合保管或者保管费用较高的,遗产管理人应当依法及时变卖。遗产中的现金、银行存款及有价证券等,遗产管理人应当指定专人保管与核算,并严格执行财务管理制度。被继承人对外投资拥有的资产,管理人应当及时书面通知被投资企业,并依法行使出资人查阅信息、分取红利、参与决策、选举表决等权利。遗产中的权利如不依法登记或者及时行使将丧失的,管理人应当及时予以登记或者行使,如商标续展注册、专利年费缴纳。财产需要办理保险的,管理人应当办理必要的保险手续。

(4)处理被继承人的债权债务

处理被继承人的债务应首先确定被继承人债务的范围。严格来说,“被继承人的债务”仅指被继承人生前所负的个人债务。此处应作广义理解,即被继承人债务既包括被继承人的生前债务,如因合同、侵权、不当得利、无因管理等产生的债务,也包括继承开始时产生的债务,如必留份和为维持生存所需要的酌给遗产之债、遗赠之债,还包括遗产管理费用、死亡宣告或公示催告等诉讼费用、遗产清算费用等。

《民法典》第1159条规定:“分割遗产,应当清偿被继承人依法应当缴纳的税款和债务;但是,应当为缺乏劳动能力又没有生活来源的继承人保留必要的遗产。”参考《企业破产法》中的原则性规定,可按照如下顺位确定遗产债务的清偿顺序:①遗产管理费用,包括遗产管理人执行职务的费用、报酬和聘用工作人员的费用,管理、变价和分配债务人财产的费用,以及法院或其他部门收取的费用。②共益债务,包括因管理人请求对方当事人履行双方均未履行的合同所产生的债务、遗产受无因管理和不当得利所产生的债务、管理人或者相关人员执行职务致人损害所产生的债务、遗产致人损害所产生的债务。遗产中有非法人企业的,为继续营业而应支付的劳动报酬和社会保险费用以及由此产生的其他债务,也属于共益债务。③为缺乏劳动能力又没有生活来源的继承人保留的适当遗产。④被继承人所欠社会保险费用和税款。⑤普通债务。

(5)按照遗嘱或者依照法律规定分割遗产

遗产管理人应遵从遗嘱和法律规定的时间分割遗产。《民法典》未明确允许遗嘱禁止分割遗产,但不排除遗嘱人可以禁止遗产在一定时期内的分割。对于遗嘱作出的遗产分割禁令,遗产管理人应当遵守。但按照《民法典》第1132条,继承人可以协商确定遗产分割时间,可以在遗嘱禁止分割遗产的情况下达成与之相反的一致意见。故遗产管理人依据继承人协议确定遗产分割时间并因此违背遗嘱分割禁令的,不承担责任。

依据《民法典》第1159条第1句"分割遗产,应当清偿被继承人依法应当缴纳的税款和债务"的规定,遗产分割原则上应当在债务清偿完毕之后进行,目的在于落实继承人的还债义务并加强对遗产债权人利益的保护。但在遗产足以清偿债务时,对于不需要偿债的无争议遗产可以先行分割。因此,只要实际上能够实现清算目的,对于清算所不必要的遗产应允许先行分割。

遗产管理人分割遗产的依据包括遗嘱和法律规定。此处的"法律规定"主要体现在《民法典》第1130条法定继承遗产分配,第1131条酌情分得遗产,第1132条继承人协商、调解和诉讼,第1155条保留胎儿份额,第1156条遗产分割时发挥遗产效用的原则和方法,第1159条清偿债务和必留份等。遗产管理人分割遗产的首要依据是遗嘱,被继承人有遗产分割指示的,遗产管理人应当遵守。由于继承人可协商确定遗产分割的时间、办法和份额,遗产管理人也可以依继承人协议分割遗产。若遗产分割协议系在尊重遗嘱的基础上达成,效力可谓得到进一步强化。即使继承人之间订立的遗产分割协议与遗嘱不符,只要该协议未违反法律效力性强制性规定,即为有效。订立违背遗嘱的遗产分割协议不构成继承人妨碍遗嘱执行的行为,遗产管理人按继承人协议分割遗产的法律行为有效,不会引发赔偿责任。继承人通过诉讼确定继承份额及分割方式的,遗产管理人应依法院判决执行。

(6)实施与管理遗产有关的其他必要行为

遗产管理是指为遗产的保值或增加,或为清偿债务所为的事实行为或法律行为,包括遗产之保存、利用、改良所必要的一切处置。必要的遗产管理行为可能包括必要的修缮和保存、收取资金或租金、订立租赁合同、取得占有、转移所有权、通知终止合同、债权让与和免除、交付遗赠并办理登记、支付债务、提起诉讼或仲裁、商标续展注册、为维持专利权而交纳专利年费、继续营业、购买保险等事实行为或法律行为。

遗产管理人应为管理遗产的必要而为上述行为,判断遗产管理人的特定行为是否超出必要限度,应在具体情形中把握。例如遗产管理人为担保个人债务而出质遗产,或者将遗产赠与亲属的行为,显然超出了管理遗产的必要限度。遗产管理人超越必要管理权限而为的处分行为或负担行为,对于善意第三人而言有效,但在内部关系上,遗产管理人会因违反适当管理或善良管理义务而向继承人承担责任。若侵害了受遗赠人和遗产债权人的利益,遗产管理人还需对他们承担责任。遗产管理人以某处分行为损害继承人利益且相对人知晓或应当知晓管理人的行为超越适当管理范围的,相对人不能善意取得物权。双方恶意串通损害继承人利益的,遗产管理人的处分行为无效。

遗产管理人在履行职责过程中受到继承人、受遗赠人、银行等主体妨碍的,如继承人本人处分或拒不交付遗嘱相关遗产、继承人之法定代理人争夺遗产管理权、占有遗产的受遗赠人侵吞争抢遗产、银行拒绝支取被继承人的存款和保管财物等,遗产管理人有权根据《民法典》第1147条的规定通过诉讼排除妨碍。占有遗产的受遗赠人侵吞争抢遗产的,遗产管理人可依据《民法典》第1151条和第1147条第6项向受遗赠人主张返还遗产、赔偿损失。银行等第三人拒绝遗产管理人取得被继承人财产的,遗产管理人有权依据《民法典》第1147条请求配合。如前所述,《民法典》第1147条对遗产管理人的职责规定应理解为排他性授权,故继承人通过买卖等方式处分须用于特定遗赠或清偿债务之遗产的,适用无权处分规则认定效力。在继承人擅自处分遗产的情况下,遗产未转移占有或登记的,遗产管理人可向继承人主张返还遗产;遗产已移转占有或登记,但不构成第三人善意取得的,遗产管理人可向第三人主张返还遗产;遗产已被第三人善意取得的,遗产管理人可向继承人主张赔偿损失。

遗产管理人以自己的名义起诉应诉亦属于“实施与管理遗产有关的其他必要行为”。遗产管理人在实体法上的处分权能,在程序上对应其诉讼担当权能。

遗产管理人有权以自己的名义代替继承人享有或者与之共同享有与管理遗产有关的诉讼标的。为排除上述妨碍，遗产管理人有权以自己的名义提起诉讼予以救济，且只能由遗产管理人起诉，继承人因丧失实体处分权而丧失积极诉讼实施权。对于遗产管理人所管理遗产的请求，遗产债权人可以向遗产管理人主张，也可以向继承人主张，因为继承人作为遗产所有权人有可能愿意为遗产债务承担无限清偿责任。

遗嘱中除了指定执行人处理遗产分割争议，还有可能要求遗嘱执行人管理遗产若干年后再行分割。例如，遗产中包含企业，而继承人却尚未成年或欠缺经验，被继承人指定执行人后要求继承人在成年并具备经验后，方才接受企业并独自承担责任。此种情形下，遗产管理人的必要行为是否包括对遗产中的独资企业进行管理？如决定企业的内部管理事务、企业的日常开支和其他必要开支、决定继续或者停止营业等。

（二）继承中的遗产分割

1. 遗产的范围

基于社会的快速发展，资产形式也在快速变化。遗产的范围需要从三个方面把握：第一，遗产首先是财产或财产性权益，人格权、人身权或相关权益等非财产性权利不得作为遗产继承；第二，遗产必须是合法的财产权，非法的财产权不属于遗产的范围；第三，遗产必须是被继承人个人的财产，非个人财产不属于遗产的范围。我国《民法典》第1122条〔1〕取消《继承法》第3条〔2〕对于遗产范

---

〔1〕 参见《民法典》第1122条　遗产是自然人死亡时遗留的个人合法财产。

依照法律规定或者根据其性质不得继承的遗产，不得继承。

〔2〕 参见《继承法》第3条　遗产是公民死亡后遗留的个人合法财产，包括：

（一）公民的收入；

（二）公民的房屋、储蓄和生活用品；

（三）公民的林木、牲畜和家禽；

（四）公民的文物、图书资料；

（五）法律允许公民所有的生产资料；

（六）公民的著作权、专利权中的财产权利；

（七）公民的其他合法财产。

围的具体列举，从正反两方面进行描述：从正面来说，必须是合法财产；从反面来说，依照法律规定或者根据其性质不得被继承的遗产，不得继承。

根据该条理解，遗产是公民死亡时遗留的个人合法财产，包括但不限于个人所有的动产、不动产、建设用地使用权、财产性债权、知识产权中的财产权益、有价证券、股权和其他投资性权利、网络虚拟财产以及其他合法财产和财产性权益。实践中最常见的是，被继承人名下的房产、存款、理财产品、股权、股票、车辆以及债权、债券等财产。司法实践中常见的遗产类型主要有以下几种：

（1）房产：被继承人名下的房屋或房屋份额为被继承人的遗产，在确定遗产范围时一般以产权登记为准。司法实践中，因房屋多有明确的产权登记，当事人多对房屋是否属于被继承人遗产不持有异议。在部分案件中，系争房屋来源于动迁安置房或售后公房，虽然取得的房屋直接登记在部分继承人名下，但被继承人在房屋取得过程中作出较大的贡献，如被继承人同为被安置人、购买售后公房时使用了被继承人的工龄、购买房屋时被继承人大量出资等。在上述情形下，当事人之间往往对被继承人是否享有部分产权意见不一。

对此，一般情况下未登记在被继承人名下的房屋和被继承人的购房出资款不宜轻易认定为遗产，但有以下三种情形的除外：

①被继承人生前主张过相应权利

若有书证、聊天记录、证人证言等证据证明被继承人生前曾通过居委会、村委会、人民调解委员会或诉讼等途径向房屋所有人主张过权利，且被继承人与房屋所有人未达成一致意见，法院则需审查被继承人是否在系争房屋中享有产权份额以及被继承人出资的购房款是否为借款。如认定被继承人享有房屋产权份额或出资款为借款，则认定的房屋份额或借款为被继承人遗产。

②被继承人与房屋所有人达成过协议

若被继承人与房屋所有人就产权问题或出资款问题达成过协议，在审查确认被继承人对系争房屋取得确有贡献以及协议真实有效的基础上，协议约定的财产一般为被继承人遗产。

③被继承人因客观原因无法主张权利

此种例外多发生在因动拆迁取得房屋的情形下，被继承人作为被安置人生前不知晓拆迁安置房屋全部登记在他人名下,或知晓相关情形因重病等客观原因无法主张权利。

若继承人提出上述主张,法院需结合拆迁安置协议等证据证明被继承人作为被安置人确有房屋产权份额,并通过证人证言、聊天记录等证据推断被继承人生前的意思表示。如缺乏证据证明被继承人已放弃其应安置的房屋产权份额,则被继承人应享有的房屋份额也列为遗产分割处理。需要注意的是,部分法定继承纠纷案件中,当事人将继承城市公房承租权列为诉讼请求。对于此类诉请,法院不宜在继承案件中直接确定被继承人死亡后城市公房的承租人,可告知当事人应先行向公房管理部门申请变更承租人,若继承人之间对承租人人选无法达成一致意见且公房管理部门不能直接认定承租人,应另行诉讼解决。

(2)存款、理财产品、可流通股票。被继承人去世时,其名下银行账户、证券账户内的存款、理财产品、基金及股票应作为遗产予以分割,案件审理中法院需审查银行、证券账户信息和资金流水。对于被继承人生前名下存款大额转出的情形,法院应通过审查银行账户明细、汇款单、交易对手信息、证人证言、当事人陈述以及病历等证据材料认定转款时间、转账人、转款目的、转款金额以及被继承人当时身体状况等事实。

若转账操作人为被继承人本人,除有证据证明所转款项为借款或用于其他明确用途外,一般不应将转出款项认定为遗产。若转账操作人非被继承人本人,则要先认定被继承人对转账事宜是否知情。在不能认定被继承人知晓转账事宜的情况下,需要实际转账人举证证明转账目的和用途,如实际转账人不能作出合理解释和说明,则应将转出款项列入遗产范围进行分割。在能够认定被继承人知晓转账事宜的情况下,可参照转账操作人为被继承人本人的情形处理。

(3)有限责任公司股权。在股份有限责任公司自然人股东死亡的情形下,由于股份有限责任公司资合性的特征以及股权以股票的形式表现,股权作为被继承人的财产而由继承人按照继承程序进行。然而在有限责任公司中,由于股权更具人合性,公司股权并非当然可继承。

根据《公司法》(2023 年修订)第 90 条及《最高人民法院关于适用〈中华人

民共和国公司法〉若干问题的规定(四)》第16条的规定,公司章程可对有限责任公司股权的可继承性予以限制。

若公司章程未作限制性规定,或根据公司章程规定继承人可以继承股权,则继承人对股权的继承原则上与普通继承适用同样程序与规则,在法定继承纠纷案件中一并予以处理。若公司章程对股东资格作出限制性规定,则应告知继承人同公司其他股东等另行协商处理股权变现后的继承问题。

(4)虚拟财产是否可以作为遗产,需要根据虚拟财产的性质、价值、来源、是否可以流转等综合予以认定,法律不予禁止的可以作为遗产进行继承。一般认为,虚拟财产需要具备财产的三大属性,即可支配性、价值和使用价值,虚拟财产只要具备上述属性,即可视为财产。由于虚拟财产的种类越来越多,在法律、行政法规和司法解释尚未作出明确规定之前,在具体案件中将其作为遗产认定时应当慎重。

2. 不可继承的七种情形

属于"依照法律规定或者根据其性质不得被继承的遗产"有以下几种。

(1)自然资源使用权。例如,取水权、采矿权、捕捞权等,该类权利通常需要一定的资质,必须经国家行政许可取得,具有人身属性,不得继承。继承人只有重新申请并取得行政许可后,才能重新取得,而并非经继承取得。

(2)宅基地使用权。宅基地使用权具有一定的人身专属性,不得继承,而是采取"地随房走"的原则进行移转,与宅基地上房屋一并转让或者继承。在宅基地上没有房屋时,宅地基使用权不能作为遗产继承。

(3)土地承包经营权。土地承包经营权以户为单位进行承包,若承包户中部分成员死亡,承包户依然存在,不影响土地继续承包;若承包户成员全部死亡,承包权因承包户的消亡而消灭,不存在继承问题。对于第一种情形,承包户内部会发生继承,即户内其他成员继承了死者的那部分土地承包经营权。但是,对于非承包户成员的继承人或者个人承包的继承人,通常不能继承土地承包经营权。首先,对于继承人非承包户成员的情形,例如,父母仍在老家务农但子女已到城市工作,子女户口已转至城市而不在原农村户籍,若父母去世,子女能否继承父母的土地承包经营权?答案显然是不能。依前文所述,父母去世意味着承包户已经消亡,土地承包经营权基于此而消灭。从这种意义上说,土地承包经营权是不能继承的。然后,对于个人承包情形,承包人死亡,其承包权是否可以继续继承呢?其实道理和第一种情形一样,不可以。但是,有两种例外情形:林地承包经营权与通过招标、拍卖或者公开协商等方式取得的“四荒”(荒山、荒丘、荒沟、荒滩)土地承包经营权。依据《农村土地承包法》的规定,上述两种土地承包经营权的承包人死亡,继承人可以继续承包。但是,该种“继续承包”是属于合同主体的法定变更,还是属于对承包经营权的继承,尚有争议。然而,不论如何理解,继承人可以继续享有上述两种土地承包经营权。对于在土地承包经营期间取得的收益可以作为遗产而继承,基本没有争议。

(4)指定的受益人非被继承人的保险。被继承人缴纳保险费,指定的受益人并非被继承人自己,那么被继承人无法取得该保险的权利或者保险金,该保险权利或者保险金自然无法作为遗产进行继承。

(5)被继承人生前承租或者借用财产而形成的使用权。该类使用权系被继承人基于特定的用途取得,具有一定的人身依附性,在权利人死亡后,不作为遗产进行继承,这也较为符合我国民众对于遗产范围的传统理解。也就是说,被继承人死亡后,其租赁关系与借用关系即归于消灭,出租人或者出借人可以取回被继承人基于租赁或者借用而占有的财产。继承人需要继续租赁或者借用的,应当重新与出租人或者出借人协商。

(6)具有人身专属性的债权。例如,子女对父母的抚养费请求权、父母对子女的赡养费请求权、被继承人的人身损害赔偿请求权等,若被继承人死亡,该类权利即归于消灭,不得继承。当然,在被继承人死亡前,已经取得的抚养费、赡养费、赔偿金等,已从债权转化为实际取得的财产,可以作为遗产继承。在实践中,有一种情形存在争议,即被继承人死亡前已经主张相关权利,甚至已经由人民法院作出判决,但因义务人拖延或者拒绝履行义务而造成被继承人死亡时未能基于请求权而取得财产。该情形下,虽然请求权尚未转化为财产,从法理上来说不应作为遗产处理。但是,若不作为遗产,可能导致鼓励义务人不履行义务的效果,有违公序良俗,易诱发诚信风险,也会影响司法判决的公信力。因此,在实践中,结合法理与现实的道德需求,通常采取折中态度,仅对被继承人死亡时法院已经作出判决但尚未取得的抚养费、赡养费、赔偿金等，作为可继承的遗产。

(7)死亡赔偿金。死亡赔偿金系因被继承人死亡而产生，且产生于被继承人死亡后，并非被继承人的个人财产，不得作为遗产继承。从法理上说，死亡赔偿金本身就是对死者近亲属的抚恤和赔偿，而不属于遗产范围。对此，最高人民法院在给广东省高级人民法院的《关于空难死亡赔偿金能否作为遗产处理的复函》(〔2004〕民一他字第 26 号)中进行了明确。

3. 遗产范围的确定

(1)确定遗产形成的时间点为被继承人死亡的时间。

在此之前已经处分的财产一般不认为是遗产，若确属非被继承人真实意思表示处分的财产法院一般会建议继承人提起保管合同之诉、赠与合同之诉、侵占之诉等。

死亡时间的特殊情形有：宣告死亡时间(被宣告死亡的人，人民法院宣告死亡的判决作出之日视为其死亡的日期；因意外事件下落不明宣告死亡的，意外事件发生之日视为其死亡的日期)、推定死亡时间(相互有继承关系的数人在同一事件中死亡，难以确定死亡时间的，推定没有其他继承人的人先死亡。都有其他继承人，辈分不同的，推定长辈先死亡；辈分相同的，推定同时死亡，相互不发生继承)。

(2)确定哪些财产是被继承人占有或使用，但不属于遗产或不能作为遗产继承的部分。

(3)确定共同共有财产中的遗产部分。

共同共有可分为家庭共同共有和夫妻共同共有两种，一般须在遗产继承前进行析产，分割出家庭其他成员所有的部分和属于配偶的那部分，然后再由继承人进行继承。

4. 遗产分割的原则

在确定继承人和遗产范围后，按照遗赠扶养协议优先于遗嘱，遗嘱又优先于法定继承的顺序处理，前者处理完了还有剩余才轮到后者。如无特别约定或其他特殊情形的，对于法定继承应首先从遗产中扣除被继承人合理、必要的丧葬费用，然后根据各继承人对被继承人的赡养、扶养情况以及继承人是否存在生活困难等因素确定继承比例。最后，依据有利于发挥遗产使用效益原则，结合继承人的实际需要，充分兼顾各继承人的利益对遗产予以处理。

《民法典》第1132条[1]规定了法定继承遗产的处理方式，主要体现在以下几个方面：

(1)能协商确定的，可由所有继承人到公证处办理公证继承，不动产还可以由所有继承人带齐资料到不动产登记中心办理转移登记。

(2)继承人放弃继承的，应当在继承开始后、遗产分割前以书面形式作出。遗产处理前或者在诉讼进行中，继承人对放弃继承反悔的，由人民法院根据其提出的具体理由，决定是否承认。遗产处理后，继承人对放弃继承反悔的，不予承认。

(3)受遗赠人接受遗赠应当在知道受遗赠后60日内作出表示，到期没有表示的视为放弃。

(4)继承诉讼开始后，如继承人、受遗赠人中有既不愿参加诉讼，又不表示放弃实体权利的，应当追加为共同原告。

5. 法定继承中遗产分割的方式

确定遗产的价值是遗产分割和折价的前提，遗产的价值可以采用当事人协商一致、评估、审计、询价、按照市场价等方式确定。当事人对遗产价值达成一致的，应审查是否符合自愿原则，是否与通常的价值出现明显背离。当事人协商一致确定遗产价值的，如发现非出于当事人自愿，应当释明，并由当事人重新协商确认或者委托评估、审计。对于股票、基金价值的认定，可以积极引导当事人协商确定分割时点及其价值，当事人无法达成一致的，可以采用共有方式处理。当事人不愿意共有的，可以参照一段时间的平均成交价酌情确定其价值。

---

[1] 参见《民法典》第1132条　继承人应当本着互谅互让、和睦团结的精神，协商处理继承问题。遗产分割的时间、办法和份额，由继承人协商确定；协商不成的，可以由人民调解委员会调解或者向人民法院提起诉讼。

《民法典》第 1156 条[1]规定了遗产分割的规则和方法。

(1)实物分配

遗产分配在不违反分配原则的情况下,可以采取实物分配的方式。适用实物分配的遗产,可以是可分物也可以是不可分物。对可分物,可以作总体的实物分配。如对粮食,可划分出每个继承人应继承的数量。但对不可分物,则不能作总体的分配,只能作个体的分配,如电视机、冰箱等。对于不能作实物分配不可分物的,应当采取折价补偿的办法。

(2)变价分配

对不宜实物分配的遗产,可以将其变卖,换取价金,再由各继承人按照自己应得的遗产份额的比例,对价金进行分配,各自取得与应得遗产份额相对应的价金。

(3)补偿分配

对不宜分配的遗产,如果继承人中有人愿意取得该遗产,则由该继承人取得该遗产的所有权。取得遗产所有权的继承人按照其他继承人应继份的比例,分别补偿给其他继承人相应的价金。

(4)保留共有的分配

遗产不宜实物分配,继承人又都愿意取得遗产,或继承人愿意继续保持遗产共有状况的,则可将其作为共同所有的财产,由各继承人按各自应得的遗产份额,确定该项财产所应享有的权利与应分担的义务。

(三)债权人和继承人之间的平衡利益

1. 债务清偿纠纷的特点

债务人死亡,生前留下的债务是“人死债消”还是“父债子偿”?虽然民间有“父债子偿”的说法,但“父债子偿”确实于法无据。

《民法典》赋予继承人放弃继承的权利,在放弃继承遗产的同时也消除了相应的法律责任。在《民法典》引入遗产管理人制度之后,二者权益的平衡点在哪

[1] 参见《民法典》第 1156 条　遗产分割应当有利于生产和生活需要,不损害遗产的效用。不宜分割的遗产,可以采取折价、适当补偿或者共有等方法处理。

里，实现法律所追求的实质正义，是一个现实难题。

实际中，涉继承人放弃继承权的债务清偿纠纷有以下几个特点：

一是遗产的价值影响继承人是否选择继承。通常情况下，继承人对是否存在遗产、遗产的种类和数量、遗产能否全部清偿被继承人生前债务最为了解，当遗产的价值小于债权的金额时，继承人往往选择放弃继承以规避债务的承担。

二是遗产中涉及家庭共同财产的仍不能完全免除继承人义务。遇到家庭成员死亡需要确定遗产范围的，经分家析产依然会有属于遗产的部分处于其他家庭成员实际控制之下，尤其是像不动产这类家庭成员共同共有的，无论是鉴定评估还是出租收益，抑或司法拍卖，均需其他家庭成员合理保管并积极配合，继承人并不能完全免除责任。

三是债权人均以继承人为被告提起诉讼解决纠纷。实际中，遗产管理人制度适用率较低。根据《民法典》的相关规定，“没有继承人或者继承人均放弃继承的，由被继承人生前住所地的民政部门或者村民委员会担任遗产管理人。”但遗产管理人制度并未明确规定此种情况下，正在进行的庭审是中止还是由法官驳回起诉？是债权人申请追加还是法院指定？为了避免遗产处于无序混乱状态，甚至发生价值减损、损害债权的风险，大部分审判实践都确认，放弃继承的继承人仍负有保管遗产并协助遗产变现的义务。

2. 债权人合法权益的平衡

如何在保障继承人依法享有放弃继承权利的同时，又防止发生“表面声明放弃，私下实际继承”的损害债权人合法权益的行为，如何更好地运用遗产管理人制度，又不增加当事人诉累、浪费司法资源？

为了保障债权人的合法权益，不能因全部继承人放弃继承而单纯驳回债权人的诉讼请求，也不能为了考虑对债权的保障而侵犯已放弃继承权的继承人所享有的权利。可以考虑，在被继承人遗产价值确定且征得继承人本人同意的情况下，继承人为遗产管理人的身份并不因放弃继承而消灭，可继续由继承人担任遗产管理人，配合审判和后续的执行工作，积极协助债权人实现债权。此外，在遗产管理人制度相关细则实施后，相关部门可组建具备法律知识和实务能力的专门工作小组，负责处理由民政部门等单位担任遗产管理人的被继承人债务清偿纠纷,同时纳入单位考核,以提高工作人员应诉的积极性,辅助提升遗产清偿的配合程度和变现效率。

3. 因债务不想继承遗产,该如何放弃继承

对于遗产继承,有人赶着去继承,也有人对此百般推辞,那当继承人不想继承遗产的时候,该如何放弃继承呢? 放弃继承后又反悔怎么办? 在继承案件中争遗产的案子常见,遗产继承时放弃继承的情况也不在少数,有时是因为债务问题不想继承;有时是因为想把自己的份额留给其他继承人。比如父母去世,兄弟姐妹中可能有人放弃继承,再如老人的子女去世了,老人和孙子女都是第一顺序法定继承人,老人放弃继承子女的遗产,把遗产让给孙子女,这种情况更多。放弃继承须注意以下事项:

(1)放弃继承的意思表示必须是真实、自愿的,既可以由本人作出,也可以通过代理人作出。

(2)放弃继承必须以书面形式正式作出。法院诉讼相关记录或放弃继承公证等均属于书面形式。

(3)放弃继承必须作出明确的意思表示,没有明确表示的,视为接受继承。继承纠纷中,继承人既不愿意参与诉讼,又未明确表示放弃继承的,不视为放弃,法院仍依法确认其继承份额。

(4)放弃继承有时间限制,只能在继承开始后到遗产处理前的这段时间,既不能在继承尚未开始前放弃,也不能在遗产分割之后放弃。

(5)继承人放弃继承后又反悔的,如果遗产尚未分割,由法院根据具体理由判断是否支持,但如果遗产已处理完,就没有反悔的机会了。

第二节　夫妻共同遗嘱

所谓共同遗嘱,又称联合遗嘱、合立遗嘱、共立遗嘱,源于欧洲中世纪的习惯法。它是指两个或两个以上的遗嘱人共同订立同一份遗嘱,对死亡后各自或共同遗留的财产进行分割的一种遗产继承方式。

一、作为争议问题的夫妻共同遗嘱

(一)夫妻共同遗嘱的实践困境

我国向来有夫妻共同订立遗嘱的习惯和事实,现实生活中的夫妻共同遗嘱并不鲜见,且随着公民财产权利意识的增强和私法自治理念的深入,共同遗嘱有不断增加的趋势。

在司法实践中,夫妻共同遗嘱引发的纠纷已经成为继承纠纷中的重要案件类型,[1]然而已失效的《继承法》和现行的《民法典》继承编中并没有关于共同遗嘱的相关规定,仅《遗嘱公证细则》提出了共同遗嘱公证应当满足的条件[2],此类纠纷的处理存在法律适用的盲点和难点。实践中比较常见的是夫妻双方共同设立一份遗嘱,将夫妻共同共有的财产,一并指定继承人继承。较夫妻一方单独所立遗嘱而言,订立共同遗嘱有利于保护配偶的继承权,使得配偶的生活不会因另一方的死亡受到更多冲击。

1. 关于夫妻共同遗嘱性质的争议

学理上及审判上的主要争议点在于共同遗嘱的性质,有的学者认为是单方法律行为,也有的学者认为是双方法律行为,还有的学者认为是共同法律行为。而在审判实务中,法官对于该问题并没有作出较明确的区分,审判实务中对该问题没有过多的解释与处理。

2. 关于夫妻共同遗嘱效力的争议

对于共同遗嘱是否有效的问题,学理上有肯定说、否定说和折中说。在审判实践中,对于符合要件的共同遗嘱都是承认其效力的,不会因共同遗嘱本身的特殊形式而否定其效力[3]。

---

〔1〕 参见王瑞:《论夫妻共同遗嘱的撤回》,中南财经政法大学2022年硕士学位论文,第1页。

〔2〕 参见《遗嘱公证细则》第15条规定:两个以上的遗嘱人申请办理共同遗嘱公证的,公证处应当引导他们分别设立遗嘱。遗嘱人坚持申请办理共同遗嘱公证的,共同遗嘱中应当明确变更、撤销及生效的条件。

〔3〕 参见潘虹美:《共同遗嘱问题研究》,华东政法大学2021年硕士学位论文,第1页。

3. 关于夫妻共同遗嘱生效时间的争议

关于生效时间，实践中有两种观点：

（1）如果一个当事人已经死亡，则应当认定该共同遗嘱已经部分生效，另一部分遗嘱则因为期限尚未来临而没有生效。

（2）共同遗嘱的生效是附条件的，其所附条件是夫妻双方死亡，那么一方死亡，而另一方尚未去世时，共同遗嘱生效的条件不成就，因而共同遗嘱并未生效。

4. 关于夫妻共同遗嘱变更与撤回的争议

在实践中，其主要争议焦点在于共同遗嘱人一方死亡，生存方能否变更和撤回属于自己财产份额的遗嘱内容，司法审判在此问题上审判不一，大多数法院更倾向于可以变更和撤回。但该做法实质上割裂了共同遗嘱的关联性。由于共同指定型遗嘱和柏林式遗嘱是通过双方合意产生，包含两人共同的意志以及第三人的权益，因此当一方死亡时，另一方对继承财产的处分权就受到了和死亡方遗嘱的关联性以及第三人权益的限制。

（二）国内对共同遗嘱效力的看法

国内对夫妻间共同遗嘱有着不同的看法。我国对这种遗嘱的效力主要有三种争论，即肯定说、否定说和折中说。

1. 肯定说。即认为应当从立法上对夫妻间共同遗嘱予以确认。一是符合民法原则，肯定夫妻共同遗嘱效力是私法自治与遗嘱自由原则的体现；二是回应民众继承习惯，夫妻共同遗嘱与我国民众同居共财的习惯相适应，民众越来越自发选择夫妻共同遗嘱形式；三是维护法律权威，明确夫妻共同遗嘱效力可有效解决实务中夫妻共同遗嘱纠纷，同案同判，增强民众法律确信。

2. 否定说。即禁止在立法上承认夫妻间共同遗嘱的效力及形式。该学说认为，遗嘱应是单方行为和意思表示，而这一特殊的遗嘱形式背离了遗嘱的性质。一是从遗嘱性质考虑，夫妻共同遗嘱限制遗嘱人处分与撤回自由权，违背遗嘱特性；二是从立法难度考虑，夫妻共同遗嘱在遗嘱实现环节易引发纠纷，法律设计复杂；三是从实际出发，认为夫妻共同财产制是夫妻共同遗嘱的效力根基，离婚率与再婚率随着婚姻自由思想发展而提高，肯定夫妻共同遗嘱效力已无现实必要。

3. 折中说。又可以细分为两种观点:一种主张主体上的限制,只承认夫妻之间订立的共同遗嘱;另一种认为应从内容上限制,即共同的遗嘱应部分有效。

二、夫妻共同遗嘱的性质和类型

(一)夫妻共同遗嘱的法律行为分类

一般遗嘱是单方法律行为,但共同遗嘱较为特殊,因其是由两个及以上自然人共同订立的同一份遗嘱,从“共同”之意即可以说明遗嘱的内容具有极强的关联性。

对于其性质,有三种说法:其一,单方法律行为说;其二,双方法律行为说;其三,共同法律行为说。单方法律行为最主要的特征就是一个人的意思表示就能产生民事法律的效果,不需要他人同意,也不需要合意。实际中,争议最大的是共同遗嘱究竟是双方法律行为还是共同法律行为。

1. 双方法律行为说

双方法律行为指双方当事人的意思表示一致才能发生法律效力的民事法律行为,如合同。由于双方或多方法律行为必须由双方或多方当事人协商才能成立,所以,双方或多方法律行为的变更或者解除,除法律有特别规定之外,也必须经过双方或多方当事人的协商一致。

双方法律行为说认为,夫妻共同遗嘱作为双方民事法律行为,是夫妻双方一致的意思表示,继承利益存在交换性,共同遗嘱对夫妻双方产生拘束力,夫妻一方非经法律规定或征得对方同意的情况下,不得单独撤回共同遗嘱,因此共同遗嘱须双方合意撤回。

2. 共同法律行为说

所谓共同法律行为,是由同一方向平行的两个以上意思表示一致而成立的行为,当两个以上同向的意思表示一致时才成立的法律行为,如社团法人之设立、合伙人之开除等。

共同法律行为说认为,夫妻共同遗嘱是立遗嘱人为实现共同目的而订立的,遗嘱意思表示“相互牵连和制约”,是夫妻双方追求同一个目标所实施的法律行为，是夫妻双方对共同财产和个人财产处分意思趋于一致的产物，因此是共同法律行为。不同于双方法律行为，共同法律行为中意思表达效果与目的具有一致性，即当事人权利义务相同，目的也同一。

双方法律行为是基于双方当事人一致的意思表示，共同法律行为也是需要当事人意思表示一致，但是双方法律行为的权利义务关系是对等的，一方的权利便是一方的义务。如合同，合同双方在权利义务上是对等的。但是共同遗嘱的遗嘱人之间，不是对等关系，一方的权利也并不是另一方的义务，他们是为了一个共同的目的而去创设共同遗嘱，即追求同一个目标，形成共同的意思表示，有着相同内容的一个法律行为。就法律行为分类而言属于共同法律行为，具有表意人意思表示同向性、身份一致性、效力整体性、关系团体性、合作长期性、目标涉他性等特点〔1〕。

（二）夫妻共同遗嘱的类型化分类

夫妻共同遗嘱可以分为形式意义和实质意义的共同遗嘱两大类。〔2〕形式意义的共同遗嘱又可以称为同时遗嘱，是指夫妻二人将内容独立的多个遗嘱记载于同一文件，立遗嘱人的意思表示相互独立，内容不产生相互拘束性，一方遗嘱生效与否不影响另一方遗嘱的效力，为多个普通遗嘱的简单集合。实质意义的遗嘱为狭义的共同遗嘱，核心特征为双方死因处分的关联性，一方因另一方设立特定内容的遗嘱，才相应地作出终意处分。通常又分为三种类型：相互指定型遗嘱、共同指定型遗嘱和混合式夫妻共同遗嘱（柏林式遗嘱）〔3〕。

1. 相互指定型遗嘱

相互指定型是指互相指定对方为自己的遗产继承人。实务中相互指定型夫妻共同遗嘱的内容一般表现为："夫妻中的后去世方是先去世方的继承人。"例如，夫妻二人在遗嘱中约定，任何一方先去世的，另一方为单独继承人。如果在夫妻共同遗嘱的内容中只包含将一方财产处分给另一方的意思表示，则即使

---

〔1〕参见韩长印：《共同法律行为理论的初步构建——以公司设立为分析对象》，载《中国法学》2009年第3期。

〔2〕参见马忆南：《婚姻家庭继承法学》，北京大学出版社2014年版，第299页。

〔3〕因发源于德国柏林地区，故称"柏林式遗嘱"。

该夫妻共同遗嘱有双方签名并签注日期,也很难证明该遗嘱的“共同性”。在相互指定型夫妻共同遗嘱的情形下,一方的死因处分生效,另一方的死因处分因无人继承而自动失效,关联性处分主要体现在遗嘱人因从相对方处获得有益处分的期待而将各自遗产处分于对方的意思表示。

2. 共同指定型遗嘱

共同指定型是指夫妻在遗嘱中共同指定第三人为遗产继承人,如在共同遗嘱中指定儿子为双方的唯一继承人。实务中通常表述为“遗嘱兹有夫某某,妻某某两人共同指定某某为我夫妻二人的唯一继承人。”并附夫妻双方签名与日期。同一继承人是指夫妻“共同”在遗嘱中将财产处分给第三方,且该被指定的第三方应与遗嘱人双方均存在紧密联系,关联性主要体现在以继承人获得己方有益处分为条件将对方置于关联性处分约束之下。若遗嘱人在夫妻共同遗嘱中包含了将“各自”遗产处分于不同继承人的意思表示,则很难认定该遗嘱处分的关联性。

3. 柏林式遗嘱

柏林式遗嘱,也称为混合式夫妻共同遗嘱,是指夫妻在遗嘱中相互指定对方为继承人并约定后去世方将遗产留给第三人继承。此种形式在德国被称为“柏林式遗嘱”,也是我国实践中最为常见的共同遗嘱类型。

混合式夫妻共同遗嘱一般表述为夫妻一方去世的,由另一方先行继承,待夫妻双方均去世后,由第三人最终继承。混合式夫妻共同遗嘱是最能体现关联性处分特征的遗嘱形式。在实务中第三人通常体现为遗嘱人的子女。实务中若仅将遗嘱内容表述为“双方均去世后,由第三人继承”便易因遗嘱类型认定差异而产生继承纠纷。此种表述的遗嘱,有法院认为是共同指定型夫妻共同遗嘱,由此第三人可以在遗嘱人一方去世后即主张去世方的遗产继承;有法院认为是混合式夫妻共同遗嘱,第三人应在遗嘱人均去世后方可主张全部遗产继承。在实务中该表示有不能依遗嘱人意愿实现的风险,因此最好能在夫妻共同遗嘱中选择更详尽的表述方式。

三、夫妻共同遗嘱的规范层面

我国《民法典》并未对共同遗嘱作出明确规定,在规范层面存在不足。

（一）夫妻共同遗嘱的成立方面

对于一般遗嘱，只要满足形式要件和实质要件，遗嘱即可成立。但是对于夫妻共同遗嘱，却存在不同。共同遗嘱本质为共同法律行为，共同法律行为的成立除包括当事人、目的及意思表示共性要素外，核心要求是行为合意。合意，是指各行为人意思表示达成一致。合意的构成要件有二：一是各行为人均需作出意思表示；二是任何一方未作出意思表示，合意不成立。由此而言，因夫妻共同遗嘱为夫妻二人之行为，由于遗嘱在形式要件上的特点，在成立方面需要区别分析不同情形。

1. 形式要件方面

遗嘱有六种形式，分别是自书遗嘱、代书遗嘱、打印遗嘱、录音录像形式的遗嘱、口头遗嘱、公证遗嘱，各有不同形式的格式要求。

具体形式要件如下：

（1）自书遗嘱即遗嘱人自己书写的遗嘱，由遗嘱人亲笔书写，签名，注明年、月、日。遗嘱人应字迹清晰，亲笔签名，注明年、月、日；不能由他人代签姓名，不能用印章、指印或其他符号代替签名；自书遗嘱允许遗嘱人涂改、增删、订正。如需涂改、增删、订正，应在改动处注明改动的字数、改动的时间并另行签名。如属实质性修改，应在遗嘱内容之后专段说明修改之处。

（2）代书遗嘱即由他人代笔书写的遗嘱，应当有两个以上见证人在场见证，由其中一人代书，并由遗嘱人、代书人和其他见证人签名，注明年、月、日。缺乏见证人的，遗嘱无效。见证人必须是与继承人、受遗赠人没有利害关系的人。举例而言，如若老人立遗嘱给后辈，其儿孙等人不能作为见证人。

（3）打印遗嘱应当有两个以上见证人在场见证。遗嘱人和见证人应当在遗嘱每一页签名，注明年、月、日，否则遗嘱无效。

（4）以录音录像形式立的遗嘱，即由录音设备录制下来的遗嘱人口授的遗嘱。因录音遗嘱容易被伪造和剪辑，法律规定以录音形式立的遗嘱，应当有两个以上见证人在场见证。遗嘱人和见证人应当在录音录像中记录其姓名或者肖像，以及年、月、日。下列人员不得作为遗嘱见证人：无民事行为能力人、限制民事行为能力人、继承人、受遗赠人以及与继承人、受遗赠人有利害关系的人。

缺乏见证人的,遗嘱无效。

(5)口头遗嘱即由遗嘱人口头表达、不以任何方式记载的遗嘱。因口头遗嘱完全靠见证人表述证明,极容易发生纠纷,因此法律规定遗嘱人只能在危急的情况下才可以立口头遗嘱,并且必须有两个以上见证人在场见证。危急情况解除后,遗嘱人能够用书面或录音形式立遗嘱的,应当用书面形式或录音形式立遗嘱,所立口头遗嘱无效。

(6)公证遗嘱,即遗嘱人经公证机关办理的遗嘱。办理公证遗嘱,需要支付一定的公证费用。最新法律规定已经取消了公证遗嘱的优先效力,其与其他五种形式的遗嘱具有同等的效力。

实践中很多涉及夫妻共同遗嘱的案例,均以形式要件原因否定夫妻共同遗嘱的效力。[1] 将一份共同遗嘱分别从自书遗嘱、代书遗嘱角度审查,例如某夫妻育有一子,两人生前立下共同遗嘱,遗嘱内容由丈夫书写,载明房屋由儿子继承,夫妻二人各自签字确认,并注明日期;后继承人因争议诉至法院。法院经审理认为该夫妻所立共同遗嘱,丈夫部分可认定为自书遗嘱,合法有效;妻子部分应认定为代书遗嘱,因缺乏见证人签字确认,不符合代书遗嘱形式要件,故否认妻子部分遗嘱效力并按法定继承处理。当然该列举案件在类型上可归为共同指定型遗嘱,从遗嘱内容、签字情况审查上看是符合双方合意的,但对遗嘱分按自书遗嘱和代书遗嘱的形式审查背离了共同行为的本质要求,以至所涉共同遗嘱对遗嘱效力认定偏离共同法律行为整体性要求。

2. 实质要件方面

实质要件指某一事务要具备该要件,才能成立或生效。实质要件区别于形式要件,实质要件更重要,也更为关键。

如民事法律行为,必须具备以下要件才能生效。要件如下:(1)具有相应民事行为能力;(2)出于真实意思表示;(3)不违反法律、行政法规等强制性规定,不违背公序良俗。比如结婚必须具备两个条件:实质条件和形式条件。实质要

---

〔1〕 参见深圳市律师协会第十三期青年律师研修班:《律师解密家族财富传承:爱的法律语言》,法律出版社2023年版,第39页。

件:①结婚必须男女双方完全自愿;②必须达到法定年龄;结婚年龄男不得早于22周岁,女不得早于20周岁;③必须一夫一妻制。形式条件:结婚行为是形式条件,申请结婚的男女双方须到婚姻登记管理机关办理结婚登记,其婚姻方可有效。

对于共同遗嘱而言,法律行为生效三要件应用到共同法律行为中,体现为共同表意人均具有民事法律行为能力、意思表示真实且所为的行为不能违反立法规定或者公序良俗。意思表示真实系认定核心,但遗嘱的严肃性和所涉财产利益的重要性,更由于遗嘱是死因行为,死亡的不可逆性导致遗嘱真伪辨识不易,以至遗嘱的形式要件也是同样重要。

共同遗嘱作为共同法律行为的具体表现之一,意思表示的特殊性在于:

其一,主体限于夫妻,且行为作出需在夫妻关系存续期间。要严格把握夫妻关系成立时间,双方并未成立夫妻关系而以夫妻名义订立遗嘱,不宜认定为夫妻共同遗嘱。

其二,意思表示的作出源于夫妻特殊的身份关系,所涉遗嘱标的具有充分紧密性,甚至难以区分;故只要遗嘱内容清楚,表示出处分财产的意思即可。共同遗嘱之所以区别于一般遗嘱,就是因为共同遗嘱人的遗嘱内容具有很强的关联性。仅仅单纯将自己的遗嘱记载于同一种载体上,其遗嘱内容互相没有联系的不应当确立为共同遗嘱。共同遗嘱中遗嘱内容是相互联系的,处分财产会受到共同遗嘱人的互相制约。遗嘱人也不能自由地变更或者撤回共同遗嘱,需要共同遗嘱人双方的合意。即使遗嘱并不订立于同一张纸上,但是内容具备关联性,那么,也应当称为共同遗嘱。所以,不管是不是记载于同一载体上,只有内容相互关联,对财产的处分也是关联的,才能被定义为共同遗嘱。换句话说,只有实质性的共同遗嘱才能被认定为法律上的共同遗嘱。这样的内容外观才有客观上的外部识别性质。

其三,意思表示的目的旨在对夫妻双方财产进行安排,所生法律效果不仅涉及夫妻还可能包括第三人;故该意思表示具有强烈的稳定性需求,不宜随意变更,且必须考虑多方价值平衡。

(二)夫妻共同遗嘱的变更与撤回

因共同遗嘱为夫妻双方所订立,若双方均在世当然可以共同撤回与变更。实践中争议较大的是夫妻单方撤回或变更共同遗嘱之情形,尤其是夫妻一方去世后,此时生存方能否单独撤回或变更共同遗嘱的问题,实践中观点各异。

1. 学理观点

对于夫妻一方去世时,生存方能否变更和撤回共同遗嘱,有两种观点:第一种观点是,夫妻共同遗嘱是夫妻双方财产处分达成合意的体现,因此生存方一般情况下不得变更和撤回遗嘱[1]。第二种观点是,认为夫妻一方死亡后,其死因处分生效,生存方遗嘱部分尚未生效,因此生存方有权依照自己的新的意思表示变更和撤回原共同遗嘱中自己享有的财产部分的处分。

综合上述观点来看,不同于普通遗嘱,夫妻共同遗嘱是夫妻双方对死后财产流转和分配所作的最终处分方案,双方财产处分互为条件、紧密相关。要避免变更和撤回共同遗嘱产生的问题,需要夫妻双方订立共同遗嘱时,在遗嘱中约定变更和撤回遗嘱的条件,明确各种情况下的程序要求。只有在订立遗嘱时明确约定撤回遗嘱的条件,夫妻双方或一方才能撤回共同遗嘱的内容;没有约定的,只能按法定继承的方式处理遗产。

2. 实务观点

共同遗嘱变更与撤回应满足何种条件,立法对法律行为撤回、变更持审慎态度。从我国现有法律规定上看,《遗嘱公证细则》作为部门规章其调整范围受限,其中仅第 15 条规定夫妻在订立共同遗嘱时应明确撤回条件,而对夫妻共同遗嘱撤回的具体条件并没有加以规定。

(1)柏林式遗嘱

在严某 2 与严某 3 继承纠纷案中[2],被继承人严某(男)与方某(女)婚后育有严某 1、严某 2 和严某 3 三个子女。夫妻生前共同订立遗嘱一份,内载明:“我们两个老人中如有一人先去世,则全部财产归另一个老人所有,儿女暂不继

---

〔1〕 参见刘文:《继承法律制度研究》,中国政法大学出版社 2016 年版,第 231 ~233 页。

〔2〕 参见广西壮族自治区柳州市中级人民法院民事判决书,(2018)桂 02 民终 4064 号。

承。两位老人都去世后,位于罗池路 A 号房屋由严某 3 继承。”严某去世后,方某重新订立了一份遗嘱:“我与严某共有的 A 号房屋中,我享有的份额及我继承的份额,在我去世后由严某 2 继承。”方某去世后,严某 2 与严某 3 就遗嘱问题产生争议并诉至法院。

该案裁判过程为:一审法院提出夫妻一方死亡时,如若允许生存方撤回共同遗嘱中的处分,则不仅有违诚实信用原则,而且违背先去世方的终意表示。因此生存方应当遵循双方约定,方某不得撤回原共同遗嘱。严某 2 不服,提起上诉。二审法院认为由于夫妻双方已在原共同遗嘱中表明二人均死亡后,该房屋由严某 3 继承,因此即使方某享有撤回遗嘱的权利,也只能以处分自己的财产份额为限,即方某只能撤回对诉争房屋中其享有的份额的处分即案涉房屋的 1/2。

柏林式遗嘱的直接含义是,发生两次继承行为,第一次为先去世方指定另一方为先位继承人,第二次为后去世方去世后再由后位继承人继承。这样做的目的是保障后去世方的生存需要,同时又实现将自己财产指定给后位继承人继承,只要能满足这两个目的,后去世方作出变更、撤回原财产处分的行为,虽然形式上打破了共同行为的整体性,但未产生实质性影响。在条件未成就时,当事人有义务相互保证期待利益的实现,激励对方实施或者不实施某种行为。条件设定并不限制在世配偶的遗嘱自由,在世配偶可以自由选择是否变更或者撤回遗嘱,一旦在世配偶变更、撤回共同处分,打破原共同遗嘱的平衡,则遗嘱互相继承的内容不生效,先去世方的财产直接按照遗嘱意思由最终受益人继承。

在本案中,方某撤回与变更原共同遗嘱中的处分内容,并将其所属的财产指定给原后位继承人以外的其他人,是否侵犯了后位继承人的期待权。对此,有观点从价值平衡角度分析,认为法律赋予了权利人在生前对财产进行处分的权利,遗嘱自由原则作为一条对世原则体现了个人自由和个人尊严,契合着“自由”的社会主义核心价值观,与《民法典》遗嘱制度基本原则相一致。另外又从财产的自由处分角度分析,认为民法上的自由蕴含的基本法理是意思自治,期待权所蕴含的基本法理是个人权利,而该权利因为未实际发生,存在较大的不确定性,就该角度而言,其实是确定的个人处分自由与不确定的财产获得权益的博弈。就价值考量角度而言，在没有严重违反法秩序的前提下，应首先考虑尊重在世一方的财产处分自由。[1]

真正需要权衡的是，在允许后去世方撤回或变更其财产处分的情况下，后位继承人所获得的遗产利益存在一定的不确定性，为保护后位继承人的期待权，需要对后去世方的处分自由进行限制。因为法律更需要充分考虑社会现实，老龄社会的现实需求之一为保障配偶，尤其是老年配偶的继承利益，夫妻订立共同遗嘱的目的之一在于从家庭内部获取更丰富的养老资源，以弥补社会养老资源缺口；另一目的在于保持家庭财产的完整性。但是，一旦原后位继承人的期待利益过度受损，不但对老年人生活不利，也不利于家庭财产秩序的稳固。通过赋予在世一方处分自由并限制处分权限，既在空间维度上保障遗产传承的完整性，拓展遗产效能，与《民法典》中的居住权衔接起来；也能在时间上兼顾不同继承人的年龄阶段和生活需求。[2]

(2)共同指定型遗嘱

如某案，[3]王某(男)与冯某(女)为夫妻，婚后育有秦某1、秦某2、秦某3、秦某4四个子女。2002年夫妻两人立下共同遗嘱，就双方共有的房屋进行公证，确认双方去世后该房屋归秦某1、秦某2、秦某3三人所有，秦某4无权干涉。该遗嘱明确约定了遗嘱的撤回情形，并排斥立遗嘱人单方面行使权利。王某于2006年去世。2009年，冯某改变原有想法，于另一公证处重新订立遗嘱，将原遗嘱中所涉房产属于其自身份额的继承人定为秦某1。冯某于2011年去世，其四个子女就两份遗嘱产生争议，并向法院提起诉讼。

该案裁判过程为：一审法院认为，根据《遗嘱公证细则》第15条，在公证处已尽到引导义务并明确告知共同遗嘱订立要求的情况下，被继承人双方对遗嘱中约定的条件达成共识，不可单方撤回共同遗嘱。生存方重新订立公证遗嘱的行为违背了诚实信用原则，有可能损害到已去世方的权益。因此冯某新订立的

---

〔1〕 参见林挚：《统一夫妻共同遗嘱裁判尺度的方法研究——以法教义学与社科法学的互动为分析视角》，载《法律适用》2023年第5期。

〔2〕 参见孙骥韬：《论后位继承之法理构造及制度功能》，载《中国政法大学学报》2019年第6期。

〔3〕 参见云南省昆明市中级人民法院民事判决书，(2020)云01民终4922号。

公证遗嘱无效，诉争房屋应按原共同遗嘱的约定，由秦某1、秦某2、秦某3三人共同继承；秦某1不服提起上诉。二审法院认为，一审法院的判决剥夺了遗嘱人的遗嘱自由。被继承人冯某新订立的公证遗嘱系自愿所为，且该行为仅对诉争房屋中其自身享有的份额进行处分，不涉及另一方的财产，是公民自由处分财产的体现，合法有效。被继承人冯某新订立的公证遗嘱能够撤回原共同遗嘱中对案涉房屋的处分。

共同指定型遗嘱的行为目的在于共同将财产交由第三人，一旦在世一方作出将个人部分交由第三人之外的其他人继承，实则违背夫妻共同遗嘱订立初衷，打破了共同法律行为的根基。因此，在尊重在世一方的处分权的同时，需以保障原定继承人最终获得财产所有权为底线，以实现最终受益人的期待权益和在世一方对财产居住、使用的平衡。如此一来，共同指定型遗嘱可以划分为三个裁判规则：第一，夫妻一方去世，该方的遗嘱部分生效；另一方去世，后去世方遗嘱生效。第二，后去世方可以变更和撤销自己的遗嘱部分，但变更和撤销需以确保财产所有权仍属于原共同指定的继承人所有为前提。同时，不能变更和撤销先去世方部分。第三，在世方对共同财产的处分权限为“处分权限 = 自己财产的有限处分权 + 先去世方财产的处分权”。[1]

（三）夫妻共同遗嘱的生效时间

1. 学理观点

共同遗嘱的特殊性在于将两个独立的死因处分行为相联系，使其发生不同于单独遗嘱的法律效力，所以导致在夫妻共同遗嘱生效时间的认识上存在差异。

对于夫妻共同遗嘱的生效时间，有两种观点，第一种观点是全部生效说，全部生效说又可以分为两种形式，第一种形式是夫妻双方只要一方的死因行为发生，即共同遗嘱生效。第二种形式是以最后一位共同遗嘱人的死亡时间为准，

---

〔1〕 参见林挚：《统一夫妻共同遗嘱裁判尺度的方法研究——以法教义学与社科法学的互动为分析视角》，载《法律适用》2023年第5期。

最后一方的死因行为发生,则共同遗嘱生效。[1] 换句话说,就是最后一位共同遗嘱人死亡时,遗嘱才生效。第二种观点是部分生效说,其认为夫妻共同所立遗嘱,只要共同遗嘱人一方死因行为发生,则共同遗嘱对应的部分发生效力。

2. 实务观点

实务中,从共同遗嘱的不同类型上看,也可以不同类型区别分析,不同类型的共同遗嘱生效时间并不相同,可以按照三种情况进行分析。

在相互指定型遗嘱中,遗嘱在其一共同遗嘱人逝世时即发生效力,生存方的遗嘱内容就因为对方遗嘱的生效而归于无效。相互指定型遗嘱一方去世即生效,理论和实践中均无异议,但柏林式遗嘱和共同指定型遗嘱作为附条件的遗嘱,条件成就始生效力,受法律行为的"条件"所控制。

在共同指定型遗嘱中,遗嘱应当在共同遗嘱人均逝世后,该遗嘱才发生效力。

在柏林式遗嘱中,有两个生效时间节点,第一个节点为共同遗嘱人之一去世时,相互继承的内容生效,生存方继承遗产;第二个节点为最后一位共同遗嘱人去世时,遗嘱全部生效,财产由指定的其他相关利益人继承[2]。

四、夫妻共同遗嘱的应用

(一)夫妻共同遗嘱频率高发化

通过以"夫妻"和"共同遗嘱"在中国裁判文书网进行全文检索可以发现,夫妻共同遗嘱频率高发化。首份文书亦即首宗案件出现于 2010 年,至 2014 年文书数量达到两位数且该年增长之势迅猛,是 2013 年文书数量的 6 倍有余,2015 年至 2017 年保持 70 份左右的数量,至 2018 年则出现第二个增势尖峰。

通过这些自夫妻共同遗嘱衍生出的纠纷数量的增长趋势,我们可以得知实务中对采用夫妻共同遗嘱来处理遗产继承问题的认可度越来越高,而这反过来

〔1〕 参见吴国平:《夫妻共同遗嘱的效力及其立法建议》,载《福建江夏学院学报》2011 年第 1 期。

〔2〕 参见麻昌华、曹诗权:《共同遗嘱的认定与建构》,载《法商研究(中南政法学院学报)》1999 年第 1 期。

又进一步预示着未来该类案件相关纠纷的发生频率的上升态势。频率的高发凸显出对该制度的法律依据的需求，无论是事前指引之有法可依，还是事后裁判之有法必依。[1]

（二）共同遗嘱有利于年老配偶抑或年幼子女

就夫妻设立共同遗嘱的目的而言，主要是为了保护相应家庭成员，即幼弱子女和年老配偶等的利益。为了保证己方死亡时健在配偶的生存及相关权利得到保障，不致因遗产的分配问题与后辈产生纠纷，老年夫妻可能会选择订立共同遗嘱，明确不论何方先死亡，其遗产的全部或部分份额归对方继承。相对而言，夫妻共同遗嘱对于非原生伴侣组合的老年夫妻意义更为重大，因重新组合的家庭中父母子女的关系往往并不若原生家庭一般亲密，这一问题对于子女们大多已经成年的老年夫妻的再组合更为明显，新旧家庭成员间的感情培养常常难上加难，因而更容易在老年夫妻一方去世后出现子女对另一方不予照顾或照顾不周的情形，此时夫妻双方亦可能选择夫妻共同遗嘱来预防和处理这一问题。

二孩政策施行之后，许多家庭选择在已有大龄甚至已经成年的孩子的基础上再为家庭增添新成员。如此一来，孩子之间的大幅年龄差便成为不得不关注的现象。为了保障夫妻二人因意外等原因离世后幼弱子女的利益，以使其健康顺利地成长，夫妻可能会选择订立共同遗嘱的方式，将幼弱子女指定为双方遗产共同的直接继承人或者终局继承人。此外，当今时代离婚率高涨，很多离婚又携子女组合为新的家庭，且新家庭会带来新生命，这类家庭的成员之间的和谐度并不确然，前述夫妻共同遗嘱在这种场合亦具有相应的意义，无论是对于从原来的婚姻家庭关系里携入的幼弱子女还是新出生的幼弱子女皆是如此。

（三）夫妻共同遗嘱运用的注意点

随着实务中夫妻共同遗嘱运用的增多，无论是当事人对夫妻共同遗嘱的采用还是司法者对夫妻共同遗嘱争议的裁判都愈加成熟。部分地方高级人民法

---

〔1〕 参见高清浅：《民法典视野下夫妻共同遗嘱的法律规制》，载《西安电子科技大学学报（社会科学版）》2020年第3期。

院还对夫妻共同遗嘱争议的裁判出台了一些文件[1]。

不可否认的是,在司法实践中,夫妻共同遗嘱符合法定形式时,多数会被认定有效,但是也存在意愿不能达成或无效的风险。当事人在采用夫妻共同遗嘱形式时,应当更加谨慎,根据不同的需要作出相应的条款设计。同时,根据具体情况明确其中的法律行为,例如在遗嘱中约定遗嘱的生效时间、变更与撤回等情形,尽量规避共同遗嘱中的法律盲点。实务中,共同遗嘱所涉对象绝大部分为不动产,因此在解释论上,“生存配偶享有居住权 + 后位继承人享有所有权”是《民法典》时代实现后位继承功能的可行路径。[2] 因民事法律对争议的处理优先遵循当事人的约定,仅在此法不具可行性之时,方寻求他种对当事人意思表示进行解释的方法。

例如某丧偶再婚女士,在不幸身染重疾之后,想写份遗嘱。其核心的诉求是两点:希望习惯在其公寓生活的丈夫,也能在此安享晚年;但同时想把公寓的所有权传承给前婚所生的同时也是唯一的女儿。这样的意愿安排在实践中比较常见,也谈不上复杂,但是从法律技术上看并不简单。在承认共同遗嘱制度的国家,一个简单的柏林式遗嘱就能解决。虽然司法审判实践中确实有判决承认过实质性的共同遗嘱继承,但我国《民法典》并未明确承认此遗嘱类型。因此为当事人起草一个“专业”的共同遗嘱,反而是极其不负责任的做法。实务中变通的做法可能是为丈夫设立一项终身居住权,设定居住权的解决路径不存在不确定性。在此项安排下,通过遗嘱 + 家庭协议能够在现行法律框架下技巧性地安排好。

---

〔1〕 参见北京市高级人民法院于 2018 年 6 月 11 日发布的《北京市高级人民法院关于审理继承纠纷案件若干疑难问题的解答》,其中第 19 条对“共同遗嘱能否认定有效?在世一方能否单方撤销、变更共同遗嘱?”进行了明确。

〔2〕 参见汪洋:《民法典时代共同遗嘱的理论构造》,载《法商研究》2020 年第 6 期。

第三节　遗赠扶养协议

一、内涵及概念的比较

(一)遗赠扶养协议的内涵

遗赠扶养协议是指遗赠人和扶养人之间订立的,扶养人承担遗赠人的生养死葬的义务,遗赠人将自己的财产于其死后转归扶养人所有的协议。遗赠扶养协议是不同于法定继承和遗嘱继承的第三种继承方式,它是一种独特的、新型的死后转移死者财产的方式,体现了遗赠人和扶养人的共同意志,是一种互助性的转移遗产方式,也是解决孤寡老人、残疾人抚养问题的较佳途径。

家庭养老、社会机构养老和社区居家养老是目前我国的三种基本养老模式。[1] 遗赠扶养协议其作为社会化养老的一种特殊方式,通过扩大扶养义务人的范围将养老功能从家庭转移到社会中,加强了社会化的养老保障。遗赠扶养协议制度设立之初是为解决农村五保户老人的养老保障问题。遗赠扶养协议作为我国实践中创设的法律制度,法律诉求的核心在于保障老年人权益。尊重年老者的意思自治是遗赠扶养协议签订的前提,年老者有自由选择扶养人,要求生活保障水准的自由。意思自治是民事法律制度中的基础价值理念,遗赠扶养协议为年老者提供了对自身养老保障的一种制度性选择。

我国 1985 年实施的《继承法》首次在第 31 条将遗赠扶养协议制度规定在内,肯定了其在继承编中的特殊地位,2021 年实施的《民法典》第 1158 条又对其予以进一步修正。虽然随着社会的发展以及我国立法技术的提高,该制度在不断地完善,但其基本的概念没有发生改变,仍是指自然人与继承人之外的个人或者组织签订的,由该组织或个人负责该自然人的生养死葬义务,在该自然人死亡后即可获得其遗赠财产的协议。协议中承担生养死葬义务的人称为扶养

---

〔1〕 参见吴国平:《失独老年人养老困境及其法律保障路径研究》,载《老龄科学研究》2016 年第 4 期。

人或者受遗赠人,受扶养并且死后将其财产遗赠给扶养人的人称为被扶养人或者遗赠人。

(二)遗赠扶养协议的法律特征

对遗赠扶养协议的定性主要分为三种:继承说、合同说和双重性质说。

遗赠扶养协议的法律特征有以下几个方面:

1. 遗赠扶养协议的优先效力

继承编对遗产的处理主要有三种形式:法定继承、遗赠以及遗嘱继承。根据《民法典》第1123条,[1]遗赠扶养协议的效力优于其他继承形式,其目的是保证扶养人的利益。

2. 遗赠扶养协议为双方法律行为

遗赠扶养协议为双方法律行为,须双方的意思表示一致才能成立。

3. 遗赠扶养协议为扶养义务在先赠与义务在后的诺成行为

它是扶养义务在先赠与义务在后的诺成行为。自双方意思表示达成一致时起即发生效力。遗赠扶养协议自当事人签订之日生效,并且扶养人必先对遗赠人履行完生养死葬的约定义务,才能取得遗赠人遗赠的个人财产。

4. 遗赠扶养协议为双务有偿法律行为

不同于遗赠和法定继承等无偿获得被扶养人财产,遗赠扶养协议的扶养人因扶养而获得了被抚养人的遗赠。即被扶养人享有生养死葬的权利而负有给付约定遗产的义务。虽然扶养人生养死葬的花费和被扶养人遗赠的财产在价值上可能并不相等,但是双方协商后权利义务是对等的。遗赠扶养协议的财产分配功能也是源自协议内容的有偿性。

5. 遗赠扶养协议中履行扶养义务的期限具有不确定性

由于遗赠扶养协议中扶养人对遗赠人履行生养死葬义务,而生死无常,所以协议的执行期限是不确定的,这种不确定性也决定了该协议中的权利和义务会不对等。

---

[1] 参见《民法典》第1123条 继承开始后,按照法定继承办理;有遗嘱的,按照遗嘱继承或者遗赠办理;有遗赠扶养协议的,按照协议办理。

（三）遗赠扶养协议与意定监护

意定监护制度和遗赠扶养协议制度在目的和实现价值上有相通之处，都是为了保障年老者的生活而设立的。意定监护作为一种监护制度，与遗赠扶养协议在立法目的、形式和主体等方面存在差异。

第一，意定监护主要是赋予了当事人代理无民事行为能力或限制民事行为能力人进行民事法律行为的权利，以此维护被监护人的利益；遗赠扶养协议则是主要通过生养死葬的赡养义务来保障被扶养人年老后的生活，扶养人不具备代理被扶养人进行民事法律行为的权利。甚至在被扶养人生前，扶养人仅负有赡养的责任而无处分财产的权利。

第二，从立法目的来看，意定监护仅是一种监护制度，在赋予监护人监护权的基础上并不涉及对财产的处分。即使监护人通过意定监护获得了监护权，也无权在监护人身故后获得遗产，只能为了被监护人的利益处分财产；遗赠扶养协议则是被扶养人对财产的一种预期性处分，以此为对价取得扶养人生养死葬等方面的照料。意定监护是为了补充和延展被监护人的民事行为能力，保障被监护人在丧失民事行为能力后依然可以与第三人进行民事法律行为，但是并不涉及对被监护人的生活照料和精神抚慰等义务；遗赠扶养协议是专门针对被扶养人年老后生活品质保障的制度。

第三，从签订主体来看，《民法典》规定了遗赠扶养协议只能和继承人以外的个人或组织签订，而意定监护可以和任意自然人签订，不受继承人身份的限制，可与法定继承人就具体监护事项进行意定。

第四，从形式要件来看，意定监护需要采取书面的形式订立。虽然实践中大多遗赠扶养协议双方都选择了书面的形式保障协议履行，甚至在有的案例中双方通过录像、录音的形式加以辅助保障协议真实性，但是法律对此没有强制规定。

第五，从生效时间来看，遗赠扶养协议的生效时间由双方约定，一般情况下双方签订时就会生效，扶养人开始承担扶养义务，同时扶养人只有在被扶养人死亡后才能取得请求获得财产的债权；意定监护因为是被监护人对未来的一种安排，因此一般情况下是被监护人丧失或部分丧失民事行为能力时生效。意定监护制度是一种尊重当事人意思自治为前提的监护制度,与国际监护改革潮流相适应,延展拓宽了自然人的民事行为能力,是一种相对先进的制度。但是意定监护作为新兴事物毕竟具有一定程度的不足,如是否有偿监护。我国创设的遗赠扶养协议制度结合了老年人的养老保障和遗嘱自由,可以与意定监护结合。通过此种方式,将扶养人与监护人身份结合起来,不仅能在财产分配上,给予监护人一定的财产补偿,更能保障被扶养人的利益,综合利用两种制度,是一种妥帖的选择。

(四)遗赠扶养协议与遗赠的区别

遗赠扶养协议与遗赠是两个不同的法律概念,既有相同之处也有不同之处。相同之处在于扶养人或受遗赠人须在被扶养人或被继承人死亡时才能取得其遗赠财产的所有权,但是二者又存在明显的不同,不同点在于:

1. 遗赠中,遗赠人通过遗嘱将个人财产遗赠给他人时,并不需要征得其同意,遗赠人在生前可单方取消该遗赠。遗赠扶养协议经双方当事人达成一致,扶养人对被扶养人负有生养死葬的义务,享有接受被扶养人遗赠财产的权利;被扶养人享有接受扶养的权利,负有将其遗产遗赠给扶养人的义务。

2. 遗赠扶养协议是有偿法律行为;遗赠是无偿法律行为。

3. 遗赠扶养协议中的扶养人必须是完全民事行为能力人或集体组织,且不能对扶养人具有法定扶养义务,而遗赠中的受遗赠人则没有限制。

遗赠扶养协议,是被扶养人与扶养人签订的、由扶养人承担遗赠人生养死葬的义务,遗赠人将自己的合法财产的一部分或全部于其死后转移给扶养人所有的协议。遗赠抚养协议有两种:一种是公民与公民签订的遗赠扶养协议,另一种是公民与集体经济组织签订的遗赠扶养协议。

遗赠扶养协议自签订时生效,如撤销、变更遗赠扶养协议必须经当事人双方协商一致。遗赠扶养协议不仅有遗赠财产的内容,而且还包括扶养的内容。

总体来说,遗赠扶养协议的法律效力高于法定继承和遗嘱继承。“继承开始后,按照法定继承办理;有遗嘱的,按照遗嘱继承或者遗赠办理;有遗赠扶养协议的,按照协议办理。”在遗产继承中如果各种继承方式并存,应首先执行遗赠扶养协议,其次是遗嘱和遗赠,最后才是法定继承。原因很简单,因为遗赠扶养协议双方之间互相享有权利并负有义务。此外,遗赠扶养协议签订后,被扶养人与其子女、扶养人与其父母之间的权利义务关系并不因此而解除。同时,被扶养人的子女对其遗赠以外的财产也仍享有继承权。扶养人在与被扶养人订立遗赠扶养协议的情况下,由于不发生收养的法律效力,因而对自己的父母仍然有赡养扶助的义务,享有互相继承遗产的权利。

遗赠扶养协议期间,扶养人无正当理由不履行协议规定的义务,导致协议解除的,不能享受遗赠的权利,其已支付的扶养费用,一般也不予补偿。但是,被扶养人无正当理由不履行协议,致使协议解除的,则应适当偿还扶养人已支付的扶养费用。

二、遗赠扶养协议的主要规定

(一)遗赠扶养协议的形式

实践生活中遗赠扶养协议的形式多样,其中不乏采用口头形式,这容易因证据问题产生协议履行及遗赠财产的权利争议。遗嘱的形式法律有明确的规定,有自书遗嘱、代书遗嘱、打印遗嘱、录音录像遗嘱、公证遗嘱,甚至紧急情况下的口头遗嘱。我国法律并未对签订遗赠扶养协议的形式有相关规定,但是作为一种特殊合同,应该符合《民法典》第 143 条的规定,即签订协议双方具有相应的民事行为能力;意思表示真实;不违反法律、行政法规的强制性规定,不违背公序良俗。在司法实践中应该将遗赠扶养协议与遗嘱区别对待,遗赠扶养协议中受遗赠人需要先对遗赠人履行生养死葬的扶养义务,然后才能获得遗赠扶养协议中约定的遗赠人的个人财产。义务的加重,应相应减轻形式上的要求,不需要和遗嘱一样严格,形式要件只需符合《民法典》第 143 条即可。

尽管法律并没有规定口头的遗赠扶养协议无效,但建议当事人通过书面形式订立遗赠扶养协议。这是因为双方达成遗赠扶养协议的履行期限往往较长,且扶养人在受扶养人死亡后才能取得遗产,如果没有书面协议,受扶养人死亡后,将无法确认双方是否存在真实的遗赠扶养关系。

协议内容应完整,权利义务应明确清晰,同时,双方可以对违约责任、协议的解除条件、争议解决方式等均进行明确的约定。当事人在订立遗赠扶养协议前可以咨询律师等法律专业人士，根据自身情况，拟定适合自己且具备可操作性的遗赠扶养协议。避免出现协议内容不严谨或者权利义务不清晰的情况。

（二）遗赠扶养协议的效力

《民法典》第1123条规定："继承开始后，按照法定继承办理；有遗嘱的，按照遗嘱继承或者遗赠办理；有遗赠扶养协议的，按照协议办理。"《最高人民法院关于适用〈中华人民共和国民法典〉继承编的解释（一）》第3条规定："被继承人生前与他人订有遗赠扶养协议，同时又立有遗嘱的，继承开始后，如果遗赠扶养协议与遗嘱没有抵触，遗产分别按协议和遗嘱处理；如果有抵触，按协议处理，与协议抵触的遗嘱全部或者部分无效。"由此可以看出，在存在有效的遗赠扶养协议的情况下，遗赠扶养协议的效力是高于遗嘱继承或者遗赠的。

遗赠扶养协议并非必须办理公证，但经过公证的遗赠扶养协议的效力在发生纠纷时往往更容易取得法庭的认可，而公证员也可以在当事人订立协议的过程中对协议的真实性、合法性、可操作性进行必要的把关。与此同时，公证文书会在公证处存档，可以较为有效地避免协议丢失的风险。此外，当事人也可以在街道、基层组织的见证下订立遗赠扶养协议，若此后发生争议，可寻求相关单位的证明。

（三）遗赠扶养协议的解除

1. 法定解除权。法律关于遗赠扶养协议制度的解除规则仅规定了一条，即《最高人民法院关于适用〈中华人民共和国民法典〉继承编的解释（一）》第40条[1]，该条规定了解除事由以及解除后果。从规范层面上看，"无正当理由不履行"这一解除理由，其并不能概括遗赠扶养协议中可能出现的所有解除事由。司法实践中，遗赠扶养协议的解除事由可以归纳为三种：扶养人未履行扶养义

---

〔1〕 参见《最高人民法院关于适用〈中华人民共和国民法典〉继承编的解释（一）》第40条　继承人以外的组织或者个人与自然人签订遗赠扶养协议后，无正当理由不履行，导致协议解除的，不能享有受遗赠的权利，其支付的供养费用一般不予补偿；遗赠人无正当理由不履行，导致协议解除的，则应当偿还继承人以外的组织或者个人已支付的供养费用。

务、被扶养人无故拒绝扶养、在协议期间擅自处分待遗赠的财物。[1]《民法典》第 464 条第 2 款[2]规定了遗赠扶养协议这种具有人身性质的协议在规定不明确时可以参照合同编适用，因此在扶养人未按照约定履行义务的情况下，可以参照适用《民法典》第 577 条[3]中规定的承担继续履行、采取补救措施或者赔偿损失等违约责任。在当事人双方对协议的履行产生争议时，可根据《民法典》第 563 条[4]项下的条款解除协议。

2. 任意解除权。除了协议双方均同意解除遗赠扶养协议，或者遗赠人有证据证明扶养人未履行扶养义务而被判决解除遗赠扶养协议外，对于一方没有违约的情况下，另一方可否要求解除遗赠扶养协议，即是否享有任意解除权，司法实践中争议颇大。对此，有两种观点：

第一种观点认为有任意解除权。因扶养关系属于身份关系的一种具有极强的人身属性的关系，而遗赠扶养协议的立法目的，是保护被扶养人的权益而非强调协议的契约性、公平性，因此当遗赠人从内心上不认同扶养人的扶养，或抚养人消极的心理以致排斥继续扶养，应该赋予双方当事人均应有任意解除权。

第二种观点认为没有任意解除权。因双方签订的遗赠扶养协议是其真实意思的表示，没有违反法律规定，签名后即具有法律约束力，任何一方非依法律

---

〔1〕 参见魏琦宗：《我国遗赠扶养协议研究》，江南大学 2021 年硕士学位论文，第 31 页。

〔2〕 参见《民法典》第 464 条　合同是民事主体之间设立、变更、终止民事法律关系的协议。

婚姻、收养、监护等有关身份关系的协议，适用有关该身份关系的法律规定；没有规定的，可以根据其性质参照适用本编规定。

〔3〕 参见《民法典》第 577 条　当事人一方不履行合同义务或者履行合同义务不符合约定的，应当承担继续履行、采取补救措施或者赔偿损失等违约责任。

〔4〕 参见《民法典》第 563 条　有下列情形之一的，当事人可以解除合同：

（一）因不可抗力致使不能实现合同目的；

（二）在履行期限届满前，当事人一方明确表示或者以自己的行为表明不履行主要债务；

（三）当事人一方迟延履行主要债务，经催告后在合理期限内仍未履行；

（四）当事人一方迟延履行债务或者有其他违约行为致使不能实现合同目的；

（五）法律规定的其他情形。

以持续履行的债务为内容的不定期合同，当事人可以随时解除合同，但是应当在合理期限之前通知对方。

规定或者取得对方同意,不得擅自变更或者解除。同时,还由于遗赠扶养协议属于继承法律规范,属于财产关系协议,当事人并不具有任意解除权。

司法实践中,仅认可《民法典》中有明确规定的合同主体可依据相关法律规定行使任意解除权,如定作合同。任意解除权是指不需要以对方违约为前提就可主张解约的解除权。遗赠抚养协议纠纷中,涉及主体一般是遗赠人和抚养人,特殊情况下,还会有第三人牵扯其中。比如,有些第三人为了得到遗赠人的财产,故意挑拨遗赠人与扶养人的关系,或者未履行赡养义务的法定继承人挑唆遗赠人解除遗赠扶养协议。而随着年龄的增大,老年人的是非判断能力逐渐下降,遗赠人与扶养人解除遗赠扶养协议后能否得到更好的照顾根本无法确定。基于此考虑,不应随意扩大任意解除权的适用范围,在没有法律明确规定的情形下,任何一方不得随意解除遗赠扶养协议。若赋予协议双方任意解除权,将会导致人们认为法律对协议方尤其是扶养人背信弃义的违约行为(条文中的"无正当理由"不履行扶养义务)不作否定性的评价,这不仅有违立法初衷,更是违背了诚实信用的基本原则。

三、遗赠扶养协议的内容

(一)遗赠扶养人的范围

《民法典》继承编第 1158 条规定,"自然人可以与继承人以外的组织或者个人签订遗赠扶养协议。按照协议,该组织或者个人承担该自然人生养死葬的义务,享有受遗赠的权利",在《继承法》的基础上扩大了扶养人的范围,明确自然人可以与继承人以外的组织或者个人签订遗赠扶养协议,将集体所有制组织拓展为组织,该组织或者个人承担该自然人生养死葬的义务,享有受遗赠的权利。

《民法典》继承编中关于签订遗赠扶养协议组织的范围,不仅限于与集体所有制组织签订,也可与继承人以外的组织或者个人签订。那么以后,我们的养老机构作为社会组织而存在,无论其开办性质是公立还是私立,都将有资格和老人签订遗赠扶养协议,使得通过多方渠道解决老年人扶养问题有了更切实的法律保障。可以预见,社会化的家庭养老或将成为未来养老产业的新航标。

(二)遗赠扶养的内容

遗赠扶养协议是有偿的、双务的。其中扶养人和被扶养人均享有相应的权利,并应当履行相应的义务。

1. 扶养人的权利和义务

扶养人在被扶养人生前扶养被扶养人,在被扶养人死后安葬被扶养人。扶养人的权利主要包括:

(1)在被扶养人死后按照协议内容取得规定的遗产。

(2)在遗赠扶养协议依法成立后,被扶养人无正当理由不履行协议,致使协议解除的,有权请求被扶养人偿还已支付的供养费用。

2. 被扶养人的权利和义务

根据遗赠扶养协议,被扶养人承担在其死后将遗产赠给扶养人的义务。被扶养人的主要权利包括:

(1)享有按照协议接受扶养的权利。扶养的标准由协议约定,不得擅自改变。

(2)扶养人无正当理由不履行、致协议解除的,有权不补偿扶养人已支付的供养费用,拒绝扶养人受遗赠的要求。

3. "生养死葬"的理解

法律对于扶养人义务的规定是"生养死葬"。如何"养"没有明确规定,在认定扶养人有无全面履行"生养"义务的标准上难以量化。从客观上说,随着经济和精神文明的发展,老年人需要的不仅是经济上的供养还有精神上的慰藉,所以如果不细化"养"的标准,将不利于保障遗赠人的利益。扶养义务包括法定的、承担生养死葬事项的义务,也包括协议约定的义务。协议约定的义务为明确列举的,较为容易确定。而生养死葬义务的范围如何确定?老人的生活涉及方方面面,有较多个性化要求,要求双方在遗赠扶养协议中将所有涉及生养死葬问题列清明细并不具有现实操作性,导致这个问题在实践中会发生争议。一方面,可以以生活常识作为判断标准,判断争议事项是否属于满足当地老人日常的衣食住行等照顾照料、就医看护、符合当地老人丧葬习俗等;另一方面,兼顾考虑遗赠扶养人的扶养能力、被继承人的日常生活水平、身体状况等个性化需求,结合遗赠扶养协议中约定的义务,进行综合评价。通过制定具体细则或是发布遗赠扶养协议范本的方式,指导当事人细化遗赠扶养协议中扶养人的义务,以便判断扶养人有无违约。

4. 受遗赠人“不得为之”的事项

遗赠扶养协议是自然人与继承人以外的组织或者个人签订的协议,遗赠扶养双方通常没有亲密的血缘关系,容易发生矛盾且更不容易修复关系;且被扶养一方是老人,老人的身体条件、生理特点决定了容易处于弱势地位,对自身合法权益保护能力较弱,失能老人尤甚。遗赠扶养协议让受遗赠人深度并全面地参与到被继承人年老的生活之中,一起生活的便利也给受遗赠人可能侵犯被继承人的合法权益提供了机会。因此,对于受遗赠人是否忠实履行扶养义务,还应从保护老人合法权益的角度出发,列明受遗赠人不能为之的负面行为。可以包括:一是存在对被继承人虐待伤害之行为,包括精神虐待、肉体伤害、懈怠送医等;二是存在影响被继承人安定晚年生活之行为,包括居住环境的人为改变、人为恶化,长期阻止被继承人被合理友好探视等;三是存在侵害被继承人财产的行为,遗赠扶养人并不是被继承人的监护人,其无权直接占有、使用甚至管理被继承人的财产。

(三)扶养人合法权益的保障

遗赠扶养协议是特殊的合同。普通的合同出现效力瑕疵,我们可以通过撤销、赔偿、补偿等手段加以救济。但是遗赠扶养协议中遗赠人的遗赠义务后于受遗赠人的扶养义务,是生前行为和死后行为的结合。遗赠扶养协议的效力瑕疵往往在受遗赠人履行完扶养义务以后才会发现,此时已经没有有效的司法救济手段。这种效力瑕疵主要是无权处分,在无权处分情况下受遗赠人在履行扶养义务后,会遇到法定继承人主张分割遗产的窘境,通常情况下都是继承人不履行法定赡养义务才导致遗赠扶养协议的产生,在道德层面可以谴责法定继承人,但在法律层面无权处分行为自始无效,无权处分的财产最终会转入法定继承。

扶养人合法权益的保障在遗赠人死亡以后无法得到充分保障,可以在遗赠人生前从制度上来对扶养人的合法权益进行保障。例如遗赠人可以通过给扶养人设立居住权的方式,使扶养人对自己所有的房屋享有占有、使用的权利。另外也可以通过预告登记、遗赠扶养协议的公证等制度的共同作用,促进对扶养人权益的保障。

第四节　遗嘱信托

一、信托与遗嘱信托的概述

(一)信托的发展历程

信托是一种深具社会功能的独特的法律构造,人们可以利用遗嘱或契约,在民事、商事或公益领域基于各种合法目的设立信托。在不少国家,信托制度成为社会治理的工具,在慈善事业、养老事业、弱势群体保护、社会基金管理、不良资产盘活等众多领域起到其他制度无可替代的作用。信托是个人自由意志的表达;在国家法律许可的范围内,应尽可能使委托人创设信托之合法意愿得以落实。

1. 信托的起源

在12世纪的英国,宗教徒习惯死后把自己的土地捐献给教会,而根据英国当时的法律,教会的土地是免税收的,因此随着教会土地的不断增加,国家的税收逐渐减少,直接导致了对国王及封建贵族利益的侵犯。国王和贵族就颁布了法令,规定未经许可把土地赠送给教会的,这个土地就会被没收。于是这个时候,非营利性的第三方就出现了。宗教徒在遗嘱中把土地赠与第三方机构,但同时规定教会拥有土地的实际使用权和收益权。这样教会虽然没有直接掌握土地财产权,但能与直接受赠土地一样受益。这就是英国USE制(尤斯制)的由来,现代意义的信托业也是以英国的USE制为原型逐步发展起来的。

2. 国外信托的发展

(1)英国信托业的发展。信托在英国的发展主要可以分为三个阶段:

第一个阶段是USE制在1893年得到了英国法律的认可,非营利性质的个人信托受到了正规管理,同时英国的信托制度开始走出国门,被各国学习借鉴。

第二个阶段是由个人承办信托业务发展到由专业的机构承办信托业务,从非营利性到营利性的一个过渡,在这一阶段有一大批专业的信托公司成立,同时英国政府也出台了一系列法规完善信托市场体系。

第三个阶段是目前英国信托业的情况,主要侧重于个人资产的管理,保值增值。

(2)美国信托业的发展。美国信托业发展同样也分为三个阶段:

第一个阶段,信托公司创立初期是与保险业结合在一起进行销售的,1822年成立的"纽约农业火灾保险放款公司"是美国信托业的鼻祖。信托与保险是如何结合售卖的呢?举个例子,比如委托人投保后,可以将保单所具有的一切权益转移给受益人,即受益人为保单的所有者。

第二个阶段,1853 年开始,专业信托机构陆续成立,他们的业务比保险业兼营的方式更加扩大和深化。

第三个阶段,19 世纪末期,信托公司开始涉足银行业,银行也开始兼营信托业务。随着各州的政策逐渐放开,银行兼营信托合法化,这使得银行兼营模式有了快速的发展,最终体量达到了美国信托业总量的 80%。银行通过信托可以买卖证券,还可以在公司中参股,这些都是银行自身原本无法涉足的领域。目前,美国也是信托制度十分丰富、信托机构发展数量庞大的国家。

(3)日本信托业的发展。信托在日本的发展主要可以分为四个阶段:

第一阶段是起步阶段。日本在 19 世纪末引入美国信托机制,信托业务只是发挥融资功能。

第二阶段,日本颁布了《信托法》,实现了法制化管理信托业务。

第三阶段,随着一项项法规的出台,监管的细化,实现了银行业务与信托业务的分离,也叫分业经营。

第四阶段,20 世纪 50 年代开始,各种适应潮流的新型信托业务在日本本土出现,比如年金信托、特定赠与信托等。同时信托公司还会兼营一些其他业务,比如遗嘱执行业务、证券过户代理等,因此也叫混业经营。

3. 我国信托业的发展

我国"信托"二字最早出现在上海,20 世纪初,一些了解西方文化、鼓吹我国经济进步的人士建议学习西方，改造传统信用制度，建立近代金融制度。1919年聚兴城银行上海分行成立信托部，这是我国历史上的第一个信托部，可以说是我国现代信托业的发端。1949年11月1日我国成立了自己的信托机构——中国人民银行上海市分行信托部，其业务包括房地产、运输、仓库、保管及其他代理业务。

从信托起源和发展来看，信托功能与商品经济发展水平和市场制度的完善有着密切关系。1979年10月，改革开放后的我国第一家信托机构——中国国际信托投资公司宣告成立，直属国务院领导，可以办理国际信托投资和金融业务。它的成立标志着我国开始恢复信托制度，是我国改革开放的产物，是在特定时期我国金融改革与制度创新的产物。1984年，我国信托业发展又出现了一次高潮。但是，信托业务的内容和方式并未体现现代信托业的特征，基本上还在行使银行功能，是银行存贷款业务的重复。而且，其资金多用于投资固定资产领域，这在一定程度上助长了固定资产规模的膨胀。1988年，中共中央、国务院发布清理整顿信托公司的文件。同年10月，人民银行开始对信托业进行整顿。次年，国务院针对各种信托投资公司发展快、管理较乱的情况，进行了进一步清理整顿。至1992年，我国信托业一直处于发展的低潮阶段。总体来看，当时的信托投资公司面临资本规模小、运营风险高、资产质量差、主业不明确、经营不规范等问题。因此，管理层先后于1982年、1984年、1986年和1989年对信托业进行了四次清理整顿。随着信托业的不断创新，财产信托也成为信托投资公司的“新宠”。

我国信托业从1979年开始至今经历了计划经济、计划与市场混合经济和市场经济三个发展阶段。因此，我国信托业的发展基本上也就可以理解为三大阶段，即恢复与扩张阶段（1979～1992年）、整顿阶段（1993～2001年）和规范阶段（2002年至今）。《信托公司管理办法》《信托公司集合资金信托计划管理办法》于2007年3月1日起正式施行，对信托公司的经营范围和业务定位作出了新的规定。信托公司根据新规要求进行实业投资清理、存续业务的整改，以申请进行重新登记或执行过渡期政策。截至2008年2月，正常经营的54家信托公司中已有34家获准换发新的金融许可证。

在新规施行后,2010 年,全国范围内共有 55 家信托公司正常经营,共成立了 2337 只集合信托产品,总规模达到 2579 亿元。随后几年信托业迎来了爆发式的增长。行业规模从 2011 年的 3000 多亿元,在短短的 5 年时间,突破到 2016 年的 16 万亿元,其数量也增加到现在的 68 家。随着政府对信托牌照的限制,国内信托公司的数量目前稳定在了 68 家。[1]

随着 2016 年 9 月 1 日《慈善法》的正式施行,各大信托公司纷纷设立慈善信托,信托公司业务出现了新的道路。

1979 年,中国国际信托投资公司成立,标志着中国信托业正式起步,随后中国人民银行下发了《关于积极开办信托业务的通知》鼓励信托行业的发展。

1982 年,信托机构数量达到了 620 家,行业内鱼龙混杂,于是从 1982 年开始银监会对信托行业陆续开展了五次大型的整顿转型。

2001 年《信托法》正式开始实施,这标志着我国信托业正式进入法制化管理,我国信托业目前只有 68 家持牌机构。

总结一下中国信托业发展可分为三个阶段:

第一阶段,探索期经历五次大型整顿调整,摸索出适合本土的信托发展模式;

第二阶段,规范期出台《信托法》等一系列法规,从而规范化地管理信托业;

第三阶段,2007 年后施行"新两规",促进行业的健康发展。

(二)遗嘱信托的界定

遗嘱信托,就其字义而言便可知其涉及遗嘱与信托两大领域,相较其他信托,其最大的特征在于其信托的设立形式,即委托人采取遗嘱(书面)的形式设立信托。信托制度是一种基于信任关系而对他人的托付,在遗嘱人死亡后受托人按照遗嘱人指定的受益人受益或特定的目的管理和处分财产,实现遗嘱人生前的意愿,是一种财产管理制度安排。遗嘱信托当事人包括三方,遗嘱人(委托人)、受托人、受益人。由于遗嘱信托以遗嘱形式设立,在信托法律关系中的委

---

[1] 参见唐婧:《一文读懂信托的前世今生:高门槛高薪水高保障》,载新浪财经网,http://finance.sina.com.cn/trust/xthydt/2019-03-04/doc-ihsxncvf9665221.shtml。

托人即为遗嘱人。遗嘱信托包含三要素,或者称为"三确定性原则",即意图、信托财产和受益人的确定性。信托法律关系的成立,三方当事人和三要素是核心内容。

遗嘱信托规定在《民法典》,表明遗嘱信托以遗嘱为基础,从属于遗嘱,但又不能等同于遗嘱。遗嘱信托虽然也通过设立遗嘱的方式创设法律关系,但是仍有本质区别。首先,遗嘱生效后,原继承关系主体将仅剩继承人,而遗嘱信托生效后存在至少受托人和受益人两方。其次,遗嘱继承不是持续性的行为,随着被继承人死后财产转移给继承人而结束,但遗嘱信托受托人可以在一定期限内操作信托财产。最后,《民法典》明确规定遗嘱继承人需要在继承范围内承担偿还债务的义务,而法律上并未规定受益人有相应的义务。[1]

信托关系形成的另一种形式是以委托人的单独行为设立信托,即采取立遗嘱的形式。遗嘱信托是相对生前信托而言的,它不需要在立遗嘱时必须得到被指定的受托人同意。有效的遗嘱是遗嘱信托成立的前提。被指定人是否承诺信托,并不影响遗嘱的效力。遗嘱虽然指定了受托人,但被指定人并不受到遗嘱指定的强制,被指定人是否愿意承诺信托,可以自由选择。当被指定人明确表示承诺该委托时,以遗嘱形式设定的信托才成立。由于遗嘱在立遗嘱人死亡时才发生效力,因此,依该遗嘱设立的信托视为同时生效。

二、我国遗嘱信托的立法现状及问题

(一)遗嘱信托立法现状

我国遗嘱信托的立法模式是并存的模式,对于遗嘱信托的规定主要集中在《民法典》和《信托法》。我国《民法典》第 1133 条第 4 款[2]新增了遗嘱信托规

---

[1] 参见李睿力:《〈信托法〉遗嘱信托专章规定立法探讨》,四川师范大学 2022 年硕士学位论文。

[2] 参见《民法典》第 1133 条 自然人可以依照本法规定立遗嘱处分个人财产,并可以指定遗嘱执行人。

自然人可以立遗嘱将个人财产指定由法定继承人中的一人或者数人继承。

自然人可以立遗嘱将个人财产赠与国家、集体或者法定继承人以外的组织、个人。

自然人可以依法设立遗嘱信托。

定，赋予自然人设立遗嘱信托的权利。除此之外，法典中再无关于遗嘱信托的规定。单看名词结构不难发现，该项制度是遗嘱 + 信托相结合的产物，其本身的适用法规横跨《民法典》合同编、继承编及《信托法》，且涉及额外的信托架构搭建，相对于国人所熟知的“立遗嘱”方式会更为复杂。这是对现实需求以及《信托法》遗嘱信托规定的反映和回应。2001 年实施的《信托法》中第 8 条规定“设立信托的书面形式包括遗嘱”，第 13 条规定“设立遗嘱信托，应当遵守继承法关于遗嘱的规定”。2007 年实施的《信托公司管理办法》、2009 年实施的《信托公司集合资金信托计划管理办法》以及 2010 年实施的《信托公司净资本管理办法》三个规章着眼于信托公司行为的规范，与遗嘱信托的直接关系不大，对于遗嘱信托的适用参考意义有限。

《信托法》是《民法典》的特别法，原则上应适用《信托法》的规定。《信托法》又将遗嘱信托的形式与实质要求交予了《民法典》继承编调整，但是从《信托法》第 13 条无法准确判断此条规定究竟是指遗嘱信托仅需遵循《民法典》关于遗嘱的规定还是应同时符合《民法典》和《信托法》的要求。再者《民法典》中关于遗嘱的规定又与《信托法》中信托设立的一般规则相冲突，遗嘱信托在大部分内容以一般合同信托为样本的《信托法》上存在异质性。

为便于说明，下面将以表格形式对上述概念进行简要对比，见表 6－1：

表 6－1　遗嘱信托、遗嘱、信托比对

区别	遗嘱	信托	遗嘱信托
基本定义	遗嘱人（被继承人）生前在法律允许的范围内，按照法律规定的方式对其遗产或其他方面所做的个人处理，并于死亡时发生效力的法律行为	委托人基于对受托人的信任，将其财产权委托给受托人，由受托人按委托人的意愿以自己的名义，为受益人的利益或者特定目的，进行管理或者处分的行为	委托人（遗嘱人）生前所立遗嘱，作出设立信托的意思表示，并实际将其名下遗产作为信托财产委托给受托人并由其在委托人死后进行管理、处分，并使受益人因此受益
涉及主体	被继承人、继承人	委托人、受托人、受益人、监督与保护人	

续表

区别	遗嘱	信托	遗嘱信托
成立形式	自书、代书、打印、录音录像、公证、口头形式(仅危急情况)	书面形式,需签订信托合同	书面形式,需订立有效遗嘱
生效条件	遗嘱人死亡时	信托合同生效且委托人已将其名下财产转移给受托人管理(根据相关法规要求办理登记)	1. 委托人死亡且遗嘱形式和内容均符合规定; 2. 受托人为有民事行为能力的组织或个人并且委托人已将名下合法的确定的财产转移给受托人管理(根据相关法规之要求办理登记)
管理方式	1. 继承开始后,遗嘱执行人为遗产管理人;无遗嘱执行人的,继承人应当及时推选遗产管理人;继承人未推选的,由继承人共同担任遗产管理人。 2. 对遗产管理人的确定有争议的,利害关系人可以向法院申请指定遗产管理人。 3. 继承开始后,知道被继承人死亡的继承人应及时通知其他继承人和遗嘱执行人	1. 实务中,受托人通常为持有信托业务资质的专业信托公司; 2. 信托成立后,受托人将按照与委托人签订的信托协议履行相应的管理责任(如定期向受益人分配相关收益)	1. 受托人不一定为信托公司,可选择信赖的亲属、朋友管理相关财产,具体管理方式以遗嘱文本体现出的意思表示为准; 2. 在信托设立之前,需要解决前置问题,即所涉及遗嘱是否有效,如遗嘱无效,则遗嘱信托无法成就

《信托法》第 8 条[1]和第 13 条[2]涉及遗嘱信托的形式和要求,我国遗嘱

〔1〕 参见《信托法》第 8 条　设立信托,应当采用书面形式。

书面形式包括信托合同、遗嘱或者法律、行政法规规定的其他书面文件等。

采取信托合同形式设立信托的,信托合同签订时,信托即成立。采取其他书面形式设立信托的,受托人承诺信托时信托成立。

〔2〕 参见《信托法》第 13 条　设立遗嘱信托,应当遵守继承法关于遗嘱的规定。遗嘱指定的人拒绝或者无能力担任受托人的,由受益人另行选任受托人;受益人为无民事行为能力人或者限制民事行为能力人的,依法由其监护人代行选任。遗嘱对选任受托人另有规定的,从其规定。

信托必须采用书面形式，且必须遵守继承法律关于遗嘱的相关规定。但是《信托法》与当前的社会需求存在脱节，对于遗嘱信托财产的归属表述不清，对于遗嘱信托受托人的选任规则比较笼统，这都使得司法实践中遗嘱信托问题缺乏明确的法律依据。

遗嘱信托是遗嘱这种单方法律行为与信托这种双方法律行为在《民法典》精神下的结合。我国遗嘱信托在《民法典》颁布之前采用的是《信托法》立法模式，目前则为《信托法》与继承编交叉立法模式，在《民法典》背景下的遗嘱信托具有其特殊性，既有民事信托的属性，也包含遗嘱的特征。在法律适用中，为遗嘱信托增加了可援引的法律条文，司法审判中不应沿用商事审判的思路，而应立足于《民法典》的精神进行审理。

同时，我们注意到，无论是《民法典》还是《信托法》，针对遗嘱信托的相关内容还相对较少，在设立、财产权属、受托人责任等方面仍存在缺陷。针对遗嘱信托这一特殊的"信托"或是特殊的"遗嘱"，没有更为具体的条款予以明确，反而出现了真空地带，在此情形下，域外立法中的经验值得我们学习借鉴。对立遗嘱人意愿的充分尊重，需要综合考虑遗嘱这种单方法律行为与信托这种双方法律行为在《民法典》精神下的结合。显然，《信托法》的立法模式是很难完全满足这一需求的。

（二）遗嘱信托存在的问题

《民法典》第 1133 条在"遗嘱继承与遗赠"一章中规定了遗嘱信托制度，经济和社会领域，对遗嘱信托都有非常急迫和重要的需求，例如老年人为残障子女寻找的托孤方案等，诸如此类的有综合需求的群体还有很多，除了信托，在市场上难以找到匹配的产品和服务。长期以来，中国信托业发展偏重投资理财，服务信托未能壮大，民事信托、公益信托发展缓慢。[1] 究其根源，尚未形成成熟的《信托法》法律规范体系，部分法条之间存在适用上的不协调，落地的配套制度不完善。涉及遗嘱信托这一特殊类型信托时，《信托法》仅有两条特别规

---

〔1〕 参见潘玉蓉：《民事、商事、公益信托发展均受阻　信托法修法呼声高涨》，载《证券时报》2023 年 7 月 14 日，第 A03 版。

定。现有规则的冲突和欠缺导致实务中遗嘱信托的设立和执行存在较大障碍，委托人财富传承的愿望难以实现。

1. 遗嘱信托相关规定不够明确

《信托法》与《民法典》中遗嘱信托规则在设立、成立、生效等方面存在不协调的问题。遗嘱信托的生效要件应遵循遗嘱即委托人(遗嘱人)死亡，此类以死亡为生效要件的行为被称为死因行为。遗嘱信托因为委托人的死亡，故无法对受托人和受益人的行为进行监督或者解除信托。再者，委托人死亡后利害关系人即受托人和受益人、受益人和受益人之间易生争端，《信托法》对此没有设置相关的规定以保证遗嘱信托委托人的信托目的和真实意思表示在其死亡后也能得到有益的贯彻和落实。

《信托法》是英美法系的产物，作为舶来品引入中国后，其财产权"双重所有权制度"与我国民法中"一物一权"的所有权概念存在一定的冲突。对于如何解决这个冲突，当时各界存在一定的分歧。为了调和分歧，以便让《信托法》顺利通过，淡化了"受托人所有权"的法律规定，对此进行了模糊处理。

在《信托法》前两次的审议草案中，均明确规定委托人需要将信托财产权利转移给受托人，但因为担心与民法所有权概念相冲突，在最后审议稿中将"转移给"改成了"委托给"这样非专业的表述。与《信托法》的其他条文相佐证，虽然"委托给"仍然是"转移给"，但是造成了认识与理解上的混乱，给后面的信托实践和司法实践带来一定困惑。

2. 落地的配套制度不完善

配套制度不足也是阻碍信托业发展的一个因素，其中表现在登记制度和信托税制的缺失。

(1)信托标的物的登记。《信托法》第10条[1]规定，用于设立信托的财产，如有关法律法规规定应当办理登记手续的，要依法办理信托登记。但是，对于谁来登记、登记内容、程序如何，并无配套细则。信托登记制度是信托关系确立

---

〔1〕参见《信托法》第10条　设立信托，对于信托财产，有关法律、行政法规规定应当办理登记手续的，应当依法办理信托登记。未依照前款规定办理信托登记的，应当补办登记手续；不补办的，该信托不产生效力。

的基础。信托登记的意义在于,通过一定的方式对有关财产已设立信托的事实向社会予以公布,从而使信托财产具有独立性。

以不动产为例,就不动产设立信托的,应依法办理物权转移登记,将不动产的所有权转移到受托人名下。这个过程的难点在于,不动产登记机构需在其现有系统中增设“信托”类型的标记,并准予登记。类似需要法定登记后才能成为信托财产的,包括动产、不动产、股权、知识产权等财产,涉及不同的登记机构。

由于法律没有明确规定信托财产所有权要转移给受托人,这就导致了信托在登记时,登记部门因无法找到实体法依据而难以办理。

登记制度的功能之一是确权,而在《信托法》中,委托人将财产委托给受托人后,到底谁才是信托财产的真正拥有者,业界存在一定分歧,“委托人所有权”之说、“受托人所有权”之说、“受益人所有权”之说都相应存在。

(2)信托税制安排的缺失。当前,财产信托通常以交易过户的方式设立,在过户时面临双重征税的困境。在信托的设立阶段、管理阶段和终止阶段都会涉及税收问题。在设立阶段,主要待解决的是双重纳税的问题,需要明确非交易过户是否应该缴税;在管理阶段,应明确受托人管理持有信托财产,会产生哪些税,哪些税是该缴的,哪些税是可以递延缴纳的,谁是扣缴义务人等问题;在分配阶段,在信托利益分配给受益人的时候,需明确受益人的纳税地位。例如根据《慈善法》,慈善信托需要备案才能享受税收优惠,但备案需要先过户,过户则涉及登记部门对非交易过户的认定等问题。另外,信托财产的种类广泛,除了现金外,还可能是不动产、股权、知识产权等形态,因为登记和税收障碍被拦在遗嘱等信托门外。

三、遗嘱信托的内容

(一)遗嘱信托的设立

采取合同形式设立信托的,自信托合同签订之日信托成立;采取其他书面方式设立的,如遗嘱信托,从受托人承诺时起信托成立。遗嘱信托成立只要满足书面形式,受托人表示承诺信托时,信托成立。在自书遗嘱情况下,遗嘱人自行书写遗嘱是没有其他人在场的,也没有其他人在遗嘱上作为见证人签名;代书遗嘱情况下,代书人和见证人会在遗嘱上签名,但如果代书人和见证人均不是受托人,遗嘱信托尚不能成立;打印遗嘱也存在类似情况,没有受托人签署承诺,将不能使遗嘱信托成立。在笔者经历的遗嘱信托事务中,通过为当事人设计签署《信托合同》来解决遗嘱成立的问题。其遗嘱的内容包含信托的内容,遗嘱信托内容与《信托合同》相辅相成,遗嘱内容包含了受托人情况、受益人情况、遗嘱目的、信托财产等,《信托合同》不但包含上述内容,更为重要的是包含信托财产的管理、信托利益的分配原则、信托终止、信托当事人的权利义务等重要内容。

但是《信托法》第 13 条第 2 款规定:"遗嘱指定的人拒绝或者无能力担任受托人的,由受益人另行选任受托人;受益人为无民事行为能力或限制民事行为能力人的,依法由其监护人代行选任。遗嘱对选任人另有规定的,从其规定。"这表明遗嘱信托不因受托人欠缺而影响其成立。信托财产在遗嘱人死亡后转移给受托人。根据《民法典》继承编的相关规定,遗嘱人死亡后应当由遗产管理人行使分配遗产的权利,如果遗嘱信托在设立时并未指定遗产执行人,将在继承人中进行推选,如果不能推选的,由继承人共同担任遗产管理人。如对遗产管理人的确定有争议的,由人民法院指定遗产管理人。因此,遗嘱信托在设立时十分有必要确定遗产执行人。否则,一旦因继承人之间发生纠纷难以确定遗产管理人,将使信托财产不能及时转移至受托人名下,失去对信托财产的直接管理,使遗嘱人的信托目的难以实现。

《信托法》第 10 条规定:"设立信托,对于信托财产,有关法律、行政法规规定应当办理登记手续的,应当依法办理信托登记。未依照前款规定办理登记的,应当补办登记手续;不补办的,该信托不产生效力。"可以看出,法律对于信托生效制度采取的是模糊处理策略,将信托生效的规则转至其他法律的规定,以此来为将来留足处理空间,但是我国其他法律尚未对信托登记作出明确规定。从该条文义分析,有三个明确:一是明确了信托登记生效效力。我国《信托法》采取的是登记生效主义,主要是为了保护受益人和第三人的权益。不动产或者需要登记的动产作为信托财产设立信托,受托人名义上是该财产的所有人,但实际上遵从于信托文件的要求,为了受益人的利益而管理处分信托财产,只有进行登记公示才能为第三人所知晓,保护受益人和第三人利益。二是明确了动产不属于登记范围。《民法典》第 224 条规定:“动产物权的设立和转让,自交付时发生效力,但是法律另有规定的除外。”不需要登记的动产不以登记为公示原则,而以交付为公示原则,从信托财产交付至受托人之时信托设立完成。三是明确了不经登记信托不生效,但可以依法补办。“依照前款规定办理登记的,应当补办登记手续,不补办的,该信托不产生效力。”反推可知,可补办信托登记手续。另外,还有三个不明确:一是船舶、航空器和机动车等的物权设立、变更、转让和消灭,未经登记,不得对抗第三人,即特殊动产登记对抗效力。“应当办理登记手续”中的“登记手续”是仅针对不动产登记生效的要求,还是也包含特殊动产登记对抗须信托登记?特殊动产财产的受托人只要交付无须登记即可取得财产物权,可以实际管理和处分,只是不经登记不能对抗第三人。如果该类信托动产必须经过登记才能产生信托效力,无疑给信托当事人增加实现信托目的的障碍,限制了行使遗嘱自由的权利。但是此问题无法从字面意思得到明确答案。二是信托登记是统一机构登记还是分散至各类财产登记机构登记尚不明确。信托登记的初衷是实现信托目的,保护受益人和第三人利益。从受益人角度设计,统一信托登记更能有效保护受益人。信托设立后,受益人依照信托文件、信托目的及信托法律规定对受托人享有权利,将其统一登记在一个机构更有利于受益人或者监督人行使其对受托人所享有的权利,分散登记将增加监督和行使权利的困难。从保护第三人的角度设计,对于善意第三人与受托人发生的交易行为,如规定不动产交易在不动产登记机构进行信托登记,能使第三人充分了解该财产的性质、充分考虑其交易成本和风险,有利于第三人交易过程中知悉信托财产的情况。分散登记和统一登记各有其优势与缺点,完善登记制度将对信托制度发展起到关键作用。三是信托登记程序不明确。我国尚未制定相应的配套法律法规,现主要依照《信托登记管理办法》进行管理。

(二)遗嘱信托的变更

遗嘱信托的变更包括对受托人和受益人的变更,以及对遗嘱中信托目的和内容的变更。《民法典》第 1142 条第 1 款规定:“遗嘱人可以撤回、变更自己所立的遗嘱。"《信托法》第13条第1款规定:"设立遗嘱信托,应当遵守继承法关于遗嘱的规定。"遗嘱信托在设立后可以变更,《信托法》第51条规定:"设立信托后,有下列情形之一的,委托人可以变更受益人或者处分受益人的信托受益权:(一)受益人对委托人有重大侵权行为;(二)受益人对其他共同受益人有重大侵权行为;(三)经受益人同意;(四)信托文件规定的其他情形。有前款第(一)项、第(三)项、第(四)项所列情形之一的,委托人可以解除信托。"同时,根据《信托法》第46条至第47条的规定,受益人受益权还可以依法转让或者继承,但信托文件有限制的除外。信托合同一经成立生效一般情况下不能变更,如果出现设立信托时未能预见的特别事由,或者受托人违反信托目的或管理职责,或者受托人违反信托目的处分信托财产存在重大过失等情形,委托人享有调整信托方案、解任受托人的权利,受益人同样享有以上权利。但是遗嘱信托设立是以遗嘱方式进行,遗嘱生效之前信托尚未设立完成,因此委托人可以不受《信托法》关于委托人变更信托合同的限制对遗嘱信托的内容进行变更,只是需要符合法律关于遗嘱变更的相关规定。

(三)遗嘱信托的终止

为确保信托目的实现,《信托法》确立了"信托连续性"原则。信托成立后,信托不会因受托人的缺位而终止。《信托法》第52条规定:"信托不因委托人或者受托人的死亡、丧失民事行为能力、依法解散、被依法撤销或者被宣告破产而终止,也不因受托人的辞任而终止。但本法或者信托文件另有规定的除外。"同时《信托法》第39条第2款规定:"受托人职责终止时,其继承人或者遗产管理人、监护人、清算人应当妥善保管信托财产,协助新受托人接管信托事务。"信托制度的最大优势就是其灵活性,信托作为一项长期的财产管理制度,类似于法人制度。《信托法》第53条规定了信托终止的情形。遗嘱信托由于是单方设立的信托,信托文件规定的终止事由发生条件被触发时应当终止;信托的存续违反信托目的经权利人申请可以终止或者由法院裁定终止;受益人自行解除依具体情形而定,由于遗嘱人生前希望其意愿能得以长久实现,一般情况下会在遗嘱信托中规定或限制受益人或其继承人不得解除信托,受益人应当服从信托文件的规定,受益人或继承人均不得违背信托文件的规定解除信托。《信托法》第

12 条规定了信托被委托人的债权人撤销的情形："委托人设立信托损害其债权人利益的，债权人有权申请人民法院撤销该信托。人民法院依照前款规定撤销信托的，不影响善意受益人已经取得的信托利益。本条第一款规定的申请权，自债权人知道或者应当知道撤销原因之日起一年内不行使，归于消灭。"遗嘱人设立遗嘱信托损害其债权人利益的，债权人有权申请人民法院解除信托，据此，遗嘱人的债权人在法定期限内提出申请，人民法院依法撤销的，已经依法成立的信托法律关系消灭，信托终止。

第五节　继承相关的案例

案例一　转继承纠纷

1. 案情简介

赵甲 2021 年 1 月 12 日去世，妻子为李某，唯一的儿子赵李常年在国外生活，赵甲死后留有房产一套，房产为赵甲婚前取得，遗产尚未处理。赵甲的母亲(以下简称赵母)又因年老体弱于 2021 年 9 月 8 日去世，父亲已于 1995 年死亡，赵甲父母均为原配夫妻，一生共生育三个子女，赵甲、赵乙、赵丙。2021 年 11 月赵甲的妻子李某向笔者所在的公证处咨询申办上述房产的继承公证事宜，并提交了包括经使馆认证的赵李的《放弃遗产继承权声明公证书》等有关材料。适用新实施的《民法典》继承编的相关规定，因赵母作为赵甲的第一顺序法定继承人，在其死亡后、遗产分割前死亡，发生转继承，赵母应当继承的遗产转给其继承人。经过审查赵母的父母均于 20 世纪 70 年代死亡，那么此公证的当事人有赵李、李某、赵乙、赵丙共四人，赵乙、赵丙在现场均表示不参与继承此房产，能否据此出具房产由李某一人继承的法定继承公证书？[1]

---

〔1〕 参见冯义华：《转继承人全部放弃继承问题探讨——以一则继承公证为例》，载《法制博览》2022 年第 24 期。

2. 争议梳理

第一种观点认为，法律没有对转继承人放弃继承的法律后果以及放弃继承后遗产的处置作出明确的规定，民事法律行为以充分尊重当事人的意思自治为前提。遗产分配的目的是实现财富传承，使遗产发挥其应有的效用且《民法典》关于转继承的规定出现在第四章遗产的处理章节，《民法典》第 1132 条规定："继承人应当本着互谅互让、和睦团结的精神，协商处理继承问题。遗产分割的时间、办法和份额，由继承人协商确定；协商不成的，可以由人民调解委员会调解或者向人民法院提起诉讼。"而公证机构只能依据当事人的申请办理没有争议的继承公证案件，在公证实践中，当事人在申办公证时往往已经商量好了遗产的最终划分和归属，公证员需要做的是向当事人释明法律并帮助他们设计出相应的公证方案以实现他们的目的。相对于公证结论的推理过程，当事人更加注重的是公证结论本身。既然本公证案的转继承人都表达了放弃继承的意思，当事人协商一致对遗产的处理并无异议，无论是从便民利民还是从防范执业风险角度，出具李某一人继承公证书并无不妥。

第二种观点认为，仔细分析上述案例中的继承关系可知，转继承的遗产实际上处于无人继承状态，李某继承的并不是上述遗产的全部，公证处不能出具李某一人继承公证书。上述案例中从 2021 年 1 月 12 日赵甲死亡事实发生，继承开始，赵甲的现存继承人有李某、赵李、赵母三人，又因赵甲与李某无婚内财产约定，应当认定为其个人财产，则房子的全部都是赵甲的遗产。按照法定继承三继承人每人分得份额为上述遗产的 1/3。2021 年 9 月 8 日赵母去世，1/3 的份额再转由其继承人继承，赵母的现存继承人有赵乙、赵丙、赵李（代位继承人），如果赵乙、赵丙、赵李全部放弃继承，那就会出现房子的 1/3 暂时无人继承，对于转继承部分遗产采取模糊处理，出具遗产由李某一人继承的公证推理结论的过程显然是不严谨、不妥当的。所以，公证处出具遗产由李某一人继承的公证书显然是不合适的。

3. 案例评析

上述两种观点对于公证处能否据此出具房产由李某一人继承的法定继承公证书持有截然相反的结论，两种观点的争议焦点实质指向了转继承人放弃继承的法律后果，要厘清这个问题不得不讨论转继承的性质。

（1）在《民法典》实施以前，实践中关于转继承的问题适用的是《最高人民法院关于贯彻执行〈中华人民共和国继承法〉若干问题的意见》（已失效，以下简称《继承法意见》）的相关规定。《继承法意见》第52条规定："继承开始后，继承人没有表示放弃继承，并于遗产分割前死亡的，其继承遗产的权利转移给他的合法继承人。"但现行《民法典》与《继承法意见》相比，转继承的规定发生了重要变化，即将原规定"其继承遗产的权利转移给他的合法继承人"修改为"该继承人应当继承的遗产转给其继承人"。《民法典》将转继承的"权利"表述为"遗产"，并且将关于转继承的规定置于《民法典》继承编第四章遗产的处理部分，进一步明确了转继承是一种遗产处理方式，并非一项新的权利，转继承关系的客体是被继承人应取得的遗产份额。

（2）《民法典》第1121条规定："继承从被继承人死亡时开始"，《民法典》第230条规定："因继承取得物权的，自继承开始时发生效力"，《民法典》第1124条规定："继承开始后，继承人放弃继承的，应当在遗产处理前，以书面形式作出放弃继承的表示，没有表示的，视为接受继承。"基于以上法条，继承人在继承开始后实际接受遗产前死亡，继承人没有表示放弃继承的，即视为接受继承，并且其取得物权的时间为被继承人死亡之时，因而在继承开始后，继承人应视为其已行使了继承权利，从而成为遗产的所有人之一。虽然在遗产分割之前，继承人死亡，尚未实际接收遗产，但其仍然是遗产的共有人。遗产分割以前，共同继承人对遗产所有权表现为对遗产的共有关系，因为它还处于共有关系中，遗产所有权权能受到一定限制，继承人不享有单独处理遗产的权利，甚至会造成其没有取得所有权的假象，但并不妨碍继承开始后遗产分割前继承人取得遗产所有权的结论。否则，如果我们不承认继承开始后遗产分割前继承人对遗产享有所有权，公民一旦死亡，其作为民事法律关系的主体资格丧失，对其遗产也不再拥有所有权。那么，这段时间内遗产所有权，将处于"真空"状态。不言而喻，被转继承人也取得了被继承人遗产的现实的所有权。从这一方面分析也更加明确印证了转继承的是财产份额，而不是继承权。

（3）基于上述分析可知，转继承实质是前后相接连续发生的两次继承，只不过前一次继承遗产还未分割,后一次继承就开始了。第一次继承是,被转继承人继承被继承人遗产,但是由于被转继承人在遗产分割以前死亡,故其尚未实际接受遗产;第二次继承是,被转继承人死亡,他的遗产由他的合法继承人继承。转继承将两次继承事实融为一体,由第二次继承的继承人直接承受第一次继承的继承人(被转继承人)未实际接受而实际上属于他个人遗产的财产。转继承人只能对被转继承人的遗产享有继承权,而不是对被继承人的遗产有继承权,转继承人实际上享有的是分割遗产的权利,而不是对被继承人遗产的继承权。既然是连续发生的两次继承,就应当具有相对独立性,相应的如果转继承人放弃继承的标的也应该是继承人应当继承的份额,这样转继承人放弃继承就不能产生与第一次继承中继承人放弃继承一样的法律后果,也就是上述案例中转继承人赵乙、赵丙、赵李全部放弃继承不会使 1/3 的所有权份额自然归到第一次继承中,进而由继承人李某继承房屋的全部。虽然法律没有明确规定但是通过法律逻辑即可得出相应的结论。综合以上分析,第二种观点更有说服力。

案例二 李某与韩某 3 等继承纠纷[1]

1. 案情简介

韩某(男)有两个儿子和两个孙子,两个儿子分别为韩 1、韩 2,一个孙子是韩 1 的儿子,为韩某 3,另一个孙子是李某为韩 2 的儿子,其中韩 2 已去世多年。2016 年 11 月 29 日韩某在某中立第三方机构遗嘱库订立登记遗嘱,将名下的房屋指定由韩某 3 继承,并将该遗嘱交由该遗嘱库保管。

2018 年 6 月韩某去世。2019 年 1 月 29 日韩某 3 向遗嘱库申请查询涉案遗嘱,并在同年 3 月 8 日提取该遗嘱原件时,在领取通知上签名表示同意接受遗赠。现李某主张韩某 3 已于韩某生前知晓遗嘱内容,从而推定韩某 3 早已知晓遗嘱内容,并认为韩某 3 未在知道遗赠后的两个月内表示接受遗赠,故已丧失继承权。后李某诉至法院,要求依法继承韩某名下的房屋。

---

[1] 参见北京市第二中级人民法院民事判决书,(2020)京 02 民终 428 号。

2. 争议梳理

本案争议焦点是，韩某3接受遗赠的时间及方式是否符合法律规定。即如何认定韩某3知晓受遗赠事实的时间，以及韩某3向遗嘱库作出意思表示的行为是否符合法律规定。

3. 案例评析

（1）知晓受遗赠事实的时间

遗赠行为属于单方法律行为，仅凭遗赠人一方的意思表示便可成立，并于遗赠人死亡时当然地发生法律效力。受遗赠人基于遗赠人所立有效遗嘱，取得受遗赠权。

一般而言，遗赠对受遗赠人有益，但即使有益，也不能违背受遗赠人的意思而强制使其受益，受遗赠人有选择接受或放弃受遗赠的权利，这种处分权因涉及受遗赠人与继承人或其他利害关系人权利义务关系的确定而被赋予期限限制。《继承法》第25条第2款规定，受遗赠人应当在知道受遗赠后两个月内，作出接受或者放弃受遗赠的表示。到期没有表示的，视为放弃受遗赠。《民法典》第1124条亦有相同规定。如何认定受遗赠人“知道受遗赠”的时间？现实生活中，通常由于遗嘱人对遗嘱内容未予以保密或将遗嘱交由受遗赠人保管，使得受遗赠人提前知悉遗嘱内容，故实践中一般以继承开始时，即遗嘱人去世时点开始起算。基于遗嘱人去世、家人忙于后事的现实，很容易一不小心就超过了作出意思表示的期限。本案不同于一般情形，遗嘱人韩某系在中立第三方机构遗嘱库订立遗嘱并将遗嘱交由该机构保管，受遗赠人韩某3在遗嘱设立时并不在场、不知悉遗嘱内容；李某以韩某3之父韩1陪同韩某在某中立第三方机构遗嘱库设立遗嘱、知晓遗嘱内容，从而推断与其存在血亲关系、利益一致的韩某3已在查询遗嘱前知晓遗嘱内容，并无依据（韩1亦表示未将涉案遗嘱内容告知过韩某3），也不能依据该推断明确韩某3知悉遗嘱内容的具体时间，从而判断其作出接受遗赠意思表示是否已经超过法定期限。故本案应以2019年1月29日韩某3向遗嘱库查询遗嘱的时间，认定其“知道受遗赠”的时间为宜。即遗嘱保存在中立第三方机构，无证据表明受遗赠人知道遗嘱内容的情况下，接受遗赠期限应从受遗赠人知道遗嘱内容时起算。同时，受遗赠人向中立第三方机构作出接受遗赠的意思表示，不违反法律规定，应为有效。

（2）接受遗赠的方式

实践中，受遗赠人作出接受遗赠意思表示的方式一般认为有以下几种：

向法院提起诉讼、向公证机关提出办理继承公证的申请、向人民调解组织提出调解申请，以及向其他继承人或利害关系人提出。由于向法院提起诉讼或向公证机关、人民调解组织提出申请，均需要提交申请文件和相关证据，对于一些缺乏法律专业知识和经验的当事人而言，存在一定困难；而向其他继承人或利害关系人提出的方式，也可能因为相对人的反对，从而无法证明已提出接受遗赠的事实及具体时间。我国现行继承法律及相关法律规定，并未明确受遗赠人应以何种形式作出接受或放弃受遗赠的意思表示，以及向谁作出该意思表示。因此，在法律无限制规定的前提下，受遗赠人能够举证证明已向不特定第三人作出接受遗赠的意思表示，即为完成对受遗赠权的处分。本案中，受遗赠人向保管遗嘱的中立第三方机构遗嘱库作出接受遗赠的意思表示，并不违反法律规定，韩某3已在知道受遗赠后两个月内作出接受遗赠的意思表示，可以按照涉案遗嘱继承涉案房屋。

法院经审理认为：韩某所立遗嘱真实合法有效。韩某于2018年6月去世，韩某3于2019年1月29日对涉案遗嘱进行查询，于同年3月8日提取涉案遗嘱原件，并在提取时表示同意接受遗赠。现李某主张韩1已于韩某生前知晓遗嘱内容，从而推定韩某3早已知晓遗嘱内容，并认为韩某3未在知道遗赠后的两个月内表示接受遗赠，故已丧失继承权；但未有充分证据证明韩某3在2019年1月29日查阅涉案遗嘱前知晓受遗赠事实或知晓遗嘱内容。所以法院认为韩某3向保存遗嘱的相对中立的第三方作出接受遗赠的意思表示，并不违反法律规定。据此，法院认为韩某3已在知道受遗赠后两个月内，作出接受遗赠的意思表示，最终判决按照涉案遗嘱内容由韩某3继承涉案房屋。李某不服一审判决，提起上诉。二审判决驳回上诉，维持原判。

案例三 严某1、严某2继承纠纷〔1〕

1. 案情简介

被继承人严某锐与被继承人方某东系夫妻关系，二人婚后生育三个子女，分别为严某1、严某2、严某3。严某3育有一女即刘某。严某3于2011年3月16日死亡，严某锐于2012年12月8日死亡，方某东于2017年8月1日死亡。严某锐与方某东各自的父母均先于其本人死亡。柳州市中山东路52号某房屋登记在严某锐名下，登记时间为2005年9月27日。2011年4月7日，严某锐、方某东共同立写遗嘱一份，内载明："我们两个老人中如有一人先去世，则全部财产归另一个老人所有，儿女暂不继承。两个老人都去世后，位于罗池路43号6栋2单元3楼2号房子由严某2继承。"2012年12月28日，方某东立写遗嘱一份，内载明："我与严某锐共同拥有的……罗池路43号6栋2单元3楼2号房子一套，其中属于我的份额及我继承的份额，由我的女儿严某1继承。"严某2与严某1均称，罗池路43号6栋2单元3楼2号房屋即为中山东路52号6栋2单元3－2号房屋。

2. 争议梳理

本案在审理过程中，对于在严某锐去世后，方某东通过再立遗嘱而撤销先前共立的共同遗嘱的行为所导致的结果存在争议。一审法院认为，方某东撤销共立的共同遗嘱行为无效，因第二份遗嘱对第一份遗嘱的撤销行为无效，故在严某锐、方某东均死亡后，该房屋应按照严某锐和方某东在第一份遗嘱中的指定，由严某2继承。二审法院认为，共立遗嘱中涉及严某锐的财产归属已经生效，故方某东的撤销为对除严某锐的财产外的部分撤销。

3. 案例评析

共同遗嘱，即由两个或两个以上的立遗嘱人达成合意、共同订立的一份遗嘱，并且在该共同遗嘱中对各自或者共同的财产作出处分或者安排。共同遗嘱作为一种特殊的遗嘱表达形式，突破了传统意义上人们对于遗嘱只能由一个人

---

〔1〕 参见广西壮族自治区柳州市中级人民法院民事判决书，(2018)桂02民终4064号。

订立的认知。在实务中共同遗嘱的类型多种多样,但在总体上可以分为三大类型:(1)相互指定型共同遗嘱。如夫妻双方在共同遗嘱中约定,任何一方先去世的,另一方成为单独的继承人。(2)共同指定型共同遗嘱。如夫妻双方在共同遗嘱中约定指定儿子或女儿为双方的唯一继承人。(3)混合型共同遗嘱。即相互指定对方为继承人并在双方均去世后指定第三人为继承人。如夫妻双方在共同遗嘱中约定任何一方先去世的,财产由后去世一方继承,待夫妻双方均去世后由双方的女儿继承。这种模式在德国也被称为"柏林式遗嘱",也是我国在司法实践中比较常见的一种共同遗嘱类型。

(1)柏林式遗嘱是否可以约定共同遗嘱的变更与撤回

从本案的案情描述特征来看,夫妻二人共同订立遗嘱,对共有的财产作如下处分:①夫妇一方死亡后,先死亡者遗留下的房产份额由健在的老伴继承;②夫妇俩均死亡后,位于罗池路43号6栋2单元3楼2号房屋由严某2继承;从对财产的处置方式看,符合柏林式遗嘱的定义特征。按夫妻共同遗嘱的类型可以归为柏林式遗嘱,柏林式遗嘱是指夫妻在遗嘱中相互指定对方为继承人并约定后去世方将遗产留给第三人继承的共同遗嘱形式。

但是,较于柏林式遗嘱的一般特点,本案中的共同遗嘱有特别之处。在严某锐去世后,方某东是否可以通过再立遗嘱而撤销先前共立的共同遗嘱。也就是说,在一方去世后,仍在世一方是否有权变更或者撤回遗嘱的内容,理论和实践对此有不同看法。北京市高级人民法院颁布的《关于审理继承纠纷案件若干疑难问题的解答》(以下简称该《解答》)第19条在其规定中提道:"夫妻一方先死亡的,在世一方有权撤销、变更遗嘱中涉及其财产部分的内容;但该共同遗嘱中存在不可分割的共同意思表示,上述撤销、变更遗嘱行为违背该共同意思表示的除外。"对此,北京市高级人民法院参与起草的法官在针对该《解答》所撰写的权威解读中提道:"关于夫妻一方能否撤销自己在共同遗嘱中的意思表示,多数意见认为,应当区分遗嘱内容是否不可分割、相互具有牵连性而定……如果配偶一方死亡后,由于相应的遗嘱已实际执行,另一方撤回相互性的权利也随之消灭。主要理由是:共同遗嘱属于死因处分行为,遗嘱自由是继承法的一个基本原则,在共同遗嘱制度中,赋予夫妻双方在生存期间的同等的撤回遗嘱权利，贯彻了遗嘱自由的立法精神，而且符合夫妻双方可推知的真实意思表示。但是，当配偶一方去世后，同等撤回遗嘱的权利状况消灭，若再赋予生存配偶一方的撤回权，不仅有违夫妻双方关于遗产安排的真实意思表示，也不符合等价、公平的民法原则。”

在实践中，法院判定在一方去世后，仍在世一方是否有权变更、撤回遗嘱，主要的裁判规则是：①有约定，从约定。如果立遗嘱人在共同遗嘱中明确表示任何一方不得单方变更或者撤回共同遗嘱的，法院一般会尊重立遗嘱人的意思表示，从而否定后去世一方的变更或者撤回的行为。②在双方没有约定变更或者撤回条件的情况下，法院一般会基于遗嘱自由的原则，认可后去世一方可以变更或者撤销共同遗嘱中仅涉及自己财产部分的内容，但不能变更已去世一方财产部分的内容。[1] 应当说上述裁判规则是《民法典》总则编第 5 条[2]规定的意思自治原则在继承编中的体现。民事主体意思自治作为民法的一项重要的法律原则，在继承法律或遗嘱中就体现为遗嘱自由原则。以约定的形式，赋予了健在一方变更与撤销共同遗嘱的权利。

《民法典》继承编第 1133 条规定，自然人可以依照本法规定立遗嘱处分个人财产，并可以指定遗嘱执行人。自然人可以立遗嘱将个人财产指定由法定继承人中的一人或者数人继承。自然人可以立遗嘱将个人财产赠与国家、集体或者法定继承人以外的组织、个人。自然人可以依法设立遗嘱信托。进一步阐释了遗嘱自由的内涵。同时，遗嘱行为又是要式法律行为，具有法定的类型规定和严格的形式要求，《民法典》第 1134 条至第 1139 条具体规定了遗嘱的法定类型和形式要件，所以遗嘱的自由原则也要遵循法律规定。

对于柏林式遗嘱是否可以约定共同遗嘱的变更与撤回的问题，从本案中二审法院的裁判来看，是支持遗嘱自由原则的，即夫妻在共同遗嘱中是可以在遗

---

〔1〕 参见北京市第一中级人民法院民事判决书，(2015)一中民终字第 9281 号；北京市第二中级人民法院民事判决书，(2020)京 02 民再 146 号；广东省广州市越秀区人民法院民事判决书，(2016)粤 0104 民初 4749 号。

〔2〕 参见《民法典》第 5 条　民事主体从事民事活动，应当遵循自愿原则，按照自己的意思设立、变更、终止民事法律关系。

嘱中约定变更和撤回遗嘱的条件，明确各种情况下的程序要求。

(2)柏林式遗嘱中后位继承人的继承期待权

本案中，所立共同遗嘱中的柳州市中山东路52号某房屋的继承人为严某2，其后方某东再立遗嘱，是否影响后位继承人的继承期待权？所谓后位继承遗嘱，也可称为替代继承遗嘱、次位继承遗嘱，是指遗嘱人在遗嘱中预先设定，由某继承人所继承的遗产利益，因遗嘱中设定的期限到来或条件成就，而转移至另一继承人的遗产处分形式。[1] 其中先继承遗产者为前位继承人，后继承遗产者为后位继承人。据《2020年中华遗嘱库白皮书》公布内容，以老年人(60岁以上)的遗嘱登记数据为分析对象，该群体在财产分配上呈现五种方案，分别是："配偶先继承，子女后继承""子女直接继承""子女先继承，孙辈后继承""孙辈直接继承""其他分配方案"。其中"配偶先继承，子女后继承"分配方案即为典型的后位继承遗嘱，其在遗嘱中的占比已从2013年的23.12%攀升至2020年的35.26%，发展态势之迅猛已不容小觑。而"子女先继承，孙辈后继承"的分配方案则为典型的后位遗赠，2013年至2020年占比稳定在21.03%~25.20%，两者总体数量已经从2013年的46.66%攀升至2020年的57.2%。[2] 以此来看，后位继承在实践中具有很大的存在价值，但在合理性上尚待法律校正。

日常生活中存在很多的期待，如员工对年终奖金的期待，少年对生日礼物的期待等，但此种期待是主观心理上的希望，一般不具有法律意义。从现实来看，继承人对于遗产继承又可以泛化为"继承期待权"和"继承既得权"，继承既得权又称"主观意义上的现实性继承权"，继承人已经能够实际取得遗产的权利。这种继承权与继承人的主观意志相联系，继承人可以接受或放弃。继承既得权必须以继承期待权为前提，并由继承期待权转化而来。当被继承人已经死亡并留有遗产，继承人没有丧失继承权时，继承人就实现了其继承既得权。可见，拥有继承权并不能真正取得被继承人的遗产，只有在继承人有继承既得权

---

〔1〕 参见刘文：《继承法律制度研究》，中国政法大学出版社2016年版，第235页。

〔2〕 参见王荣辉：《我国后位继承遗嘱的性质与效力研究》，华东政法大学2022年硕士学位论文，第12页。

时,继承人才有可能实际得到被继承人的财产。所谓期待权,是指原本对未来完整权利取得的一种期望,因具有了取得权利的部分要件而受到法律保护,从而成为具有权利性质的法律地位。[1]

按照柏林式遗嘱的设定,后位继承人能够取得遗产所有权。在条件成熟或期限到来之前,后位继承人对前位继承人占有的遗产享有期待权;待条件成就或期限到来,后位继承人以遗嘱概括继承人身份当然取得遗产所有权。遗嘱人对其遗产做如此复杂之利益安排,是基于多方面的考虑,就可以推断的考量因素来说,有基于保障在世一方配偶的生活,也考虑到后代的生活,其中还要顾及家庭家族的和谐等。

(3)裁判结果

二审法院认为,继承开始后,按照法定继承办理;有遗嘱的,按照遗嘱继承或者遗赠办理。被继承人严某锐与被继承人方某东系夫妻关系,共同生育三个子女,分别为上诉人严某1,被上诉人严某2、严某3。严某3育有一女即被上诉人刘某。严某锐与方某东各自的父母均先于其本人死亡。2012年12月8日严某锐死亡,那么落款日期为2011年4月7日的遗嘱发生遗嘱继承的效力,由于柳州市中山东路52号某房屋为严某锐与方某东的夫妻共同财产,因此在继承开始时,首先将属于方某东财产份额的部分即该房屋的1/2划归方某东所有,剩下的1/2则按遗嘱的内容由方某东一人继承。2017年8月1日方某东死亡,方某东于2012年12月28日在遗嘱中指定其享有的房屋份额由上诉人严某1继承。虽然在方某东死亡时,方某东享有该房屋所有的财产份额,方某东在遗嘱中亦表示其份额由上诉人严某1继承,但是基于严某锐、方某东已经在落款日期为2011年4月7日的共同遗嘱中表明在双方均死亡后,该房屋的份额由被上诉人严某2一人继承,因此即使方某东有撤销或变更遗嘱的权利,该权利的行使亦只能以处分自己的财产为限,即方某东只能变更房屋份额中原属于其享有的一部分即1/2,严某锐享有的另一部分(1/2),方某东无权变更或撤销,否则将侵犯已死亡的共同立遗嘱人的遗嘱自由,违背其遗嘱意思表示。综上分

---

[1] 参见申卫星:《期待权基本理论研究》,中国人民大学出版社2006年版,第32页。

析，对于柳州市中山东路52号某房屋的上诉人严某1与被上诉人严某2各享有1/2的份额。一审认定该房屋由严某2一人继承不当，法院予以纠正。

案例四　高某某、孙某3与孙某2、陈某法定继承纠纷[1]

1. 案情简介

被继承人孙某孝与邹某娟于1974年3月登记结婚，1974年12月22日生育一女名孙某2，后更名邹某。孙某孝与邹某娟于1981年9月28日经新疆维吾尔自治区昌吉市人民法院调解离婚。孙某孝与陈某萍于1984年12月8日结婚，婚后陈某萍与其前夫所生之子陈某跟随陈某萍、孙某孝共同生活在上海市重庆北路×××号，1991年10月17日孙某孝与陈某萍协议离婚。后孙某孝与刘某芬结婚，婚后未生育子女，并于2000年11月16日协议离婚。2002年5月16日孙某孝与高某某登记结婚，婚后生育一女孙某3。孙某孝于2016年5月3日死亡，未留遗嘱。孙某孝父母均先于其死亡。

系争房屋于2000年办理房产登记，登记产权人为孙某孝。孙某孝于2016年5月3日死亡后，高某某、孙某3于2016年5月9日向上海市闸北公证处申请办理孙某孝的继承公证，后以(2016)沪闸证字第2171号公证书(2016年8月22日出具)确定系争房屋由高某某、孙某3共同继承。2016年8月23日高某某、孙某3申请变更系争房屋的产权登记，2016年9月5日系争房屋核准变更登记权利人为高某某、孙某3各享有1/2的产权份额。审理中，被继承人孙某孝的哥哥孙某忠到庭陈述原告是孙某孝与邹某娟所生女儿，孙某孝与陈某萍再婚后，孙某孝、陈某萍及陈某萍与前夫所生之子陈某共同生活在上海市重庆北路×××号，孙某孝与陈某萍离婚后，陈某萍与其儿子均迁走，陈某至孙某孝病故时，其间长达二十余年，双方再无来往。其中陈某于1998年出国至今仅回国三次，短时间停留。孙某孝与刘某芬再婚后，并未生育子女，也没有子女与其共同生活。

---

〔1〕 参见上海市第二中级人民法院民事判决书，(2017)沪02民终10068号。

被继承人孙某孝与陈某母亲陈某萍于1991年7月1日在民政局登记备案的《自愿离婚协议书》约定："一、子女抚养：女方同前夫所生男孩，陈某……仍由女方抚养直至工作，男方不承担其他费用……三、分居住宿安排：女方和子（陈某）仍迁回原户口所在地居住，男方住户口所在地。离婚后，男方住重庆北路×××号，户口落实重庆北路×××号。女方住周家嘴路×××弄×××号，户口落实周家嘴路×××弄×××号。"

2. 争议梳理

本案系由房产继承引发的纠纷，其中被继承人死亡后，其个人财产被现在的配偶高某某和他们共同的女儿孙某3继承。因被继承人孙某孝于2016年5月3日死亡时，未留遗嘱。故案件的争议焦点是按照《继承法》的规定，被继承人与陈某是否形成有扶养关系的继父继子关系。

3. 案例评析

（1）陈某是否是被继承人的继子女

继子女，是指夫与前妻或妻与前夫所生的子女。继父母，是指父母再婚后的夫和妻，也就是俗称的"后爸""后妈"。继父母子女关系是由于父或母再婚而形成的父母子女关系。我国现行婚姻法律确认的拟制血亲有两类：一是养父母与养子女以及养子女与养父母的其他近亲属；二是在事实上形成了扶养关系的继父母与继子女、继兄弟姐妹。对于继父母子女关系又存在三种情形：第一，父或母再婚时，继子女已经成年并已经独立生活，或者继子女与继父母虽然共同生活但未受其抚养教育，此时继父母与继子女之间形成的是姻亲关系，而非父母子女关系；第二，父或母再婚后，继父母对未成年或未独立生活的继子女尽了抚养教育义务，此时基于抚养教育行为，继父母与继子女之间形成了父母子女之间的权利义务关系；第三，继父或者继母经继子女的生父母同意，可以收养继子女，此时形成收养关系。通常情况下，继子女可以通过以下途径取得对继父母遗产的继承权。

①有事实上的扶养关系。扶养既包括继父母对未成年继子女的照顾抚养，对成年继子女的扶养，也包括继子女对继父母的赡养；既包括经济上的帮扶，也包括生活上的照顾。

但不论何种类型、何种方式的扶养，均应以被继承人生前客观需要为前提，在被继承人无扶养需求的情况下，寻常的关心、问候、关照不应被认定为扶养。同时，扶养关系应当是长期的、稳定的，能够为被扶养一方提供主要生活支撑。基于姻亲关系产生的人情交往、礼尚往来，不宜认定为形成扶养关系。

②形成有收养关系的养子女。《民法典》第 1111 条规定，自收养关系成立之日起，养父母与养子女间的权利义务关系，适用本法关于父母子女关系的规定；养子女与养父母的近亲属间的权利义务关系，适用本法关于子女与父母的近亲属关系的规定。并且，法定继承人的范围也规定，继承编所称子女，包括婚生子女、非婚生子女、养子女和有扶养关系的继子女。

③除了上述两种能够产生法定继承的情形外，继子女还可以通过继父母的遗嘱或者遗赠享有继承权。只要遗嘱和遗赠的内容不违反法律规定，不损害他人利益，符合法律规定的形式要件，指向的遗产权利清晰，处分方案明确，且经查明确是被继承人真实意思表示的，应按照遗嘱的指定适用遗嘱继承或遗赠。

根据《民法典》第 1127 条的规定，判断继父母子女之间是否享有继承权，以是否形成扶养关系为标准。继承法律上的扶养，是一定范围的亲属间相互供养和扶助的法定权利和义务，包括抚养、扶养、赡养，即长辈对晚辈的抚养、晚辈对长辈的赡养和平辈亲属间的扶养。继父母子女在事实上形成了扶养关系，由直系姻亲转化为拟制血亲，从而产生法律拟制的父母子女间的权利义务。确定是否形成扶养关系应以继承实际发生时为节点。

本案中，陈某两岁时，因生母陈某萍与被继承人孙某孝结婚，确实与孙某孝共同生活，形成事实上的继父子关系，孙某孝与陈某萍共同抚养教育过陈某，后陈某萍与孙某孝协议离婚。根据 1993 年 11 月 3 日《最高人民法院关于人民法院审理离婚案件处理子女抚养问题的若干具体意见》第 13 条的规定："生父与继母或生母与继父离婚后，对曾受其抚养教育的继子女，继父或继母不同意继续抚养的，仍应由生父母抚养。"从上述规定可推知，继父母与继子女是基于姻亲而发生的一种事实上的抚养关系，这种关系是法律拟制的，离婚后，在继父母不愿意继续抚养的情况下，应视为继父母子女关系的解除，他们之间父母子女的权利义务不复存在。本案中，陈某曾经由孙某孝抚养过，但是在其生母陈某萍与孙某孝离婚时,陈某九岁尚未成年,且孙某孝、陈某萍在离婚协议中明确约定陈某由陈某萍继续抚养,孙某孝不再承担抚养费用。在此情形下,应当认定孙某孝不再继续抚养是对原已形成的抚养事实的终止,孙某孝与陈某之间的继父子关系视为解除,而且,陈某与孙某孝的继父子关系解除之后至孙某孝病故时,其间长达二十余年,双方再无来往。陈某于 1998 年出国至今仅回国三次,短时间停留,其成年后也不存在赡养孙某孝的事实。故而,陈某与被继承人孙某孝之间虽存在过抚养事实,但因孙某孝与陈某生母陈某萍离婚后不再抚养陈某,以及陈某成年后未履行赡养义务,本案继承发生时,陈某与被继承人孙某孝之间继父子关系已解除,双方的权利义务不复存在,陈某不符合继承法律上规定的有扶养关系的继子女。

(2)继父母与继子女间的权利义务

生活语境中的继父母子女和法律语境下的继父母子女并非完全相同的概念,因此,同样是继子女,享有的权利也并不完全一致。

什么样的情形属于继父母对继子女尽了抚养义务呢?我国法律对此并没有明确规定,在实践中一般通过继父母与继子女之间的家庭关系进行判断,比如是否在生活上对继子女进行照料、教育、保护,物质上是否给付了抚养费。如果继父母对继子女在物质和生活上都尽到了抚养和教育义务,那么可以认定继父或继母与继子女形成了抚养教育关系。法院对这个问题的认定一般会根据具体案情进行具体分析,通常在以下三种情况下可以认定为抚养教育关系成立:①继子女与继父母长期生活在一起,继父或继母负担了继子女生活费和教育费的一部分或全部,继子女受继父或继母的抚养教育;②继子女与继父母虽然并未长期共同生活(如继子女在寄宿制学校或继父母常年外出打工),继父或继母负担了继子女生活费和教育费的一部分或全部,对继子女进行探望、关怀、教育的;③继子女的生活费和教育费虽主要由生父或生母负担,但与继父或继母长期共同生活,继父或继母对继子女进行了生活上的照料和教育。

继父母与继子女之间的权利义务包括哪些?形成抚养教育关系的继父母与继子女之间的权利义务与父母子女之间的权利义务相一致,包括:①继父母对继子女有抚养和教育的义务。继父母不仅要保证继子女的生活所需,而且要保证继子女能接受正常的教育。对于不履行抚养义务的继父母,未成年的继子女或不能独立生活的继子女,有要求给付抚养费的权利。②继子女对继父母有赡养、扶助和保护的义务。通常情况下,受继父母抚养成人并独立生活的继子女,应当承担赡养继父母的义务。继子女不履行赡养义务时,缺乏劳动能力的或生活困难的继父母,有要求成年继子女支付赡养费的权利。③继父母和继子女之间有相互继承财产的权利。《民法典》第1127条规定:“遗产按照下列顺序继承:(一)第一顺序:配偶、子女、父母;(二)第二顺序:兄弟姐妹、祖父母、外祖父母……本编所称子女,包括婚生子女、非婚生子女、养子女和有抚养关系的继子女。本编所称父母,包括生父母、养父母和有抚养关系的继父母……”④继父母有保护未成年继子女的权利和义务。在未成年继子女对他人造成损害时,继父母应当承担相应的民事责任。

对于继子女与继父母之间权利义务有以下几点需要注意:①生父与继母或生母与继父离婚时,继父或继母对曾受其抚养教育的继子女,不同意继续抚养的,仍应由生父母抚养。因为生父母与子女的权利义务关系是血缘基础上产生的法律关系,这决定了生父母对子女是第一位的亲权关系,而继父母与继子女是基于姻亲关系而发生的一种事实上的抚养关系,离婚时继父母不愿继续抚养继子女的,不能勉强,本着血缘关系第一位的原则,仍应由生父母承担抚养义务。②通常情况下,受继父母抚育成人并独立生活的继子女,应当承担赡养继父母的义务,双方的关系原则上不能自然终止,但是如果双方关系恶化,经当事人的请求,人民法院可以解除他们之间的权利义务关系。③《最高人民法院关于适用〈中华人民共和国民法典〉婚姻家庭编的解释(一)》第54条规定:“生父与继母离婚或者生母与继父离婚时,对曾受其抚养教育的继子女,继父或者继母不同意继续抚养的,仍应由生父或者生母抚养。”离婚时继父或继母不同意继续抚养的,可不再负担继子女的抚养费,如果离婚后继父母愿意负担继子女一部分或全部抚养费的,应当允许,此种给付行为不是法定义务,继父母可以随时终止给付。

(3)裁判结果

二审法院认为,遗产是公民死亡后遗留的个人合法财产,公民依法享有财产继承权。继承开始后,没有遗嘱的,按照法定继承办理。一审判决根据在案证据以及一审庭审中证人孙某1当庭作证的证人证言，认定邹某为被继承人孙某孝与前妻邹某娟所生之女，将其列为法定继承人，并无不妥，法院予以确认。本案中，系争房屋系原登记在被继承人孙某孝个人名下的产权房屋，被继承人孙某孝生前未立遗嘱，其遗产应按法定继承处理。邹某作为孙某孝与前妻邹某娟所生女儿，高某某作为孙某孝的配偶，孙某3作为孙某孝与高某某的婚生女儿，依法均应作为孙某孝的第一顺位法定继承人继承系争房屋产权。同时，鉴于高某某长期与孙某孝共同生活，对被继承人尽了主要的扶养义务，故在分配遗产时，可以适当多分。综上所述，上诉人高某某、孙某3的部分上诉请求成立，依法予以支持。一审判决认定陈某为法定继承人不当，法院予以纠正。

案例五 魏某甲、魏某乙等与魏某丁法定继承纠纷[1]

1. 案情简介

魏某某、李某某系夫妻，共同生育有魏某甲、魏某乙、魏某丙、魏某丁和魏某戊五人，魏某某于1996年去世，李某某于2013年5月去世。二人生前在原位于万县市较场坝93号有房屋一套（房屋登记证号万市权字第某号，面积67.90平方米），因移民搬迁划转安置在万州区五桥某苑10幢2单元201室（现万州区百安商业街某号10栋2单元2－1室）产权登记于李某某名下。在李某某死亡后，魏某戊、魏某乙等五人作为死者继承人对李某某遗留房屋的分配继承产生纠纷，遂诉至法院要求解决。

庭审中，魏某戊、魏某乙、魏某甲、魏某丙主张按法定继承分割遗产，而魏某丁主张认为李某某生前立有口头遗嘱，称李某某死后的遗产由其单独继承。根据魏某丁申请出庭的四位证人的证言证实，2013年5月23日晚七八时，李某某在巨某某等四位证人在场的情况下，口头立遗嘱称自己这次不行了，死后居住的房子她的一半留给魏某丁，其余的五个子女均分。李某某于次日因病情严重又送入医院，诊断为呼吸循环衰竭等，经抢救无效于2013年5月30日死亡。另

〔1〕 参见重庆市高级人民法院民事裁定书，(2014)渝高法民申字第00846号。

查明,双方当事人认可争议房屋价值为25万元,魏某某的遗产同意按法定继承分配。

2. 争议梳理

本案主要争议是李某某去世后的房产该怎么继承的问题,是按照法定继承还是按照李某某的口头遗嘱继承,这主要关涉口头遗嘱的效力问题。

3. 案例评析

根据《民法典》第1133条的规定,自然人可以通过立遗嘱处分其个人财产,而口头遗嘱则是遗嘱的形式之一。《民法典》第1138条明确,"遗嘱人在危急情况下,可以立口头遗嘱。口头遗嘱应当有两个以上见证人在场见证。危急情况消除后,遗嘱人能够以书面或者录音录像形式立遗嘱的,所立的口头遗嘱无效。"结合相关司法实践及《中华人民共和国民法典婚姻家庭编继承编理解与适用》中的观点,认定口头遗嘱是否有效的核心在于,遗嘱人是否具有相应的民事行为能力、见证人是否符合人数及资质要求、立遗嘱时是否属于危急情况下,以及遗嘱人能否以书面或者录音录像形式立遗嘱等。据此,对于口头遗嘱的生效要件及注意事项,评述如下:

(1)遗嘱人应当具有完全民事行为能力

根据《民法典》第1143条的规定,无民事行为能力人或者限制民事行为能力人所立的遗嘱无效,只有具有完全民事行为能力的人订立的遗嘱才可能是有效的遗嘱。需注意的是,《最高人民法院关于适用〈中华人民共和国民法典〉继承编的解释(一)》第28条规定,在确定遗嘱能力时,应以遗嘱人订立遗嘱时的精神状态为准。无民事行为能力人或者限制民事行为能力人所立的遗嘱,即使其本人后来具有完全民事行为能力,仍属无效遗嘱。遗嘱人立遗嘱时具有完全民事行为能力,后来成为无民事行为能力人或者限制民事行为能力人的,不影响遗嘱的效力。

(2)口头遗嘱应当有两个以上见证人在场见证且符合资质要求

《民法典》第1138条规定,口头遗嘱应当有两个以上见证人在场见证。《中华人民共和国民法典婚姻家庭编继承编理解与适用》明确,见证人应该是无利害关系的人员,不能是《民法典》第1140条规定的三类人员之一。见证人应该亲自全程参与遗嘱人订立遗嘱的过程，不能由他人转述遗嘱人口述的遗嘱内容。见证人在场见证的方式为亲耳聆听遗嘱人口述的遗嘱内容，并将其所听到的内容如实记录下来，没有条件进行书面记录的，应该尽量凭借记忆记住遗嘱的内容。

(3)立口头遗嘱时应当处于危急情况下，且危急情况消除后，遗嘱人仍然无法以书面或者录音录像形式立遗嘱

口头遗嘱相较于其他遗嘱形式，其最大的特殊性在于，订立口头遗嘱有严格的前提条件。根据《民法典》第 1138 条的规定，遗嘱人只有在危急情况下，才可以立口头遗嘱。而何谓危急情况，相关法律法规未作进一步规定。《中华人民共和国民法典婚姻家庭编继承编理解与适用》明确，“危急情况指的应该是导致遗嘱人无法以自书、代书、打印、录音录像、公证等其他形式订立遗嘱的情况，比如发生了突然的自然灾害、突发意外事故、爆发了战争、突患危及生命的疾病等导致遗嘱人在客观上无法或没有能力以其他方式订立遗嘱的情况”。

同时，《民法典》第 1138 条还规定，危急情况消除后，遗嘱人能够以书面或者录音录像形式立遗嘱的，所立的口头遗嘱无效。进言之，口头遗嘱合法有效的要件之一为，危急情况消除后，遗嘱人仍然无法以书面或者录音录像形式立遗嘱。对此，《中华人民共和国民法典婚姻家庭编继承编理解与适用》明确，应从时间和客观条件两方面理解。即危急情况消除后，遗嘱人没有订立书面或者录音录像遗嘱的时间，如果危急情况消除后，遗嘱人根本没有时间去订立口头遗嘱以外的遗嘱，那么其所订立的口头遗嘱应视为有效的遗嘱。或者，在危急情况消除后，遗嘱人没有订立口头遗嘱以外其他形式遗嘱的客观条件，比如，订立自书遗嘱所需要的纸和笔，订立打印遗嘱需要的电脑和打印机，订立录音录像遗嘱需要有录音录像设备等。如果遗嘱人在危急情况消除后，没有订立其他遗嘱的客观条件，其之前所订立的口头遗嘱不能被认为是无效的遗嘱。

检索相关案例后发现，司法实践中“立口头遗嘱时应当处于危急情况下，且危急情况消除后，遗嘱人仍然无法以书面或者录音录像形式立遗嘱”通常表现为，遗嘱人立口头遗嘱时意识清醒但处于病重垂危阶段，立遗嘱后不久陷入昏迷直至去世，或者立遗嘱时间距死亡时间较短等。从常理角度判断，遗嘱人没

有以书面或者录音录像形式立遗嘱的能力。若遗嘱人立口头遗嘱时并不十分危重,具备一定的沟通甚至轻微的行动能力,或者立完口头遗嘱后症状有所缓解,立遗嘱时间与死亡时间相隔较长等,相关法院一般认为遗嘱人立遗嘱时不属于只能立口头遗嘱的危急情况,或者存在危急情况解除后可以以书面或者录音录像形式立遗嘱的情形,从而确认口头遗嘱无效。

如前所述,遗嘱人在有两个以上具备资格的见证人在场见证的危急情况下,可以立口头遗嘱。危急情况消除后,遗嘱人能够以书面或者录音录像形式立遗嘱的,所立的口头遗嘱无效。因此,认定口头遗嘱是否有效的核心在于,立遗嘱时及立遗嘱后,遗嘱人是否具备以书面或者录音录像形式立遗嘱的能力。事实上,书面形式如自书遗嘱、打印遗嘱或者代书遗嘱,对于处于病重中的遗嘱人而言,可能具有一定难度,一般情况下难以做到,而录音录像遗嘱则不然。相较于口头遗嘱,录音录像遗嘱无非是需要另行配备录音录像设备,在形式上并无其他特别要求。如今手机以及其他录音录像设备已经比较普及,已有一定数量的案例认为,能够意识清醒地留下口头遗嘱的遗嘱人,通常是具备留下录音录像遗嘱的能力的。同时,由于口头遗嘱原属遗嘱的简易方式,不得已而用之,人民法院本身对口头遗嘱就有相对较高的审查要求。一旦人民法院认为遗嘱人具有立录音录像遗嘱的能力,则口头遗嘱将直接被认定为无效遗嘱。鉴于此,除非遗嘱人情况确实危急,否则建议尽量选择其他遗嘱形式,以免导致遗嘱无效。

(4)裁判结果

二审法院认为,《继承法》第 17 条第 5 款[1]规定:“遗嘱人在危急情况下,可以立口头遗嘱。口头遗嘱应当有两个以上见证人在场见证。危急情况解除后,遗嘱人能够用书面或者录音形式立遗嘱的,所立的口头遗嘱无效”,经查,李某某长期身患高血压、冠心病、糖尿病多种疾病,2013 年 3 月 25 日因冠心病、肺部感染等疾病在重庆市万州区第五人民医院住院治疗,2013 年 5 月 23 日上午八时并未完全治疗好转出院,2013 年 5 月 23 日晚七八时,李某某在巨某某等四位证人在场情况下,口头遗嘱称自己这次不行了,死后居住的房子她的一半留

---

[1] 因该案时间是 2013 年,故适用《继承法》。

给魏某丁,其余的五个子女均分。李某某在立下口头遗嘱后第二天住院抢救直至去世,结合其身患重病、年龄、认知因素等客观事实,可以认定李某某所立遗嘱符合口头遗嘱的构成要件,应当认定口头遗嘱有效。同时,一审原告魏某戊也陈述李某某生前曾在2010年表达过将来李某某与魏某某留下的房屋的一半留给魏某丁,另一半由五个子女继承,亦印证了遗嘱内容系李某某的真实意思,故应按照遗嘱内容予以分割,即诉争房屋李某某所有的一半归魏某丁所有,剩余一半五个子女平均分配,一审法院的遗产分配方案违背了李某某遗嘱的真实意思,应予改判。因此本案双方当事人对诉争房屋的分配应为,首先将房屋一半分出为李某某所有,份额为125,000元(250,000元÷2),由魏某丁继承,再将剩余一半由五个子女平均分配,每人分得份额为25,000元(250,000元÷2÷5)。魏某丁继承的份额为150,000元(125,000元+25,000元),魏某甲、魏某乙、魏某丙、魏某戊继承的份额分别为25,000元。由于魏某丁继承房屋份额最大,其在对其余继承人作出相应补偿后,房屋可归其所有。故再审法院驳回了当事人的再审申请。

案例六 郭某1与郭某4等法定继承纠纷[1]

1. 案情简介

果某与郭某系夫妻关系,婚后育有子女三人,长子郭某3、次子郭某2、长女郭某1。长子郭某3与曹某系夫妻关系,婚后育有二女,长女郭某4、次女郭某5。郭某于1999年5月24日去世。长子郭某3于2019年4月30日去世。果某于2021年7月19日去世。果某的父亲果某奎于1988年1月18日死亡注销户籍,母亲陈某于2001年11月7日去世。郭某的父亲郭某亮于1978年12月20日死亡注销户籍,郭某母亲周某于1989年12月3日死亡注销户籍。

涉案房屋登记房屋产权人为果某,房屋所有权证号:京房权证顺私字第×号,登记日期1999年11月24日,为果某与郭某夫妻共同财产。

---

[1] 参见北京市高级人民法院民事裁定书,(2022)京民申7466号。

一审审理中,长女郭某1为证实母亲果某对遗产已进行处理,提交遗嘱一份,内容为:"为避免在我去世后,因遗留财产在继承中引发家庭矛盾,故特立此遗嘱以表达我对财产处分的真实意愿:一、截至目前,我拥有财产如下:……2. 在与郭某婚姻存续期间,我二人拥有房屋一处,位于顺义区石园街道101室……二、现对我的财产处置如下:(一)关于房屋,在郭某去世后,我享有5/8的份额,该部分权益分配如下:1. 因郭某1之前一直伺候照顾我起居,故我将该部分房产份额的1/3赠与郭某1,该赠与自我签署该遗嘱后就生效,且不可撤销。2. 在我去世后,该部分房产份额的1/3留给郭某1继承。3. 在我去世后,该部分房产份额的1/3留给郭某2继承,郭某2应当常来探望我,并给我送终,如果在我去世后,郭某2不给我送终,该部分就留给郭某1继承……(三)由于涉及郭某5遗产的继承纠纷目前仍在审理过程中,就该部分财产权益分配如下:1. 因诉讼获得的石园北区房屋份额,由于我想让郭某1给我养老,我打算将该部分给郭某1继承;如果郭某1在给我养老期间,因身体原因不能再继续给我养老的话,谁给我养老,这部分份额就给谁,当然也应当给郭某1按照照顾我的年头给予同比例的补偿……"上述遗嘱内容为2张A4纸打印件,每页均有见证人陈某、杨某签字捺手印;立遗嘱人果某名字由陈某代签,果某名字上捺有手印。

对于该份遗嘱,郭某1表示应属于代书遗嘱,郭某2、曹某、郭某3、郭某4均表示不认可遗嘱的真实性,认为该份遗嘱不具有法律效力。就该份遗嘱的形成过程,一审法院分别向见证人陈某、杨某以及负责打印的杨某进行了调查,查实:杨某对遗嘱内容的形成过程并不知情,只是在该遗嘱形成打印版本后由陈某通知至果某家签字,该遗嘱上的立遗嘱人签字均为陈某代签。

2. 争议梳理

本案中,关于郭某1提交的遗嘱类型的认定有分歧,一种认为属于代书遗嘱,另一种认为属于打印遗嘱。根据《民法典》的规定要求,遗嘱是要式民事法律行为,凡遗嘱类型不符合相关规定形式的,不能发生法律效力。《民法典》规定了六种遗嘱类型,不同的遗嘱类型则形式要件和实质要件的要求也有所侧重,而遗嘱的要件形式要求直接决定了遗嘱的效力。本案争议的焦点是要确定郭某1提交的遗嘱效力问题。

3.案例评析

(1)关于打印遗嘱的认定

打印遗嘱,是指以打印形式制作的遗嘱,即先用电脑将遗嘱内容书写完整,然后用打印机将书写好的遗嘱打印出来。可见,打印遗嘱实际上是通过两个步骤形成的,一是书写遗嘱,二是将遗嘱打印出来,即先在电脑上书写遗嘱,然后在打印机上打印出来。在《民法典》施行后,打印遗嘱无论是由遗嘱人本人打印还是他人代为打印,均应认定为打印遗嘱,而不能因为打印人不同而认定为自书遗嘱或者代书遗嘱。

我国《继承法》及司法解释均施行于20世纪80年代,当时打印技术还未普及,打印遗嘱也不是社会普遍的遗嘱形态,故《继承法》并没有将打印遗嘱作为法定的遗嘱形式。随着社会的不断发展,打印遗嘱已十分普遍,《民法典》与时俱进地回应了社会需求,将打印遗嘱作为法定的遗嘱形式专门予以规定,确认了打印遗嘱的法律效力。根据《民法典》第1136条的规定,首先,打印遗嘱应当有两个以上见证人全程在场见证。如前所述,打印遗嘱是通过两个步骤(书写遗嘱、遗嘱打印)完成的,因此也就要求见证人全程参与这两个步骤,即在书写遗嘱时其应在场,全程见证遗嘱人或他人在电脑上书写遗嘱;在打印遗嘱时其也应该在场,全程见证电脑中的遗嘱被打印机打印出来。而且,在遗嘱打印出来后,见证人还应检查打印出来的遗嘱内容与电脑上所书写的遗嘱内容是否一致。其次,遗嘱人和见证人应当在遗嘱每一页签名,注明年、月、日。当打印遗嘱为多页时,遗嘱人和见证人应当在每一页上都签上自己的姓名并注明年、月、日。打印遗嘱中都是印刷字体,不易确定是由谁书写并打印出来,故需要遗嘱人和见证人在每一页上均签名并注明年、月、日,以此确定遗嘱的真实性和合法性。需要注意的是,若立遗嘱人不会写字,这时可用捺手印方式,但须补强整个见证过程,比如全程录像,询问立遗嘱人是否识字写字等。打印遗嘱在形式上必须符合上述法律规定,不符合上述要求的,会被认定无效。《民法典》之所以这样规定,是由打印遗嘱的性质所决定的。与传统意义上的自书遗嘱和代书遗嘱不同,打印遗嘱并不强调立遗嘱人或代书人必须在立遗嘱现场根据立遗嘱人的意愿当场订立遗嘱。所以,审查打印遗嘱是否有效的核心,并不在于遗嘱如何形成,而在于立遗嘱人对已打印好的遗嘱内容是否完全理解并确认,且见证人是否在场全程见证立遗嘱人确认遗嘱的过程。在这两个条件同时满足的情况下,打印遗嘱才能被认定有效。基于此,《民法典》第 1136 条规定,两个以上见证人必须在场见证,立遗嘱人和见证人必须在遗嘱每一页都签名注明年、月、日。就是为了确保打印的遗嘱内容是立遗嘱人的真实意思表示,并且通过“时空同步”的见证活动,将立遗嘱人确认遗嘱的活动进行固定。遗嘱是要式行为,即遗嘱除了要符合民事法律行为一般的成立和生效实质要件外,还必须符合法律规定的形式要件。两个条件均符合法律规定,遗嘱才能被认定有效。《民法典》规定的自书遗嘱、代书遗嘱和打印遗嘱的法定形式要件中,立遗嘱人的意思表示方式均是签名,而非按指模。所以立遗嘱人在遗嘱上不签名,只按指模,即使指模是立遗嘱人本人所按,也会因不符合打印遗嘱的法定形式要求而被认定无效。[1]

结合本案进行分析,首先该遗嘱是打印形成,并不是由代书人进行代书,故虽郭某 1 主张该遗嘱是代书遗嘱,但并不符合代书遗嘱的形式要件。其次,遗嘱中虽有陈某、杨某作为见证人签字,但杨某在一审时陈述其对遗嘱的形成过程并不知情,只是在遗嘱形成打印版本后由陈某通知其至果某家签字,故见证人并未全程见证遗嘱的订立过程。最后,果某在遗嘱上的签字均为陈某代签,遗嘱中虽果某按捺手印,但郭某 1 未对手印是否系果某本人所按进行举证,且陈某与负责打印遗嘱的杨某对遗嘱由谁制作形成所述不一。综上,涉案遗嘱不符合《民法典》规定的遗嘱的要件要求。

(2)裁判结果

一审法院认为,根据双方一致意见,本案只要求法院对涉案房屋依法确认各继承人应享有的份额,一审法院不持异议。对于该份遗嘱,郭某 1 表示应属于代书遗嘱。对该份遗嘱,原告郭某 2 与被告曹某、郭某 3、郭某 4 均表示不认

---

〔1〕 参见深圳市中级人民法院:《深圳中院适用〈民法典〉判决首宗打印遗嘱案》,载公众号“深圳市中级人民法院”2021 年 2 月 7 日,https://mp.weixin.qq.com/s/B_Pi39twQXNxIma4DDpnrg。

可遗嘱的真实性,认为该份遗嘱不具有法律效力。根据《民法典》第 1135 条的规定,代书遗嘱应当有两个以上见证人在场见证,由其中一人代书,并由遗嘱人、代书人和其他见证人签名,注明年、月、日。就该份遗嘱的形成过程,一审法院分别向见证人陈某、杨某以及负责打印的杨某进行了调查,就打印版本的遗嘱是由谁制作形成的,陈某与负责打印遗嘱的杨某向一审法院陈述并不一致。一审法院认为,郭某 1 提交的代书遗嘱并不符合代书遗嘱的形式要件与构成要件,难以证明是被继承人果某的真实意思表示,故该份遗嘱应属于无效的代书遗嘱。因该份遗嘱无效,故涉及涉案房屋的继承分割,应按照法定继承办理。二审法院予以维持。

后　记

在成书的过程中，编者怀着开茅塞、得新知的态度，采集归纳文献与案例，力求价值呈现。编者不仅致力于向读者提供家事法律知识，而且希望从法律体系和分析方法等方面给读者以启发，使之能进一步思考。然法律以其有限的可能性来应对社会无限的复杂性，写作上的缺点和疏漏在所难免，在一些观点和案例的处理上亦有不周全的地方，恳请读者不吝指正，万分感激。

古语有云：人伦莫重于婚姻，婚姻莫先于择德。编者在工作中见过太多夫妻反目、兄弟阋墙、同室操戈的事情，让人在震惊之余，也是扼腕叹息。故而编者撰写本书所要传达的真正意义是劝人以和，让天下家庭少一点纷争、多一些和睦。所谓反者道之动，弱者道之用，大如社会、小如家庭皆是按照顺逆互相转化的规律运行。

最后，编者衷心感谢为本书出版提供指导与帮助的所有单位和个人。